W0177503

Von Manfred Böckl sind im Econ & List Taschenbuch Verlag außerdem erschienen:

Die schwarzen Reiter (TB 25177)
Der Alchimist des Teufels (TB 25201)
Der Ertruskerdolch (TB 27610)

Zum Buch

Der große Seher Michel de Notredame, bekannt als Nostradamus, lebte im 16. Jahrhundert. In seinen Visionen aber schaute er bis tief ins dritte Jahrtausend. Seine 353 Prophezeiungen sind von faszinierender Weitsicht und Genialität. In diesem Roman wird sein Leben beschrieben: sein Kampf als Arzt gegen die Krankheiten seiner Zeit; seine Auseinandersetzung mit der Inquisition und seine Flucht vor ihr; seine Begegnungen mit kongenialen Zeitgenossen; seine Ehen und persönlichen Verluste; seine ersten Visionen. Diese Visionen machen einen anderen Menschen aus ihm. Nostradamus beginnt, ein Doppelleben zu führen – geachteter Bürger nach außen, innerhalb seines geheimnisvollen Wohnturms ein Wanderer durch Zeit und Raum. Als die ersten seiner Prophezeiungen eintreffen, wird er berühmt und zum Astrologen des Königs ernannt. Doch auch der Erfolg birgt Gefahren ... Manfred Böckls Roman zeichnet einfühlsam und packend das Bild des Menschen und Denkers Nostradamus, eines Mannes, der, wie auch wir heute, in einer Zeit des Übergangs – damals vom Mittelalter zur Neuzeit – lebte.

Zum Autor

Manfred Böckl, geboren 1948 in Landau/Isar, lebt als freier Schriftsteller in Salzweg im Bayerischen Wald. Neben mehreren historischen Romanen und zahlreichen Jugendbüchern veröffentlicht er seit einigen Jahren auch Sachbücher. Außerdem war er bereits als Drehbuchautor tätig und schrieb Rundfunksendungen. 1986 wurde er zum »Stadtschreiber von Ottendorf« berufen, 1987/88 war er Neumüller-Stipendiat der Stadt Regensburg. Sein Roman »Nostradamus – Der Prophet« wurde bereits in mehrere Sprachen übersetzt.

Manfred Böckl

Nostradamus – Der Prophet

Leben und Visionen

Roman

Econ & List Taschenbuch Verlag

Econ & List Taschenbuch Verlag 1999
Der Econ & List Taschenbuch Verlag ist ein Unternehmen
der Verlagshaus Goethestraße GmbH & Co. KG, München
© 1999 by Verlagshaus Goethestraße GmbH & Co. KG, München
Erstveröffentlichung 1993 im Ehrenwirth Verlag, München
Umschlagkonzept: Büro Meyer & Schmidt, München – Jorge Schmidt
Umschlaggestaltung: Init GmbH, Bielefeld
Titelabbildung: AKG, Berlin
Gesetzt aus der Minion, Linotype
Satz: Josefine Urban – KompetenzCenter, Düsseldorf
Druck und Bindearbeiten: Ebner Ulm
Printed in Germany
ISBN 3-612-27666-2

Inhalt

Drittes Buch
Der Seher von Salon
(1546–1566)

Prolog

Der Mistral, der nun schon den dritten Tag von Norden her ins Deltagebiet zwischen Rhône und Durance peitschte, schien die Struktur des Landes auf ihren nacktholzigen und steinrippigen Kern reduzieren zu wollen.

Wie grau verkrustete Salzsäulen standen die Zypressen, und die Lavendelfelder waren jäh in ein wirbelndes Nichts abgetaucht. Entblättert und gerupft ragten die Olivenknorren in den verhangenen Himmel. Allein die Burgstädte der Provence und ihre ummauerten Dörfer stemmten sich noch dem Fallwind entgegen; da und dort zudem ein römisches Relikt.

Aix mit seiner tausendjährigen Kathedrale Saint-Sauveur ächzte unter dem Mistral; über das antike Amphitheater von Arles schliff und pfiff er hinweg. Auf Blachfeldern besprang er saurierbucklige cäsarische Aquädukte. Den ungeheuren Papstpalast zu Avignon überkrustete er eisig, saugte sich an den Zinnen und Schindeln des gotischen Schlosses von Tarascon fest. Zu Salon wühlte er sich in die balkenverstrebten Wehrgänge und jagte gleichzeitig die Bürger unter die Torbögen von Beaucaire. Auch in dem Flecken Saint-Rémy, wo das Sterbehaus stand, verkrochen sich die Eingesessenen vor dem Nordsturm. Die Fremden freilich, die Kreaturen der Inquisition, harrten notgedrungen weiter in der Nähe des Anwesens von Pierre de Notredame aus.

Seit Wochen bereits belauerten die Dominikaner den Todgeweihten und dessen Sippe. Das Siechtum des Notredame, die Nähe des Todes, die anrüchige Herkunft des Medikus dazu, dies vor allem, hatten die Kapuzen angelockt wie das Aas die Schmeißfliegen. Vergessen, verdrängt zumindest war die Tatsache, daß der Sterbende einst als Leibarzt Renés, des nun ebenfalls schon verblichenen Herzogs der Provence und Titularkönigs von Neapel[1], in allerhöchster Gunst gestanden hatte. Daß er am glanzvollen Hof zu Aix seinen Platz zwischen den Rittern und den wiederauferstandenen Troubadouren[2] hatte beanspruchen dürfen, ja daß man ihn zeitweise sogar unter die engsten Vertrauten des Fürsten gerechnet hatte. Jetzt aber zählte nichts mehr von alledem, nunmehr zählte nur noch das eine: Pierre de Notredame, der verdächtige Marrane[3], der judenblütige Bastard, war – wenigstens in den Augen der katholischen Kirche – imstande, noch aus seinem letzten Aufbäumen heraus auf Gott zu speien!

Er wäre nicht der erste gewesen unter den verfluchten Spanischstämmigen, die sich nach dem Jahr 1492 nördlich der Pyrenäen eingenistet hatten. Nie durfte man den Israeliten trauen, auch den Getauften unter ihnen nicht! Nur zu gut wußten die Büttel des Papstes, daß hinter der dünnen, höchstens nach schäbigen Jahrzehnten zu messenden Fassade der Zwangschristianisierung die jahrtausendealte Wucht des anderen, des ungleich tiefer eingewurzelten Glaubens stand. Es hatte Marranen gegeben, die sich zu Priestern hatten weihen lassen – und dann hatte man bei ihnen die verborgenen Thorarollen entdeckt. Andere hatten keinen Kirchgang, keine Beichte, kein einziges Sakrament versäumt, lebenslang, und dann hatten sie in ihrer letzten Stunde, da der Scheiterhaufen sie nicht länger einzuschüchtern vermocht hatte, dennoch das Kruzifix von sich gestoßen. Gottesverräter, Gottesmörder waren und blieben sie – so jedenfalls der Wahn der alleinseligmachenden und unfehlbaren Kirche und deren entsetzlichsten Auswuchses, der Inquisition –, und gerade auf der Schwelle des Todes schien das Satanische am leichtesten seine Macht über sie zurückzugewinnen. Deswegen belauerten die Dominikaner nun schon seit Wochen das Steinhaus des Pierre de Notredame im Schatten der Kirche des heiligen Martin; deswegen konnte noch nicht einmal der Mistral sie verscheuchen.

An den Sabbattagen hatten sie darauf geachtet, ob nicht unvermittelt das Rauchwabern über den Schornsteinen verschwände: es hätte bedeutet, daß die Spanischen sich dem verbotenen Kult und vermutlich ihren belialischen Orgien hingaben. Auch hätten die Büttel das Böse gewittert, wenn etwa zum gleichen Zeitpunkt mehr Wasser als üblich aus dem Hausbrunnen geschöpft worden wäre, um eines verderblichen Bades willen: ein Hinweis auf Unkeuschheit! Zusätzlich hatten die Mönche die christlichen Schlächter von Saint-Rémy bestochen; ganz genau hatten sie wissen wollen, ob im Marrannennest möglicherweise plötzlich auf den Genuß von Schweinefleisch verzichtet wurde. Auch dies hätte den Abfall der Bewohner vom christlichen Glauben anzeigen können – und ebenso wäre dies der Fall gewesen, wenn eine der Küchenmägde oder ein Roßknecht im Beichtstuhl der Inquisition zugegeben hätte, daß unter dem Dach des abscheidenden Arztes hebräische Worte laut geworden seien, Sentenzen, die nach heidnischen Alfanzereien und Teufelsbeschwörung geklungen hätten[4].

Jedes dieser Indizien hätte die Dominikaner auf der Stelle zum Eingreifen veranlaßt; unnachsichtig hätten die Hunde des Herrn[5] dann mit Folter und Kerkerhaft zugeschlagen, selbst gegenüber einem Sterbenden noch. Doch es war nichts Verdächtiges geschehen; unbeirrbar, nach außen hin zumindest, hatte Pierre de Notredame am Kreuz festgehalten; auch jetzt, in seiner letzten Stunde am dritten Tag des Mistral, umklammerte er das Holz mit fiebrigen Händen.

Um den Röchelnden herum die andere Klammer, die menschliche. Die Sippe war versammelt, bis hinein ins vierte und fünfte Glied. Neben der Frau kauerte das Rudel der Kinder, acht an der Zahl. Ganz nahe der Mutter der Erstgeborene, der knapp zehnjährige Michel. Über dessen gekrümmten, sperlingsdünnem Nacken ragte wuchtig der alte Jaune auf, der noch immer rüstige Patriarch der Familie, Michels Großvater mütterlicherseits. Tiefer im Stubenschatten standen die Onkel, die Tanten, die Schwäger. Semitische, iberische und fränkische Gesichtskonturen gegeneinandergestellt, gleichzeitig vermischt und verwoben. Der wunde Ausdruck in den Augen jedoch war ihnen allen gemeinsam, und sie schluchzten auch im Einklang und murmelten aus dem Schluchzen heraus die lateinischen Gebete.

Über das Wehklagen erhob sich immer wieder das fette Tremolo des katholischen Priesters. Seine liturgischen Litaneien salbaderte der Abbé von Saint-Martin eher über das Kreuz als über den Sterbenden hin, weihrauchschwer und besitzergreifend. Wie ein Keil stand der Kleriker zwischen letztem Leiden und mitfühlendem Leid.

Schmerzlich fühlte die Frau, über deren Haupt bereits der Witwenschleier schwebte, sich plötzlich abgedrängt, zurückgestoßen. In ihrer Seelennot krampfte ihre Hand sich in den zuckenden Nacken ihres Sohnes, des gemeinsamen Blutes, ins Fleisch Michels. Im gleichen Augenblick schien etwas Hölzernes in fiebrigen Händen zu knirschen. Im gleichen

Augenblick brach der Pfaffe ab, wie geohrfeigt. Im gleichen Augenblick fuhr der Sturm in den offenen Kamin herab und ließ Glutfunken in den Raum springen.

Im gleichen Augenblick sprang auch ein Funke über zwischen dem Vater und dem erstgeborenen Sohn. Zwischen dem Abwelkenden und dem, der erst noch aufblühen sollte, entstand – im Flirren eines synchronen Lidschlags – die Brücke. Etwas trieb, während der Priester wie ein Schatten zurückwich, den Zehnjährigen ganz nahe ans Sterbebett heran. Dort brach er kraftlos in die Knie und fühlte sich dennoch kraftvoll aufgefangen. Im Rücken spürte er, ebenfalls ganz nahe, die Brutwärme der Mutter. Auch zwischen ihr und dem Vater bestand jetzt die geistige Brücke; er selbst aber war mitten im Brennpunkt.

Und dann schmetterte DAS WORT mit Wucht in den innersten Seelenkern Michels hinein. Das Wort, das lediglich wie ein Hauch auf den Lippen des Sterbenden war, das aber aus dessen Augen heraus hell wie eine Flamme barst. Und das Wort, das Michel de Notredame unwiderruflich traf und erweckte, hieß:

ADONAI

Das Sterbezimmer platzte aus der Welt, das Steinhaus, die Stadt. Nur das unsagbare Wort blieb und in ihm die Augen, DAS AUGE, und es saugte den Jungen jetzt ein – es war, als wirbelte er mit einem ins Unendliche potenzierten Mistral. Zurück in die Vergangenheit trieb es ihn, weit zurück in eine ferne Zeit – dorthin, wo er entstanden war – noch vor seinem gegenwärtigen, seinem viel späteren Dasein.

Hart stand der Sonnenball über Spanien: ausgeglüht, verdorrt der Karst, die Korkeichen knorrig wie Runen. Geschundenes, ausgemergeltes Land, doch weit im Süden das weiße

11

Fanal: Granada. Mauren auf Schimmeln, die Wasserspiele, die Gärten. Mandeläugige Frauen, so samtig die Haut. Moscheenkuppeln wie Brüste, den Himmel neckend. Die Wege gemeinsam begangen von Moslems und Juden. Hineingesprenkelt ins Reich Boabdils[6] die Oasen der Christen. Des dritten Volkes, welches das Buch kannte. Der Christenwahn aber zuletzt gepanzert aus dem Karst, dem Knorrigen, dem Verdorrten heraus.

Kastilien und Aragon. Die blutigen Königreiche des Norden. Die Bergnester dort, aus denen die eisengepanzerten christlichen Kämpfer hervorstürmten, Stierhörner an den Helmen, Reliquien in den Schwertknäufen, drachenschnäuzig unter ihren katholischen Bannern. Mit ihnen rennend: Mönche voller Haß. Götzendienste, vor dem täglichen Metzeln und nachher. Das blasphemische Kreuzzeichen in die wimmernde Erde gepflanzt; tausendfach, millionenfach.

Durch die Schleuse des brechenden Vaterauges meißelten die Bilder sich dem Zehnjährigen in den Schädel. Zuerst war es nur ein heran- und wieder wegblitzendes Kaleidoskop des Grauens-der-Schönheit-des-Grauens, aber dann trieben, wie sich selbst gebärend, breiter flutende Szenen durch die Zeit heran.

Nahe der fließenden Grenze zwischen christlicher und islamischer Welt umzingelten Eisenreiter ein Dorf. Axthiebe fuhren ins Fleisch der wenigen Verteidiger, Schwertspitzen stachen zu. Einer verstörten Herde gleich flüchteten die Unbewaffneten zur Kirche. Frauen, Alte und Kinder drängten sich durchs romanische Portal. Christliche Heilige beschworen die einen, islamische Imame die anderen. Die Pfeile, die ihnen nachpfiffen, machten keinen Unterschied zwischen moslemischem und katholischem Flehen. Ins verrammelte Torholz hagelten die Widerhaken zuletzt, über die verkrümmten Körper derjenigen hinweg, die trotz der Todesnot zu langsam gewesen waren. Aus den Scharten oben im Turm dröhnten die Glocken, hysterisch und hastig. Im Geiste sah der Zehnjährige, daß Mauren und Spanier gemeinsam an den Strängen hingen, und er sah sie grotesk tanzen, an die Stricke geklammert, im Halbdunkel der Steinhöhle. Ihr inneres Rufen hörte er, ihr Flehen, daß trotz allem noch Hilfe kommen möge. Doch dann sah er, wie die anderen draußen die Reisighaufen auftürmten, vor dem Portal, vor den Fenstern; wie sie kreischend die fauchenden Fackeln schwangen.

Als das Gemäuer krachend zusammenbrach, trieb es Michel hinweg, einen mit Gestrüpp bewachsenen Hang hinauf, einem karstigen Bergkamm zu; im Steinkrautflüstern dort blieb er hängen. Seltsam bekannt kam ihm das ahasverische Antlitz des Juden vor, der dort oben zitternd in einer Felsnische kauerte. Michel erblickte noch einmal den zerberstenden Tempel tief unten; gleich darauf beherrschte ihn und den anderen nur noch der Drang zu fliehen. Eine Weile noch hielt der Seelenknoten, während ein Maultier nach Süden kanterte; zuletzt aber faserten die Stränge sich auf, wurden spinnwebdünn und rissen, und in einem ganz anderen Gespinst, fern dem ersten Ort und der ersten Zeit, fing Michel sich wieder.

Thorarollen schimmerten goldgeschnürt in einem Synagogenschrein. Die Männer mit den Gebetsriemen um die Arme wirkten hingegen bleich, getroffen bis ins Mark. Von einem Sturm auf die STADT und einem Brand sprach der Rabbi, von der Vertreibung aus dem GELOBTEN LAND. Beinahe eineinhalb Jahrtausende schienen zwischen den hebräischen Silben zu knirschen, und aus dem Zeitknirschen heraus entstanden die Namen und Silhouetten der vielen Verbannungsorte: Alexandria, Damaskus, Saba, Medina und Mekka, Tunis, Marrakesch, Dschebel al Tarik[7].

Ein nackter Felsen stand dort über der See-Enge; unter dem Halbmond landete eine Flotte, Meerkrieger und Wüstenreiter unterwarfen sich alles Land vom Riff bis weit in den Norden. Ein blutiges Erobern war es, doch Spanien blühte in der Folge auf unter dem Dach der Kalifen, und vom Dschebel al Tarik aus folgten den moslemischen Heeren die friedlicheren Wanderströme der Juden. Beinahe tausend Jahre lang waren die Gebete in den Synagogen zu vernehmen; kaum noch als Exilstädte wurden Salamanca, Toledo, Granada – Granada vor allem – empfunden. Doch nun schienen die Gebetsriemen plötzlich zu bersten, leer gähnte mit einemmal der ehrwürdige Schrein; auf wurmstichigen Kähnen, auf teuer erkauften Schaluppen schiffte sich Israel nach beinahe einem Millennium des Friedens von neuem ein. Diejenigen des Volkes aber, die auf iberischer Erde zurückblieben, die den Seelenverkäufern der Fliehenden nachstarrten, bis die Klippenschatten Afrikas sie einsaugten, trugen bereits die Kerben im Antlitz. Die Schmerzkerben, die einst von Ägypten und Babylon ausgegangen waren, von Jeruschalajim siebenfach, und nun – bald – sollte der Engel des HERRN niederfahren auch auf Granada.

Michel sah den jüdischen Arzt noch einmal hinaufsteigen zur Alhambra. Kephas war sein Name, die Mauren riefen ihn El Hakim, der Arzt; die Christen, als es noch Christen in Granada gegeben hatte, hatten ihn Petrus genannt – sein Gesicht war Michel wieder sehr vertraut. Jetzt schritt er über den Löwenhof; der Duft der Kräuter und Salben, die der Medikus mit sich trug, mischte sich zart mit dem geheimnisvollen

Odeur der parfümierten Fontänen aus den Springbrunnen. Einen Lidschlag lang spürte Michel wohlige Ermattung im Spinngewebe, doch plötzlich fielen die Wassergarben in sich zusammen wie jäh geköpfte Blumen. Draußen, im Blachfeld der Stadt, donnerten die Kanonen, die Feldschlangen und Bombarden, dazu die Arkebusen und Musketen, und dann glosten über den äußeren Wällen der Stadt auch schon die Flammen auf, die Feuergarben. Im unversehens wieder rauhen und stahlklirrenden Zeitnetz wand, krümmte sich der Knabe; wie ein Schatten, sichtbar und unsichtbar geschlagen, verschwand der andere Jude in einer dunklen Nische.

Das Hallen der Explosionen, das Rauchwabern, das Eisenklirren, das Roßschnauben und Panzerplattenscheppern dazu schleuderten den Zehnjährigen aus dem Mauerring hinaus. Von felsiger Warte aus wiederum wurde er Zeuge, wie das Christentier nach Granada schnappte und biß, von Tag zu Tag ärger und hemmungsloser in seinem Blutdurst. Der Drache, der Moloch hieb seine Reißzähne in den Leib der schimmernden Stadt, zerfetzte ihr weißes Fleisch, schändete, zerrieb, zermalmte es. Unter dem Ansturm der Panzerreiter, unter den Einschlägen der Stein- und Eisenkugeln blutete Granada aus, und sein Geist entwich aus dem einst so blühenden Land, über das es so lange und so milde geherrscht hatte.

Im Zeitnetz sah Michel, wie das Antlitz der stürzenden Burg, der Alhambra, mit den Gesichtszügen des letzten Kalifen verschmolz; wie eine Träne hervorquoll aus dem Auge eines Traumes und gleichzeitig aus dem eines Träumers. In seiner dunklen Nische aber stand noch immer der Arzt, stumm, reglos – und unmittelbarer denn je in seinem Leben die Erinnerung an Jeruschalajim im Herzen.

Der letzte Kalif verschwand hinauf in die Einsamkeit der Berge. Zum Heimatlosen war Boabdil geworden; im Schneetreiben und im Gipfelnebel verblich sein Bild.

In die Stadt aber stürmten jetzt die Christen; an ihrer Spitze die verbündeten Könige von Kastilien und Aragon: Isabella und Ferdinand. Eisengeschnürt und stachelbesetzt gleißte der Schoß der einen aus dem fürchterlichen Abgrund ihrer Religion heraus; einen dreikantigen Dolch anstelle des männlichen Gliedes trug der andere unter seinem Wappenrock. Mit solchen Organen zeugten Los Rejes Catholicos[8] das Leid, unter dem Spanien jahrhundertelang ächzen sollte. In die Garotte, ins Würgeeisen, zwängten sie die Halbinsel, über die sie jetzt unangefochten herrschten. Gleich zu Beginn ihrer unseligen Ära überkleisterten sie die größte Moschee von Granada mit einer ungeheuren Kathedrale. Andere islamische oder jüdische Gotteshäuser zerstörten oder vernagelten sie. Zuerst wurden die Andersgläubigen ins Ghetto getrieben, dann fielen die Priester, die Mönche, die Zwangstäufer über sie her.

Eine Natternschnauze erblickte Michel; die gehörte einem Tier, genannt Torquemada[9]. Die falschen Namen Gottes zischelte der Echsenäugige, der Gotteslästerer unentwegt über Spanien hin. Ausgeburt des Bösen war er, der Inquisition. Geschuppt kroch der Priester über das geschlagene Land und verbrannte es mit seinem giftigen Seim. Zahllose gerieten ihm in die Tatzen, getrieben von der Furcht, und beugten den Nacken unter die katholische Knute. Die Kirche heimste Knechtseelen ein, ihrem Götzen zu Ehren. Andere jedoch widerstanden dem Tier, bewahrten ihre Lehren, blieben treu.

Da bäumte Belial sich noch schrecklicher auf und biß sie

hinweg über die Berge, hinaus aufs Meer[10], in die Heimatlosigkeit, zurück ins babylonische Exil, in den Mangel und oft in den Tod. Aus der Nische seiner Qual trat ein jüdischer Arzt heraus, wollte mit ihnen ziehen, vermochte es letztlich doch nicht. Kranke, Gebrechliche, Einsame harrten seiner nach wie vor in Granada. Christenseelen waren es, aber was durfte dies einen scheren, der auf den Stab Äskulaps geschworen hatte? Also blieb Petrus im Lande und sah sein Volk ziehen und weinte seine Tränen in der Nacht. Und damit er, um der Barmherzigkeit willen, bleiben konnte, nahm er die Taufe.

Nahm die Taufe und trug sie, bis Torquemada auch gegen die Getauften zu toben begann. Bis die Häuser der Marranen umlauert wurden, bis die Inquisition die Kinder gegen die Eltern hetzte, bis ein unbedachtes Bekenntnis im Beichtstuhl das Bluturteil bedeuten konnte ...

Die Bilderströme im Schädel Michels ballten sich jetzt wieder zu irrlichternden Knäueln, fingen an zu hetzen, zu grellen: Autodafés[11]; der Himmel durch den Brandqualm geschändet; geröstetes, schwarz aufplatzendes Menschenfleisch. Genickknöchelchen, Halsknorpel; wie Zweiglein zerknackend in der Klammer der Garotte. Kruzifixe, den verzweifelten Augen zur Qual, bis zuletzt. Synagogen, beraubt und gesprengt; Mosaiken in Moscheen von Rössern und Christen besudelt – Fäkalhaufen über den Thorarollen, dem Talmud. Ablässe für die Denunzianten, die besoffenen, die gekutteten Henker. Lob- und Heilsgesänge in den Kirchen, Tag und Nacht. Wundertaten, zum Säuefüttern. Heiligenkadaver, stinkend aus den Gräbern heraus. Irre, Geißler, Kreischende, in meilenlangen Menschenrudeln nach Santiago de Compostela[12] unterwegs. Und der kirchenviolette Torquemada, das Tier trieb es immer hastiger und höllischer.

Dann wurde in Granada ein Karren gepackt, wurden heimlich die Maultiere gesattelt. Nordwärts, die erste Woche immer nur nachts. Das ADONAI in den Herzen, wenn von irgendwo heran die Häscher kamen. Hinauf ins Hochgebirge zuletzt, durch den bitteren Ruch des Herbstes schon. Mühsam über Sturzbäche hinweg, an schwindelerregenden Klüften vorbei. Im beißenden Frost über den Grenzkamm. Abgerissen ins Roussillon[13] hinein, weiter in die Provence. Aix zuletzt, der Herzog, der liberale Hof, die Troubadoure dort.

Das Fußfassen wieder, die Adelsgunst, der Aufstieg. Spanien, die Inquisition scheinbar unendlich weit entfernt. Das junge Weib des Arztes schon bald schwanger. Eine Erstgeburt, nahe der Wintersonnenwende, im neuen Jahrhundert bereits[14]. Christliche Taufe, sicherheitshalber, aber dann der ausgelassene Tanz und in Strömen der Wein. Im Antlitz des Knaben Jüdisches, Iberisches und Fränkisches vernetzt. Die Augen, während die Zimbeln juchzten, geheimnisvoll noch immer mit dem Kosmos verwoben. Und die erste, innige Blickbrücke zwischen Vater und Sohn ...

Über diese Brücke hinweg zehn weitere Jahre jetzt. Das allmähliche Wegwelken des einen, das Aufknospen des anderen. Schließlich die Krankheit des Kephas, Petrus oder Pierre de Notredame. Und in seine Agonie sich hineinkrallend noch einmal das Böse: die Inquisition nun auch in Frankreich, die Häscher ums Haus, am Sterbebett der Pfaffe von Saint-Martin, lauernd. Im allerletzten Aufbäumen dennoch trotzig und siegreich: ADONAI. Gehaucht und geschmettert in die Augen des Nächsten, des Früheren, des allumfassenden Samens hinein. Ein Leben, noch einmal durchrast und erfüllt im letzten Blicktausch mit dem Sohn. Dann, jäh, die Leere, die vermeintliche zumindest.

Immer noch schien das Wort im Raum zu hängen, als Michel de Notredame sich wie erschrocken aus dem Bann löste. Doch in starre Pupillen starrte er nun; abgeschieden war der andere mit seinem letzten Atemzug, hatte sich gelöst vom Irdischen, im gleichen Augen-Blick wie das Wort. Der Sohn aber begriff, daß es das Wort gewesen war, das ihn geistig durch die Jahrzehnte, Jahrhunderte, Jahrtausende vor seiner eigenen Zeugung getragen hatte.

Gleichzeitig begriff er noch etwas anderes. Aus dem Aufkeuchen der Sippe hörte er es heraus; das entsetzte Klammern der Mutterhand sagte es ihm: der Kleriker, wenn er etwas bemerkt hatte, vermochte ihnen nun allen den Strick zu drehen!

In der Tat drängte der Abbé sich jetzt von neuem heran: weihrauchschwanger, mißtrauisch und bedrohlich. Wie ein Fels der Herzlosigkeit wurzelte er sich über dem Verstorbenen ein; jeden Moment konnte er das Verdammungsurteil ausstoßen. Doch dann schien er sich plötzlich im Willen des Knaben zu verfangen, im Widerstand dessen, der in einer Sterbesekunde mental zum Aleph[15] geworden war, und der katholische Priester duckte sich und krümmte sich ein und beschränkte sich auf ein hastiges liturgisches Leiern.

Später, als es Michel in seiner Qual hinaustrieb in die einbrechende Nacht, spürte er zuerst und sah dann, daß die Häscher verschwunden waren. Und gleichzeitig bemerkte er den ersten aufleuchtenden Stern und wurde sich bewußt, daß auch der Mistral sich gelegt hatte.

Erstes Buch

Danse Macabre
(1513–1528)

Jaunes Turm

In jenem Jahr, 1513, da Pierre de Notredame in küstennaher Landschaft sich von seinem irdischen Leben getrennt hatte und in seinen hebräischen Frieden eingegangen war, wucherte an anderen Küsten viel Grelles, Folgenschweres und Kriegsträchtiges auf.

In Rom stampften sie aus der ohnehin seit Jahrtausenden schon geschundenen Erde einen Götzentempel, den größten, den Europa je erblickt hatte. Fünfzehn Jahrhunderte eines einzigen Miasmas von Juden- und Lebenshaß, von Blut, Leid, Folter, Verrat, Lüge, Meuchel- und Völkermord, von Intrigen, Verneinung, Hexenwahn, Satansbeschwörung und Verfälschung der Menschheitslehre, fünfzehn Jahrhunderte der ungeheuerlichsten Blasphemie also überkuppelte der neue Petersdom.

In höchsteigener Person trieb Papst Leo X., der aussaugerische Mediceer[16], die Arbeiten voran, duckte zur Finanzierung des Vorhabens vor allen Dingen Deutschland unter die päpstliche Knute. Zwischen Rhein, Elbe und Donau forcierte er den Ablaßhandel bis zum Exzeß; in die romfernsten Städte, in die abgelegensten Dörfer und Weiler noch fielen seine geschorenen Sendlinge ein, ließen um des vermeintlichen Seelenspringens willen die Münzen in ihre Truhen klingeln, schröpften die Bürger und Bauern bis zum Weißbluten. In die Hungersnot, auf die Gant[17], in Mord und Totschlag hinein jagte der vorgebliche Stellvertreter Gottes das viel zu gutgläubige Volk jenseits der Alpen. Das Reich selbst brachte er ins Wanken, weil zur Vergoldung des Abgründigen die babylonische Kathedrale aufgetürmt werden mußte. Diejenigen, die sich gegen den Wahn sperrten, die Humanisten vor allem, verteufelte er. Dennoch schärfte Hutten[18] sein Schwert, feilte Luther bereits an seinen Thesen. Vier Jahre bloß noch sollte es dauern, bis die Reformation sich gegen Rom bäumen, acht, bis der Steckelburger zum Pfaffenkrieg blasen würde.

Während die Kirche im Dschungel ihrer falschen Theologie versank, kämpfte sich jenseits des Atlantiks, in einer für Europa noch brandneuen Welt, ein anderer durch natürlich gewachsene Wucherungen und Sümpfe. Vasco de Balboa lautete der Name des spanischen Konquistadors; dem Massenmörder Pizarro, der schon bald auf ihn folgen sollte, bereitete er den Weg, als er sich den Pfad quer über die entsetzliche Landenge von Panama bahnte. Schlangen und Fieber dezimierten ihm die nach El Dorado[19] süchtige Mannschaft zum Gotterbarmen; zuletzt jedoch erreichte der verlotterte und vertierte christliche Haufen den Pazifik. Ins jungfräuliche Meer hinein stampfte, panzerschuppig und rostfladig, Balboa und pflanzte das Kreuz auf, damit Macht- und Goldgier des Molochs wahrlich weltumspannend auszutentakeln vermochten.

Vorerst freilich tentakelte eine heimtückische Gegenströmung herüber auf den alten Kontinent. Schon kurz nach der ersten Reise des Kolumbus hatte die Seuche Fuß gefaßt an der spanischen Küste und war dann unaufhaltsam weiter landeinwärts gewuchert. Jetzt, noch nicht einmal ein Menschenalter später, sprang die Syphilis, aus Mittelamerika eingeschleppt, ihre Opfer immer wütender an. Rattenzähnig trieb sie ihnen das Mal ins Fleisch, ließ es dort brüten und schwären, über Jahre und Jahrzehnte hin oft. Keine Beichte half gegen die mikrobische Heimsuchung, keine Reue, kein Ablaßbrief, kein Sichhineinwimmern in den Zustand einer vermeintlich göttlichen Gnade; bald schon riß der Racheengel Hurenbock und Papst gleichermaßen[20].

Im Jahr 1513, als Michel de Notredame, der Halbwaise, in den Turm Jaunes einzog, brodelten auch in dessen Alchimistenküche bereits die zumeist schwefeldämpfigen Tinkturen, von denen sich die Syphilitiker aus Saint-Rémy und Umgebung vergebens Linderung ihres Leidens erhofften. Gesundung seelischer Art hingegen sollte sich in der Folge allmählich bei dem Zehnjährigen einstellen.

✶

Der Steinklotz – römisch das Fundament, karolingisch bis gotisch verbacken die oberen Stockwerke – stand außerhalb der Stadtmauer von Saint-Rémy, im hügeligen, ruppigen Niemandsland schon. Jaune, der Patriarch, hatte sich dort niedergelassen, nachdem er Anno 1508 zum zweitenmal Witwer geworden war. Eingekapselt hatte er sich im zyklopischen Gemäuer, hatte sich mehr und mehr den Ruf eines Sonderlings erworben, auch wenn seine medizinischen Fertigkeiten nach wie vor gefragt waren. Jetzt aber, seit er den Enkel bei sich aufgenommen hatte, seit das Leben in Gestalt des Kindes ihn noch einmal forderte, war Jaune de Saint-Rémy plötzlich wieder agil geworden.

»Sohn«, redete der Mittsiebziger seinen Schützling an, während im birnenförmig gemauerten Ofen das Feuer fauchte und draußen, vor dem spitzkerbigen Fensterschlitz, nun schon der Winterregen prasselte, »Sohn, merke dir eines für

25

deine späteren Studien: Es sind nicht die Essenzen allein, welche die Krankheiten lindern. Oft genug bewirkt die barmherzige Hand des Arztes das Eigentliche!«

Der Angesprochene rückte näher an den Hünen, an den Eisengrauen heran. Das eine Wort, Sohn, hämmerte ihm im Schädel nach. Wie so oft schon in diesen letzten Monaten spürte er, wie die Leere, die der Tod des Vaters in ihm aufgerissen hatte, sich wieder füllte; mit etwas Warmem. Wie das, was hälftig so jäh zerkerbt worden war, sich wieder zusammenfügte, ihn wieder hielt. Ihn wieder hielt, weil er angenommen wurde von einem, der sich in die schartige Lücke gestellt, sich in die wütige Bresche des Seelenwimmerns geworfen hatte. Weil Jaune, barmherzig nicht nur als Arzt, die eine, die einzige hilfreiche Silbe beschworen hatte. Weil das Adonai zwischen dem Kind und dem Alten auf diese Weise neuerlich Fleisch und Blut geworden war.

Dies fühlte der Zehnjährige freilich nur; mit Worten hätte er es nicht auszudrücken vermocht. Doch als er sich jetzt an die Schulter, an den Leib Jaunes schmiegte, quoll es dennoch über, und Michel rief: »Wenn ich groß bin, will ich ein ebenso guter Medikus werden wie du ... und mein anderer Vater!« Er starrte, wand sich, setzte dann hinzu: »Sag Jaune, kann ich nicht morgen schon mit dir zu den Kranken?«

Der Patriarch bedachte sich ein Weilchen; eher der Form halber, wie sein Enkel instinktiv erwitterte. Endlich erwiderte der Greis: »Wenn es dir wirklich ernst ist damit, mein Sohn, dann soll's mich freuen. – Aber jetzt kümmere dich wieder um den Blasebalg! Laß das ätherische Element hineinfauchen ins feurige, damit der Drache sich bäumt!«

Das alchimistische Bild, das Jaune de Saint-Rémy gebraucht hatte, blieb dem Zehnjährigen nachhaltig haften, während er sich am grobschlächtigen Zughebel abmühte. Warum ließ die Luft, ein Nichts doch eigentlich, das Feuer sich blähen? Welche geheime Kraft lauerte versteckt im vermeintlich Leeren? Warum erlosch eine Kerze, wenn man gegen sie pustete, nicht aber die Ofenglut, die doch jetzt etwas Ähnliches wie Sturmstöße empfing?

Der Knabe, immer schneller pumpend, sich fast in die Wut hineinhebelnd, fand keine Antworten, so sehr er sich auch das Gehirn zermarterte. Gerade das aber stellte die bittere Faszination dar, an die der Medikus seinen Schüler hatte heranführen wollen. Reiben sollte sich Michel am Unerklärlichen, am vorerst noch Unbegreiflichen, damit die Wissensgier in ihm wuchs. Und der Hühnchenmagere, dieser Strick mit den so unglaublich klaren und dennoch auf seltsame Weise verschleierten Augen, wetzte sich an der Herausforderung, biß sich fest an ihr, bis tief in seinem Kern ob des eigenen Unvermögens etwas zu zerbersten drohte. Erst dann verfluderte dem Jungen die schmerzliche, die peinvolle Konzentration jäh wieder; die Natur, die Retterin, verlangte ihr Recht, und Michel ließ sich ablenken vom plötzlich um so erstaunlicheren Anblick der zauberischen Höhle insgesamt.

Stumpfe, gedrungene Steinpfeiler, dämmrige Nischen, dunkel verfärbte Eichenholzverhaue netzten den Raum ein. Verstaubte Spinnweben und schimmernde Phiolen lagen im Widerstreit miteinander. Eine ganze Batterie von Glasgefäßen, der Fensterkerbe nahe, barg scheinbar Wertloses: nichts weiter als Erde. In Wahrheit jedoch ein weiteres Element, wie Michel bereits wußte: Erde, so vielfältig, so facettenreich wie das Menschentreiben drüben in der Stadt. Helle mineralische Sände gab es, blutrostig Zusammengebackenes daneben; Humus dazu, schwarz wie die Nacht. Das eine rieselig oder staubig, das andere klumpig; Kotiges auch. Geruchlos die Urmaterie da; dämpfig, stinkend sogar, dort. Ein Prinzip aber allem gemeinsam, wie Jaune ihm erklärt hatte: Aus der Ganzheit der Welt heraus hatte eine einzige Kraft es gebrochen, geschwemmt, gesplittert, gedämpft, gekohlt und gerieben.

Ausgetrieben aus diesem harschen Brodem sowohl in der Natur als auch im alchimistischen Kabinett Filigraneres: Pflanzenbüschel, fiederig unter der Gewölbedecke. Knospen, Blüten, Blattwerk, Gräser; wie mumifiziert kam ihm dies alles vor, scheinbar abgestorben, in Wahrheit aber noch immer kraftvoll, keineswegs tot. Als er dies begriff, atmete er in einer Art jäher Erlösung die rauchige Luft und fand den Mut und die Lust, sich blicktastend an das Ungeheuerliche heranzuwagen.

Im vierten Element, im wäßrigen, trieb das Fleisch, das Getier: ein Nilkrokodil, krallig geknäuelt, in seiner hüfthohen gläsernen Fruchtblase. Ein Gelege von Dracheneiern im flüssigen Kalk daneben. Von der Säure bis auf die Knochen zernagt: ein blekkender äffischer Schädel. Grünlich im alkoholischen Bad ein Bündel Gehirne; wurmklumpig und entsetzlich nackt. Schräg darüber, wie von vieltausendjährigem Wind geraspelt, eine ledrige ägyptische Klaue. Einen spitzeckigen Totentempel sah Michel unwillkürlich vor seinem inneren Auge – in einem der Folianten, die sich auf den verwinkelten Borden reihten und häuften, hatte er erst vor wenigen Tagen den Holzschnitt erblickt. Ehe jedoch die Assoziation, die ihn unversehens in eine mistralgeschüttelte Welt wegzerren wollte, ihn ernsthaft zu packen vermochte, brachte ihn ein drängender Ruf Jaunes in die Realität zurück: »Vergiß den Blasebalg nicht, Sohn! Bloß eine kleine Anstrengung noch, dann haben wir es geschafft!«

Und der Zehnjährige strengte sich an und arbeitete dem Alten neuerlich nach besten Kräften zu, bis zuletzt das Destillat aus der Kupferschlange zu tröpfeln und dann zu rinnen begann. Als die Phiole sich endlich gefüllt hatte, als die Lavendelessenz, die der Medikus für den nächsten Tag benötigte, fast bis zum Rand stand, erhielt Michel eine weitere Lektion von Jaune: »Behandle damit Leber, Milz und Magen! Auch stockenden Harn treibst du mit dem Agens[21] aus. Ebenso hilft es den Weibern, wenn die Wehen sie plagen, die Leibesfrucht aber nicht ans Licht will. – Merke dir dies gut, Kleiner! Ich werde dich wieder danach fragen!«

Michel nickte, sehr ernsthaft; gleich darauf aber rannte er aus dem Gemach, denn mittlerweile hatte sich draußen der Regen gelegt.

Föhnweich, in Bänken, trieben die Wolken jetzt von Süden heran. Ihre verwaschenen Lichtränder und der pludernde Meerwind schienen auf einmal in einen lächelnden Widerstreit geraten zu sein. Dazu der erregende Duft der noch feuchten Pinien, den Michel nun beim Laufen einsaugte. Den wurzelknotigen Hang trieb es ihn hinauf, bis er den erst kürzlich entdeckten Lugaus jenseits von Jaunes Felsen erreicht hatte. Verschachtelte Häuser, ein Netz von Gassen: unendlich tief lag Saint-Rémy unter ihm. Eine Zwergenwelt, ihm – und nur ihm allein – hingebreitet. Außerhalb dann, zwischen dem Menschengewusel und seiner eigenen nadelduftigen Einsamkeit: wieder die Fluchtburg, das Steingekröse, der Turm des Alten.

Beinahe erschrocken keuchte Michel, als er daran dachte, daß das Gemäuer einst niemand Geringerem als dem König von Jerusalem[22] gehört hatte. Davidische und salomonische Elemente – dunkle, verbotene Mysterien für Michel – schienen sich dadurch in die grauen Quadern eingefressen zu haben. Ein Nabelstrang schien sich zu ziehen von hier aus direkt nach Outremer[23]. Archaisch verflutet und wieder geronnen schien etwas, das der Knabe mit dem Verstand nicht zu fassen, im Geist jedoch um so schärfer und nachdrücklicher zu erspüren vermochte.

Zeitstürme, Verwerfungen witterte Michel de Notredame aber auch anderweitig. Nicht nur die Tatsache, daß das monarchische Gemäuer vor vielen Jahren schon in den Besitz des Medikus gelangt war, trug Schuld daran. Eine rätselhafte Rolle spielte auch sein Aussehen, ein weder meß- noch wägbarer Eindruck, der wie steingewordener Extrakt von Jahrhunderten aus dem tiefsten Kern des Turmes ausgewuchert, ausgequadert, ausgeerkert war.

Atemlos, erschöpft war er vom Aufstieg, und er keuchte, und auf einmal fegten ihm Bildfetzen ins Gehirn. Bemalte Nackte – kalkig, roterdig, alt: jahrtausendealt – sah er tanzen, kobolzen, sich schnellen um die Grotte. Rasselnde Muschelketten. Das Glied des Schamanen fast bis zum Platzen erigiert. Dem strudelnden Firmament dargeboten: das Fleisch der magischen Pilze. Gespreiztes Schenkelfleisch im Mutterspalt, in der Höhle. Wisent, Hirsch, Roß auf den Stein gemalt. Der Schrei der Jungfrau, dann ihre Ekstase. Ein schwelgerisches Auftreiben der Erde zwischen Stromgabel und Meer. Wundersame Fruchtfülle und jahrtausendlanger Jagdsegen. Dann aber die heranpeitschende Kälte, und die Bronze wich dem Eis[24].

Über der Grotte, über den Felsmalereien lastete nun der römische Wachturm. Jupiter, Juno, vor allen Dingen Mars. Senatus Populusque Romanus. Hinter brusthohen Palisaden brachen die Schergen hervor, die Steuereintreiber. Gallien wurde immer goldgieriger ausgesaugt, einer vermeintlichen

Zeitenwende entgegen. Doch dann wurde ein Quader im Wall des nunmehrigen Kohortenlagers seltsam und staatsfeindlich geritzt: das noch fahrige Zeichen des Christenfisches[25]. Das kurzfristig friedliche Symbol begann sich schrecklich zu verändern, als die Uhr nach dem dritten Turnus die dreizehnte Stunde schlug[26]. Wenig später, schon im Zusammenbruch des Imperiums, zogen westgotische Krieger und Gäule in das Gemäuer ein: eine arianische[27] Kapellennische entstand. Der Altarstein später, als fränkische Schwerter rekatholisierten, zur Türschwelle erniedrigt. Zu Zeiten Karls des Mörders erfolgten weitere gedrungene Zubauten: Kapitelle, Säulen; stiernackig wie Europas neue Eroberer; romanisch, den Lavendel-, den Pinienduft ringsum erschlagend, über die Klippe zum neuen Jahrtausend hinweg. Feudal herausfordernd, immer himmelstürmender, ins französische Königtum hinein. Kreuzförmige Schießscharten und Tatzenzinnen dem Mauerwerk aufgesetzt. Kreuzritterliches auch in die uralte Grotte gekerbt: Folterkammer, Verlies.

Gralartiges, gotisch Kralliges, nachdem Jerusalem der Christenheit schließlich wieder verloren war. Dafür der fürchterliche Papsthof von Avignon nun spür- und greifbar nahe: Drachen, Teufel, Dämonen aus römisch-fränkisch-französischen Relikten herausgemeißelt. Kanonen- und Musketenwiderlager dazu. Die Pulverkammer wie ein Geschwür im hartleibigen Rumpf, Granadas Fall. Aufs Geschützdonnern folgte die irrlichternde Zeit des genannten Königs von Jerusalem. Archaisches, Michel begriff es plötzlich, ins Anachronistische verkehrt. Ein Schalksnarrentum, unendlich fern von Jeruschalajim, das dem Gemäuer noch etliches an Wappenverlogenheit und peinlich Antikisierendem aufgekleistert hatte. Der letzte Bewohner aber war einer, dessen Samen, obwohl christlich, in Wahrheit mit Zion verschwägert war: der Einsiedler, der apostatische[28] Alchimist, Jaune, der Arzt.

Ein Weltenkreisen hatte sich damit geschlossen; unbegreiflich, dennoch real. Eineinhalb Jahrtausende Zwang und Gewalt hatte ein Atemloser erblickt und hatte gesehen, wie zuletzt alles doch wieder in die Menschlichkeit eingemündet war.

In der nun einfallenden Abenddämmerung kam Michel de Notredame beinahe epileptisch geschüttelt wieder zu sich. Der abstoßende und zugleich erregend lockende Nachhall verursachte ihm ein Zittern, Schwitzen, Frösteln. Zum zweitenmal in seinem an Jahren noch so dünnen Leben hatte das Zeitrückstürzen ihn mit sich gerissen. Jetzt floh er in Verzükkung talwärts und in seinem Inneren schienen noch immer Klingen zu sirren. Erst kurz vor dem Turmportal, wo der Grund zwischen Roßstall und Holzlege schlammig und auf einmal wieder heimelig wurde, verflachte mit dem langsamer werdenden Laufrhythmus auch der inwendige Aufruhr. Nur eines blieb, mehr noch: der Drang, morgen mit Jaune zu den Kranken zu fahren, war noch stärker, noch unabdingbarer geworden.

Am nächsten Tag hielt der Patriarch Wort. Auf dem Kutschbock des Einspänners kauerte Michel halb vorfreudig, halb beklommen, als der Camargue-Schimmel vom Hof trabte und den Weg nach Cavaillon nahm. Abgeerntete Felder, entfruchtete Olivenplantagen glitten vorbei; dann und wann schienen die Pinien unter einem unvermittelten Windstoß zu nicken. Menschenleer war das Land an diesem frostigen Wintertag; nur ein Bauernweib war unterwegs: kurz vor der Brücke über die Durance wich die verhutzelte Alte mit der Kiepe dem heranrollenden Wagen aus. Der Fluß selbst schoß angeschwollen und braunschlammig in Richtung

Avignon; als der Schimmel im Schritt über die Bohlen ging, schien das Wasser ihm fast schon die Fesseln zu lecken. Gleich drüben, im verschindelten Zollhäuschen, lag der versoffene Jean Conflans auf dem Strohsack.

Im Körperschatten des Medikus schob Michel sich näher an die Bettstatt des Veteranen heran. Unterwegs hatte Jaune seinem Enkel erzählt, daß der Conflans einst unter der Fahne des Königs gestanden hatte, doch nun hatte Michel jäh das Gefühl, als sei von solchem Ruhm nichts weiter als scharfer Bocksgeruch und dürftig kaschiertes Elend geblieben. Dies schüchterte ihn jetzt unvermittelt ein; beinahe kleinkindlich suchte er den Schutz beim Alten, entspannte sich erst wieder, als er merkte, daß der Zollbüttel ihn gar nicht weiter beachtete. Vielmehr begann Jean Conflans unter den tastenden, prüfenden Händen des Arztes nun unvermittelt zu jammern; pfiff auch aus sich, daß es ihn während der Nacht wieder mindestens ein dutzendmal vergeblich nach draußen zum Dunghaufen getrieben habe. Jaune nickte, hantierte am Riegelschloß seiner ledernen Tasche, wandte sich dann aber, ohne das Behältnis zu öffnen, seinem Schüler zu: »Nun, Michel, vielleicht erinnerst du dich an das, was du gestern von mir gelernt hast?«

Das Resultat war erstaunlich; kaum setzte bei dem Zehnjährigen das Denken ein, wich auch die Beklemmung schlagartig von ihm. Im Turm schien er sich wieder zu befinden, das Destillat vermeinte er neuerlich brodeln zu hören; wie eine Phiole sich füllte, glaubte er zu sehen, und dann sprudelte es aus ihm heraus: »Die Lavendelessenz! Behandle damit Leber, Milz und Magen! Auch stockenden Harn treibst du mit dem Agens aus. Ebenso hilft es den Weibern, wenn die Wehen sie plagen, die Leibesfrucht aber nicht ans Licht will.«

Die Pupillen des Medikus weiteten sich verblüfft; sein Enkel hatte die Anweisung Wort für Wort richtig wiederholt. Großväterlichen Stolz verspürte Jaune de Saint-Rémy; ehe er jedoch diesem Gefühl Ausdruck zu geben vermochte, vernahm er das Lachen Michels, und dann setzte der Junge hinzu: »Daß der Conflans gebären will, brauchen wir freilich nicht anzunehmen...« Er stockte, schien seiner eigenen Unverfrorenheit inne zu werden, errötete, richtete aber gleichzeitig einen scharfen und durchaus unkindlichen Blick auf das Antlitz des Kranken. Der Anblick dieser gelblich verfärbten Augäpfel, der groben Poren schien ihm einzudringen ins Gehirn, und dann brach es neuerlich aus ihm heraus – und es war eine vollständige Diagnose: »Wenn der Conflans nicht mehr richtig pissen kann, so liegt es vor allem an der Leber. Das Saufen hat sie wie einen Schwamm aufquellen lassen. Die Säfte wollen nicht mehr fließen, stauen sich vielmehr im Leib, setzen sich in den Beinen ab...« Michel keuchte jetzt; sah alles wie in einer körperinneren Landschaft ganz deutlich vor sich. »Krusten«, murmelte er, »kalkige Schwellungen, Weinstein wie Geröll in einem Bachbett. Und die faulige Flüssigkeit weiter unten, wie sie sich mit dem Fleisch vermischt...« Jäh kam er wieder zu sich, schloß seltsam abwesend: »Die Lavendelessenz wird dem Conflans Erleichterung verschaffen. Eine kleine Zeit noch. Doch dann wird auch sie nicht mehr anschlagen, wenn er nicht mit dem Trinken aufhört. Der Wein ist Gift für ihn, wird ihn zuletzt aufplatzen lassen wie eine verfaulte Frucht...«

Er brach ab, rannte wie gehetzt hinaus, das Zetern des Maroden wie eine Strafe im Nacken. Im Freien, im kalten Wind, flüchtete Michel sich zur Kutsche, zum Schimmel, barg den Kopf am zottigen Tierfell. Nahe diesem gesunden

34

und ruhigen Blutpulsens, nahe dem schweren, animalischen Atmen begriff er überhaupt nicht mehr, was drinnen in der Hütte in ihn gefahren war, fühlte er nur noch Scham, Mitleid und Verwirrung. Warum habe ich so geredet? dachte er entsetzt. Warum habe ich den Kranken nicht geschont; er ist doch eh schon halb tot! Der letzte Satzfetzen aber gab ihm wiederum unnachsichtig die Antwort. Daß das Mitleid sich mit dem Helfenwollen beißen konnte, lernte Michel de Notredame in diesem Augenblick, und die Folge war, daß er jetzt zu heulen begann; immer stoßartiger, immer heftiger, fast bis zum Krampf.

Schließlich aber war Jaune bei ihm, hielt ihn fest, hob ihn hoch, gab ihm Schutz unter seinem Pelz. Und das Kutschenrütteln kam zurück, rüttelte ihn mit jedem Schritt des Camargue-Pferdes ein Stückchen weiter von seiner Erkenntnis und seiner Erniedrigung fort, und zuletzt, schon wieder jenseits der Durance, hörte er Jaune sagen: »Ich hätte es nicht besser machen können als du, Sohn! Manchmal muß man einen Kranken mit Worten maulschellen, um ihn vielleicht doch noch zur Vernunft zu bringen. Ob ich's gewagt hätte, bei dem alten Conflans, ist die Frage. Aber du hast's getan, und jetzt weiß er Bescheid, über das bißchen Linderung durch die Lavendelessenz hinaus. Jetzt liegt's an ihm, ob er sich an die Anweisung seines Arztes hält...« Ein Ellenbogenrempler begleitete die letzten Worte des Medikus, eine ruppige Männergeste der Zuneigung, ehrlicher Anerkennung. Michel begriff die Bedeutung instinktiv, fühlte sich auf einmal unendlich befreit; daß Jaune ihn jetzt auch noch wegen der treffsicheren Diagnose und seines Erinnerungsvermögens lobte, nahm er kaum wahr. Zuletzt aber, während der Schimmel zu einer weiteren Siechenhütte abbog, erinnerte sich der

Junge an etwas anderes, das er im Turm gelernt hatte, und er wandte sich mit einer Bitte an seinen Großvater: »Wenn ich den Jean Conflans ein- oder zweimal die Woche besuchen würde, bloß damit er nicht so allein ist, würdest du mir das erlauben?«

»Und du glaubst, er würde dich zu sich lassen, nachdem du ihm dermaßen die Leviten gelesen hast?« scherzte der Medikus.

»Ich möchte es einfach versuchen«, erwiderte Michel. »Hast du nicht selbst gesagt, daß die barmherzige Hand eines Arztes oft mehr als das Agens bewirkt? Aber du hast nicht eigentlich von einer Hand gesprochen, nicht wahr? Du hast noch etwas anderes damit gemeint, ich weiß es!«

Jaune de Saint-Rémy antwortete nicht mit Worten. Doch die Geste, mit der er dem Jungen jetzt über die Wange strich, sagte auch so genug. Und so kam es, daß Michel de Notredame seinen ersten Patienten fand, den er auf Dauer betreute. Den Rest des Winters, später im Frühjahr und Sommer scheute er den Weg hinüber zur Durance nicht, und wenn der Knabe bei ihm war, rührte der ehemals so versoffene Conflans die Flasche nicht an. Schließlich schwor er dem Wein völlig ab; neckte ihn aber nach dem Jahr seiner Läuterung ein früherer Saufkumpan deswegen, so pflegte der Veteran zu beteuern: »Du hast das nicht gesehen, was in den Augen von Jaunes Enkel lebt! Etwas Heiliges ist es – aber anders, als die Pfaffen es meinen. Ich jedenfalls sage dir, ein Hundsfott wäre ich gewesen, hätte ich mich dagegen gesperrt, auch wenn ich gleich zu Anfang in meiner Blödheit bloß keifte...«

Auf diese Weise verbreitete sich der Ruf des Elf-, Zwölf-, Dreizehnjährigen. Während zur gleichen Zeit in der Neuen Welt der Spanier Diaz de Solis die Mündung des La Plata entdeckte und erkundete, während der deutsche Kaiser Maximilian I. die Aussöhnung mit den böhmischen Jagellonen[29] betrieb und König Franz I. von Frankreich die Schlacht bei Marengo schlug, schälte sich bei dem nun allmählich hinfällig werdenden Jaune de Saint-Rémy immer deutlicher die Erkenntnis heraus, daß sein Enkel einst zu einem begnadeten Arzt werden könne, falls er, der Alte, ihm nur die entsprechenden Möglichkeiten eröffne. An den Abenden, vor dem Kaminfeuer im Turm, redete der Medikus jetzt immer häufiger von der Hochschule zu Avignon. Von seinen eigenen Studien berichtete er, die er dort einst im Schatten der Papstfestung betrieben hatte; Freunde erwähnte er, verstorbene und solche, die noch jetzt an der ehrwürdigen Universität lehrten; mehr als einmal auch beteuerte Jaune, daß die Wurzeln von Michels Sippe mütterlicherseits teilweise sogar aus der Rhônefestung kämen: noch heute lebten dort angesehene Verwandte, so Michels Tante Margarete, die mit einem begabten Maler verheiratet sei.

Doch nicht nur in dieser Hinsicht betrieb der Patriarch die Zukunftsplanung für den Enkel, den er in dessen prägenden Jahren unter die Fittiche genommen hatte; auch im Alchimistenlabor und in den Krankenstuben uferten Jaunes Fürsorge und gleichzeitig seine fordernden Erwartungen jetzt weiter und weiter aus. Angesichts des Nilkrokodils, das Michel nun immer weniger bedrohlich vorkam, buchstabierten der Greis und der Junge sich gemeinsam durch die lateinischen, griechischen, arabischen und sogar hebräischen Folianten. Galen[30] und Hippokrates wurden dem allmählich Heranwachsenden zu festen Begriffen, doch scheute sich der Alte auch nicht, den Verstand seines Enkels an den Kniffligkeiten des Talmud[31] zu schleifen, und nicht zum Schaden Michels wurde ihm damit wiederum die – wenn auch verbotene – Brücke zurück zum Judentum geschlagen.

Wacker, dies durfte Jaune de Saint-Rémy sich innerlich oft sagen, focht der Junge solche geistigen Kämpfe aus; über ein schier phänomenales Gedächtnis verfügte er[32], das seinen Lehrer immer wieder in Erstaunen setzte, doch auch im Bereich der Alchimie, des Experiments ließen sich immer deutlicher Michels erstaunliche Fähigkeiten erahnen, obwohl er ja im Grunde noch kindlich war. Aber er wußte instinktiv das Verschleiernde, das Irrwitzige, die Fallgruben der Schwarzlehre, die von weisen und vorsichtigen Meistern über den eigentlichen Kern der Texte gehäuft worden waren, von eben diesem Kern zu trennen; in manch hitzigem Disput mit Jaune brachte Michel auf diese Weise vermeintlich Verschüttetes wieder ans Tageslicht. Etliche chemische Verbindungen stellte er her, denen der Alte in Jahrzehnten nicht auf die saure oder basische Spur gekommen war. Fragte Jaune ihn aber, wie er denn die richtige Fährte erwittert hatte, so konnte sein Zögling urplötzlich ins Stammeln verfallen. Das, was ihn eigentlich getrieben hatte – eine Art von wild wirbelnder Zusammenschau, vernetzt mit dem Adonai und einem weiteren Schlüsselerlebnis einst außerhalb des Turmes –, vermochte Michel zu dieser Zeit noch nicht in Worte zu kleiden.

Die Agenzien aber brachte er zu den Siechen und wendete sie dort aus einer instinktiven Hellsichtigkeit heraus an. Je nachdrücklicher er hineintrieb in die Pubertät, um so intensiver vermochte er im Geiste das Bresthafte zu sezieren; Ädriges schien sich ihm aufzuschließen gleich einem Netzwerk von Flüssen und Bächen, Knochiges unter seinem Geisthammer zu zerspellen wie mürbes Gestein, in Leibeshöhlen und Organverborgenheiten drang er vor. Verspürte er dann gleichzeitig noch die Hiebe im Schädel und dazu das föhnweiche Zudreschen im Körperzentrum, gingen ihm also jäh das Seherische und das Verstandesgemäße in eins, dann stellte er seine Diagnose – und die war oftmals erstaunlich treffsicher. Jaune, aus seiner vollen Lebenserfahrung als Arzt heraus, mußte dies immer wieder anerkennen; er tat es neidlos, und er tat es gleichzeitig mit einem seelischen Erschauern: je weiter sein Enkel jetzt auf seinem Weg voranschritt, um so unbegreiflicher wurde dem Lehrer der gewaltige Prozeß des Ausreifens, dieses geistige Gewittern in der Schale eines dennoch erst Halbwüchsigen.

Zuzeiten litt Jaune de Saint-Rémy sogar unter dem Gefühl, daß die Dinge sich im Bannkreis seines Enkels in ihr Gegenteil verkehrten. Sein über mehr als sieben Lebensjahrzehnte festgefügtes Weltbild schien dann jäh zu zersplittern, und ein kleinerer Geist, als der Patriarch es war, hätte möglicherweise unter dem Ansturm solch innerer Verwerfungen kleinlich, neidisch, zynisch werden können. Nicht so Jaune: die Seele blieb ihm im Umgang mit seinem so schwer begreiflichen Enkel elastisch bis zuletzt; daß auch Michel nicht frei von Heimsuchungen blieb, kam hinzu. Ein beiden gemeinsamer Erkenntnisdrang und noch mehr die verfluchte Fähigkeit zum Mitleiden, zum Sichmitschinden über das übliche menschliche Maß hinaus, verflochten den Alten und den Jungen selbst in Zeiten der Spannung wieder.

Wo das Mitleid jedoch bei Jaune auf jahrzehntealte Schwielen prallte, traf es seinen Enkel nun oft dermaßen brutal in die noch dünnhäutige Seele, daß der Patriarch das volle Ausmaß nur unzulänglich erahnen konnte. Michel nämlich, als er ins vierzehnte und fünfzehnte Lebensjahr kam, als er das Ausmaß des kreatürlich-menschlichen Leidens in seinem ganzen schrecklichen Umfang zu sehen bekam, fühlte sich jetzt oft wieder hinausgeschleudert in das allumfassende und stahlklirrende Netz der kosmischen Kälte, in dem ungeheuer viel mehr als das Schmerzwimmern seiner eigenen kleinen Welt zappelte.

Von Wurzeln ging dies aus, mit denen er nun beinahe täglich konfrontiert wurde: verkrebste Frauenbrüste im Schweißdunst einer armseligen Hütte; ein Kind, vom Wolfsbiß zerfleischt, ein kindskopfgroßes Geschwür unter schon purpurn verfärbter Haut in einem anderen Haus. Hinter Palastmauern ein Nobler, von der Syphilis zerfressen das dynastische Zeugungsinstrument. Die Gattin, geschwängert noch mit vergiftetem Glied. Ein Jäger, den Leib durchbohrt vom Hirschgeweih; Maden im menschlichen Aufbruch. In Leibeigenenställen, die Jaune und Michel gegen den Brauch ihrer christlichen Zeit barmherzig ebenfalls aufsuchten: Rachitische, Lungensüchtige, bis zum Ersticken Verschleimte. Wundbrändige, ihren primitiven Hauen, Äxten und Eggen zum Opfer gefallen. Dünnschissige, an Ruhr oder Typhus laborierend, denen mit dem flüssigen Kot unaufhaltsam das Leben entwich. Lebern, zerplatzt nach dem letzten verfluchten Schluck Fusel. Mägen im Blutsturz; Herzen, sich jäh ins Kataleptische krallend.

Im Geiste dem Kataleptischen nahe war in solchen Augenblicken oft auch Michel. Im Spinnengewebe blieb ihm die logische Erkenntnisfähigkeit hängen und schnürte sich in der ehernen Klammer ein. Das Herzzerreißende vermochte er zu sehen, vermochte es oft sogar zu analysieren, doch dann kam die hundsföttische Schranke, das Gittereisen. Gegen dieses Fallgatter prallte er zähneknirschend, dort biß er sich fest; an solcher Grenze schrie er seelisch sein alles übersteigendes Leid hinaus, weil ihm trotz seiner Ein-Sichten zu helfen nicht

40

erlaubt war. Gebirgsschroffen schienen sich aufzutürmen zwischen seinem leidenschaftlich humanen Wollen und der Realität. Das Adonai schien ihm höhnisch entgegenzulachen in solchen Momenten, und dann brauchte Michel de Notredame die Flucht; dann hetzte er wie besessen hinaus in die Wildnis zwischen Rhône und Durance, dann bekam der Alte von Saint-Rémy ihn oft tagelang nicht mehr zu Gesicht.

Den Mistral ersehnte er sich in solchen Phasen; etwas absolut Reinigendes und Wegfegendes hätte er sich in seiner Not gewünscht, doch nie in diesen Jahren gingen ihm das Natur- und das Seelentoben in eins. Wie ihm zum Hohn schnitten schartige Schwerter ins Leere und weiteten die Kluft nur noch mehr. Durch knorriges Unterholz floh Michel dann weiter und stieß sich den Leib wund und blutig an scharfem Fels, der ihm in den Weg gestellt war. Und wie im Zwang immer näher heran an das Firmament sodann: Steinklüfte hinauf, Erdruinenfelder, bis das Geröll ihm zuletzt alle Kraft wegzusaugen schien – und mit der Kraft auch den würgenden Zorn.

War dieser Punkt erreicht, schwemmte es ihn regelmäßig wieder talwärts, dem einen oder dem anderen Strom zu – egal. Dort ließ er sich ins Wasser fallen und verspürte, wenn er Glück hatte, im kühlen Ziehen doch noch so etwas wie den Mistral. Wenn nicht, ließ er sich treiben mit dem Fluß, bis zur neuerlichen und dann endgültigen Erschöpfung. War er auf diese Weise ausgeschunden, ausgeglüht und ausgeschwemmt, dann fand er endlich wieder den Weg zurück zum Turm bei Saint-Rémy. Das Verstehen des Alten, des Seelenverwandten nahm er wie selbstverständlich hin; heißhungrig, gierig schlang und trank er, und nach dem Erschöpfungsschlaf packte und beutelte es ihn dann jedesmal anders, jedoch nicht weniger wütend. Dann stürzte er sich wieder ins Lernen und Experimentieren, immer besessener, süchtiger verlangte es ihn nach dem logischen und magischen Begreifen, und gleichzeitig wuchs die Gier nach Avignon, nach der Universität. Von dorther schien ihm mehr und mehr der einzige Hoffnungsschimmer in seiner Not entgegenzuleuchten.

Der Medikus bestärkte ihn darin; es war immer sein Wunsch gewesen, seinen Enkel eines Tages noch zur Immatrikulation begleiten zu können. Ja, es setzte der Alte sogar noch den Zeitpunkt fest: Michels fünfzehnten Geburtstag[33]. Ehe der Dezember des Jahres 1518 jedoch heraufkam, schien das Schicksal sich wiederum zynisch zeigen zu wollen. Als Jaunes Zögling nach einer durchwachten Nacht in der Alchimistenküche ins oberste Turmgeschoß trat, fand er den Greis tot in seinem Lehnstuhl. Ohne jede Vorwarnung hatte das Herz des großmütigen und skurrilen Patriarchen aufgehört zu schlagen. Zum zweitenmal in seinem Leben war Michel de Notredame damit vaterlos geworden.

Avignon

Die dünnädrige Hand von Michels Mutter strich fahrig über den Mähnenansatz des Camargue-Schimmels. Während der letzten Jahre war das Band zwischen der Witwe und ihrem Erstgeborenen zwar nicht gerissen, jedoch deutlich fasriger geworden. Jaune hatte das Denken und Fühlen des Heranwachsenden bestimmt, und Madeleine, von Michels jüngeren Geschwistern ohnehin genug beansprucht, hatte dies in stiller Resignation hingenommen. Jetzt aber, da der endgültige Abschied ihres Großen unmittelbar bevorstand, brach es aus ihr heraus: »Ein, zwei Jahre hättest du gut noch in Saint-Rémy bleiben können! Es hätte nicht so pressiert mit dem Studieren zu Avignon, bei Gott nicht! Warum hast du denn nicht auf den Abbé von Saint-Martin gehört?! Die Aufnahme in seine Lateinschule hat er dir angeboten, aber du hast es ihm ausgeschlagen! Statt dessen trägst du jetzt das Erbe, das mein Vater« – sie schluchzte auf, wie damals am Totenbett – »dir hinterlassen hat, in die Fremde!«

Michel de Notredame fühlte sich zunehmend unbehaglich. Er kitzelte, unwillkürlich, mit den Fersen den Gaul; der Schimmel begann zu tänzeln. Michel spannte sich im Sattel und erwiderte, unwirsch fast: »Wäre es nach Jaune gegangen, so wäre ich schon im vergangenen Dezember nach Avignon aufgebrochen, gleich nach der Vollendung meines fünfzehnten Lebensjahres. So war es abgemacht! Also erfülle ich jetzt nur, was er mir über seinen Tod hinaus aufgetragen hat. Es war sein Wunsch – und ebenso ist es meiner! Vor allem aus diesem Grund hat mir Jaune testamentarisch die Münzen vermacht, die Bücher und das Pferd, und außerdem schon Monate vor seinem Abscheiden mein Unterkommen bei Tante Margarete geregelt. Und was die Fremde angeht: Avignon ist doch nicht aus der Welt. Man reitet doch gerade zwei Tage dorthin...«

»Trotzdem...«, beharrte die Witwe, schluckte rauh, »trotzdem hätte es nicht so bald sein müssen!«

»Ich komme ja wieder, in den Vakanzen«, versicherte Michel. Auf einmal schwang doch so etwas wie Verstehen in seiner Stimme mit. Auch der Schimmel stand jetzt wieder ruhig, wie gemeißelt. Und dann sprang Michel unvermittelt noch einmal aus dem Sattel; noch einmal lagen sich Mutter und Sohn in den Armen. Erst als Michel spürte, daß Madeleine sich nun doch abzufinden begann, löste er sich vorsichtig wieder von ihr. Zum zweitenmal an diesem Morgen saß er auf, sachte, ganz behutsam ritt er an; bis zum geduckten Stadttor schien ihm das Schluchzen der Mutter noch nachzuhängen und ihn auf dem Pferderücken krummzubiegen. Dann aber trieb er das Roß mit jähem Schenkeldruck vorwärts, ließ es lospreschen: so stürmisch, daß das Felleisen mit den Büchern und seiner sonstigen Habe darin auf der Kruppe des Gauls zu tanzen begann.

Nicht lange freilich, da zügelte er das Tier wieder. Saß die letzten Trabgänge wie im Traum aus, ließ sich sodann sogar die Zügel aus den Händen kauen. Auf den Turm starrte er, zu dem es ihn, halb unbewußt, hingezogen hatte, ein letztes Mal. Michel erinnerte sich daran, wie sie den Sarg durchs Portal getragen hatten im Vorjahr; wie das gelackte Holz naß und schwarz unter dem herbstlichen Himmel geglänzt hatte.

Dann die Erdschollen, die auf dem Friedhof in die Grube gepoltert waren; die letzten Blumengrüße, die letzten Weihwassersprenkler. Das scharfkantige Kreuz später in die Steinplatte gehauen; das lauernde Angebot des Abbé bezüglich der pfäffischen, scholastisch klebrigen Lateinschule. Seine, Michels, äußerlich höfliche, innerlich verachtungsvolle Weigerung. Seine Flucht, auch damals wie gescheucht, zum Turm, dem plötzlich geborsten wirkenden Buckel.

In der Folge dann der offizielle Besuch des Notars; das Vermächtnis Jaunes, das gesiegelte Pergament. Der Turm aber in diesen Wochen immer schrecklicher ausgekernt, immer schändlicher gerupft. Kleider, Möbel, Küchenutensilien kamen zum Trödler. Viel Alchimistisches wurde heimlich verscharrt, vergossen, vertan. Die Inquisition, ähnlich wie damals bei Pierres Tod, saß den Überlebenden ständig im Nacken; wegen des freigeistigen Rufes diesmal, in dem der Medikus gestanden hatte. Heimlich halfen der eine oder andere Arzt oder Quacksalber aus der Gegend. So ging etwa das Nilkrokodil nach Nîmes; die Föten, die Jaune in seinen letzten Jahren noch wie manisch einzubalsamieren begonnen hatte, wurden nächtens bis Fontaine-de-Vaucluse gekarrt.

Zuletzt dann nichts weiter mehr als der Wind im Gemäuer und unterm bissigen Winterhimmel das pelzige Häuflein der Steigerer. Alles Warme verflogen, der Zuschlag an einen völlig Fremden; im Hintergrund, nachpubertierend, stimmbrüchig, pickelig, Michel. Die ganzen folgenden Monate bereits auf dem Sprung – und immer wieder das Entspringen aus dem fremd gewordenen Haus zu Saint-Rémy, hin zur steinernen Schale der ihm geraubten Verwurzelung. Endlich, im Frühsommer 1519, war die Nachricht aus Avignon gekommen, die Aufforderung zur Immatrikulation.

Nachdem er dem Geist des Patriarchen seinen letzten Tribut gezollt hatte, preßte Michel de Notredame die Schenkel erneut an den Tierleib; endgültig diesmal. Und der Schimmel zog davon, in raumgreifendem Trab, der Universitätsstadt entgegen.

*

Ein Torflügel ging unter Michels Schulterdruck knarrend auf, am Handzügel zerrte jäh der Gaul; als der eben noch schattenrissige Portalspalt sich verbreiterte, sah der Ankömmling sich einem tanzenden Totengerippe gegenüber.

Eine blitzende Sensenschneide, lange, bleckende Zähne. Das Gerippe hielt die Kokotte im Würgegriff, schien ihr – obwohl leerlendig – Beinhartes ins schwellende Fleisch treiben zu wollen.

Michel erstarrte. Als er jetzt auch noch das keckernde Lachen vernahm, lief es ihm eisig über den Rücken. Es kam ihm vor, als dringe das Geräusch direkt aus der fleischlosen Kehle; gleich darauf aber trat ein verkleckster und wirrbärtiger Mensch hinter der ausgespannten Leinwand hervor, schwenkte die Rotweinflasche gegen Michel und rief: »Wenn du hier fechten[34] willst, suchst du besser gleich wieder das Weite! Ich versichere dir, es ist kein Stüber[35] bei Anatole dem Genie zu holen! Anders wär's, würden wir Künstler pünktlich von unseren Auftraggebern bezahlt. Doch in dieser Hinsicht leiden die Maler von Avignon bis heute schwer unter den abscheulichen und unchristlichen Sitten, die einst von den Päpsten hier eingeführt wurden. Siehe! Selbst der Krätzer, den du hier in meiner Hand erblickst, ist auf Pump gekauft!«

Nach diesen Worten setzte der Angesäuselte die Bouteille an den Mund, trank, würgte, ließ reichlich noch einmal nachfließen, verdrehte die Augen zum Himmel, fixierte den Flaumbärtigen kopfruckend wiederum und schnappte verdattert: »Was?! Du bist noch immer hier?! Himmel, Arsch und Wolkenbruch! Jetzt nimm aber die Beine in die Hand, sonst muß ich dir zum Schaden nach meinen Gehilfen rufen – und das sind rauhbauzige Kerle, das schwöre ich dir!«

Bevor der Musensohn diese Drohung jedoch in die Tat umzusetzen oder Michel de Notredame ein klärendes Wort von sich zu geben vermochte, tauchte eine weitere bemerkenswerte Gestalt auf der Bildfläche auf. Um eine rundum prächtig gepolsterte Matrone handelte es sich, und ehe der Halbwüchsige aus Saint-Rémy sich's versah, hatte sie ihn auch schon in die Arme geschlossen, wobei sie nun ihrerseits in großer Empörung gegen ihren strubbelhaarigen Mann hin schimpfte: »Hast du dein bißchen Verstand jetzt schon ganz und gar versoffen? Erkennst du denn die Mitglieder deiner eigenen Sippe nicht mehr, wenn sie in dein Haus kommen? Da, du blinder Tropf! Guck dir doch bloß seine Augen an, seine Nase, seinen Mund! Meiner Schwester Madeleine ist er wie aus dem Gesicht geschnitten. Michel ist es, der Sohn Pierres und der Lieblingsenkel des alten Jaune, des Guten!«

Margarete schniefte in der Erinnerung an den Trauerfall, faßte sich aber sofort wieder und frohlockte: »Endlich bist du da, mein Söhnchen! Du glaubst gar nicht, wie sehnsüchtig wir schon auf dich gewartet haben! Prächtig siehst du aus, in deinem Lederkoller und mit dem Schimmel am Zügel. Paß auf, wenn Anatole erst wieder nüchtern ist, wird er dich malen wollen. Ach, ach, du wirst den Mädchen von Avignon den Kopf verdrehen, das versichere ich dir!«

Nachdem sie das blitzartige Erröten Michels ausgiebig genossen hatte, fuhr sie herum, packte ihren jetzt betreten grinsenden Gatten am Ärmel und schloß: »So, und jetzt entschuldige dich bei unserem Gast für dein Benehmen, du Unglücksrabe!«

»Man weiß halt nie, wer einen unversehens überfällt«, murmelte der Maler. »Da ist es schon klüger, zuerst einmal vorsichtig zu sein. Stellt sich nachher heraus, daß man sich getäuscht hat – um so besser!« Damit umarmte nun auch Anatole seinen Neffen, dann reichte er ihm die Flasche und forderte ihn auf: »Nimm ein Schlückchen! Es wird dir den richtigen Appetit machen, bis meine Margarete das Begrüßungsmahl zubereitet hat. Bloß keine Scheu, Kleiner! Auch vor dem da nicht!« Er deutete auf die Leinwand, auf das tanzende Gerippe. »Du siehst ja, der Klapprige weiß die Genüsse des Lebens ebenfalls zu schätzen; hält sich auch noch kräftig ran. Dasselbe gilt für den Ratsherrn dieser schönen Stadt, der das Gemälde kürzlich zwischen dem Pfingstgottesdienst und einem Besäufnis in der berühmten Taverne der roten Elefantin – du wirst sie irgendwann auch kennenlernen – bei mir bestellt hat. – Also, schmier dir nur die Gurgel, mein junger Freund! Und dann sag mir ganz offen heraus, was du von dem Tröpfchen hältst . . .«

Michel, ausgedörrt vom langen Ritt, akzeptierte bereitwillig, Krätzer hin oder her. Und stellte, während sein Oheim ihn feixend musterte, fest, daß der Wein eine Blume besaß, die erlesen genug selbst für die Tafel eines Edelmannes gewesen wäre.

*

Das Gelage, an dem sich nicht nur Anatoles Malgehilfen mit ihrem Anhang, sondern im weiteren Verlauf so ziemlich alle Nachbarn aus der Künstlergasse beteiligt hatten, war überstanden. Nun, spät am folgenden Tag, machte sich Michel de Notredame auf den Weg zur Hochschule.

Ein Stück an der grauquadrigen Festungsmauer lief er entlang, die ganze Zeit über den verbohlten und überschindelten Wehrgang zu Häupten. Nahe der Rhônebrücke St. Benezet, die noch aus der Zeit der Kreuzzüge stammte, gab der Wall- und Bastionenverhau ihm kurz den Blick auf das Mündungsgurgeln der Durance frei; doppelt beschützt lag Avignon auf der Landzunge zwischen den beiden Flüssen. Ein skurril verwuchertes Gewirr von Patrizierhöfen und Adelspalästen hatte sich auf der Halbinsel eingenistet; ganze Turmrechen, ritterlich oder klerikal, zernadelten das Firmament.

Dazwischengeschachtelt duckten sich die Fassaden, Erkerchen und Giebel der Bürger- und Handwerkshäuser ins Gekröse der Stadt. Letztgenannte vor allem waren es, die für ein ungeheuerliches Miasma von Düften, Gerüchen und Gestänken sorgten. Faulig drang es aus den Weiß-, Loh- und Grobgerbereien heraus, süßlich und pfeffrig aus den Fleischereien; duftig oder hefig von dort, wo die Backöfen, die Sauerteigtröge standen. Färbereien verströmten feine Essenzen, Schmiedeessen setzten rauchigen Ruch darüber; mit dem Brodem wiederum verbanden sich die vielfältigsten Geräusche: Eisenklirren, Blechdengeln, Kupferpunzen, Stahlschleifen, Stoffklatschen, Walkhämmern, Mühlenpochen, Sägekreischen; die heiseren Rufe von fliegenden Händler, Obrigkeitsbütteln, Fuhrknechten oder Streitenden dazu. Michel tänzelte, schob und drängte sich durch das Tohuwabohu, und dann, wie ein grobkantiges Furunkel über all dem

Babylonischen, sah er plötzlich unmittelbar vor sich den Papstpalast aufragen und den Himmel verschatten.

Rundbögig, phallisch geformt fast, wuchsen die Portal- und unteren Fensterverblendungen aus dem Pflaster des Platzes. Darüber drohten die Mauerstürze und Zinnen zwingburgartig. Wie ein Fallbeil hing ein Eckturm hoch über einer Nebenpforte; doppeldolchig reckten sich weiter hinten zwei nadelspitze Glockenträger empor. Weiter droben noch in der Überhöhung klotzten wuchtige Donjons[36]. Mit Schießscharten und Pechnasen förmlich gespickt war die Kirchenburg; Menschenverachtung und Machthunger schienen sich ihren zyklopischen Steinmuskelsträngen bis ins Mark, bis in den tiefsten verdorbenen Seelenkern eingefressen zu haben. Vor allem dies erwitterte und erspürte der Halbwüchsige fröstelnd, und dann, in einer jähen Erleuchtung, wurde ihm einmal mehr der mentale Blick durchdringend, und Michel erspähte auch das, was sich im Innersten der Klerikalfestung verbarg. Das Grauen von Kerkerhöhlen tief unten schälte sich ihm aus dem Quaderdunkel; ausgefoltertes Blut sah er rinnen über sinterkrustige Wände, Knochen hörte er brechen; Münder erblickte er, die sich über Jahrzehnte und Jahrhunderte hin öffneten in einem herzzerreißend stummen Schrei. Und durch das Leid wuselnd, durch das allein von ihnen verursachte: die Henkersknechte, die Mönche, die Prälaten, die Chorherren, die Bischöfe, die Päpste vor allem; sieben an der Zahl[37]. Michel de Notredame würgte, kämpfte gegen den Brechreiz an, riß sich los von der christlichen Heimsuchung, packte einen Herumlungernden am Rockschoß und erkundigte sich gehetzt nach dem Gebäude der Fakultät der freien Künste.

Das Haus stand noch im Schatten der päpstlichen Burg, dennoch schienen Welten zwischen hier und dort zu liegen.

Von einer ganz anderen, geistigeren und freieren Atmosphäre wurde Michel aufgefangen. Farbige, fröhliche Flecken zeichneten die verwegenen Kleider und Barettfedern der Studiosi hier in den Tag, und Michel fühlte sich vertraut und erleichtert, als er die Folianten sah, das eifrige Kratzen der Schreibkiele vernahm. Er kauerte sich auf den Boden in einem der Hörsäle[38], lauschte, lugte, nahm hellhörig auf, was ihm und den anderen dargeboten wurde, bis der Dozent zum Ende gekommen war. Danach fragte der Neuankömmling sich durch zum Offizium des Rektors.

»Zuerst wird das Trivium von dir verlangt«, erklärte der ihm. »Grammatik, Rhetorik, Logik. Dies sind die Voraussetzungen für jegliche wissenschaftliche Betätigung. Bist du ausreichend firm darin geworden, darfst du dich den höheren Künsten zuwenden, als da sind: die Arithmetik, die Geometrie, die Musik und die Astronomie. Schon in der Antike, die sich uns Wissensbegierigen jetzt wieder offenbart, stellten diese sieben die Krone des Ringens nach Erkenntnis und allem Schönen dar. – Jetzt aber, mein Freund, erlaube, daß ich dir ein wenig auf den Zahn fühle! Ehe ich dich in deine Klasse einweise, muß ich wissen, was du an Vorkenntnissen aus Saint-Rémy mitgebracht hast...« Michel schlug sich tapfer; solide hatte der alte Jaune ihm schon seit seinem elften Lebensjahr die geistigen Grundfesten aufgezimmert. Vom Lateinischen gingen Lehrer und Schüler zum Griechischen über; Erstaunen erntete Michel, als er zuletzt gar etliche arabische Brocken anbrachte. »Dies kann dir, so du später wirklich den Arztberuf ergreifen willst, sehr nützen«, gab der Rektor zu. »Zumindest hier, im Reich des Königs von Frankreich. Jenseits der Pyrenäen freilich, in Spanien, hättest du alsbald die Inquisition im Nacken sitzen!« Er spürte, wie sein Student erstarrte, und lenkte schnell ab: »Auf jeden Fall hast du heute Beachtliches geleistet. Ich glaube, du bist für das zweite Semester geeignet, kannst also die Eingangsklasse überspringen. Lernst du fleißig weiter, dann besitzt du schon in einem Jahr das Bakkalaureat.«[39]

✳

Von da an bis in den nächsten Sommer 1520 hinein lernte Michel de Notredame mit Eifer. Vertauschte jeden Morgen, die zahlreichen kirchlichen Feiertage ausgenommen, die Bohème-Atmosphäre im Haus des Künstlers mit der geistvollen unter dem Dach des Kollegs. Mit seinem befiederten Barett unterschied er sich bald nicht mehr von den Kommilitonen, fand Freunde und Neider unter ihnen; galt auf jeden Fall, nachdem er sich erst einmal in das jungakademische Rudel hineingebissen hatte, erstaunlich schnell als gewiefter Fuchs, der sich schlagfertiger und tiefsinniger als das Mittelmaß zeigte.

Angesichts des anerkennenden Brauenzuckens der Dozenten verschliff sich ihm die Erinnerung an Saint-Rémy mehr und mehr. In der ersten Vakanz, die den Studenten um das Christfest herum zugestanden wurde, hielt er sich nur wenige flüchtige Tage bei der Mutter, bei den Geschwistern auf und jagte den Schimmel alsbald wieder zurück nach Avignon. Im folgenden Semester dann, Michel hatte inzwischen sein sechzehntes Lebensjahr vollendet, entdeckte er im Schatten des Papstpalastes die Verlockung des Weiblichen.

Anatole, wenn auch die gute Margarete deswegen jedesmal raunzte, hatte die rote Elefantin immer wieder feixend erwähnt. Auch aus dem einen oder anderen Kumpelmund hatte Michel, dem inzwischen ein spärlicher Schnauzbart wuchs, Verheißungsvolles vernommen. An einem Märzabend endlich, als der Wind von Süden her das Rhônetal herauf- wehte, fiel Michel, gerade so richtig angestochen von des Malers Wein, in die bewußte Taverne ein.

Auf halbem Weg zwischen der Brücke Saint-Benezet und der Kirchenfestung lag das Etablissement; das schön gepin- selte Wirtshausschild über dem Tor zeigte einen Dickhäuter mit ganz erstaunlich stramm aufgerichtetem Rüssel. Drinnen aber, womöglich noch voluminöser, thronte die Wirtin und Puffmutter auf ihrem Podest: die rothaarige Severine, deren körperliche Pracht die Spelunke in ganz Avignon hochbe- rühmt gemacht hatte.

Als der Student der sieben freien Künste sich seinen Weg durch das Tohuwabohu bahnte, als er hier gegen einen Betrunkenen rempelte und dort dem halbnackten Hintern einer Bedienerin auswich, war die rote Elefantin gerade mit ihrem Zählbrett beschäftigt. Flugs rechnete sie einer ansehn- lichen Gruppe von Theologen die Preise für die genossenen Getränke, die eingeschlaunzten Hummerscheren und die gepuderten Häschen vor, räumte der Korona, als einer der Prälatenschädel ganz herzzerreißend protestierte und lamen- tierte, großzügig Rabatt fürs Wiederkommen und zusätzlich einen schon leicht angeschmuddelten Ablaßbrief ein. Sodann verabschiedete sie ihre geweihten Gäste mit bewegten Umar- mungen und walkürenartigem Busenbeben und wandte sich gleich darauf einem freiberuflich tätigen Mädchen zu, das von seinem rauhbauzigen und zwischenzeitlich entfleuchten Liebhaber anstelle des offensichtlich wohlverdienten Lohnes nichts als derbe Maulschellen bekommen hatte.

»Was läßt du dich auch mit einem aus Marseille ein?!« tadelte sie die Kleine. »Eigentlich solltest du doch allmählich wissen, daß man für solche Schlawiner die Beine besser nicht breit macht! Lebenserfahrung, mein Kätzchen, das ist es, was dir fehlt! Besser wäre es gewesen, du hättest dir einen Familienvater mit in den Verschlag genommen. Löhnt einer von denen nicht, kannst du ihm immer damit drohen, daß du ihn bei seinem Hausdrachen hinhängst. Oder du treibst es mit einem, der noch feucht hinter den Ohren ist. Der die Schliche noch nicht kennt und deswegen Gutes brav mit Gutem vergilt…«

Die rote Elefantin unterbrach sich, denn nun hatte sie den sechzehnjährigen Michel erspäht, der sich zwischenzeitlich nahe an den gargantuanischen Thron herangeschoben hatte. Ein einladendes Lächeln schenkte sie dem Studiosus, versetzte dem Mädchen einen aufmunternden Schubs und fügte hinzu: »Warum verführst du zum Beispiel nicht den da? Ein ganz unschuldiger Hupfer ist er noch, hat nichts Arglistiges in den Augen. Nur den großen Hunger, auf den man in seinem Alter aber auch jedes Recht besitzt. Los, Bernadette! An dem wirst du zum Ausgleich für den Matrosen, den Lumpenhund, deine Freude haben! Das schwör' ich dir, das spür' ich im Urin!«

Ehe Michel sich's versah, hing ihm das Mädchen auch schon am Hals. Einen Krug Wein stellte ihnen die Puffmutter gratis hin; weil das Studentlein so elfisch sei, wie sie betonte. Die zarte Bernadette teilte den Rosé sehr schwesterlich mit ihrem Galan; bald schon bestand sie darauf, den guten Tropfen zuerst von einem Kußmund in den anderen rinnen zu lassen, ehe er geschluckt werden durfte. Nicht nur das allein verursachte dem Meister des Triviums alsbald heiße Ohren; höchst erfreulich war auch die Fingerfertigkeit der olivhäutigen Bernadette. Nachdem sie sich heimlich zunächst vergewissert hatte, daß Michel Silbermünzen in ausreichender

Menge im Gürtelsäckchen trug, war ihr Händchen schon bald hurtig unterhalb desselben zugange. Daß der Sechzehnjährige daraufhin blitzschnell auch die allerletzten Bedenken, die er möglicherweise noch gehegt haben mochte, über Bord warf, war kein Wunder. Unter dem verständnisvollen Grölen der übrigen Gäste am Tisch folgte er seinem Mädchen ins Freie.

Ein Stück weiter hinten in der Gasse lag der Verschlag Bernadettes unterm Dach; ihrem wippenden Rockschoß nach katerte Michel die steile Stiege hinauf. Im ersten Augenblick, als oben die Funzel brannte, spürte er ein kleines Mitleid wegen der Schäbigkeit und der Armseligkeit des Raumes. Doch schon mit dem nächsten Lidschlag verwich ihm dieses Gefühl, denn nun bewies ihm die Kleine ohne störende Zeugen, was sie in ihrem bewegten Leben schon alles gelernt hatte. Michel de Notredame wiederum lernte, wozu ein liebevolles Frauenzünglein imstande sein konnte, und nachdem die Braune ihm wenig später allein mit ihrem kunstfertigen Schnütchen erste Erleichterung verschafft hatte, erklärte sie ihm: »Jetzt bist du bereit für den eigentlichen Ritt, und ich glaube, das kann sehr schön werden für uns beide, wenn du nur immer daran denkst, daß die Zärtlichkeit dabei sowohl das Introitus[40] als auch das Evangelium und ebenso das Amen sein soll!«

Auf diese Weise hatte die außergewöhnliche Bernadette ihrem Galan zu verstehen gegeben, daß auch sie bildungsmäßig und sonderlich theologisch keineswegs unbeleckt war, und gleich darauf war der Studiosus mit großem Eifer dabei, die Lektion, die er erhalten hatte, von der Theorie in die Praxis umzusetzen. Sehr kurzweilig wurde ihm und dem Kätzchen, das jetzt ganz gewiß nicht mehr an den schnöden

Matrosen aus Marseille dachte, der Rest der Nacht. Am Morgen freilich, als es wiederum Zeit für das Kolleg wurde, kam es zu einem kleinen Streit. Bernadette nämlich – »Wenn mir einer so gut gefällt wie du, mein Herz, dann bin ich zu jeder Verrücktheit imstande!« – weigerte sich, den verdienten Sünden- oder Liebeslohn von Michel anzunehmen. Er hingegen wäre sich wie ein Gauner vorgekommen, hätte er der Olivhäutigen gar nichts zukommen lassen dürfen; dies um so mehr, als die Armseligkeit der Kammer ihm jetzt, im harten Tageslicht, noch schmerzlicher in die Augen stach als während der Nacht. Zuletzt schaffte der Student es, daß Bernadette wenigstens ein paar Münzen zum Kauf eines neuen Kopftuches akzeptierte. »Aber nur, weil ich sicher bin, daß ich es aus reiner Freundschaft von dir kriege!« jubelte die Braune, als die Angelegenheit zur beiderseitigen Zufriedenheit geklärt war – und dann schlug die Leidenschaft noch einmal über den beiden zusammen, und Michel handelte sich einen Rüffel seines Professors ein, weil er sehr verspätet zum Unterricht kam.

In der Folge dann teilte das ungewöhnliche Pärchen sich seine Mußestunden klüger ein. So manchen Nachmittag liefen Michel und Bernadette Hand in Hand am Ufer der Rhône oder der Durance entlang, bis irgendwo das Schilfflüstern unwiderstehlich wurde und es sie neuerlich hineintrieb in ihre lachende Lust. Vor der Kulisse der eleganten Rispen sah der Erweckte die Apfelbrüste der Braunen sich wiegen, dann wieder liebten sie sich in einer verlassenen Hirtenhütte oder einem Ölbaumhain, und jedesmal entdeckten sie Neuland, war es begeisternd und schön. Daß sich andere in Bernadettes Gärtchen zu schaffen machten, brauchte der Student schon nach wenigen Wochen nicht mehr zu befürchten. »Es wäre eine Sünde!« hatte seine Kleine ihm alsbald versichert. »Wo man doch einen wie dich bloß einmal im Leben findet! Wo mir doch die Knie schon weich werden, wenn ich nur in deine Augen schaue! Und daß ich bis jetzt auf den Strich gegangen bin, das war nichts als Verzweiflung, das mußt du mir glauben! Ehe ich dich kennenlernte, wußte ich einfach keinen anderen Ausweg. Als Priesterkind hat man eben keine Familie, und wenn dann auch noch die Mutter zu früh verstirbt, dann sieht's düster aus. Aber jetzt habe ich ja dich, und wenn du bloß lieb zu mir bist, dann komme ich schon durch. Du weißt ja, ich kann ein bißchen nähen, und die alte Doryphore will mich zu sich in die Lehre nehmen, das hat sie mir versprochen. Du wirst schon sehen, eines Tages arbeite ich für die ganz reichen Damen, und dann kann ich *dir* Geschenke machen...«

So hatte sich, über die körperliche Verzückung hinaus, das Band zwischen ihnen gefestigt; auf immer und ewig, wie Michel in seiner Ahnungslosigkeit und seinem jugendlichen Überschwang glaubte. Keiner konnte glücklicher sein als er mit seiner süßen Näherin. Bei der alten Doryphore zog sie tatsächlich ein, als das Jahr sich vom Spätfrühling in den Frühsommer drehte. Die schäbige Kammer, in der alles begonnen hatte, schien nun unendlich weit entfernt zu sein; die Kammer und dazu das Etablissement der roten Elefantin, wo sie sich nie wieder sehen ließen. Unter freiem Himmel oder unschuldigen Dächern klammerten sie sich statt dessen aneinander, wiegten sich und erfreuten sich gegenseitig immer wieder aufs neue. Seit Michel Bernadettes Geschichte kannte und sie auch die seine, kam für sie beide noch etwas zusätzlich Vertiefendes hinzu: Vom Waisenlos geschlagen waren sie beide, wenn auch jeder von ihnen auf andere Art, und deswegen fanden sie aneinander jetzt einen erlösenden spätkindlichen Halt.

Zu einer ausschließlichen und weltflüchtigen Verklammerung wuchs sich ihnen dies aber trotzdem nicht aus; ihre Jugend stand dem entgegen, zusätzlich die anderen Schalen, in die ihre Wege nach dem gemeinsamen Rausch immer wieder einmündeten. Die bärtige Doryphore schenkte Bernadette solide, wenn auch ruppige Alltagsgeborgenheit; Anatole und Margarete wiederum behandelten Michel zunehmend wie ihren eigenen Sohn, schienen ihn, da selbst kinderlos, für immer an Kindesstatt annehmen zu wollen. Daß es jetzt in seinem Leben die kleine Näherin gab, akzeptierten sie; mütterlich, neugierig tat,s die Matrone; manchmal mit frivolem Unterton in der Stimme, dennoch herzlich, der Maler. Im Kolleg wiederum errang sich Michel de Notredame, der sich so augenscheinlich bereits in festen Händen befand, zusätzliche Anerkennung unter den Kommilitonen, und da die Stunden mit der Braunen ihn auch akademisch beflügelten, kam es nie wieder zu einem Rüffel seitens eines der Lehrer. Im Gegenteil war dem Studenten des dritten Semesters, als der Sommer des Jahres 1520 nunmehr in seine Gluthitze kam, das Bakkalaureatsdiplom in greifbare Nähe gerückt.

In feste und zukunftsweisende Ufer also schien Michels Lebensstrom einmünden zu wollen; in der Augustmitte jedoch jagte aus heiterem Himmel das zutiefst Entsetzliche auf Avignon hernieder; einmal mehr zersprang dem Sechzehnjährigen seine Welt – und mit ihm traf es viele tausend andere Menschen; auch Margarete, auch Anatole, auch Bernadette ...

Pyrenäenwinter

Die Pest fiel über die Papststadt her, von einer Stunde auf die andere. Rattenzähnig hatte sie sich, vom Hafen herandringend, zuvor durch die Ringmauern gefressen. Am Abend hatte Avignon noch gelacht, getanzt und gepraßt; jetzt, im Morgengrauen, drang da und dort aus den Hausschlünden bereits das Röcheln der Kranken, der ersten Sterbenden.

Hysterisch, kreuz und quer über den Festungsbuckel, dröhnten die Kirchenglocken, und gleich darauf mischte sich das Alarmtrommeln darunter. Zusätzlich wurden droben auf der Burg Kanonen und Musketen abgefeuert. Ein Kreischen schwoll auf über der Stadt, das nichts Menschliches mehr an sich hatte. Halb verrückt vor Furcht, rafften Ratsherren und Bettler Brennmaterial zusammen, häuften es an den Straßenecken, auf den Plätzen zu riesigen Scheiterhaufen und schleuderten die Fackeln hinein, damit der Rauch das pestilenzialische Gift vertreiben sollte. Mit dem Scheiterknallen mischte sich jedoch nichts weiter als neues Todesgurgeln. Vergeblich, wie so oft schon in der Geschichte Europas, blieben die lächerlich schwachen, menschlichen Bemühungen.

Vergeblich war auch das Bußpredigen und Lamentieren der Priester, das jetzt vor den Altären – Hunderte davon zählte Avignon – ausbrach. Gebete, Drohungen, Verheißungen, Verteufelungen, wie irrsinnig heulten die Pfaffen in sich ballende, durcheinanderrudelnde Menschenmassen hinein, denen der Wahnsinn schon nach Minuten immer wilder aus den Augen glotzte. Monstranzen wurden aus den Tabernakeln gerissen, Heiligenstatuen von ihren Podesten gehievt, Reliquienschreine aus Grüften gehoben und brüllend ins Freie gezerrt. Wo die Scheiterhaufen loderten, an den Straßenecken, auf den Plätzen, trafen alsbald die Prozessionen aufeinander, verknäuelten sich ineinander; begannen die jetzt schon tierisch Verzweifelten wie in kriegerischer Verstrickung aufeinander einzuschlagen. Nasenbeine zerknirschten, Rippen splitterten, Blut besudelte das Pflaster und tränkte den Schlamm in den Gossen. Durch den Mahlstrom, rücksichtslos die Rösser weiterpeitschend, stoben bald schon die ersten fliehenden Reiter. Hiebe mit flachen Klingen, Stiefelstöße. Ein Patrizier im Sattel seines Schlachtgauls; Schaum vor dem Menschenmaul. Hinter ihm her der Karren mit seiner wertvollsten Habe. Weib und Kinder wie geschleuderte Puppenbündel über dem Verzurrten. Eine Todesspur, die nicht von der Pest stammte, zog sich von der Place de l'Horloge[41] bis zum Pont Saint-Benezet. Dem in seiner Panik mörderischen Ratsherrn folgten blindwütig jetzt immer mehr Flüchtlinge. Andere Bürger Avignons dagegen, die ihre Rettung, die irrsinnige, nun im Vernageln, im Verrammeln, im hastigen Sichverschanzen in ihren Häusern suchten.

Michel de Notredame, den der ungeheuerliche Aufruhr auf halbem Weg zwischen der Künstlergasse und der Universität überrascht hatte, fühlte im Anprall des Unerhörten, wie etwas dreifach in ihm zerbarst, wie nicht mehr zu bändigende Fasern in grundverschiedene Richtungen hin an ihm zerrten. In die kopflose Flucht wollte der eine entsetzliche Strang ihn reißen, hin zu Anatole und Margarete zog der zweite; nach Bernadette schrie es in ihm mit dem gleichen fürchterlichen

Herzschlag. Und um ihn herum das Heulen, das Strudeln, das Kreischen, das Prügeln, das Röcheln, das eherne Dröhnen, das Heiligenbeschwören, das Feuerfauchen, das Huftrommeln – die Hölle! Wo eben seine Verstandeskraft zumindest noch gezuckt hatte, wurde sie ihm mit dem nächsten Lidschlag ausgelöscht. Seiner allerersten instinktiven Regung gab der Sechzehnjährige nach, hetzte einfach davon wie ein verscheuchtes Vieh, und fand sich dennoch – nach Minuten, nach einer Ewigkeit, in der das außer Rand und Band geratene Menschentier ihn blutrünstig geschlagen hatte – vor dem schmalbrüstigen Haus der alten Doryphore wieder.

Im Rinnstein schillerte Erbrochenes; darin glitt Michel aus, schrammte im Sturz gegen die Mauer, raffte sich wieder hoch, dachte, sehr bewußt jetzt plötzlich: Bernadette! Drückte sich auf der Stiege, während draußen aus Hunderten von Kehlen schon wieder ein Gottanflehen wie ein Fluch herausbrach, an einem reglosen Frauenleib vorbei. Brach oben, da das Schloß nicht sofort nachgeben wollte, die Tür auf – und erblickte die Geliebte!

Sah einen verkrümmten Körper, sah Bernadettes junges Fleisch in einer unbeschreiblichen Lache aus Eiter und flüssigem Kot liegen. Er würgte, er übergab sich. Er schrie, er keuchte; er flehte die junge Frau um Verzeihung an; erst als ihm keine Antwort vergönnt wurde, begriff er wirklich, was das gelblich-rötliche Starren der so unnatürlich geweiteten Augäpfel bedeutete, begriff er, daß er seine Liebe verloren hatte – für immer. Ins Grauen, in Ekel hatte sich das Entzückende verwandelt; aus dem Lustvollen war das Wurmglitschige herausgebrochen; ein einziger gnadenloser Hieb hatte das Allerschönste ins Allerabstoßendste verkehrt.

Auf der Gasse, in der Gosse kam er irgendwann wieder zu

sich. Scham würgte ihn jetzt, weil er es noch nicht einmal über sich gebracht hatte, den Leichnam wenigstens zuzudecken; wenigstens das Mindeste zu tun für die, welche sein Leben gewesen war. Aus der entsetzlichen Scham heraus versuchte er sich den Befehl zu geben, noch einmal zurückzukehren, doch er schaffte es nicht. Neuerlich saugte ihn der Angststrudel ein, und als er zuletzt doch wieder daraus auftauchte, merkte er, daß er mit blutigen Knöcheln gegen das Tor im Künstlerviertel hämmerte. Im nächsten Augenblick öffnete es sich knarrend. Noch einmal vermeinte Michel den Totentänzer zu sehen; tatsächlich war es Anatole, der aus dem Halbdämmer brach. Ein schwerbepacktes Maultier zerrte der Maler hinter sich her, alkoholisiert war er zum Gotterbarmen; seine freie Faust umklammerte eine Axt. »Weg!« schrie er. Er schien seinen Neffen nicht zu erkennen, die Waffe zirkelte im tückischen Unterschwung gegen Michels Kehle heran. Um Haaresbreite schaffte der Student es, den Schlag seitlich abzulenken, dann brüllte auch er: »Ich bin es doch! Bist du denn völlig wahnsinnig geworden?!«

In Wahrheit war ein wahnsinniges Augenpaar gegen das andere gesetzt; wütend rangen sie miteinander. Bis auf einmal auch Margarete da war und sich zwischen die bebenden, zuckenden, tierschweißigen Körper drängte. Den einen umklammerte sie, den anderen schob sie weg, gleichzeitig hörte Michel sie heulen: »Ein Wunder, daß wir wieder beisammen sind! Der Madonna sei Dank! Fort jetzt, Anatole, Michel! Nach Norden zur Stadt hinaus! Nach Orange, Bollène, wenn's sein muß, bis Montélimar...!« Das Irre wich aus den Augen ihres Gatten. »Ja!« keuchte er. »Dort ist die Rettung! Los, Junge! Hilf mir mit dem Maultier! Nein! Besser noch, du holst dir deinen Schimmel her! Und dann

weg aus der Hölle! Jetzt mach schon, Michel! Mach doch endlich!«

Der jedoch schien plötzlich wie gelähmt, stand wie festge-
bannt da; erst ein drängendes Kreischen, ein Fausthämmern
Margaretes schreckten ihn wieder auf. »Nicht dorthin!« bellte
es fremdstimmig, rauh aus ihm. »Nicht in den Norden! Die
Ratten…!« Es hieb ihm noch mehr aus dem Rachen, doch das
ging unter im Toben der Menschenmasse, die jetzt von neuem
durch die Gasse hetzte, dem mitternächtlichen Tor zu, und
Michel konnte nichts anderes dagegen tun, als sich mit den
Nägeln in den Stein unter dem Portalschlund des Hauses zu
krallen, bis das Lemmingrasen vorüber war. Als dann nur noch
der Rauch der Pestfeuer hinter den Fliehenden herfauchte,
bemerkte der Student, daß auch Anatole, Margarete und das
Maultier verschwunden waren. Der panische Strudel hatte sie
eingesaugt und mit sich gerissen, und Michel, hellsichtig noch
immer, machte keine Anstalten mehr, sie jetzt noch einzuho-
len. In seiner Mauernische wartete er ab, bis das Herzrasen und
das Schädeldröhnen sich gelegt hatten, dann tauchte er einsam
ins Gekröse des Hauses ein, erreichte seine Kammer.

Unterm Bettstroh fand er die Geldkatze mit den Münzen,
die ihm von Jaunes Vermächtnis noch geblieben waren; im
Stall dann schnaubte ihm ängstlich das Camargue-Pferd entgegen, und der Bursche sattelte es auf. Er war auch versucht,
Proviant mitzunehmen, doch davor warnte ihn wiederum
etwas Undefinierbares, und so ritt Michel de Notredame
ohne jegliches Gepäck los. Schlug sich durch die vom Irrwitz
befallene Stadt in südlicher Richtung, allein seinem Instinkt
folgend. Sah an der Peripherie Avignons, daß kein Tor mehr
bewacht und kein Wall mehr besetzt war. Hetzte den Schimmel weiter, Tarascon zu, und hörte nicht auf, das Tier zu spor-

nen, bis er aus der Erschöpfung heraus zuletzt den Sturz tat. In fiedriges Gras auf einem angewaschenen Erdrücken nahe der Rhône schleuderte es ihn; als er das still Kreatürliche spürte, verlor er die Besinnung – es rettete ihn etwas aus seiner Verzweiflung in eine vulkantiefe Ohnmacht hinein.

Erst spät am nächsten Morgen kam er wieder zu sich. Hunger, seltsamerweise, nagte ihm in den Eingeweiden; nicht weit von ihm weidete ruhig das Pferd. Nur langsam schwirrte dem Flüchtling die Erinnerung zurück; ehe sie noch wirklich nadeln und brennen konnte, bemerkte er, wie der Schimmel zu tänzeln begann. Gleich darauf ließ er ein Wiehern hören, von der nördlichen Flanke des Erdrückens her kam schmetternd Antwort. Zerschlagen rappelte Michel sich hoch, und während er Ausschau hielt, stieg ihm das Gefühl auf, daß er die jetzt aus dem Flußnebel tauchenden Reiter mit den Baretten kannte. Er taumelte los und lief immer schneller, und dann wurde er zwischen zwei Roßleibern von einer Menschenhand aufgefangen.

Die beiden hießen Bastien und Jorge; Kommilitonen aus Avignon waren es, höhere Semester schon. Kopflos gleich so vielen anderen waren sie geflohen, hatten die Nacht nur eine Meile von Michels Standort entfernt verbracht. Jetzt waren sie nicht weniger froh als er, Gesellschaft gefunden zu haben.

»In Frankreich, darauf könnt ihr Gift nehmen, wird bald die Anarchie herrschen«, verkündete der spitzbärtige, dunkeläugige Jorge nun. Zwischen den Brauen, über der Nasenwurzel schien ihm in einer fahlen Steilkerbe noch immer das Grauen zu sitzen. »Bis hinauf nach Valence oder gar Lyon wird der Teufel lachen. Man weiß es von früheren Epidemien her, wie gnadenlos die Pest an der Rhône entlangzurasen pflegt. Es wird nichts helfen, daß man die Stadttore verrammelt oder die Flüchtigen in die Speerrechen rennen läßt. Der pestilenzialische Dämon wird nur spotten darüber, er wird sich nicht aufhalten lassen. In der Flußniederung, im Brutdunst, in der Hitze dort, ist er allemal der Meister. Was nach Norden geflohen ist, wird verrecken, ohne Rettung. Was in Avignon geschehen ist, wird sich noch dutzendfach, hundertfach wiederholen. Die Leichen werden sich türmen, vor und hinter den Mauern. Dem Bastien habe ich es schon erklärt, und nun sage ich es auch dir, Michel: Der einzige Ausweg, der uns bleibt, ist der nach Südwesten. Am Meer entlang, so schnell die Rösser rennen können, und vielleicht werden die salzigen Brisen dort uns helfen. Dann weiter, so hoch hinauf ins Gebirge, in die Pyrenäen, wie möglich. Heraus aus der Hitze in die Kälte. Dann, aber nur dann, haben wir eine Chance. Ich weiß es, weil ich aus Carcassonne stamme. Und von denen, die in der Vergangenheit zu den Pestzeiten von dort aus in die Berge hinaufgewandert sind, kehrte zumindest immer ein Teil lebendig zurück ...«

»Ich denke, wir sollten es versuchen«, stimmte Bastien, der schwergewichtige Blonde aus Toulon, zu. »Aber da du nun der Dritte im Bunde bist, Notredame, besitzt du natürlich ebenfalls ein Stimmrecht. Also, was meinst du zu Jorges Vorschlag?«

Michel, angesichts der schonungslosen Schilderung des Carcassonners soeben schon wieder zittrig geworden, benötigte eine gute Weile, ehe er zu einer Antwort fähig war. Noch einmal hatte er während der Rede Jorges den blasphemisch zerstörten Leib Bernadettes gesehen. Unendliche Mühe hatte er, sich wenigstens einigermaßen aus der schrecklichen Erinnerung zu lösen; er schaffte es schließlich, weil er sich wie zum Schutz sein gestriges endloses Reiten, sein ganz persönliches verzweifeltes Hoffen wieder in Erinnerung rief. Und aus diesem Zurückgaloppieren im Geiste kam ihm zuletzt noch etwas anderes in den Sinn: seine instinktive Weigerung, Anatole und Margarete zu folgen, sich vielmehr – ganz wie Jorge und Bastien – nach Süden zu schlagen. Und an diesem Punkt brach seine Antwort aus ihm heraus: »Es gibt gar keinen anderen Weg!«

»Dann ist es entschieden«, erwiderte Bastien; Jorge nickte. Während sie ein hastiges Frühstück einnahmen, berieten sie sich über den besten Weg zum Meer. Michel de Notredame, trotz des bohrenden Hungers, den er noch vorhin verspürt hatte, rührte kaum einen Bissen an. Denn er hatte den Kameraden nicht alles gesagt. Er hatte ihnen verschwiegen, daß er, während er selbst gesprochen hatte, zusätzlich eine schmetternde innere Stimme vernommen hatte. Und die hatte ihm durch den Schädel geheult: Reitet nur in die Pyrenäen, ja! Aber ihr werdet als Menschen hinauf in die Berge steigen – und als Tiere zurückkehren!

*

Tarascon; dort gerade noch über die Brücke, ehe auch in dieser Stadt die Pestglocken erklangen. Beaucaire dann, Saint Gilles und Aigues-Mortes. An den Salzfeldern in der Tiefebene der Camargue schien das Grauen endlich ein bißchen dünner zu werden. Durch die Sümpfe, durch die wegstiebenden Pferde- und Stierherden weiter Richtung Montpellier. Die Stadt, den drohenden Brutherd aber letztlich gemieden; hastig über die windüberpfiffene Landbrücke nach Sète. Von dort aus der freie Blick auf den Golf von Lion; das Luftsaufen, die ganze Zeit bis hinüber nach Agde. Noch einmal durch Sümpfe und die Rösser weitergetrieben bis Narbonne. Gut eine Woche jetzt schon von der Hölle von Avignon entfernt; das Gerüchteschwirren und der Angstschweiß wegen der Seuche aber auch in dieser Gegend schon ausgebrochen. Fast direkt nach Süden jetzt, ins Roussillon; immer noch gehetzt an der Abtei von Fontfroide vorüber. Angesichts der kalten Wasser, die von den Bergen strömten, verlangsamte sich allmählich die Flucht. Auch die nun steilen Pfade trugen dazu bei. Immer öfter kamen die Pferde ins Stolpern und Rutschen. Dennoch trieb Jorge die Freunde unnachsichtig weiter, bis der Col de Puymorens erreicht war, fast zweitausend Meter über dem Meeresspiegel gelegen.

»Dort drüben«, sagte der Spitzbärtige aus Carcassonne und deutete nach Westen, »liegt Andorra. Wir könnten uns dort verkriechen, würden aber höchstwahrscheinlich Schwierigkeiten mit den Bütteln des Bischofs von Seo de Urgel[42] bekommen, welcher der Schutzherr des Fürstentums ist.« Über den zuckenden Hals seines zuschanden gerittenen Rappen hin spuckte Jorge aus und setzte hinzu: »Der Pfaffe hat in früheren Zeiten schon Flüchtlinge vertreiben lassen, die hinter seinen Mauern Schutz suchen wollten. Wittert in jedem Franzosen einen Spion von König Franz dem Ersten[43], auf den er wegen dessen Mitregentschaft in Andorra eifersüchtig ist. – Also schlage ich vor, wir bleiben besser hier in der Wildnis und versuchen in einem Dorf oder notfalls bei einem Hirten unterzukommen.«

»Mir ist es recht, sofern ich nur endlich mein Sitzfleisch pflegen kann«, versetzte Bastien. »Ich hab' das Gefühl, als hätte ich mir den Arsch bis auf die Knochen abgeschunden, seit wir Avignon verlassen haben. Jetzt wünsche ich mir nichts anderes, als mich für ein paar Wochen auf die faule Haut zu legen; egal, ob mir ein Bischof oder etwa eine stramme Gebirgsdirne dazu den Segen gibt.«

»Dein Wort in Gottes Ohr – aber das Leben hier oben ist härter, als du denkst!« warnte Jorge.

»Immerhin, wir haben ein schönes Stück Geld mit«, warf Michel ein, klopfte auf seinen Gürtel.

»Das werden wir auch brauchen«, erwiderte der Spitzbärtige.

»Doch jetzt laßt uns zusehen, ob wir irgendwo unterkriechen können! Die Dämmerung ist schon wieder nahe!«

Im auffrischenden Abendwind, im tiefer ziehenden Wolkenschatten trieben sie die Tiere weiter. Erreichten vor dem völligen Einbruch der Nacht gerade noch ein Seitental, wo am Pfadrand aufgeschichtetes Steingetrümmer auf menschliche Besiedelung hoffen ließ. Nachdem die Reiter dem Findlingsmäuerchen jedoch ein Stück gefolgt waren, erlebten sie eine herbe Enttäuschung. Die beiden Hütten, die am Ende lagen, waren verlassen. Nichts deutete auf Leben hin als der beißende Geruch frischer Wolfslosung nahe dem Eingang der einen halbverfallenen Behausung. Jäh verspürte Michel wieder das Angstwittern, das ihn damals gleich nach dem Zusammentreffen mit Bastien und Jorge befallen hatte. Und es hielt an, auch dann noch, als sie die andere Kate bezogen hatten, und wollte nicht schwinden, bis endlich doch der unruhige Schlaf kam.

Am nächsten Morgen dann, die Lebensmittel, die sie unterwegs eingehandelt hatten, wurden schon wieder knapp, drangen sie noch ein Stück weiter in Richtung Andorra vor. Unter immer quälender werdendem Magenknurren verstrich ihnen der Vormittag. Ringsum nichts weiter als nackte Felsschroffen, dürftiges Moos, hartblättriges Gestrüpp und – als reiche die Beklemmung noch immer nicht aus – ab und zu ein aasgieriger Geier ihnen zu Häupten. Endlich aber doch ein Dorf; vier oder fünf armselige Häuser auf dem Hochufer über einem Bachgerinnsel, das offensichtlich zu den Schmelzzeiten gefährlich anzuschwellen vermochte. Neben einem windschiefen Balkenkreuz stand eine Kapelle; der Priester, der heraustrat, sah abgerissener aus als ein Brigant; von den übrigen Bewohnern der gottverlassenen Ansiedlung waren allerhöchstens die Augenpaare zu ahnen, die aus den lochartigen Fensterhöhlen herauszulauern schienen.

Immerhin war der Kleriker ansprechbar; nachdem er freilich vernommen hatte, woher die Reiter kamen und was geschehen war, begann er zu lamentieren: Daß der Teufel allüberall in der Welt herrsche, und selbst im hochheiligen Avignon sei man nicht sicher vor ihm! Daß das Unglück aber mehr noch als aus den Machenschaften des Bösen von den Menschen selbst komme, den Sündern, den Gottesverrätern, und gewiß hätten auch die jungen Spunde gesoffen, gepraßt, betrogen und gelogen, vor allem aber gehurt, bis dann die Geißel über sie hingefahren sei! Jetzt, so der Pfaffe weiter, erfrechten sie sich sogar, das Übel auch noch in die unschuldige Gebirgswelt heraufzutragen, doch dagegen werde er, der Priester Gottes, sich zu wehren wissen! Die Schäflein hier und deren Seelenheil seien ihm anvertraut, und er könne nicht dulden, daß sie von wilden Wölfen gerissen würden! Fort, auf der Stelle fort aus dem Dorf müßten die Versucher! Nähmen sie nicht augenblicklich die Beine in die Hand, so werde man, auch wenn dies für Christenmenschen wegen des Gebots der Barmherzigkeit schmerzlich sei, die Hunde auf sie hetzen!

Die drei Abgerissenen hatten den Sermon des Priesters

betroffen verfolgt; anstatt sich nun aber in die katholische Mildherzigkeit zu fügen und sich zurück in die Wildnis jagen zu lassen, wechselten die beiden älteren Semester einen raschen Blick mit Michel, und als dieser nickte, verkündete Jorge, nicht weniger fromm als eben noch der Pfaffe: »Ganz unbedingt verhält es sich so mit der Welt, wie Ihr sagt, Hochwürden! Und ich glaube auch, daß der dreifaltige Gott bloß noch ein kleines Quentchen Zeit verstreichen läßt, bis er ob der ungeheuerlichen Sünden der Nichtswürdigen mit noch viel ärgeren Racheinstrumenten als bloß der Pestilenz oder ähnlichen kleineren Heimsuchungen unter die belialische Hammelherde fährt! Was uns jedoch angeht«, hier bekreuzigte sich der Spitzbärtige wieselflink, »meint es der Allmächtige vielleicht ein wenig milder, denn er hat uns nicht ganz mittellos auf unseren steinigen Pilgerpfad gesandt, und dies beweist doch, wie ich meine, seine Gnade ...«

»Dann habt ihr also Silber oder gar Gold bei euch?!« versetzte, plötzlich sehr geschäftsmäßig, der Priester.

»Mehr gelbes als weißes Metall!« versicherte Jorge. »Und damit Ihr Euch von der Wahrheit meiner Worte überzeugen könnt, solltet Ihr vielleicht eine kleine Spende von meinem jungen Freund da annehmen!« Mit diesen Worten zwinkerte der Carcassonner Michel de Notredame zu, und obwohl diesem einmal mehr das Würgen in der Kehle saß, zurrte er dennoch seinen Gürtel auf, fingerte eine Münze heraus und überreichte sie dem Kleriker.

»Ich habe es ja gleich gewußt«, versicherte, nachdem er wie nebenbei prüfend auf das Goldstück gebissen hatte, der Verkünder des katholischen Gottes, »daß ihr fromme Wanderer seid und der Herr sein Wohlgefallen an euch hat!« Blitzschnell säckelte er den Lohn für seine Barmherzigkeit ein, dann ließ er einen gellenden Pfiff hören, und im nächsten Augenblick sahen sich die Flüchtlinge aus Avignon von der gesamten Einwohnerschaft des bemerkenswerten Dorfes umringt. Man riß sich jetzt förmlich um die drei Studiosi, und ehe die Sonne eine Handbreit weitergerückt war, hatte man ihnen im kleinsten der Häuser, das lediglich von einer eberzähnigen Witwe bewohnt wurde, das Quartier bereitet. Die Vettel, so verkündete der Pfaffe, werde die Gäste versorgen, so gut sie eben könne; für den sonstigen Unterhalt aber werde in selbstverständlicher christlicher Eintracht das gesamte Dorf, er selbst nicht ausgeschlossen, aufkommen.

*

Die Mildtätigkeit der Pyrenäendörfler und ihres Seelenhirten hielt an bis in die Novembermitte hinein, dann war das gemünzte Erbe Michels verbraucht; ebenso die Dittchen[44], die Bastien und Jorge noch hatten beisteuern können.

Wahrhaft fürstliche Preise hatten die Heimatlosen für jeden Bissen Schrotbrot und jeden Schluck Ziegenmilch bezahlt. Das Dach der Witwenhütte hätte siebenfach neu eingeschindelt werden können für das, was sie außerdem an Mietzins gegeben hatten. Am allermeisten aber hatte der Pfaffe abgesahnt, bei dem sie Messen für die armen Seelen von Avignon zum Säuefüttern hatten bestellen müssen. Der Kleriker war es auch gewesen, der ihnen die rechtzeitige Flucht vor dem drohenden Bankrott unmöglich gemacht hatte. Sobald er nämlich in dieser Hinsicht irgend etwas gewittert hatte, hatte er sie durch schauderhafte Geschichten über Briganten, Wölfe, Bären und vor allem die Büttel des Bischofs von Andorra wieder auf den Pfad der duldsamen

Tugend zurückzuführen gewußt. Daß gleichzeitig die Dorf-
burschen nächtens um die Häuser zu streifen begonnen hatten, war selbstverständlich nichts weiter als Zufall gewesen.

Jetzt jedoch, nachdem den Fremden bloß noch der naß-
kalte Wind durch die Taschen pfiff, hatte der Priester nichts
weiter mehr als einen flüchtigen und beinahe schon verächt-
lichen Abschiedssegen für sie übrig. Auf ihren Gäulen, die
trotz der langen Ruhepause noch ebenso mager und abgeschunden wirkten wie im Sommer, zogen die Studenten davon, und alsbald fanden sich über ihren gesenkten Köpfen
auch wieder die Geier ein.

»Würde mich jetzt einer fragen, wie es weitergehen soll«,
murmelte der blonde Bastien, nachdem ihnen das Räuber-
nest außer Sicht gekommen war, »ich müßte ihm die Antwort
schuldig bleiben.« Einen grollenden Furz ließ er fahren, verschreckt legte sein Gaul die Ohren an, dann wandte der junge
Mann aus Toulon sich an Michel: »Oder weißt du vielleicht
einen Rat, Kleiner?«

»Nein!« knurrte es aus Michels Kehle. Fremdartig, wild
klang es, als hätte gar nicht er selbst den Laut ausgestoßen.
Auch schienen seine dunklen jüdischen Augen, sein pechfar-
benes Haar plötzlich schwarz aufzuglühen, sein Teint sich zu
verhärten, und es war, als hätte Michel de Notredame sich der
Gemeinschaft der beiden anderen jäh entzogen. Unvermittelt
hatte jenes Grauen ihn wieder gepackt, das ihn während der
vergangenen Monate schon zweimal befallen hatte. Wiederum meinte er die andersweltliche Stimme heulen zu hören,
verspürte er das innere Angstwittern; zum drittenmal seit der
Flucht aus Avignon hatte er das Gefühl, in einen Abgrund zu
stürzen, in einen saugenden Schlund der allertiefsten Erniedrigung. Ein Bild schrundete sich ihm ins Gehirn: ein Men-

schenantlitz, das sich wie unter hallenden Hieben urplötzlich wolfschnäuzig verkrümmte, verzerrte – und dann röchelte er noch einmal: »Nein!«

Bastien, der nichts begriffen hatte, schnauzte ihn an: »Ist ja schon gut! Hab's schon kapiert! Wäre auch genug gewesen, wenn du mich bloß einmal so freundlich ermutigt hättest! Leck mich doch!« Und dann an Jorge gewandt: »Also, du siehst, auf den Spinner können wir im Moment nicht rechnen! Aber vielleicht kannst du uns sagen, was wir jetzt tun sollen?«

Der Carcassonner, der sich den Kopf natürlich auch schon zerbrochen hatte, überlegte nicht lange. »Die verlassenen Hütten, die wolfsstinkigen, erinnert ihr euch daran?« sagte er. »Das ist das einzige, was uns jetzt noch bleibt! Dort haben wir wenigstens ein Dach über dem Kopf, wenn jetzt bald der Schnee kommt!«

»Und das Fressen?« wollte Bastien noch fragen, verkniff es sich aber. Denn erneut hatte er einen Blick Michels aufgefangen, der ihm unheimliche Wut und zugleich unheimliche Angst machte. Deswegen furzte er bloß noch einmal, und dann spornte er sein Roß so brutal, daß es nahe am Halsbrechen über den Steingrund davonschoß.

Unverändert lagen die beiden Hütten da; lediglich die löchrigen Dächer schienen sich noch um einen Hauch tiefer gesenkt zu haben. Und auch der scharfe Wolfsgeruch fehlte nicht; wiederum entdeckten die Reiter frische Losung, als sie steifknochig absaßen. »Vielleicht haben wir Glück, und die Bestien überfallen uns im Schlaf«, knurrte Bastien. »Dann hätten wir's wenigstens schnell hinter uns . . .«

»Wir werden sie schon aus der Gegend verscheuchen«, versicherte Jorge. »Los, packt an! Das eine Dach können wir bis zum Abend noch flicken und auch ausreichend Holz für ein Wachfeuer sammeln.«

In der Dämmerung dann war es tatsächlich geschafft. Fluchend hatte Bastien geschuftet, eifriger als die beiden anderen der Carcassonner; Michel de Notredame hatte die ganze Zeit über keinen Ton über die Lippen gebracht. Noch immer hing ihm die gräßliche Vision vom Morgen nach; zusätzlich spürte er, daß ihm jetzt, da er ins nackte Elend hineingestoßen worden war, auch die noch ärgere Verzweiflung von Avignon wieder aufwuchs. Und aus diesem Zerbersten der Welt heraus wiederum ein anderes und dann noch eines. Hinter kaltherzigem Horizont hing das andersweltliche Heulen jetzt dreifach, schien von der Papststadt aus zu einem Turm und dann zu einem Steinhaus in Saint-Rémy zurückzuschauern. Schien sich gleichzeitig näher und näher zu schieben; an die Wolfshütte heran, in der Michel ab Einbruch der Nacht immer zitternder kauerte. Nur zu gerne hätte er mit den anderen gesprochen über das Unaussprechliche, doch das vermochte er nicht und durfte er auch nicht; und dies – in seiner schrillenden seelischen Einsamkeit – war das Allerschlimmste für ihn, weit über den Hunger und die nieselige Kälte hinaus.

Gegen den Hunger immerhin fanden sich schließlich noch ein paar Brocken Brot in Jorges Satteltasche, gegen die Kälte half das Feuer, das sie in der rußklumpigen Herdstelle neben der Tür entfacht hatten. Und auch die Rösser, die sie in stillschweigender Übereinkunft nicht im Freien gelassen hatten, waren da und spendeten ein bißchen Wärme. Unterm animalischen Atem schliefen zuerst Jorge und dann Bastien ein, und zuletzt – da stand freilich der Mondhof schon wieder tief am Horizont – fielen auch Michel die Augen zu.

Aber er riß sie gleich wieder auf – offenbar nur wenige Herzschläge später. Durchs verkrümmte Holzgitter im Fensterloch kratzte und tatzte es herein, vom Dach drangen das Pfotenschleichen und dann das Kieferschnappen herunter; andere Wölfe fegten wie die Teufel am Türschlund und am kläglich zusammengefallenen Feuer vorbei.

Verschreckt, schlafdämpfig, wirrköpfig sprangen die Burschen auf die Beine. Sahen sich im nächsten Lidschlag mit den beinahe menschlich kreischenden, auskeilenden und steigenden Gäulen konfrontiert. Ins Funkenglastige schleuderte es Jorge, an peitschenden Halftern und Mähnen klammerte sich Bastien fest, Unverständliches brüllend; Michel de Notredame hingegen wurde selbst zum Tier. Ein Rausch des Tötenwollens packte ihn; eine Rückkoppelung war es, aus all den Toden geboren, die er selbst in der Vergangenheit hatte ertragen müssen. Mit der bloßen Faust langte er ins Feuer, griff sich die größte der wenigen noch flammenden Fackeln und hieb sich hinaus in die Nacht, hieb sich hinein ins Wolfsrudel. Und er sah und hörte, wie das glühende Holz gegen Reißzähne, Lefzen und Schädel schmetterte; er trieb sie vor sich her und jagte sie davon, über den Steingrund zuerst und dann vom Hüttendach herunter; und den letzten Wolf brachte er um, indem er ihm die Fackel durch den Rachen bohrte bis hinunter in den Schlund. Und als er das Tier verenden fühlte, da schrie er seinen Triumph hinaus in die Nacht, die zumindest für diese Stunde wieder befreit war vom Wölfischen, und brach zusammen über dem auszuckenden Kadaver und wußte von nichts mehr; von gar nichts mehr.

»Glauben könnte ich es nicht, hätte ich es nicht mit eigenen Augen gesehen!« murmelte am nächsten Morgen

Bastien, nachdem Michel aus seiner Ohnmacht wieder zu sich gekommen war und nunmehr von seinen Kameraden versorgt wurde. »Du hast das ganze Rudel in die Flucht geschlagen, ohne daß du unsere Hilfe nötig gehabt hättest!«

Jorge, an den Händen, im Gesicht von Brandblasen verunstaltet, setzte hinzu: »Ich hoffe, jetzt werden wir vor den Bestien Ruhe haben, dank deiner rolandsmäßigen Wut! Dafür nehme ich die Narben, die ich mir selber zugezogen habe, gerne in Kauf.« Er grinste, wurde unvermittelt wieder ernst und erkundigte sich besorgt. »Aber was ist mit dir, Michel? Du hast stundenlang besinnungslos dagelegen! Meinst du, du kommst jetzt wieder auf die Beine?«

Er versuchte es. Taumelig rappelte er sich hoch, tauchte aus seiner Erschöpfung auf wie aus einem ungeheuerlichen Alptraum und betrachtete die Hütten, das Tal, die Steinmauer wie etwas ganz Fremdes, noch nie Gesehenes; ebenso die Freunde. Bis zum Mittag dauerte es, bis das geistige Weggetretensein völlig von ihm gewichen war. Dann aber näherte er sich mit gierig geweiteten Nüstern der Feuerstelle, auf der jetzt der Braten zischelte. Jorge und Bastien, vom Hunger getrieben, hatten den Wolfskadaver nicht verkommen lassen wollen.

»Du hast uns keine Antwort gegeben, als wir dich deswegen fragten«, murmelte Bastien. »So konnten wir nur hoffen, daß es dir recht sei . . .«

Michel de Notredame antwortete auch diesmal nicht. Doch wenig später schlang er noch gieriger als die anderen und wehrte sich nicht gegen den Genuß, der nicht nur körperlicher, sondern darüber hinaus von geradezu schon gottes- und moralverachtender Natur war. Ins Wölfische biß

Michel de Notredame sich hinein, weil er den Überlebens-
drang so animalisch wie noch nie zuvor in seinem Leben
spürte.

*

Gegen das Durchkommenwollen, gegen das Sichfestklam-
mern an der nackten Existenz aber schnappte jetzt immer
schärfer das verfliegende Jahr hin. Schon kurz nach dem
schrecklichen, dem fast kannibalischen Mahl setzten am Col
de Puymorens die Schneefälle ein. In der Talschlucht häuften
die Wehen sich auf, immer weiter von den Hängen herunter
krusteten Eis und Firn; in ein frostiges Gerippe verwandelte
sich die künstlich aufgeschichtete Steinrunse seitlich des Pfades. Daß die Wölfe sich in der Tat nicht mehr zeigten, war den
Einsiedlern bald kein Trost mehr. Denn anstelle der Reißzähne biß jetzt das Kälteklirren gegen sie heran; immer nagender
wurde zudem der Hunger.

In einem alten löchrigen Kessel, den sie aufgefunden hatten, kochten sie Moos, Flechten, zähes Wurzelzeug. Dasselbe
Futter, das sie auch den Gäulen vorwarfen, nachdem sie es
mit klammen Händen mühsam unter dem Schnee hervor-
gekratzt, herausgezerrt hatten. Wäßrig wurde ihnen bald
das Blut; oft einmal krümmte sich einer der Verwahrlosten
zusammen, raste hinaus, das Grimmen, den Krampf, das
fiebrige Brodeln im Gedärm. In den Nächten immer wieder
Aufschreie, ein Lautgeben hoffnungsloser Hoffnung: »Laßt
uns fliehen! Zurück in die Ebene! Heim nach Frankreich!
Die Pest?! Geschissen drauf! Muß sich längst verzogen
haben, jetzt im Winter!« Anderes Keuchen aber sofort dage-
gengestellt: »Die Wege sind blockiert, ihr Narren! Eissümpfe
aufgestaut! Die Bestien nicht mehr hier, ganz gewiß aber

anderswo! Die Lawinen dazu! Und die Rösser?! Verrecken würden sie, schon am ersten Tag!« Und noch tiefer glitten sie in die Verzweiflung hinein, bis der Erschöpfungsschlaf sie dann doch wieder kurzfristig weghieb aus der Realität.

Ein anderer Hieb aber, urplötzlich, in der Dezembermitte: Die Gäule, weil sich heute schräg hinter den Gipfeln dünn die Sonnenscheibe zeigte, hatten sie hinausgeführt ins Freie. Aus dem wäßrigen Glasten heraus auf einmal das Poltern. Ein entwurzelter Latschenstrunk, von Eisbärten überkrustet, schmetterte in die Tiefe. Streifte Jorges Rappen, hetzte das Tier in die Panik. Im Felsgetrümmer, nur ein paar Dutzend Galoppsprünge weiter, blieb der Schwarze mit gebrochener Hinterhand liegen und schrie vor Schmerz, bis der Carcassoner ihm den Dolch durch die Halsschlagader zog.

»Fleisch!« Sie brüllten; begannen angesichts des Kadavers auf einmal zu tanzen. Im Hintergrund, die Ohren angelegt, standen verstört die beiden anderen Rösser. In den noch warmen Leib des Rappen fetzten die Klingen hinein, trennten Lendenstücke heraus, und dann fraßen die Ausgehungerten sie beinahe noch roh. Später, mit trommelartig geblähten Wänsten, zerlegten sie den Tierkörper völlig. Hängten die besten Stücke in den Kamin, in den Rauch, vergruben das andere in einem hastig gescharrten Eiskeller, häuften Steinbrocken darüber. Und schielten, als sie von neuem zu schlingen begannen, immer wieder auf Michels klapprigen Schimmel und Bastiens Stute. Der Überlebenswille hatte plötzlich wieder Perspektiven gewonnen. Ein Roß zu schlachten – noch vor wenigen Stunden wäre dies ein Tabu gewesen! Das lange Vertrautsein mit den Tieren, ganz persönliche Erinnerungen auch, besonders im Fall Michels und des Camargue-

Hengstes, wären dem entgegengestanden. Jetzt aber, nachdem der Bann einmal gebrochen war, vermochten sie in den Tieren nur noch das Fleisch, die Nahrung zu sehen. Und Bastien sprach es aus: »Wenn nicht noch ein Unglück geschieht, ein Bär oder eine Seuche, werden wir bis zum Frühjahr durchhalten können! Verflucht auch! Warum haben wir bloß nicht schon früher dran gedacht?!«

Roßfleisch zwischen den Zähnen; über Weihnachten und dann ins neue Jahr 1521 hinein. Freilich konnten sie die jeweiligen Zeitpunkte nur ungefähr ahnen, in ihrer Hütte verwahrlosten sie immer mehr. Eine deutliche Zäsur war es allerdings, als im Januar auch Michels Schimmel daran glauben mußte. Sie hatten um das nächste Blutopfer gelost: mit Hilfe von Würfeln, die Jorge aus dem Gebein seines eigenen Tieres geschnitzt hatte. Michel, siebzehnjährig jetzt, als er das Wesen erstach, das Jaune ihm einst vermacht hatte, heulte einen stummen Schrei gegen das Firmament, fühlte sich innerlich zerrissen zwischen wiederum wölfischer Gier und dennoch namenlosem Leid, erlebte aber nachher von neuem die Betäubung durch das animalische Schlingen – und trieb den geistigen Ausbruch, der schon in ihm gelauert hatte, auf diese Weise noch einmal zurück.

Der Weiße gab weniger als der Schwarze her – er war eigentlich bloß noch Haut und Knochen gewesen. So begannen die Drei, kaum daß der Januar sich in den Februar gedreht hatte, erneut den Dolch zu wetzen. Ehe der aber Bastiens Stute wirklich in die Kehle fahren konnte, stand der klapprige Gaul von selbst um[45]. Das Tier mußte sich in der Tat eine Krankheit eingefangen haben, wie der eklig schleimige Mageninhalt, als sie den Kadaver zerlegten, bewies. Auch waren Würmer in der Lunge und Geschwüre im Fleisch, so daß den Schlächtern nichts anderes übrigblieb, als das Aas schleunigst zu verscharren.

Noch ungefähr eine Woche brachten sie sich wieder nur mit Hilfe von Flechten, Moosen und Latschenrinde durch. Dann aber war die Gier nach Fleisch dermaßen unwiderstehlich geworden, daß es zu einem noch schrecklicheren animalischen Ausbruch kam. Hinüber gegen das Pfaffendorf begannen sie zu speicheln, standen im Wind, der von dort kam, fletschten die Zähne und ließen die spitzen Schnauzen wittern – und zuletzt schnürten sie los, im Rudel. Sie schlichen sich an die Häuser heran, unterm halben Mond; machten instinktsicher die günstigste Stalltür aus. Sie stürzten los auf den warmen Tiergeruch, den verlockenden Brodem der Beute – und stürzten mitten in die Prügel, die Dreschflegel, die Waffen. Die Pyrenäendörfler hatten Lunte gewittert, schlugen die einstigen Gäste, von ihnen so meisterlich gerupft, jetzt grün und blau; nur mit knapper Not konnten Michel, Bastien und Jorge sich retten.

Sie fanden sich am nächsten Morgen in völlig unbekanntem Terrain wieder; vier, fünf Zähne fehlten Bastien im Maul, Jorge blutete aus einer Schulterwunde; lediglich Michel war mehr oder weniger unverletzt geblieben. Verspürte aber, gleich den anderen, noch immer die wölfische Gier in den Eingeweiden – eher noch ärger war sie geworden nach der Erniedrigung der Nacht. Und wieder witterten und speichelten die Vertierten in den Wind, und dann vernahm Michel de Notredame im Geist ein Blöken. Er roch Fellfett, stieß ein Heulen aus – und führte das Rudel in Richtung Andorra.

Stunden liefen sie dahin, verständigten sich jetzt bloß noch mit Knurrlauten; zuletzt erreichten sie den Pferch in der Schlucht. Eine Scheune stand da, aus einer Hütte wölkte

Rauch zum Himmel; hinter krummholzigem Stangenwerk drängten sich die Schafe. Als sie das Fauchen aus den Menschenrachen vernahmen, hetzten die beiden Hirtenhunde los, versuchten den Räubern an die Kehlen zu gehen, wurden aber im Handumdrehen abgetan. Der Schäfer, schwerfällig in seinem Pelz, rannte noch einige hundert Meter bergwärts davon, aber dann hatten zwei der Briganten ihn eingeholt und ihn im nächsten Augenblick niedergeschlagen. Gleichzeitig hatte der dritte, Michel de Notredame, das Schaf geschächtet. Aus der zerschlitzten Halsschlagader pulste ihm heiß das Blut entgegen. Er wühlte die Schnauze dort hinein; er soff, schmatzte, würgte, bis ihm aus dem viehischen Saugen, aus der vampirischen Wut die Betäubung erwuchs, bis er zuletzt über dem Kadaver zusammenbrach.

In der Hirtenhütte kam er wieder zu sich. Der Schäfer lag jetzt halbnackt und gefesselt da; Jorge hatte sich den Pelz genommen, kauerte aufgeplustert vor dem Feuer und briet das Fleisch. Hatte gleichzeitig einen Käsebrocken in der Kralle, und weiter hinten stopfte auch Bastien sich voll, wimmerte dabei wie ein Kind. Aus der Ohnmacht auftauchend, stürzte sich auch Michel auf den gelbrindigen Laib und fühlte, während er schlang, den Brechreiz steigen, aber er lief nicht einmal ins Freie, sondern übergab sich quer durch den Raum und schlug die Zähne dann sofort wieder in den nachgiebigen Kanten. Diesmal behielt er die Nahrung bei sich, verdaute später auch das Fleisch, und während er danach neuerlich in die Erschöpfung wegtrieb, scherten ihn das Betteln und das Flehen des Schäfers einen Dreck.

Gleich einem Tier hielten sie den Hirten während der folgenden Wochen; hilflos und angehalftert mußte er im Hundeverschlag kauern. Zu Anfang hatten sie ihn nicht einmal ins Freie gelassen, damit er dort seine Notdurft verrichten konnte; erst der Gestank – und keineswegs das Mitleid – hatte sie schließlich doch dazu veranlaßt. Nichts weiter als das Fleisch zählte für sie, wahrlich wölfisch bissen sie sich durch die Herde; darüber hinaus waren aber auch zwischen ihnen alle menschlichen Bande abgerissen. Keine Gespräche gab es mehr, nicht einmal Wutausbrüche wie früher, nicht einmal mehr das hoffnungslose Stammeln und Phantasieren. Nichts als das animalische Vegetieren zählte noch für diejenigen, die einst an der Universität von Avignon die sieben freien Künste studiert hatten. In steinzeitliche Krusten hatten sie sich eingekapselt – und am tiefsten und nachdrücklichsten schloß sich der Fels über Michels hartgeschrumpfter Seele.

✳

Aufs Überleben und den Tod reduzierte sich alles. Aus dem Fleischdunst, aus dem Rachenschnappen heraus stieg ihm ärger denn je das mentale Grauen auf. Der Leichnam Bernadettes trieb wieder hoch, gerahmt vom irrwitzigen Inferno der fernen Stadt. Eine einzige Eiterbeule die Geliebte – und dann, aus dem Eiter hervorbrechend: Jaunes Antlitz, lebensvoll, gütig, weise; doch hinein in die Gesichtszüge der Hieb: das Verwuchern, das Auslöschen, das Verschlämmen im Tod. Der Sarg, die Würmer, das blasige Aufplatzen unter der Erde. Der entkernte, der vom Wind der Vergänglichkeit durchpfiffene Turm. Michel wurde herausgewürgt aus dieser verräterischen Hülle – doch es jagte ihn noch weiter zurück ins Leid, ins Vaterhaus zu Saint-Rémy. Wieder der Tod, vom weihrauchumwitterten Lauern des Pfaffen verbrämt. Draußen die inquisitorischen Schleicher, die Hyänen. Ein knapp Zehnjähriger erschüttert ins Aleph des Adonai gestellt; dazu so zukkend, so hilflos die Hand der Mutter. Ungeheuerlich eingesaugt hatte das Namenlose, der Gottesname ihn damals, hatte ihm, wie er glaubte, eine Schutzhülle beschert – aber eben nur scheinbar. Später, als die Zeit wieder vorwärtswummerte, verkehrte sich das Urvertrauen des Knaben haßerfüllt in sein Gegenteil. Gnadenlos wurde ihm das ursprüngliche Adonai wieder aus dem Herzen gerissen, und statt dessen durchbohrte ihm dreifach der Nagel den schutzlosen Kern; dreifach in bloß sieben Jahren. Die Drei und die Sieben! Die heiligen Zahlen von alters her. Erde, Mond, Sonne, dazu das Planetenschwingen gefangen in ihnen[46]. Drei Götter, sieben Sakramente im Christentum. Ungleich älter, ehrwürdiger, weltweiser noch: die fünf Bücher und die beiden Gesetzestafeln des Mose. Der dreifache Brand, der dreifache Sturz Jeruschalajims[47].

Vom Gottvertrauen in den Gotteshaß. Als blasphemische Brücken standen die verfluchten Zahlen jetzt schon so lange im Mantel des Schwarzmagischen. Dreimal die Todesfratzen im Zeitraum seiner sieben prägenden Jahre. Und aus dem dritten Grauen heraus nunmehr das Zerbrechen, der Absturz, das luziferische Zurückwirbeln hinter jegliche Zivilisation, jegliches Menschsein. Pervertiert zappelte der Siebzehnjährige im Pyrenäenwinter, war durchs Nackte, durch Herzlose gepeitscht worden. War deswegen selbst reißzähnig und nacktlefzig geworden, als Mensch dem Menschen zum Wolf. Deswegen war im allerletzten Dreiklang auch das allerletzte Band zerrissen; deswegen gab es nicht einmal Mitfühlendes mehr zwischen ihm, Jorge und Bastien. Wertlos, fremd, äonenfern waren sie ihm, genauso wie der mißhandelte, kotverschmierte Schäfer. Allein dieses abstoßende Bild war ihm jetzt noch geblieben, ein Homunkulus. Am tiefsten, am schändlichsten, am nichtswürdigsten aber er selbst: Michel de Notredame. Größer angelegt als die anderen drei – DIE DREI –; gerade deswegen noch fürchterlicher abgestürzt. SIEBENMAL so tief wie sie! Im allergräßlichsten Sumpf gelandet, obwohl es einst doch ihn – gerade ihn! – zu den Sternen getrieben hatte.

Und so heulte, wimmerte, knirschte, fletschte der Siebzehnjährige gegen diese seine satanisch-göttliche Erkenntnis, gegen das sonnengrelle Zerschmetterwerden an; nun, da er in den innersten Kern seines Ekels, seiner Wut, seiner Trauer vorgedrungen war. Zum diamantharten Knoten schnürte sich ihm sein Leben ein, gleichzeitig aber sichelte ein Lichtsäbel heran und zerhieb ihm das Gezurrte; splitterte es neuerlich auf.

Die Ziffern seines Lebens, die Sieben und die Zehn, teilten, trennten, schieden sich voneinander wie die Wasser vom Lande. Der Planet schien alchimistisch aufzubrodeln, schien zu zerspringen, sich aufzufächern in seinen kosmischen Ursprung. Zwei Ketten schlegelten ins All hinaus; siebengliedrig die eine, zehngliedrig die andere. Blut, Eiter, Leid troffen vom kürzeren Strang, aus dem anderen aber brach nunmehr ein überirdisches Leuchten. Zehnfach vernetzt hing der Planetenreigen zwischen Ewigkeit und Ewigkeit; zehn Gestirne, die wahre Zahl[48], schlossen das Adonai in unbeschreiblicher Schönheit zwischen sich ein. Und aus dieser hellsichtigen kosmischen Durchdringung heraus entstand nun für Michel de Notredame auch die Erlösung; die gegenwärtige zumindest.

Das Antlitz Bernadettes verwandelte sich zurück ins Warme, ins Zärtliche. Michel glaubte von neuem, den Alten im Turm heilen zu sehen. Aus den Augen Pierres drang ihm wie ein behütender Strom die Menschenliebe, das Helfenwollen entgegen. Einen aufgespießten Wolf fing das Weiche in sich auf, andere geschlachtete oder verletzte Kreaturen dazu; das Todesröcheln von Hunden verklang. In seine Freiheit trieb ein unschuldiger Schäfer herauf; seine Lämmer schienen vollzählig wieder im Pferch versammelt zu sein. Blut-, Kot- und Schmutzkrusten blätterten von Jorges und Bastiens Leibern ab und lösten sich gleichzeitig auch von den Gliedern, vom Antlitz Michels. Das zehnfache Planetenkreisen bewirkte dies alles; die kleinliche Sieben, die mörderische Drei verband es zum Wahren, zum Einzigen.

Glasklar war auf einmal wieder der Kosmos, war das Leben geworden. Durch den tiefsten Pfuhl war ein Verzweifelter gepeitscht worden, um zuletzt doch höher als je ins Licht zu gelangen. Bewahrheitet hatte sich das Wort, das er gleich nach der Flucht aus Avignon inwendig vernommen hatte: Ihr werdet als Menschen hinauf in die Berge steigen – und als Tiere zurückkehren! Doch nach dem Hinabsteigen lockte nunmehr das friedliche Tal; das Tal des Trotzallem nannte es sich, das Tal der Milde und der Barmherzigkeit – und gerade aus dem Wissen um das zutiefst Wölfische im Menschen war sein Name entstanden. Als ihm dies nun durchs verwundete Gehirn und die Seele zuckte, kam der Siebzehnjährige nach monatelanger Agonie wieder zu sich. Durch das Hüttenfenster sah er, daß der Schnee zu schmelzen begonnen hatte, und dann sah er auch die wieder menschlichen Augen von Bastien, von Jorge – und sah gleichzeitig das Antlitz des Hirten.

Er umarmte die Freunde, die Herzbrüder, denn als solche durfte er sie jetzt wieder empfinden; der Lichtfunke sprang über und weitete sich aus; gemeinsam lösten sie die Fesseln des Schäfers. Zwar floh er sofort, doch schon bald, halb auf dem Hang, verlor sich sein Fluchtdrang, begann er zu äugen –

85

und die Studenten spürten: es war gut! Aus eigenem unbegreiflichen Begreifen heraus hatte der Hirte ihnen verziehen und hatte ihnen seinerseits die Freiheit zurückgegeben.

So zogen sie zu Tal, und auf den noch immer beschwerlichen und gefährlichen Wegen vernarbten ihnen allmählich die Wunden, wich das Grauen ins Unwirkliche und Vage hinweg, und zuletzt erschien ihnen alles, was sie durchgemacht hatten, nur noch als ein Traum. Michel de Notredame aber, nachdem sie im ersten französischen Dorf selbstlose Hilfe gefunden hatten, flüsterte wie verklärt über seinen Weinbecher hinweg: »Das Studium! Alles in mir schreit danach, daß ich es wieder aufnehme! In Avignon wartet noch immer das Bakkalaureatsdiplom auf mich. Ich kann es kaum erwarten, bis ich es in meinen Händen halte. Dann ist der Weg für mich frei, um mich endgültig der Medizin zu widmen. Arzt will ich werden! Heißer denn je ersehne ich mir das und nichts anderes!«

Jorge und Bastien nickten, hellsichtig in der eigenen, traumfernen Rückerinnerung, und am nächsten Morgen wanderte das geläuterte Trio nach Nordosten davon.

Montpellier

Abgerissen, hinkend, noch immer von nachschwärenden Frostbeulen verunstaltet, traf der Dunkeläugige an einem wolkenfetzigen Spätapriltag in Saint-Rémy ein. Einem jähen Sehnen und gleichzeitig seinem schlechten Gewissen folgend, hatte er sich an der Wegkreuzung bei Tarascon von seinen Kameraden getrennt. Jetzt, in der Küche des Steinhauses, fing ihn die Mutter mit einem beinahe panischen Aufschrei in ihren Armen auf.

»Mein Gott! Daß du am Leben bist! Daß ich dich noch einmal festhalten darf!« In seine Halsbeuge schluchzte sie es hinein; seit sie sich zum letztenmal gesehen hatten, war er trotz der Entbehrungen einen Kopf höher als sie aufgeschossen. Jetzt wartete er ab, bis sie sich ausgeweint, ausgestammelt hatte, dann aber stellte er die Frage, die ihm die ganzen Wochen schon, den ganzen Weg von den Pyrenäen her in der Seele gebrannt hatte: »Dich hat die Seuche also verschont, gepriesen sei der Einzige! Aber was ist mit meinen Geschwistern? Den anderen Verwandten? Und hast du etwas von Margarete, von Anatole gehört?«

»Die Pest!« murmelte die Witwe, löste sich wie ernüchtert von ihm. »Bis in den späten Herbst hinein hielt sie an. Die Totenglocke von Saint-Martin läutete und läutete, bis es zuletzt auch den Küster hinwegraffte. Wir hörten sie von Cavaillon aus; in die Hügel dort hatte ich mich mit der Brut geflüchtet. Dort haben wir's überlebt, alle, und wir müssen

Gott danken dafür, Michel! Aber wir hätten dich so nötig gehabt; dich, den Ältesten! Das werden dir auch deine Brüder und Schwestern noch sagen, sobald sie heute abend von den Feldern meines Bruders heimgekehrt sind...«

»Was, sie arbeiten auf dem Gut von Onkel Raoul?!« entfuhr es Michel. »Alle? Auch die Kleinen?«

»Er braucht jetzt jede Hand! Ein Drittel seiner Leute hat er durch die Seuche verloren!« jammerte Madeleine. »Aber das ist noch nicht alles, Sohn! Stark mußt du jetzt sein! Noch schlimmer steht es in Avignon...«

Wieder das Schluchzen, das Rotzen, dann berichtete die Witwe: »Beinahe ein Jahr ist es jetzt her, daß meine Schwester und ihr Gatte verschollen sind! Es gibt keinen Zweifel mehr! Irgendwo liegen sie namenlos in einem Massengrab! Oder sie sind verscharrt worden auf einem Schindanger!« Neuerlich das beinahe panische Anklammern an den Erstgeborenen, dann brach es noch heftiger, noch verzweifelter aus Madeleine heraus: »Und du – ich glaubte, du seist ebenfalls tot! Michel, wo warst du?! Du siehst fürchterlich aus! Du mußt durch die Hölle gegangen sein! Ich spüre es!«

Michel schien die letzten Sätze gar nicht gehört zu haben. Statt dessen räderte ihm das andere im Schädel, sah er noch einmal die Danse macabre[49] unterhalb des Papstpalastes. Anatole und Margarete, hetzend zwischen Sensen, das Fleisch von den Leibern gefetzt, ihr Gebein jäh nackt. Obszön ihre Erniedrigung unter kreischenden Himmeln. Und er selbst wollte sich mitreißen lassen, aber dann bäumte sich der Col de Puymorens gegen seinen Fluchttrieb auf. Im lichten Schatten des Golgatha-Gipfels fand er die Fähigkeit, sich ins Unausweichliche zu fügen; dem Grauen darüber hinaus das Menschenherz entgegenzusetzen. Gleichzeitig spürte er wieder, daß er die Mutter in seinen Armen hielt, erinnerte er sich an ihre Fragen.

»Ich war wie verrückt vor Angst, verzeih!« murmelte er. »Als damals die Pestglocken losdröhnten, verlor ich völlig den Verstand! Margarete und den Maler sah ich fliehen, und dann...« Wie gejagt erzählte Michel, berichtete seiner Mutter zumindest das, was er auszusprechen vermochte, was sich in Worte kleiden ließ, und sie nahm es hin, nahm es ihm ab und würde es hinfort zusammen mit ihm tragen. Als er völlig erschöpft verstummte, waren Stunden verstrichen. Madeleine, die ihm zwischendurch immer wieder die Brotbrocken zugeschoben hatte, mußte ihn stützen, damit er es noch bis hinauf in die Schlafkammer schaffte.

Die folgende Woche über ließ er sich treiben. Halbe Tage lang saß er in der Küche, starrte ins Feuer, ließ sich halten von der Klobenwärme hier und der immateriellen mütterlichen dort. Manchmal tauchte er aber auch auf Raouls Feldern auf, mischte sich unter die Geschwisterhorde, entdeckte den Geruch der Erde neu. Einmal wanderte er hinaus zum Turm; über dem verwaisten Gemäuer sah er dort die Dohlen kreisen; mehr – obwohl er es befürchtet hatte – geschah nicht. Zuletzt dann wurde ihm klar, daß alles Notwendige geklärt worden war; daß er nun weiterziehen wollte nach Avignon.

Madeleine spürte, daß er sich nicht aufhalten lassen würde. »Wie willst du aber dort leben?« fragte sie nur. »Sicher, du kannst wieder in das Haus in der Malergasse gehen, aber...«

»Dorthin oder unter ein anderes Dach«, erwiderte Michel vage. »Ich werde dir jedenfalls Nachricht zukommen lassen. Wichtig ist jetzt für mich nur, daß ich meine Studien wiederaufnehme. Und dazu brauche ich das Bakkalaureatsdiplom, das man mir im letzten Sommer nicht mehr aushändigen konnte.«

»Dein erster akademischer Grad«, versetzte die Witwe. »Hätten sie es noch erlebt, dein und mein Vater hätten ein großes Fest für dich ausgerichtet. Doch heute, zu diesen Zeiten...« Sie brach ab; Tränen standen in ihren müden Augen. Am nächsten Morgen jedoch, als ihr Sohn sich wieder auf seinen einsamen Weg machte, zeigte sie sich tapfer, schlich erst dann schluchzend zurück in ihr Haus, als seine hagere Gestalt nicht mehr zu sehen war.

*

Das Haus in der Gabel zwischen Rhône und Durance wiederum kam Michel de Notredame schrecklich fremd vor. Besudelt, geschändet, blutleer erschien es ihm. Mit dem Verwalter, der von irgend jemandem hineingesetzt worden war, vermochte er kaum die allernötigsten Höflichkeiten auszutauschen. Gerade, daß er zusammenpackte, was ihm an Eigentum dort noch verblieben war. Mit dem Büchersack und einem anderen, in dem sich verstaubte Kleider befanden, ging er weiter zum Kolleg. Entsetzlich ausgedünnt wirkte das Leben in den einst so lebensvollen Gassen. Schwer gelitten, unübersehbar, hatte auch die Universität. Von drei Studenten war offenbar gerade noch einer geblieben; kaum gab es Nachwuchs in den Hörsälen. Der Kustos[50] starrte auf den Eintretenden wie auf ein Gespenst. Lange dauerte es, bis er die nötigen Papiere fand. Beinahe widerwillig siegelte er endlich das Pergament, das Michel so dringend benötigte, und Michel, der sich danach eigentlich auf die Suche nach dem einen oder anderen Professor hatte begeben wollen, ließ sein Vorhaben

wieder fallen. Trieb wieder hinaus, lief durch die heruntergekommenen Gassen und stolperte zuletzt in eine der akademischen Tavernen hinein.

Madeleine hatte ihm einiges an Zehrgeld zugesteckt;
überm Becher mit dem sauren Krätzer begann er jetzt Informationen einzuziehen. Daß an ein vernünftiges Studium zu
Avignon im Augenblick gar nicht zu denken sei, erfuhr er.
Daß die Burse[51] geschlossen sei, die Mäzene tot oder in allen
Himmelsrichtungen versprengt. Daß man also gegenwärtig
keinem Studiosus raten könne, sein Glück an der hiesigen
Universität zu versuchen. Wer überhaupt noch hier aushalte,
sei Einheimischer oder besitze keine Mittel, um anderswo
den Neuanfang anzupacken. Als der auf so unspektakuläre
Weise frischgebackene Bakkalaureus sich nach Jorge und
Bastien erkundigte, erfuhr er, freilich erst nach dem Besuch
etlicher weiterer Spelunken: Ja, die beiden seien vor gut einer
Woche abgerissen hier aufgetaucht, hätten aber schon nach
wenigen Tagen die Schnauze gründlich voll gehabt und sich
wieder auf den Weg gemacht, ins Unbekannte. So war auch
Michels letzte Hoffnung, von neuem Fuß fassen zu können,
jäh verflogen, doch dann gab ihm der Kneipenwirt, bei dem
er, jetzt schon halb rauschig, hockte, den Rat: »Wenn du noch
Geld im Sack hast, geh nach Montpellier! An der dortigen
Hochschule sammelt sich jetzt alles, was von der Pest versprengt worden ist. Zumindest für die Professoren und Studenten gilt das, die nicht gleich nach Paris abgewandert sind.
Aber du weißt, Notredame, daß der akademische Ruf Montpelliers den der Hauptstadt stets übertroffen hat!«.[52]

Ein, zwei Tage überlegte Michel noch, dann war er das Her-
umdrücken in den Tavernen leid, und er entschloß sich, der
Anregung des Kneipiers zu folgen. An einem frühen Maimor-

gen machte er sich davon aus Avignon und fand sich damit auf der Fluchtstraße des Vorjahres wieder – doch diesmal hatte er im Gegensatz zu damals ein klares Ziel vor Augen.

*

In der Maimitte erreichte er Lunel und drang damit, ohne sich dessen zunächst bewußt zu werden, direkt in den geistigen Ursprung Montpelliers vor; ein angestochener Poet, den er in einer Spelunke traf, klärte ihn dann auf. »Lunel, mußt du wissen«, rief der Dichter, »hat jahrhundertelang geblüht! In der Zeit des ersten Kreuzzugs[53] hat es begonnen – und zwar gerade deswegen, weil man sich hier, im Languedoc[54], nicht damit abgeben wollte, das ritterliche und pfäffische Blutsaufen bis Jerusalem zu tragen. Während die Metzelsüchtigen Europas sich also nach dem Morgenland einschifften, hielten es die hiesigen Katharer[55] lieber freundschaftlich mit den Juden, die Tür an Tür mit ihnen lebten, und da die ›Reinen‹ damals sehr einflußreich waren in Okzitanien, kam es um das Jahr 1100 zu einer rechtlichen Gleichstellung der Israeliten mit allen, die anderen Glaubens waren.«

Der Poet prostete seinem Trinkkumpan zu, dann fuhr er sehr nachdenklich fort: »Für die Anhänger der mosaischen Lehre war dies natürlich sehr gut, denn zu katholischen Zeiten hatte man sie regelmäßig zu Ostern öffentlich verprügelt, während sie an anderen christlichen Feiertagen mit Steinen oder gar noch Schlimmerem beworfen wurden[56]. Jetzt aber hatten die Katharer es geschafft, daß sie wie Menschen leben durften – und daraus wiederum erwuchs dem Languedoc eine Blüte, wie man sie vorher nie für möglich gehalten hatte. Überall im Land, vor allem aber in Lunel, entstanden durch das freie Wehen jüdischen Geistes hochberühmte Schulen, aus denen neben sehr bemerkenswerten Rabbinern und Talmudisten auch unvergleichliche Meister der Heilkunst hervorgingen. Gerade diese Ärzte waren es, welche den Ruf Okzitaniens und sonderlich Lunels beinahe im ganzen Abendland verbreiteten. Neben ihrem hebräischen wandten diese Gelehrten auch griechisches, römisches und arabisches Wissen zum Segen ihrer Mitmenschen an, und du kannst sicher sein, kleiner Bakkalaureus, daß die Welt sich anders und besser entwickelt hätte, wären die Christen bloß klug genug gewesen, das gute Einvernehmen mit ihren weiseren Brüdern auf Dauer bestehen zu lassen! Doch wo das Kreuz im Boden wurzelt, sind der Moloch und das Bestialische niemals fern, und so geschah es zuletzt auch in Lunel und im ganzen Languedoc, daß der segensreiche Ölbaum des Judentums wieder gekappt wurde. Mit dem Vordringen der französischen Königsmacht nach Süden ging dies einher; zuerst rottete man die Katharer aus; im Jahr 1306 dann ereilte der Wahn auch die Juden, und was von diesem Volk nicht unter den fränkisch-katholischen Schwertern umkam, wurde in die Fremde getrieben. König Philipp der Schöne war's, in Wahrheit ein Bluthund mit schwarzer Seele, der auf Betreiben der Romkirche das Dekret erließ – und als er es unterzeichnete, da traf er nicht nur das Judentum, sondern auch Okzitanien und vor allen Dingen wiederum Lunel bis ins Mark!«

Der Dichter kippte den Wein, dann schloß er, mit einem Zähnefletschen gegen das Kruzifix, das in einer Ecke hing: »Zu einem Nest der Kleingeistigen und der Pfaffen wurde die Stadt, in die es dich jetzt verschlagen hat, mein Freund! Weil man nämlich die Religion über den Geist und die Theologie über die Menschenliebe gestellt hatte! Was sich aber zu retten vermochte, was mühsam genug bewahrt wurde von der einstigen Großartigkeit Lunels, das findet man heute im benachbarten Montpellier, und du tust sehr gut daran, Michel de Notredame, dorthin weiterzuwandern! Denn in Montpellier hat das Judentum sich trotz aller Verfolgungen bis in unsere Tage bewahren können, dort blühte es nach der verfluchten Epoche Philipps des Schönen alsbald wieder auf, und nur deswegen nennt die Stadt am Meer noch heute eine der bedeutendsten Universitäten des Abendlandes ihr eigen! Weil sich nämlich Hebräisches, heimlich Katharisches, Islamisches und zudem Freigeistiges im Schutz ihrer Mauern vernetzten, und das, wißbegieriger Bakkalaureus, sollst du niemals vergessen, wenn du nun schon in Bälde dort unter einem Katheder kauerst! Außerdem rate ich dir, so schnell wie möglich nach Montpellier aufzubrechen, denn nur ein Narr gibt sich mit einer Pinte in Lunel zufrieden, wenn er sich's doch andererseits in der Burse der wichtigsten Universität Frankreichs gutgehen lassen kann! Früher freilich, zu den Zeiten der Juden und Katharer hier, wär's gerade umgekehrt gewesen, doch will ich jetzt lieber schweigen davon, denn du weißt: praeterita tempora, wie der Lateiner sagt.

Auf jeden Fall kennst du jetzt die Geschichte Lunels und auch schon ein wenig die von Montpellier, und wenn du nichts dagegen hast, so könnte ich dich dorthin begleiten. Das Gedicht nämlich, das ich einem der Kleriker im hiesigen heruntergekommenen Nest zu verkaufen hoffte, ist – wenn ich es recht bedenke – eigentlich viel zu schade für die Dumpfschädel hier; außerdem werde ich es benötigen, um nachher meine Zeche zu begleichen. Ich hoffe jedenfalls, daß der Tavernenwirt sich in dieser Hinsicht noch einen letzten Rest des alten genius loci, der einst in diesem Ruinenhaufen beheimatet war, in seinem Herzen bewahrt hat!« Michel de Notredame war das Angebot der Wanderkameradschaft nur recht, auch wenn er befürchtete, daß möglicherweise noch einige niedere Dienste zu verrichten sein würden, ehe der Inhaber der Spelunke sie tatsächlich aus ihrer Schuldigkeit entließ. Doch erwies sich dann, daß der Gastronom ein wahrer Verehrer der Dichtkunst war, denn er nahm die Hymne des François Rabelais, wie der Verfasser hieß, anstandslos an. Ja, er rückte sogar noch einen zusätzlichen Krug Wein heraus, welche Generosität aber vermutlich in der Tatsache begründet lag, daß in dem umfangreichen dichterischen Werk, das sein Schöpfer nunmehr zum Dank vortrug, viel vom Eros und noch mehr vom Prassen und Saufen die Rede war. Auf jeden Fall brachen der Bakkalaureus und der Dichter schließlich erst am folgenden Morgen nach Montpellier auf; gegen Mittag dann erreichten sie die Stadt, in der Michel de Notredame nun seine medizinischen Studien aufzunehmen gedachte. Beim Eingewöhnen war ihm Rabelais, acht oder neun Jahre älter, gerne behilflich.

Der Poet, der sich erstaunlicherweise auch noch als Theologe und Philosoph entpuppte, zeigte ihm die Kathedrale Saint-Pierre mit ihrem ungeheuerlichen steinernen Baldachin vor dem Portal, warnte ihn aber gleichzeitig vor den Umtrieben der Mönche im Kloster nebenan, wo in einem Seitenflügel zudem die medizinische Fakultät untergebracht war: »Die Geschorenen mögen es gar nicht, wenn es aus wissenschaftlichen Gründen ans Leichensezieren geht! Schon mehr als einmal haben sie deswegen ganz abscheuliche Aufstände veranstaltet. Haben sogar versucht, dem Rektor die Inquisition auf den Hals zu hetzen, obwohl die Fakultät das vom König höchstpersönlich besiegelte Recht auf einen Kadaver jährlich besitzt[57]. Freilich haben die Klosterbrüder bisher immer den kürzeren gezogen, doch sollte es dir im späteren Verlauf deiner akademischen Ausbildung einmal einfallen, dir eine Leiche außer der Reihe von einem der Friedhöfe zu besorgen, dann mußt du listiger als ein Fuchs sein! Wenn die Gottgeweihten nämlich jemanden bei solchem Tun erwischen, dann sind sie sogar imstande, mit Musketen auf ihn zu schießen!«

Nachdem Michel dies verdaut hatte, begleitete François ihn in das Monasterium hinein und zeigte ihm dort die Kanzlei des Kustos, wo sein Schützling sich in die Bücher der medizinischen Fakultät einzuschreiben hatte. Später am Nachmittag führte er ihn auch in die Burse ein, welche ebenfalls im Schatten der Kathedrale lag. In einer Kammer unter dem Dach, die Rabelais, Poet, Theologe und Philosoph, bisher für sich allein genutzt hatte, belegte der frischgebackene Medizinstudent das zweite Bett. »In ein paar Tagen«, verkündete Rabelais, »hast du den Verschlag für dich allein. Ich will meine Zelte in Montpellier nämlich abbrechen, um mich ein wenig im Norden und vielleicht auch drüben in Italien umzutun. Ehe ich aber meinem Fernweh die Zügel schießen lasse, werde ich dich noch mit dem alten Grison bekannt machen. Möglich, daß er dir ein bißchen unter die Arme greifen kann, nachdem du ja mit großen Barmitteln wahrlich nicht gesegnet bist.«

Mehr verriet Rabelais vorerst nicht; vielmehr schlug er sich in Gesellschaft seines Adlatus im Speisesaal gründlich den Ranzen voll und geriet anschließend über dem Weinbecher neuerlich mächtig ins Rezitieren. Eine ganze Korona begeisterter Musenverehrer, unter ihnen auch der kräftig angeheiterte Michel, schleppte den Volltrunkenen zuletzt hinauf in die Dachkammer. Am folgenden Abend jedoch, nachdem der junge Notredame seine ersten Vorlesungen hinter sich gebracht hatte, löste der Dichter sein Versprechen ein und nahm ihn mit in das verwinkelte Haus des genannten Grison, welches unweit des Torbaues über der Ausfallstraße nach Nîmes lag.

Im vorderen Raum mit den beiden rundbögigen Schaufenstern reihten sich die Folianten, Quartbände und Oktavhefte auf den Regalen; Antiquarisches und Druckfrisches bunt durcheinander. François und Michel aber verweilten dort nur kurz. »Später kannst du dich immer noch durchschmökern hier, und ich würde es dir auch raten!« beschied der Poet seinen Begleiter, und dann führte er ihn durch ein Gewölbe, in dem mehrere klobige Hebelpressen standen, ins Hinterzimmer weiter. Zwischen Bürstenabzügen[58], die wie Wäschestücke an kreuz und quer gespannten Leinen hingen, thronte dort der Drucker, Verleger und Buchhändler im Kreise etlicher Gleichgesinnter.

Ein graubärtiger Schrat war Grison, offenbar hoch in den Sechzigern schon, doch seine Augen blickten noch erstaunlich scharf und klar. Aus einer Schriftrolle, die mit arabischen Lettern bedeckt war, übersetzte er beim Eintreten der Besucher gerade äußerst flüssig ins Lateinische; als er jedoch den Dichter erblickte, sprang er wie ein Junger auf, umarmte Rabelais und rief: »Wie schön, daß du wieder in der Stadt bist! Augenscheinlich hat dir der Pfaffenkrätzer in Lunel nicht sonderlich zugesagt! Ich habe dir ja gleich davon abgeraten, dein Glück bei dem miesepetrigen Monsignore dort zu versuchen!«

»Nun, der Geweihte ist zu seinem Unglück gar nicht in den Genuß meiner Hymne gekommen«, versetzte François.

»Vielmehr fand sie würdigere Anwendung in der Taverne zum Gehenkten Hund, welche dir ja ebenfalls nicht ganz unbekannt ist. Und dort habe ich auch Michel de Notredame kennengelernt, den du hier an meiner Seite siehst. Aus Avignon kommt er, will aber jetzt sein Glück an der hiesigen medizinischen Fakultät versuchen, und daß er mehr Grips als die meisten hat, das kann ich euch versichern. Vielleicht hättest du also Verwendung für ihn, Grison? Ich und vor allem der hoffnungsvolle Spund selbst würden es dir von Herzen danken, denn sosehr Michel nämlich auch mit dem Drang nach höherem Wissen geschlagen ist, um so düsterer sieht's leider in seinem Beutel aus!«

»Solches könnte man durchaus als untrügliches Kennzeichen aller Gelehrsamkeit bezeichnen«, versetzte der Graubärtige. Sodann pflückte er einen der Korrekturbogen von der Leine, drückte ihn dem Studiosus in die Hand und forderte: »Schau ihn dir mal an, ob du vielleicht den einen oder anderen Fehler in der Grammatik finden kannst. Ein Text des Terentius[59] ist es, den ich in französischer Sprache herausgeben will, weil mir sein feiner Humor für unser eigenes Idiom als sehr geeignet erscheint. Und nun amüsier dich, mein Sohn, während wir anderen uns wieder an noch blumigerer, nämlich arabischer Sprachkunst versuchen wollen...«

Der Siebzehnjährige gehorchte; nach etwa einer Stunde dann hatte er seine Aufgabe erledigt und konnte den Verleger in der Tat auf einige Schwachstellen im Satz hinweisen.

»Na, habe ich es nicht gesagt?« frohlockte Rabelais. »Der Junge ist Gold wert – und wird dich bloß dann und wann ein bißchen Silber kosten, Grison, wenn du ihm eine Chance gibst!«

»Die sollst du bekommen«, wandte sich der Buchhändler an Michel. »Am liebsten wäre es mir, du würdest jeden Wochentag für ein paar Stunden hier aufkreuzen. Bezahlen will ich dich dafür, so gut ich eben kann; zusätzlich steht es dir frei, jedes Werk aus meinem Fundus für deine medizinischen und sonstigen Studien zu benutzen.«

Der frischgebackene Bakkalaureus schlug ein und durfte sich dabei endgültig sagen, daß sich der Neuanfang in Montpellier dank der Hilfe des Dichters bestens angelassen hatte.

François Rabelais freilich, ganz wie er es angekündigt hatte, verschwand bereits wenige Tage später aus der Stadt und ließ sich für viele Jahre nicht mehr am Fuß der Cevennen blicken. Seinen Platz in der Runde der Literaturbesessenen aber nahm alsbald wie selbstverständlich Michel de Notredame ein.

*

Terenz, Plato, Aristoteles wurden ihm vertraut; ebenso Vergil, Cicero, Catull. Aus dem antiken Nährboden wiederum trieben andere, zeitgenössische Geister auf: Leonardo da Vinci, Kopernikus, Celtis, Boccaccio, Villon. Freigeistig, revolutionär schlug sich dem Wißbegierigen also die Brücke vom verwinkelten Haus Grisons hinüber zur Universität. Den Galenus, den Hippokrates entdeckte er jetzt tiefer als damals in Jaunes Turm; entdeckte sie neu. Viel jüdisches und arabisches Heilwissen außerdem kam ihm hinzu. Humanismus hieß die Losung, die das Hochstreben des Geistes nicht nur aus südfranzösischer Erde beflügelte. Der Horizont schien sich unendlich auszuweiten angesichts des neuen, unerhörten Blicks auf das Menschliche hin. Aufs Menschliche und dazu die den Aufrechtgehenden umgebende Natur. Nostradamus, wie er sich nach der Mode jetzt manchmal bezeichnete[60], fand unorthodoxe Lehrer, die ihn zum regelmäßigen Ausbruch aus den zwielichtigen Hörsälen drängten.

Unmöglich wäre es in der scholastischen Zeit[61] gewesen, in hellen studentischen Rudeln über Land zu wandern, die Botanisiertrommel an der Hüfte und die arabisch-jüdische Kräuterfibel in der Hand. Jetzt jedoch, da die klerikalen Krusten zumindest teilweise abgesprengt wurden, erschlossen sich dem jungen Nostradamus und seinen Kommilitonen ganz neue Dimensionen des Begreifens. Nicht länger Götzenbeschwörungen oder Reliquienmagie zählten in der Medizin, sondern es durften nach eintausendjähriger Dunkelheit, nach einem Millennium des christlichen Obskurantismus endlich wieder jene Heilkräfte ans Tageslicht kommen, die vom wahrhaft Göttlichen ins scheinbar Geringfügige gelegt worden waren.

Lavendelduftig wie in den Jahren seines ersten und noch kindlichen Lernens wurde dem siebzehn-, achtzehnjährigen Michel die Welt. Die Gerüche von Thymian, Salbei, Arnika, Majoran, von Dutzenden, von Hunderten weiterer Pflanzen mischten sich ihm ins erstaunte, ins begeisterte Erkennen hinein. Die Erde entdeckte er wieder – und, geborgen in ihrer Stille, in ihrem schweigenden Brüten, die wundersame Vielfalt der Erden. Die Namen schmeckte er ab, die den Blüten, den Rispen, den Wurzeln, dem Grus, dem Humusweichen, dem Muschelkalkigen und Kieseligen von hebräischen oder maurischen Weisen gegeben worden waren. Und manchmal, wenn er sich ganz tief in die Flora, ins krümelig oder harsch Sonnenwarme versenkte, dann vermeinte er die Spirale zu sehen, die von dort aus durchs Firmament bis in die fernste, alephartige Krümmung des Alls fiederte.

Mit dem Ende der Exkursion dann kam jedesmal das Zurückfedern – und auch dies befreiend – in die festere Schale von Montpellier, in die strengere, aber nicht klemmende Zucht der Fakultät. An der Theorie, an der Spekulation, an der These rieb sich dort nicht unbedingt antithetisch die Intuition des hochbegabten Halbsemiten. Im Kontrast erlebte er das harmonische Schwingen der Natur und die Disharmonie der Krankheit; diese oft aus seelischen und körperlichen Verkarzerungen geboren. In den Kerker des Siechtums hineingejagt: der Mensch durch das Menschsein an sich. Um Erklärungen rangen die trefflichsten Professoren, und Michel rang mit ihnen. Begriff einmal mehr, daß die Heilkunst weit übers Kurieren der Symptome hinauszugehen hatte, und im Geiste kämpfte er sich immer näher heran an den verborgenen Kern. Spürte, daß der Krebs, das Lungenpfeifen, das Darmbluten, der Blasenstein durchaus Resultate falscher, verirrter Lebensphilosophie sein konnten, und schlug also den Suchbogen vom Hörsaal hinüber zum verwinkelten Haus des alten Grison und weitete sein Studium dort ins Generelle aus; schrie, heulte und bettelte mit den Jahren immer heftiger nach dem Allumfassenden, nach der einzigen Antwort, nach der alleingültigen Lösung.

Er verbuchte Fortschritte in diesen Jahren und nahm ebenso Rückschläge hin. An der Hochschule jedenfalls galt er als einer, der wacher, wütender und wißbegieriger war als die meisten. Erfolg, Ruhm, die große Karriere prophezeite ihm einmal beim Wein einer der Dozenten. Nostradamus freilich lachte nur und empfand das Lobhudeln als eher peinlich. Trotz seiner Jugend gierte er nicht nach Gold, Macht und

Ansehen. Fremder und unwirklicher wurde ihm die äußere Welt, je tiefer er in die innere eindrang. Nur marginal nahm er Notiz vom Toben, Schüttern und Grellen der sogenannten großen Politik in jenen Jahren von 1521 bis 1524; es kümmerte ihn wenig, obwohl das Kreischen dieser Epoche sich später als außerordentlich bedeutungsvoll in den Geschichtsbüchern niederschlagen sollte.

*

Unter dem Ansturm der Türken ging dem Abendland Belgrad verloren, kurz bevor in Rom der neue Papst Hadrian VI. auf den Thron kam. Beinahe gleichzeitig eroberte Sultan Selim I. auch Ägypten. Metzeleien noch schlimmerer Art trugen sich im nämlichen Jahr in der Neuen Welt zu. Hernando Cortez, zum Statthalter von Mexiko ernannt, griff im Verbund mit den taraskischen und zapotekischen Königen die aztekische Hauptstadt Tenochtitlan an. Vergeblich rissen die Priester des Molochs Quetzalcoatl ihren Opfern reihenweise die Herzen aus der Brust. Die Namen ihrer eigenen Götzen und Heiligen brüllend, richteten die christlichen Spanier noch ungleich entsetzlichere Blutbäder an. Vernichtet wurde das indianische Reich, um der unbeschreiblichen Goldgier der Katholiken willen.

Um Gold ging es auch zu Worms, wo sich Luther, unter der Anklage der Ketzerei, gegen die vatikanischen Ablaßhändler und Evangelienfälscher zu verteidigen hatte. Auf dem Reichstag kämpfte der Reformator mutig gegen den Pfaffenirrsinn und den romhörigen jungen Kaiser Karl V. an. Der, hängelippig und trunksüchtig, erklärte ihn in die Acht[62]. Mit knapper Not entkam der Mönch unter Bedeckung durch kurfürstlichsächsischer Reiter auf die Wartburg. Der Kaiser schäumte, ebenso der Papst. Das sogenannte Wormser Edikt, welches die Verbrennung aller lutherischen Schriften legalisierte, blieb weitgehend wirkungslos. Während Hadrian die Galle schwoll, um ihm im folgenden Jahr 1523 zu zerplatzen, reagierte der Habsburger wie ein gemaulschellter Fratz und fiel, kindisch geifernd, über den vermeintlich schwächeren König Franz I. von Frankreich her.

Zur selben Zeit, da diese Gesalbten um Navarra und Neapel, Mailand und Burgund stritten, bliesen in Deutschland die Reichsritter Hutten und Sickingen zum Pfaffenkrieg. Zahlreiche Kleinadlige schlossen sich alsbald den antiklerikalen Haufen an. Ins Messer freilich rannten die Kämpfer um geistige Freiheit dem militärisch besser beschlagenen Erzbischof von Trier. Der führte die raffiniertere Strategie und die schwereren Kanonen ins Feld; auf seiner Burg Landstuhl verröchelte Sickingen im Bombardenfeuer, wenig später verstarb auch Hutten, landflüchtig, im schweizerischen Exil.

Das Fünklein aber, das die grandiosen Rebellen aufgeschlagen hatten, flammte dennoch zum Feuersturm auf. Gustav Wasa, der Bauer, der in Schweden zum König gewählt wurde, setzte ein erstes Zeichen. Eine Ermutigung war's für die deutschen Hörigen, den Bundschuh zum Feldzeichen zu erheben[63]. In Schwaben, im Elsaß, in Franken und Thüringen fanden sie sich zusammen und forderten die ihnen jahrhundertelang verwehrten und gestohlenen Rechte von Feudaladel und Klerus ein. Als die Gesalbten, die Geweihten, die Protzigen sich sperrten, flatterte der rote Hahn auf die Dächer der Burgen, Pfarrhöfe und Klöster. Und der Bauernaufstand, ehe er im Bündnis von Thron und Altar und Luthers

Mordbrüllen hingemetzelt wurde, breitete sich aus bis weit nach Frankreich hinein.

Michel de Notredame allerdings nahm das Gewittern in diesem Sommer 1524 bloß vage aus der Ferne wahr; am medizinischen Kolleg von Montpellier stellte sich ihm und etlichen Gleichgesinnten ein ganz anderes Problem.

*

Rabelais hatte es bereits vor Jahren angedeutet: Mediziner, so sie sich wirkliches Wissen um die Zusammenhänge des Organischen erringen wollten, mußten sich mit dem Skalpell an Leichen versuchen. Auf die jedoch hatten die Kutten des Klosters Saint-Pierre nach wie vor ein Argusauge. Wie Geier, so jedenfalls die Meinung der Studenten, bewachten sie den Friedhof bei der Kathedrale und ebenso die weiter entfernt liegenden Begräbnisstätten. Lediglich in Saint-Beneholt, draußen vor dem Tor nach Nîmes, ließ sich manchmal etwas machen, wie generationenlange jungakademische Erfahrung lehrte.

»Wir müßten uns hinausschleichen, wenn die Geschorenen gerade Konvent abhalten«, schlug Nostradamus, zwanzigjährig inzwischen, den Kommilitonen vor, die sich in seiner Dachkammer versammelt hatten. »Außerdem sollten wir darauf achten, ein frisches Grab zu erwischen! Nicht nur, weil uns ein Halbvermoderter nichts nützt, sondern auch, weil die Erde dort noch locker ist . . .«

»Das ließe sich vorher ohne weiteres ausspekulieren«, warf ein anderer der Verschworenen ein. »Gesetzt den Fall, wir graben blitzschnell und bekommen den Kadaver, wo bringen wir ihn hin? Eine oder zwei Stunden später merken's die Pfaffen ja doch, daß der Vogel ausgeflogen ist, und dann könnt ihr Gift drauf nehmen, daß sie zuerst im Kolleg nachforschen!«

»Richtig!« bestätigte der Doktorand, der neben Michel auf dem Bettrand hockte. »Wir dürfen mit der Leiche gar nicht erst in die Stadt zurück. Vielmehr sollten wir uns einen Karren besorgen und ein Stück in Richtung Hügel von Gignac fahren. Ich kenne eine verlassene Feldscheune dort, und wenn wir nur ausreichend Fackeln dort aufstecken, dann ist sie für unser Vorhaben bestens geeignet.«

»Abgemacht also!« rief Michel grinsend und gab sich zuversichtlicher und kaltschnäuziger, als er sich in Wirklichkeit fühlte. »Jetzt müssen wir nur noch klären, wer welche Aufgabe übernimmt. Bis nächste Woche dann kann alles ausbaldowert und vorbereitet sein. Und dann erwerben wir uns den letzten Schliff, der uns zum baldigen Examen noch fehlt!«

Acht Tage später, unterm schmalsicheligen Mond, kletterte das Grüppchen der Medizinstudenten über die Mauer. Unangefochten erreichten die Burschen und jungen Männer den Friedhof von Saint-Beneholt, wo am Vortag ein Bäcker namens Jacques Perlouze beigesetzt worden war. Zwei der Studiosi sicherten zur Stadt hin, die anderen begannen eilig ihre Schaufeln und Hacken zu schwingen. Weniger als eine Stunde dauerte es, bis sie den Fichtensarg freigelegt hatten. Außer einem gelegentlichen Käuzchenschrei hatte nichts sie bei ihrem Tun gestört. Jetzt sprangen Michel de Notredame und der Doktorand in die Grube, brachen den Kistendeckel auf und griffen sich die Leiche. Deren süßlicher Geruch mischte sich mit dem scharfen von Fusel; die Grabräuber hatten sich zuvor kräftig Mut angetrunken. Den brauchten sie aber auch, um den aufgequollenen Kadaver hochzuhieven und den Körper des Bäckers auf die rupfene Zeltleinwand zu wälzen, die von den Spießgesellen zwischenzeitlich oben ausgebreitet worden war.

So schnell wie möglich wurde daraufhin die Grube wieder zugeschüttet, und dann schleppten sie das rupfene Bündel zu dem zweirädrigen Karren, der schon Tage zuvor in einem Gebüsch nahe dem Friedhof abgestellt worden war. Im Laufschritt ging es in Richtung auf die Hügel von Gignac; wieder beflügelte der Alkohol die Studenten, und noch vor Morgengrauen erreichten sie die bewußte Feldscheune, die drei oder vier Meilen außerhalb der Stadt lag. Bestens war bisher alles gegangen; sie fanden ihr Tun nicht gotteslästerlich, sondern es war die Wißbegierde, die sie trieb. Man hatte den Kutten erfolgreich ein Schnippchen geschlagen und brauchte nicht abzuwarten, bis zu Montpellier im nächsten Jahr wieder einer gehenkt wurde und damit eine rechtmäßige Leiche auf den Seziertisch der Universität kam. Vielmehr konnte man jetzt augenblicklich ans Werk gehen, und das taten Nostradamus und seine Kommilitonen; die Fackeln wurden im Kreis aufgesteckt, waagrecht festgekeilt wurde die Karrenplatte, und dann schlugen die Studenten die Rupfenhülle beiseite, entfernten das Totenhemd und setzten, die Bouteillen immer in Reichweite, die Skalpelle an.

Entsetzlich war es, grausam, wahrlich leichenschänderisch – und doch seltsam erregend. Was bisher stets nur Theorie, sprödes Lehrbuchwissen gewesen war, gewann nunmehr Konturen, wurde fleischige und beinerne Realität. Michel, nachdem er den ersten Ekel überwunden hatte, fühlte sich an die jähen Erkenntnisse und mentalen Einblicke seiner frühen Pubertät erinnert. Mit jedem Messerschnitt schien er auch von dem wieder etwas bloßzulegen, was ihm später dann, nach den wirren und großartigen Jahren seines allerersten Zerrissenwerdens, wieder verschüttet worden war. Durch einen Lungenflügel führte er das Skalpell und entdeckte unter dem Leichenschleim, jenseits der gestockten Blutkruste die Wucherungen, die Knäuel, das noch zu Lebzeiten Zersetzte, den tödlichen Zwiespalt zwischen natürlichgesundem Gewebe und scheinbar teuflischem Verrücktspielen der Natur. Genau dort hinein, in die herausfordernde Kluft, grub sich beim flackernden Fackellicht sein stählernes Instrument – und noch mehr grub sich hinein: auch sein brennender Entschleierungsdrang, sein Mitleid, sein Rebellieren gegen die Schattenseiten des Adonai; seine liebevolle Wut, die so stark und unbezähmbar in ihm war.

Obwohl ihm der Fusel und dazu das gräßliche Wissen ums Verbotene im Schädel dröhnten, obwohl es ihn inwendig räderte, machte er dennoch weiter, schnitt sich tiefer und tiefer ins Tote hinein, um damit näher und näher an das Begreifen, an das Fassen der Lebensmechanik heranzukommen. Ein Rausch hatte ihn gepackt, ein hellwaches Delirium weit jenseits des alkoholisch Dumpfen; während er am ganzen Körper zitterte, bewegte seine Hand sich trotzdem so ruhig, als würden ihm Muskeln und Sehnen von einer unerschütterlichen Kraft geführt. Von der Lunge drang sie zum Herzen vor, zur Leber, zur Milz, zu den Nieren; sein Skalpell fuhr durch den Kadaver wie der Finger durch ein aufgeschlagenes Buch; bedeutungslos, nichtig war ihm das Abstoßende geworden, nur eines zählte noch: der allertiefste, selbstlose Kern reinen ärztlichen Wollens und Lernens. Und dann schnitt, sezierte Nostradamus plötzlich ganz allein. Die anderen hatten es gespürt, daß sie höchstens stümperhaft mit ihm mitzuhalten vermochten; nun zog seine traumwandlerische Sicherheit sie in ihren Bann. So nahe wie möglich drängten sie sich an ihn heran; sein hastiges Flüstern jetzt, seine metaphorisch-medizinischen Bild- und Satzfetzen waren ihnen wie Offenbarungen, und der fackelrauchige Raum verwich ihnen, ebenso die Zeit – in viel weiter gespannte Dimensionen, als je ein Hörsaal sie ihnen hatte bieten können, trieben, schwangen sie davon...

Hinein ins helle wissenschaftliche Entzücken über der stinkenden Leiche dann aber das Brüllen, das Zetern, das Geifern, der röhrende Warnschuß. Die Musketenmündung, die nackten Waffen, ein drohend hochgerecktes Kruzifix. Die Mönche waren den Studenten auf die Spur gekommen, trotz aller Vorsichtsmaßnahmen.

Jetzt warfen sie sich, im Verein mit den Gendarmen, auf die Frevler. Michel und die anderen wehrten sich, so gut sie konnten, aus dem Schock, aus der Verwirrung heraus. Dennoch währte das Handgemenge nur kurz. Gefesselt, blutig gedroschen wurde das Grüppchen zuletzt ins Freie getrieben. Den Zorn ihres Gottes riefen die Kutten auf die zerrupften Schädel der angeblichen Teufelsdiener herab, auch der Name der Inquisition wurde gezischelt. Drinnen schlugen die Wutschäumenden den zersäbelten Kadaver in das sekretbesudelte Zelttuch ein. Dann rumpelte der Karren von neuem los, zurück nach Montpellier, und an den Holmen zerrten wiederum die jungen Burschen, aber jetzt nur noch wie Zugvieh.

Im Kerker zuletzt, unterm Kloster Saint-Pierre, die Ketten, die Ratten; der Fäkalgestank wegen der fehlenden Abtritte dazu. Und bald schon, während der Sommer draußen immer heißer brütete, die Läuse und bei den ersten die Krätze; Tag

108

um Tag, Woche um Woche, immer elender bei fauligem Wasser und madigem Brot. Und die ganze Zeit hing im modrigen Hintergrund die drohende Anklage des Heiligen Offiziums. Die Wut dazu, vor allem des Nostradamus, über die Dummheit, die Hirnlosigkeit, das Vernageltsein der verfluchten Obskurantisten. Einmal erhielten sie Besuch von einem von der Universität bestellten Advokaten, der dennoch mehr Vorwurfsvolles als Hilfreiches brummte. »Die Pfaffen sollte man vors Tribunal stellen, nicht uns!« schrie Michel ihn an. »Menschen wollen sie sein – und stellen sich in Wahrheit der Menschlichkeit in den Weg!«

»Das kann dich endgültig auf den Scheiterhaufen bringen!« keuchte nachher der Doktorand.

»Scheiß drauf!« schnappte Michel. »Ob der Geist hier drinnen abgewürgt wird oder draußen beim Autodafé, das ist doch egal! Hier wie dort bringt uns die verdammte christliche Tradition um!« Daraufhin verfiel er wieder ins Brüten, und sein schmutzstarrender Leib sank immer tiefer ins modrige Gemäuer, schien zum Stein zu werden, noch mehr als zuvor schon gelegentlich. Innerlich freilich schrammten ihm, während das Jahr 1524 sich nun allmählich in den September hineindrehte, immer häufiger die Visionsfetzen durchs Gehirn.

Der ihm nach wie vor gegenwärtige Kadaver des Bäckers bildete ihm einen grell blitzenden Rahmen, spannte ihm das spinnwebfeine und eherne Netz auf, und im Gespinst fingen sich erneut Pierre, das Adonai und Jaune, Avignon, die Wolfsfratzen in den Pyrenäen, der Hirte, das Niedergezwungenwerden und damit die Auferstehung – und dann, wie aus alldem herausbrechend, wiederum die Papststadt. Eiterbeulig zerplatzte sie, sprühte ihren Giftseim von Horizont zu Horizont. Mit einem Schrei kehrte der Seher zurück in die

Gegenwart, und in diesem Augenblick öffnete sich knarrend die Kerkerpforte.

Ganz wie damals in der Feldscheune drangen die Büttel herein, doch diesmal trugen sie Hämmer und Zangen in den Fäusten, und dann fielen klirrend die Ketten und Schellen von den zerschundenen Leibern der Gefangenen ab. Taumelnd, die Augen im blakenden Fackelschein schmerzhaft zusammengekniffen, starrte Michel de Notredame auf das amtliche Pergament, das ihm und den anderen die Begnadigung des Magistrats versprach, sofern sie sich in ihrer Eigenschaft als Mediziner freiwillig am Kampf gegen die Pest beteiligen wollten, die nach vier Jahren neuerlich über die Provence und das Languedoc hergefallen war.

Der Geißlerzug

Noch einmal war die dunkle Zeit aus den Beulen ausge-schwärt, das finsterste, schrecklichste Mittelalter. Wo 1520 vor allem der wahnwitzige Fluchttrieb zum Tragen gekommen war, richtete sich die Panik nun auf widerwärtigste Art gegen das eigene Fleisch. Nur Stunden, nachdem Nostradamus trotz seiner Erschöpfung, seiner tränenden Augen, seines Kreislauf-flatterns den Dienst im Spital aufgenommen hatte, wälzte sich die erste Geißlerhorde durch die Gassen von Montpellier.

Ein Priester voran, nackt bis aufs Lendentuch: auf absto-ßende Weise glich er dem Gekreuzigten. Litaneienfetzen, sinnlos, verballhornt, heulte der Kleriker, während er unent-wegt die Peitsche schnalzen ließ. Mit Lederriemen, Eisenzak-ken zerfleischte er sich eigenhändig den Rücken, die Schen-kel; ließ es zwischendurch selbst gegen sein Geschlecht bei-ßen und nageln. Ins sakrale Wüten mischte sich ihm immer wieder ein Röcheln und Gurgeln, und er beschwor die Namen seiner Götter und Heiligen. In seinen blutigen Fuß-stapfen folgte das übrige Rudel, Dutzende von Wahnsinni-gen, Frauen, Männer, Vetteln, Greise, Halbwüchsige, selbst Kinder. Bettler, Handwerker, Patrizier, ganz wie damals zu Avignon, wild durcheinander, ein religiöses Massenirresein ins Extrem getrieben. Die Geißeln im Takt gegen sich selbst und gegen die anderen: regelmäßig schlug das Masochisti-sche ins Sadistische um, dann schnellte die Peitsche vom eige-nen Körper fort und gegen den Nächsten.

In Wurmwindungen durchs Gekröse der Stadt schlängelte sich der Geißlerstrom dem Platz vor der Kathedrale Saint-Pierre zu. Riß immer mehr Opfer in seinen Rachen, aus Hauseingängen, Spelunken und Kirchen heraus. Unter der Domfassade dann, Michel sah es verstört durchs Spitalfenster, begann der Drache sich spiralig einzuringeln und tanzte um seine Mitte, immer schneller, immer höllischer, immer todeswütiger; und die Peitschenschnüre, die triefenden Knoten schwirrten wie Dreschflegel, brachen wie ein Unwetter über das kreischende Knäuel herein. Es stürzten die ersten Ohnmächtigen, die ersten zu Tode Geprügelten, die ersten Opfer des Christenviehs, die nicht der Seuche anzulasten waren. Doch der Moloch raste weiter und trat die hilflosen Leiber unter seine Tatzen und ließ ihre Knochen knirschen – und im Spital schrie jetzt auch Michel de Notredame. Dem einen Kerker war er entronnen, bloß um sich nun in einem anderen und schlimmeren wiederzufinden.

Mit tränennassem Antlitz, zitternd, immer wieder se inen Haß auf das Götzische, das Irrsinnige, das Vernunftfeindliche hinausbrüllend, versuchte er, trotz allem seine Pflicht zu tun. Versuchte zu lindern, zu reinigen, zu helfen, soweit ihm dies mit nackten Händen eben möglich war. Draußen aber noch immer die Geißler, stundenlang noch, und keine Büttel in Sicht, kein Gesetz, keine Obrigkeit, die eingegriffen, die den Wahnsinn hinweggefegt hätten. Eine Stadt der Wissenschaft und der Künste war Montpellier gewesen; der Geist, so hatte es einmal geheißen, leuchte von hier aus über ganz Frankreich hin, über halb Europa sogar – doch die ganze Zeit über hatte hinter dieser hellen Fassade das Dumpfe, Dunkle und Ekelhafte gelauert; den allerletzten Halt, den humanen, hatten diese Menschen verloren und waren wahrlich abgestürzt ins Bodenlose.

Erst mit der Nacht verzog sich das Schnalzen und Kreischen der Horde, hinaus vor die Stadt, Nîmes zu. Nur die verkrümmten Körper blieben auf dem Platz zurück, und Michel, als er nun endlich wieder einen klaren Gedanken fassen konnte, bemerkte, daß auch ihm nichts als Tote unter den Händen geblieben waren.

In den folgenden Tagen und Wochen häuften die Leichen sich in den Massengräbern. Kein Mensch zählte sie noch, kein Kirchenbuch listete sie auf. Ausgefegt wurde die Stadt, immer weiter griffen die Agonie, der Wahnsinn um sich. Von Montpellier hinüber nach Nîmes, Avignon und Marseille taumelten und tanzten die Geißler. Immer neuen Zulauf fanden sie, trotz oder gerade wegen des Massensterbens, und in ihrem Gefolge trieb ungeheuerlich das Verbrechen auf; der Raub, die Vergewaltigungen, das Suchen nach Gold und Preziosen, die man in den vereiterten Kadavern verborgen wähnte. Bis hinauf nach Valence, Lyon und Paris zog das Grauen schließlich seine Kreise, schien mit seinem Peitschen das ganze Königreich treffen zu wollen, und inmitten des Unaussprechlichen schmolzen die letzten Inseln der Menschlichkeit immer mehr dahin.

Auf einer dieser Inseln behauptete sich Michel de Notredame den September hindurch, bis in den Oktober hinein. Wusch, fütterte, tränkte die Siechen, wischte ihnen den Speichel von den Mündern und den Kot von den Schenkeln. Zusammen mit ihnen klammerte er sich immer wieder an die Hoffnung – und sah dann doch wieder die Pestbeulen reifen und quellen und aufplatzen, und mit den letzten stinkenden Schwären starb ihm wieder ein Mensch unter den hilflosen Händen, unendlich viele waren es, jeden Tag, jede Nacht.

Oft wünschte Nostradamus sich nichts weiter als den eige-

nen Tod und das Ende seines verfluchten Denkens und Mit-
leidens. An Gift dachte er, an den Dolch, an einen raschen
Schuß, doch immer wieder riß etwas Namen- und Gesichts-
loses ihn dann zurück. Er brachte es nicht fertig, sich selbst zu
entleiben; seine Humanität, auch gegen sich selbst, war zu
stark, und stärker als seine Verzweiflung war schließlich doch
immer wieder das andere, das Unaussprechliche und Unsichtbare. Auf unerklärliche Weise bewahrte es ihn auch vor
der Ansteckung, und selbst wenn er die eigene Immunität
angesichts der herzzerreißenden Anfälligkeit seiner Mitmenschen verfluchte, glaubte er wenig später doch wieder einen
verborgenen Sinn darin zu erkennen und machte weiter.

Er machte weiter, litt weiter, quälte sich weiter, verzweifelte
weiter, hoffte weiter bis in den November hinein – und dann
erlosch, unvermittelt, die Seuche; zumindest in Montpellier.
Zum erstenmal seit Monaten brach kein hilfloses Todesröcheln mehr aus der Nacht, verflachte vielmehr das immer
noch dutzendfache Stöhnen im Spital gegen den Morgen hin,
löste sich über den Bettreihen auf in ein Atmen, das endlich
nicht mehr tierisch, sondern wieder menschlich klang. Über
dem letzten Menschenleib, den er gepflegt, vielleicht sogar
gerettet hatte, brach Michel zusammen. Nach dem monate-
langen Alptraum wischte ihm die absolute Erschöpfung gnädig jegliche Erinnerung weg. Um so schärfer freilich fuhr ihm
später, als er geistig und körperlich wieder klarsichtig geworden war, der Anblick der bis ins Mark getroffenen Stadt ins
Gehirn.

Er hatte Avignon gesehen, gegeißelt von der Pest, doch dies
hier traf ihn ungleich schlimmer. Denn aus der Papststadt
war er lediglich geflohen, in Montpellier aber hatte er sich
gestellt und hatte, nachdem er erst einmal hineingezwungen

worden war ins Unvermeidliche, hier bis zur Selbstaufgabe gekämpft und war eins geworden mit dem Leid; und deswegen schnitten sich ihm die Rißkanten und Brüche auch ungleich tiefer als damals an der Rhône ins Fleisch.

In jeder leeren Fensterhöhle, in jedem gähnenden Torbogen vermeinte er die Gesichter zu sehen, die ihm im Spital ins Nichts weggeglitten waren. Auf jedem Pflasterstein, überall in den offenen Kanalgräben schien ihm noch immer das Blut der Geißler zu schillern. Und der Herbststurm, der jetzt täglich wütender über das Küstenland hin peitschte, trug neuerlich das Schnalzen und Knallen mit sich; das irrwitzige Toben, welches das Grauen vor Monaten, in Wahrheit aber vor einem Äon, eingeleitet hatte. Ein unerhörter Hohn dies alles: offenbar hatte die Stadt nur zu einem einzigen Zweck in einer zutiefst geschlagenen Landschaft überlebt: dem Menschen, dem Mediziner seine Ohnmacht augenfällig zu machen. Ein einziges Leben vielleicht hatte Nostradamus bewahrt – zumindest hatte er sich im Moment seines Zusammenbruches an diesen Glauben geklammert – aber Dutzende, Hunderte, Tausende waren vergangen, verreckt unter Schwären und Eiter. Wie wertlose Spreu, wie Dreck hatte der Tod all diese Existenzen hinweggefegt; Michel hatte sich mit hilflosen Fäusten hineingekrallt, doch er hatte die Staubkörner, die Spelzen nicht festhalten können. Der Tod und dazu die Geißler hatten die widerwärtige Ernte eingebracht; sie waren die Sieger; er selbst, trotz des eigenen Überlebens, der Geschlagene.

Tagelang irrte er durch Montpellier, das gelähmt schien wie nach einer schwarzen Orgie, und litt wie ein Vieh. So wie er zuvor das Sterben verflucht hatte, verfluchte er nun seine Klarsichtigkeit. Zuletzt glaubte er nur noch einen Ausweg zu haben: wiederum abzustürzen ins Dumpfe, ins Empfindungslose; in jenen zwischenweltlichen Zustand, der ihn auch das Spital hatte ertragen lassen. Er fand eine verwaiste Spelunke, taumelte in das Kellerloch und drehte mit plötzlich irrsinnigem Gelächter den Spundhahn des nächststehenden Fasses auf.

Metallisch wie Blut schmeckte der erste Becher, aber schon der zweite spülte ihm die aufsteigende Übelkeit gnädig wieder weg und schenkte ihm im Magen und im Schädel eine weiche Wärme. Hinter etwas Waberndes wich die Welt zurück, mattfarbene Schleier senkten sich zwischen ihn und sein Denken; den Inhalt des dritten Bechers saugte und schluckte er hinunter wie Muttermilch. Näher an die Faßwamme kroch er heran, sein Leib krümmte sich beinahe embryonal dort ein; motorische Ausbrüche gestattete er sich jetzt nur noch, wenn er neuerlich zapfen wollte. Schluck um Schluck, Schnitt um Schnitt trennte er sich weiter von der Realität ab; bald schon wußte er nichts mehr von Montpellier, von Tag oder Nacht draußen. In ein nebliges Schlieren löste das umgebende Steingewölbe sich auf; allein die alkoholische Nabelschnur blieb bestehen.

Im Rauschen und zuletzt im Dröhnen verlor sich sein Bewußtsein; ein Gedanke blitzte noch ganz kurz auf, ehe die Schwärze über ihn kam: daß er jetzt erlöst sei, weil er nicht mehr zu denken vermochte; kein Quentchen mehr. Und dann brach die Nacht über ihn herein.

Das Erwachen dann, das qualvolle und zittrige Hochzukken wieder in die Welt, war schrecklich. Kälte, säuerlicher Weindunst, Schmerzen, Ekel. Der Brechreiz; kaum hatte er sich aufgerichtet, sprühte der gallige Schwall gegen das Faß, über seinen Körper. Konvulsivisch würgte er nach; die Stiche, die Krämpfe im Magen ließen ihn flüchtig an einen drohenden Blutsturz denken. Doch kaum verflachte der Schmerz, tastete er mit fliegenden Händen schon wieder nach dem Becher und dem Spund und begann neuerlich haltlos zu trinken. Hatte nur den einen Wunsch, den einen Trieb: die Vergiftungserscheinungen schleunigst zu vertreiben, sie zurückzuscheuchen hinter den gnädigen Vorhang. Es glückte ihm, und als der Brechreiz später wiederum über ihn kam, nahm er das Speien zwischen seine eigenen Schenkel nur noch wie von ferne wahr, wie etwas ganz und gar Unwichtiges; alles Bewußtsein verdrängte er gleich wieder mit Hilfe des nächsten Sturztrunks, und dann kam erneut die Besinnungslosigkeit.

Qual, giftiges Blutwallen und ohnmächtiges Erstarren liefen in der Folge – noch mehrere Tage und Nächte hindurch – in immer schnellerem Wechsel ab. Zuletzt dann erlebte Michel den entsetzlichen Moment, da ihm die Kehle nach dem Erwachen trotz aller Gier trocken blieb. Das eine Faß hatte er leichtsinnig auslaufen lassen, das nächste vermochte er nicht mehr anzuspunden, da ihm das nötige Werkzeug fehlte. Nostradamus, ein körperliches und geistiges Wrack, versuchte es wimmernd und vergeblich mit bloßen Händen; er keuchte, fluchte und würgte in seiner Verzweiflung; er kratzte am Holz und drosch dagegen; er tobte sinnlos bis zur Erschöpfung; schließlich brach er entkräftet zusammen. Die Ohnmacht kam auch diesmal, doch nicht vom Alkohol gedämpft, sondern reißend; seine vergifteten Gehirnzellen brachten einen schrecklichen Alptraum hervor.

Hoch über sich selbst taumelte er mit platzendem Schädel und starrte hinunter auf seinen aufschwärenden Leib. Weinbäche sah er gurgeln durchs offengelegte eigene Gekröse,

Geschwüre blühen und platzen unter dem Anprall des Giftes; sein Fleisch verwässern, verwesen; und dann wuselten auf einmal über alldem die Ratten, Millionen und Milliarden von nadelzähnigen Tieren, und saugten, soffen, schlürften das Unaussprechliche, würgten und spieen es wieder von sich, gurgelten eine gotteslästerliche Sintflut über die Erde, und auf den kochenden Eiterkämmen tanzten die Peitscher, die Ausgeburten der Schlange, die Geißler und ließen das Leder immer schneller schnalzen. Und Nostradamus schrie seine Qual hinaus – und hörte dennoch keinen Ton; noch nicht einmal diese kleinste Erleichterung war ihm vergönnt.

Ein letztes Sichaufbäumen, etwas spritzte hinweg zu allen zehn Enden des Alls; dahinter war nicht mehr meßbare Kälte, schwarze Finsternis, grausige Leere, jenseits allen Grauens. Doch auf einmal ein Halt, ahnungsvoll neue Wärme, wieder- auferstandenes Licht. Zwei Hände, über- und außerirdisch weich, leisteten dem anderen Widerstand. Zehn Finger der Göttlichkeit, weiblich dazu, fingen auf. Fingen auf, bargen, netzten ein, hüllten, fügten Zerbrochenes zusammen, heil- ten. Die Geißler verschwanden, die Ratten, das eitrige Meer. Ein Körper, äußerlich zumindest unversehrt, lag verkrümmt auf versudelten Steinplatten; aus der lautlos kreischenden Uferlosigkeit kehrte eine Seele zurück in den Leib. Als Michel de Notredame die Augen aufschlug, als ihm gleichzeitig das Fühlen zurückkehrte in die Haut, fand er sich in den Armen einer Frau geborgen.

Keine Göttin, keine Überirdische, keine Lichtsanfte war es freilich; eine Armselige vielmehr, eine Abgezehrte, eine, in deren Antlitz ebenso wie in seinem die Furchen des Leidens standen. Ein Menschenwesen: dies aber zählte mehr als alles andere; so seltsam vertraut kam ihm die Frau vor, als sei er mit ihr Hand in Hand durch tausend Nächte gegangen. Noch begriff er es nicht mit dem Verstand, aber dann hörte er sie, während sie ihn noch näher an ihre Brust zog und seiner Verschmutzung nicht achtete, sagen: »So lange habe ich dich gesucht! Um jeden Preis mußte ich dich finden! Weil du mir das Leben gerettet hast! Weil ich es gespürt habe, als ich am Tag, an dem die Pest wich, im Spital in deinen Armen erwachte...«

Ein unerhörtes Geschenk hatte die Frau ihm damit dargebracht. Das Dasein eines Menschenwesens zumindest durfte Nostradamus sich zugute rechnen – und dies, er verstand es nicht, fühlte es aber, wog alles andere auf! Nichts war sinnlos gewesen; nicht der Tod hatte triumphiert und ebensowenig die Geißler; das Samenkorn des Lebens hatte den Pfuhl überwunden, weil aus verzweifeltem humanem Wollen letztlich doch die Befruchtung erwachsen war. Etwas Ähnliches wie damals im Pyrenäenwinter war geschehen; wiederum war er nicht verworfen worden; nach dem tiefsten Grauen hatte er dennoch wieder festen Boden unter den Füßen gefunden, weil dieses eine Leben, das wirklich zählte, ihn mit seinen nackten Händen aufgefangen hatte. Und jetzt, obwohl ihn die Nachwehen des entsetzlichen Deliriums, die Entzugserscheinungen dazu, noch immer graus am beutelten, fand er die Kraft, um zu flüstern: »Ich habe dir geholfen; du hast es gesagt, und ich glaube es, doch nun brauche ich deine Hilfe! Bring mich weg von hier, schnell...«

Die blonde Frau nickte, dankbar, weil sie dies für ihn tun konnte; sie schämte sich nicht, ein anderes Leben in seiner tiefsten Erniedrigung zu stützen und es zu einem Neuanfang zu führen. Im Haus dieser Frau, die durch die Pest den Gatten, drei Kinder und einen Säugling verloren hatte, kam

Michel zur Ruhe. Bénédicte wusch ihn und fütterte ihn; sie saß unter dem verwaisten Dach bei ihm und streichelte ihn, bis er in den Erschöpfungsund damit in den Heilschlaf wegglitt. Am folgenden Tag, als sie spürte, daß ihn ein delirisches Nachzittern befallen wollte, lag sie bei ihm. Und an ihren Brüsten fand Nostradamus Wärme und in ihrem Schoß neue Lebenskraft.

Am nächsten Morgen wagte er sich wieder hinaus in die Gassen, auf die Plätze. Er stellte sich der Realität der zutiefst geschlagenen Stadt, griff zu, wo es nötig war; half nun seinerseits wieder, wo er konnte. Auch drangen jetzt allmählich wieder Nachrichten von draußen nach Montpellier herein; daß Saint-Rémy diesmal verschont geblieben war, erfuhr Michel auf diese Weise. An der Universität wiederum sagte man ihm, daß an eine Wiederaufnahme des Lehrbetriebes vorerst nicht zu denken sei. Wenn er aber trotzdem als Mediziner arbeiten wolle, dann könne er in den Westen oder in den Norden gehen, wo die Seuche nach wie vor wüte. Ähnliches gab ihm auch der alte Grison zu bedenken, der glücklicherweise davongekommen war; Bénédicte freilich machte ihm einen anderen Vorschlag.

»Du könntest für immer in meinem Haus bleiben«, flüsterte sie ihm kurz nach seinem einundzwanzigsten Geburtstag, in der Weihnachtszeit schon, zu. »Wir könnten gemeinsam den Neuanfang versuchen, du und ich; ich glaube, daß wir eine Chance hätten ...«

Im ersten Augenblick war Nostradamus versucht, ihr nachzugeben. Die Erinnerung an das, was sie für ihn getan hatte, drängte ihn sogar dazu. Aber dann glaubte er plötzlich erneut das Geißlertanzen zu sehen und die schwärenden Beulen zu riechen – und gleichzeitig trieb es ihn im Geiste ins

Spital zurück, und dort hielt er zu einer unumkehrbar sinn-gebenden Stunde auf einmal wieder die hellhaarige Frau in den Armen. Damit wußte er unverbrüchlich auch, was er zu tun hatte; er zog Bénédicte an sich und erwiderte: »Ich werde gebraucht! Weil du lebst, habe ich es begriffen! Ich weiß auch, daß du mich liebst, und gerade deswegen bitte ich dich jetzt, mich nicht zurückzuhalten!«

Die Witwe, die Kinderlose nahm es hin, vielleicht hatte sie es ohnehin geahnt. »Wann wirst du gehen?« fragte sie. Michel antwortete gepreßt. »Schon morgen...«

Da nahm sie ihn, aus ihrer weiblichen Weisheit heraus, noch einmal in ihre Fleischwärme auf und gab ihm so die Freiheit zurück, die ihm – auch das ahnte sie – erneut zur Prüfung werden sollte.

*

Das erste Jahr seiner langen Wanderschaft, 1525, verbrachte er in Narbonne. Kaum war die Pest in Montpellier erloschen, war sie im Sumpfland an der Küste wieder aufgeflackert. Von neuem vernahm Nostradamus das Todesröcheln und das Peitschenknallen, kaum daß er das Stadttor durchschritten hatte. Ärger als die Furcht begann ihn der Grimm zu würgen. Seine Faust umklammerte den Griff des Degens, den er seit kurzem an der Seite trug. Die Unvernunft forderte ihn her-aus, bis zum blinden und dennoch gerechten Haß. »Ihr Wahnsinnigen!« schrie er die Geißler an. »Glaubt ihr, ihr schafft damit auch nur ein Lot Leid aus der Welt?! Kommt doch zu Verstand, ihr Narren! Helft in den Spitälern! Wascht die Kranken! Damit dient ihr dem Göttlichen! Der Götze aber, den ihr beschwören wollt, existiert nicht! Begreift das!

Und wenn ihr nicht dazu fähig seid, dann muß man euch die Wahrheit mit Knütteln ins Hirn hämmern!«

Er wetterte gegen sie, er beutelte sie, er störte ihren blasphemischen Kreis, bis sie Anstalten machten, sich auf ihn zu stürzen. Ehe es aber wirklich zum Handgemenge kommen konnte, fühlte sich Michel am Arm gepackt, und ein Hüne im blutroten Radmantel zerrte ihn weg, schob ihn durch ein Torgewölbe und eine steile Stiege hinauf. In einem Erkerraum, der mit Folianten und wissenschaftlichem Gerät vollgestopft war, gab der Unbekannte sich als der Stadtmedikus von Narbonne zu erkennen.

»Claude Giron heiße ich«, fuhr er fort, »und ich freue mich, daß der Himmel einen wie dich gesandt hat! Prächtig hast du,s den Abergläubischen gegeben, auch wenn du ein wenig leichtsinnig vorgegangen bist! Bloß eine oder zwei weitere Weisheiten noch, und sie hätten kurzen Prozeß mit dir gemacht! Verzeih mir also, daß ich eingreifen mußte! Ich hatte das Gefühl, du seist zu wertvoll, um in der Gosse totgeschlagen zu werden! Du bist doch von der gleichen Fakultät wie ich? Freilich habe ich dich in dieser irrsinnig gewordenen Stadt noch nie vorher gesehen...«

Nachdem Nostradamus seinen Dank abgestattet und sich seinerseits vorgestellt hatte, machte ihm Giron kurzerhand das Angebot, als Heilgehilfe in seine Dienste zu treten. Michel schlug ein; aus keinem anderen Grund war er schließlich nach Narbonne gekommen. Nachdem er sich mit dem Stadtmedikus einig geworden war, kam er aber noch einmal auf die Geißler zurück. »Wir können mit unseren ärztlichen Mitteln gegen die Seuche kämpfen, so gut oder schlecht es eben geht«, knurrte er, »aber was unternehmen wir gegen die Religiösen? Sie sind eine Heimsuchung, schlimmer als die Pest!

Sie widersetzen sich jeder vernünftigen Maßnahme! Die Krankheit sei eine Strafe Gottes – und wer sie nicht hinnehme, versündige sich in alle Ewigkeit! Wo die Peitscher eine Stadt beherrschen, tut sich die Medizin deswegen doppelt und dreifach schwer! In Montpellier habe ich es erlebt; ich weiß, wovon ich spreche! Wir müßten deswegen nicht nur gegen die Beulen, sondern rigoros auch gegen die verfluchten Götzenanbeter vorgehen!«

»Darauf trinken wir«, versetzte der Hüne, »und ich kann dir dazu sagen, daß ich beim Magistrat in dieser Sache bereits einen Vorstoß unternommen habe.« Er füllte zwei Gläser mit Wein, stieß mit Nostradamus an und fuhr fort: »Im Moment ist die Meinung auf dem Rathaus freilich noch zwiespältig. Die Humanisten und Aufgeklärten stehen gegen die Pfaffen. Doch wenn du einen Vortrag dort hieltest, wenn du sie wachrütteln könntest, Michel, dann hätten wir eine Chance! Zwar kommt vermutlich kein Kleriker zur Vernunft, aber es gibt ja auch noch die Vorsteher der Laienbünde[64] im Rat, und diese Zunftmeister sind nicht völlig verblödet, sondern bloß irregeführt. Wenn man denen einen heilsamen Schock versetzt, dann könnten sie sozusagen zum Zünglein an der Waage werden...«

»Meiner Meinung nach wütet die Pest gerade dort am ärgsten, wo die Geißler tanzen«, versetzte Nostradamus. »Ich spüre es: im Geifern, im Speicheln, in den offenen Wunden liegt die Gefahr![65] Etwas in meinem Inneren sagt mir, daß genau das den Moloch mästet!«

»Und ich ahne, daß ich in dir exakt den gefunden habe, den ich verzweifelt suchte«, erwiderte Giron; auf einmal sehr leise, sehr nachdenklich.

So also tauchte Michel de Notredame neuerlich in die

Heimsuchung des Spitals ein, wiederum begann er mit nicht viel mehr als nackten Händen zu kämpfen, und von neuem starben ihm die Leidenden, die Verzweifelten unter ebendiesen Händen weg. Nach drei oder vier entsetzlichen Tagen und nicht weniger schauerlichen Nächten dann aber die Ratsversammlung. Auf Betreiben des Stadtmedikus war sie außer der Reihe einberufen worden. Durch das immer noch anhaltende Geißlertoben bahnten sich Giron und Michel den Weg, mehr als einmal mit brachialer Gewalt. Die Stadt schien im Wahnwitz zu gären; nicht anders war es im Versammlungssaal, wo der Irrsinn oder der Tod ebenfalls schon beträchtliche Lücken gerissen hatte. Als Nostradamus und Giron des Podium bestiegen, hatte der Medikus zunächst große Mühe, sich überhaupt Gehör zu verschaffen. Fassung bewahrten lediglich noch die Humanisten, die außerreligiös Gebildeten. Das andere Lager aber, das klerikale, wußte bloß zu spotten, zu verfluchen und zu verdammen; etliche Geißler, die zusammen mit den beiden Medizinern eingedrungen waren, setzten dem Ganzen selbst hier die blasphemische Krone auf.

Plötzlich jedoch, nach der mehr oder weniger mißglückten Einführung durch Giron, spürte Michel, daß er das Menschenknäuel dennoch in seinen Bann zu zwingen vermochte. Die Worte kamen ihm von den Lippen, ohne daß er sie mit dem Verstand heraustreiben mußte. Bilder, visionär fast, schmetterte er ihnen entgegen, und sie zuckten verstört zusammen. Er hielt ihnen die Folgen des Wahns vor; er trat die Flucht nach vorne an und schilderte das Grauen der Pest als eine doppelt grausige Heimsuchung: die Seuche und dazu die Unvernunft. Eine Hölle malte er der Ratsversammlung aus. Ließ die Verstörten aber nicht in der Verzweiflung hängen, sondern baute ihnen geschickt Alternativen, Hoffnungsbrücken auf. Legte ihnen, jetzt wieder ruhiger und auch wieder verstandesbetont, dar, was er zuvor zusammen mit dem Medikus ausgetüftelt hatte. Die anschließende Abstimmung wurde ihm und Giron zum Triumph: der Rat beschloß mit deutlicher Mehrheit die augenblickliche Vertreibung der Geißler aus Narbonne. Noch im Saal setzte man die eingedrungenen Peitscher fest, bot sodann, noch in der Nacht, die Büttel gegen die übrigen auf. Giron und Nostradamus erhielten freie Hand, die Seuche von nun an ganz nach ihrem Gutdünken zu bekämpfen.

In Narbonne wurde ein Gefecht geführt, wie man es in der Provence und in den Cevennen noch nie zuvor erlebt hatte. Neben dem vorhandenen richteten Michel und Claude weitere Spitäler ein; die Kranken, kaum daß sich die Zeichen an ihren Leibern zeigten, kamen jetzt auf der Stelle dorthin. Die Häuser, in denen der Tod bereits zugeschlagen hatte, wurden von den Stadtknechten leergeräumt; Betten, Kleider, sogar Möbel dem Feuer außerhalb der Ringmauer überantwortet. Die Brunnen wurden überwacht; unter Androhung drakonischer Strafen verbot der Magistrat den Bürgern, irgendwelchen Unrat dort abzuladen. In den Spitälern wiederum floß das Wasser jetzt überreichlich. Täglich wurden die Kranken gewaschen, selbst vor den bereits Todgeweihten machte man damit nicht halt. Ihren Theorien und ihrem Instinkt gleichermaßen folgten der Medikus und sein wichtigster Gehilfe damit, und tatsächlich stellten sich, wenn auch zäh, erste Erfolge ein. Zwar ging die Zahl der Befallenen nicht zurück, sie stieg jedoch auch nicht weiter an – und allein dies war gegenüber anderen Peststädten schon ein Gewinn. Der Kampf freilich forderte denen, die ihn an vorderster Front führten, das Letzte ab.

Im Spätwinter, in den ersten Frühlingswochen ging Nostradamus wieder bis an die Grenzen seiner Kraft – und oft
genug noch darüber hinaus. Einmal mehr verschwamm ihm
wochenlang der Unterschied zwischen Tag und Nacht. Zuletzt wußte er nicht einmal mehr, daß er aß, daß er trank;
nichts weiter mehr zählte neuerlich für ihn als die Kranken
und sein Haß auf die Seuche. Dieser Haß war es auch, der ihn
die Tortur durchstehen ließ, bis in den April dieses Jahres
1525 hinein, und dann geschah das gleiche wie vorher schon
in Avignon und Montpellier: Die Pest erstarb von einer Stunde auf die andere, verflüchtigte sich anderswohin mit einem
letzten Hohnlachen.

Michel, als er es inne wurde, taumelte in sein Quartier,
stürzte aufs Bett; lag da, geistig und körperlich wie tot. Er
schlief vierundzwanzig Stunden, aß sodann unersättlich,
trank auch eine Flasche Wein, besoff sich aber diesmal nicht
wieder bis ins totale Vergessen. Vielmehr suchte er anschließend Giron auf; im Erkerzimmer zogen die beiden Mediziner
Bilanz.

Claude hatte darauf bestanden, daß über jede Erkrankung,
jeden Todesfall, jede Rettung haargenau Buch geführt werde.
Nun, da sie die Zahlenkolonnen auflisteten, packte den Stadt-
medikus und seinen abgezehrten Gehilfen noch einmal das
Grauen. Hunderten von Beulenopfern stand lediglich eine
Handvoll gegenüber, die nach der Einweisung in die Spitäler
überlebt hatten. Die Mediziner hatten gekämpft bis zum
Äußersten und fast nichts erreicht. Trotz ihrer Aufopferung,
ihres Mitleids, ihres Wissens, trotz der neuen Wege, die sie
gegangen waren, standen jetzt, am Ende, doch wieder die
Massengräber. Michel erinnerte sich an ein ganz ähnliches
Erlebnis, damals in Montpellier – und dann sah er Giron mit

zittriger Hand zur Fuselflasche greifen. Sah es und sah gleichzeitig das Bild Bénédictes vor seinem inneren Auge – und mit
demselben Lidschlag kam die Vision. Aus ihrem Antlitz, dem
einzig geretteten in Montpellier, blühten andere Gesichter
heraus, mehr als ein Dutzend, und es waren diejenigen, die in
Narbonne überlebt hatten; die davongekommen waren dank
ärztlicher Hilfe. Im Herzen des Sehers entstand Gewißheit.
Nostradamus wand dem Hünen die Flasche aus der Hand,
stellte sie weg und sagte in die verblüfften Augen des anderen
hinein: »Wir haben etwas erreicht, und ich will dir auch
erklären, warum ...«

Später, nachdem er erfahren hatte, was in Montpellier
geschehen war, begann auch Giron es zu glauben. Noch während der Pestmonate war in Narbonne ein gutes Dutzend aus
dem Spital entlassen worden, in der anderen Stadt aber kein
einziger. »Das bedeutet, daß wir trotz allem auf dem richtigen
Weg gewesen sind«, seufzte der Hüne erleichtert. »Ich danke
dir, Michel!«

»Wir haben einen Anfang gemacht – und wir werden auch
noch weiterkommen«, erwiderte Nostradamus.

*

Dieses Weiterkommen versuchten sie zusammen das ganze
Jahr 1525 hindurch und noch ein gutes Stück ins nächste hinein. Im Tiefland zwischen Narbonne und Carcassonne, wo
die Seuche sporadisch immer wieder einmal aufflackerte,
nahmen sie von neuem den Kampf auf. Den Kampf gegen die
Geißler, die sich auch dort wieder zeigten, und ebenso gegen
die hygienischen Mißstände auf den Dörfern sowie die oft
haarsträubenden Begräbnisbräuche. Manchmal konnten sie

verhindern, daß die Leichen auf den Kirchhöfen direkt neben den allgemeinen Trinkwasserbrunnen unter die Erde gebracht wurden, manchmal nicht. Immer wieder standen ihnen der Klerus, der religiöse Wahn entgegen, aber gelegentlich gab es auch Einsichtige. Der eine oder andere Aufgeklärte unterstützte sie sogar tatkräftig, und mehr als einmal in dieser Zeit kamen die beiden Mediziner auf diese Weise an eine frische Leiche, die sie dann heimlich in Narbonne sezierten.

Kein Pfaffe und kein Mönch kam Michel de Notredame und seinem Mitverschworenen jetzt mehr auf die Schliche; jede nur erdenkliche Vorsichtsmaßregel wußten sie zu beachten, und wenn der geöffnete Corpus dann vor ihnen lag, dann erlebte Michel wiederum jene unbedingte Gewißheit wie damals in der Scheune bei Gignac. Während er schnitt und Claude dabei oft durch die Bedenkenlosigkeit und Kühnheit seines Vorgehens verblüffte, kam es ihm vor, als dringe er immer tiefer ins Netzwerk der verborgenen Zusammenhänge ein. Er spürte es jedenfalls; er ahnte, daß er sich auf einem sinnvollen Weg befand, aber dann wieder, wenn er eben meinte, eine Erkenntnis tatsächlich greifen zu können, entzog sie sich ihm jäh wieder. Denn lediglich ein Organ vermochte er zu erfassen, eine Geschwulst, eine Beule, eine zerfressene Lunge; nicht jedoch das, was sich noch tiefer drinnen im Gewebe verbarg. Nicht das Mikrobische, nicht das Bakterielle – und er hätte noch nicht einmal ein Wort dafür gehabt, falls er es dennoch hätte erblicken können. Nur die intuitive Ahnung davon sprang ihn manchmal an, für Sekundenbruchteile, aber dann verwickelte er sich hoffnungslos wieder im spinnwebigen Netz und erlebte schmerzlich den Rückschlag – und brauchte lange, bis er einen neuen Anlauf wagte.

Ein zähes Zerren am Verborgenen war es also, das die Zeit mit Giron kennzeichnete, und dann, im Sommer 1526, kam der Augenblick, da er unwiderruflich das Gefühl hatte, nicht länger in Narbonne verweilen zu können. Zusammen mit dem Hünen war er den Weg gegangen, solange es sinnvoll gewesen war, doch jetzt war ein Wall erreicht, eine Schranke. Giron hatte ihm an Wissen mitgeteilt, was in ihm war; ebenso war es umgekehrt gewesen. Gemeinsam zudem hatten sie die Marke des Lernens auch noch ein Quentchen weiter vorangetrieben, in die Pestdörfer. Doch jetzt, und das war der drängendste Grund für Michels Aus- und neuerlichen Aufbruch, hatte die Front sich verlagert, der Krieg war weitergezogen. Aus Toulouse kamen nunmehr die entsetzlichen Nachrichten, und im August machte sich Nostradamus dorthin auf.

*

Der Hüne hatte ihm ein Empfehlungsschreiben mitgegeben, doch auch ohne dieses Papier hätte der Magistrat am neuen Ort seines Leidens und Lernens ihn mit offenen Armen empfangen. Ärzte, Heilgehilfen waren jetzt gefragt wie nie; die Seuche hatte unter den Studierten nicht weniger Opfer gefordert als unter den Adligen, den Bürgern, den Bauern. Gold ließen die Ratsherren springen, kaum hatte Michel sich durchs übliche Tohuwabohu ins Amterhaus durchgekämpft. Ein feudales Quartier gleich neben der Basilika Saint-Sernin wies man ihm zu, doch ins Bett dort kam der Mediziner während der folgenden Monate kaum. Wiederum gab er sein Letztes und kämpfte Tag und Nacht gegen die Seuche. Spitalbrodem und Todesröcheln, daraus bestand sein Leben, und wenn es ihm doch einmal gelang, einen Befallenen aus den

Klauen des Todes zu reißen, dann starben noch in der gleichen Stunde drei, vier andere.

Den September, den Oktober und auch noch den November hindurch ging dies so; wenigstens aber mußte sich Notredame diesmal nicht zusätzlich mit den Geißlern herumschlagen. Kaum einer der Irren hatte sich gezeigt in Toulouse, nachdem der Magistrat gleich zu Anfang etliche Wirrköpfe ins Loch hatte stecken lassen. Und dann, im Dezember 1526, kam auch die Seuche zum Erliegen; schlagartig, wie gehabt. Wieder war Michel versucht, sein herzzerreißendes Soll und Haben nachzurechnen, doch dann hatte er einfach nicht mehr die innere Kraft dazu. Vielmehr brach er, nachdem er endlich wie ein Toter hatte schlafen dürfen, aus in die Natur.

Die Garonne wanderte er hinauf, auf Muret zu, dann weiter nach Carbonne. Vom Fluß, der jetzt schon winterdunstig dahinströmte, ließ er sich alles Denken wegtragen. Immer wieder geriet er mit den Stiefeln in die Kiesel, in den Schlick, und nahm es noch nicht einmal bewußt wahr. Dann wieder bückte er sich, trank, spürte mit kreatürlicher Erleichterung, wie das eisige Wasser ihn inwendig ausbrannte und reinigte. Er trieb sich eine volle Woche lang am Pyrenäenrand herum und achtete der Kälte kaum. Oberhalb von Carbonne zuletzt fand er eine Winkelwirtschaft[66]; in die fiel er ein, gierig jetzt nach Wein. Einen Augenblick lang zuckte ihm warnend die Erinnerung an Montpellier und Bénédicte durch den Schädel, gleich darauf aber erkannte er, daß diesmal keine Gefahr bestand. Nur treiben im Warmen wollte er, nicht in den Exzeß abstürzen. So ließ er sich vom alkoholischen Strom tragen und wiegen, tagelang, in Gesellschaft von Hirten und Bergbauern, im Schutz rauhbauziger Kerle, die nie im Leben von der Seuche auch nur gehört zu haben schienen. Zwischendurch, mehrmals, lockte es ihn zu langem, entrücktem Wittern und Schauen hinaus ins Freie. Unter schneeschwerem oder aufgerissenem Himmel stand er und spähte nach Süden, wo hinter dem Horizont Andorra lag. Erinnerungen rief er sich zurück, die mit dem allerersten Ausbrechen der Pest in seinem Umfeld zusammenhingen; ein Schäfer schien dann zu ihm zu sprechen und ihm neue Kraft zu schenken.

Einmal auch zwang ihm bei solcher Gelegenheit etwas Unsichtbares und um so Unwiderstehlicheres den Blick nach Osten, und daraus entstand ihm jäh eine Vision. Im plötzlich überirdisch durchschimmerten Nebel glaubte er einen erratischen Berg zu erkennen, einen kantigen Block, der sich wild und siegreich über alle Niederungen erhob. Ein Name, so vermeinte er, schmetterte hernieder aus dem Zentrum des Firmaments, doch der Hall wurde in Wahrheit nicht laut, schien vielmehr etwas mit dem lautlos gesprochenen Adonai zu tun zu haben. Blitzartig wuchs ihm das Gefühl des Allumfassenden auf und verwich ihm ebenso schnell wieder; Jubel und Enttäuschung vernetzten sich ihm innerhalb eines einzigen Herzschlags. Aus dem Weggleiten der Erscheinung drang aber dann doch noch eine Stimme heraus; seltsam vertraut kam ihm der Tonfall vor, und ganz deutlich hörte er es: Lavelanet...

Das Wort sagte ihm nichts, rührte ihn dennoch unbegreiflich an, lockte ihn. Als er aber zum Gasthaus zurücklief, wußte er, daß er Lavelanet noch lange nicht finden würde; daß er vielmehr noch jahrelang weiterwandern mußte. Und er nahm dieses Wissen hin – und vergaß die Vision und das Wort augenblicklich. Denn seinem innersten Kern und nicht seinem Verstand war ein Stück des künftigen Weges ausgeleuchtet worden.

Danach hielt es ihn nicht mehr sehr lange in den Grenzbergen. Nach Toulouse trieb es ihn wieder hinunter, wo es auch nach dem Erlöschen der Seuche noch viel für seinesgleichen zu tun gab. Also blieb er noch bis zum folgenden Frühjahr in den Diensten der Stadt, dann schnallte er sich die schwer gewordene Geldkatze und den Degen um, konnte sich auch ein Roß satteln und zog weiter in Richtung Nordwesten.

✳

Der Garonne abwärts folgte er diesmal, von neuen Hiobsbotschaften, seiner medizinischen Leidenschaft und seinem Mitleid getrieben. Ein gutes Stück vor Castelsarrasin schon witterte er erneut die Geißler. Entvölkerte Dörfer und Weiler wiesen ihm deren Weg. In Sichtweite des genannten Städtchens zuletzt, wo die Pest wiederum in voller Giftblüte stand, hieb ihm das Grauen entgegen; weit über alles bisher Erlebte hinaus. Angesichts eines pfuhligen, offenen Massengrabes hatten die Peitscher soeben im äußersten Wahn zu kopulieren begonnen.

Blutbeschmierte Leiber in satanischer Verstrickung; und dazu läuteten die Kirchenglocken. Michel de Notredame glaubte in einem höllischen Abgrund gelandet zu sein; der Grimm fegte jetzt auch ihm jedes menschliche Empfinden hinweg. Die Hand zuckte zum Schwertgriff, er setzte den Gaul in Galopp und ging mit geschwungener Waffe die Gotteslästerlichen an; verspürte nur noch den einen Wunsch: sie zu schlachten, aufzuspießen. Doch ehe er noch das unbeschreibliche Knäuel erreichte, griffen – aus einem Hohlweg heraus – die Büttel und Bürger von Castelsarrasin an. Im Handumdrehen verloren etliche Geißler ihr Leben, der Rest floh kreischend ins Schilfried, in die Sümpfe hinein. Das Brüllen, das Krachen der Musketen, das Zwitschern der Armbrustbolzen brachte Nostradamus wieder zu sich, er glitt aus dem Sattel, ließ den Raufdegen fallen und klammerte sich, wie einst als Kind in Cavaillon, zitternd an der Mähne fest. Nur noch Pein und Verachtung spürte er jetzt; Verachtung nach wie vor gegenüber den Peitschern, ebenso aber gegenüber ihren Mördern – und am meisten gegenüber sich selbst. Er dachte, daß das Tier überall im Menschsein lauerte, daß die Humanität – vermeintlich – eine Farce war. »Die Menschheit ist es nicht wert...« schrie er in die Mähne hinein; es schüttelte ihn dabei wie im Krampf. Gleich darauf raffte er die Waffe wieder an sich, schwang sich erneut auf den Pferderücken, preschte davon, ins Schilfried hinein, und achtete auf keinen Fliehenden, auf kein Hindernis. Er galoppierte durch peitschendes, kreischendes, sirrendes, knatterndes Schilf, erreichte irgendwann einen Höhenzug und trieb den Gaul dort hinauf, immer weiter, bis das Roß zu keuchen begann und zusammenzubrechen drohte. Erst dann kam er endgültig wieder zu sich.

Er kümmerte sich um das Tier, rieb es ab, brachte es mühsam wieder zum ruhigen Atmen. Dann, merkwürdig erleichtert, ritt er im Schritt zurück und tat, wovor er zuerst zurückgeschreckt war: er bot den immer noch blutbespritzten Bütteln und Bürgern von Castelsarrasin trotz allem seine Hilfe im Kampf gegen die Pest an. Und harrte hinter der Ringmauer aus bis in den Sommer dieses Jahres 1527 – und verlangte keinen Stüber für seine Mildtätigkeit; er tat sein Werk der Barmherzigkeit aus einem unwiderstehlichen inneren Drang heraus um den Gotteslohn.

*

Ein Trotzdem hatte er in die Welt gewurzelt, entschlossener als je in diesem Frühjahr und Sommer. Und das gleiche Sich-aufbäumen selbst gegen eine mißratene Schöpfung (ob sie dies tatsächlich war, entschied er in seinem geheimsten Kern nie) trieb ihn auf seinem Leidensweg weiter, auf dem er sich längst selbst mörderisch zu geißeln begonnen hatte.

Über Moissac nach Cahors hinauf taumelte er, leistete Sterbehilfe oder linderte, wo immer er konnte. Im Spätherbst war er in Villeneuve-sur-Lote, und mit dem ersten Winterregen erreichte er Agen, das erstaunlicherweise von der Seuche verschont geblieben war. Übers Pflaster des Marktplatzes trottete Michels Gaul; einmal gewahrte der Reiter einen großen Mann, einen irgendwie Vergeistigten, der ihn forschend musterte, der ihn mit seinen seltsam klaren Augen zu irgend etwas aufzufordern schien. Aber Nostradamus fand nicht die Kraft, sein Tier anzuhalten; er wollte sich nichts und niemandem mehr stellen in seiner Erschöpfung, und so ließ er das Pferd weiterlaufen, bis es vor einer Taverne von selbst zum Stehen kam. Und dann hielt er, der an diesem Tag seinen vierundzwanzigsten Geburtstag hätte feiern können, wenn er sich nur an das Datum erinnert hätte, wiederum den Becher in der Hand und fand eine flüchtige Wärme – und später auch eine Willige, die ihn an ihren Brüsten und in ihrem Schoß barg.

Ein paar Wochen lang genoß Michel das Ausruhen in Agen, doch schon bald im neuen Jahr 1528 trieb es ihn weiter. In Marmande, so hatte man ihm erzählt, lebe ein Medikus, der ein unfehlbares Mittel gegen die Pest kenne. Als Nostradamus aber dort eintraf, hörte er schon wieder das Peitschenschnalzen, und von den Torflügeln der verwaisten Häuser grinsten die schwarzen Kreuze herunter. Der Arzt entpuppte sich als Quacksalber, der nicht einmal sich selbst hatte schützen können: Kügelchen aus Hostienteig, mit zerfasertem Bibelpergament verbacken, hatte er den Verzweifelten als Medizin angedreht – und seine Patienten waren elend umgekommen; am Ende auch er selbst.

Notredame nahm seine Stelle ein; der Magistrat drängte ihm das Gold auf, obwohl er es gar nicht verlangt hatte. Ein weiteres Frühjahr ging über der neuerlichen und so oft sinnlos erscheinenden Schinderei hin. Dann, als die Seuche sich in Marmande die Hörner abgestoßen hatte, traf die Nachricht ein, daß sie statt dessen in Bordeaux aufgeflackert sei. Michel, jetzt nur noch aus einem dumpfen Trieb heraus, sattelte erneut sein Roß und lenkte es dem Gironde-Delta und damit dem Atlantik zu.

Von einem Meer zum anderen, quer durch den ganzen Süden Frankreichs, hatte die zwiefache Geißel ihn damit gehetzt.

Zweites Buch

Der Montségur

(1529–1546)

Das Rosenkreuz

Im Mai 1528 war Nostradamus in der Bischofsstadt angekommen; jetzt, da die Mauern und Bastionen von Bordeaux wieder hinter den Horizont zurückwichen, stand bereits das Jahr 1529 im April.

Fünfundzwanzig war er jetzt. Er ritt zügig nach Osten; der pludernde Meerwind schien das Roß übermütig zu treiben, und die flatternde Mähne verkündete Freiheit, endlich. Fester preßte er die Schenkel um den stampfenden Tierleib und machte sich zum wiederholten Male an diesem Morgen bewußt, daß ausgerechnet unter dem stumpfhäubigen Turm der Kathedrale Saint-André[67] die Wende zum Besseren eingetreten war.

Schon im vergangenen Sommer hatte ein königliches Dekret das Geißlerunwesen in ganz Frankreich verboten. Mehr noch: Paris hatte endlich dafür gesorgt, daß der Kampf gegen die Pest auf breiter Front und zunehmend mit vernünftigen Maßnahmen geführt werden konnte. Trotzdem hatte das Sterben in Bordeaux noch bis zum Spätherbst angehalten, dann aber war die Seuche erloschen. Auch aus anderen Städten waren immer weniger Hiobsbotschaften eingetroffen und im Laufe des Winters schließlich ganz ausgeblieben. Guten Gewissens hätte Michel schon um die Weihnachtszeit herum abreiten können, doch er hatte noch einige Monate länger in Bordeaux ausgeharrt. Weniger das Salär hatte ihn gelockt, das ihm nach wie vor ausbezahlt worden war, sondern vielmehr die Gelegenheit, im Kreise anderer Ärzte und Heilgehilfen nach dem Sieg über die Pest noch theoretisch weiterzuarbeiten. Aus ihrer Euphorie heraus hatten sie sich zusammengefunden, und manchmal hatte Notredame dabei an das gemeinsame Forschen mit Claude Giron gedacht. Sein medizinisches Wissen hatte er auf diese Weise noch einmal vertiefen können; daraus resultierend aber hatte sich bei ihm zuletzt das Gefühl eingestellt, er sei jetzt reif für den Erwerb des Doktorhutes. Er hatte sich wieder an Montpellier erinnert, schmerzlich intensiv beinahe, und danach hatte es ihn nur noch wenige Tage im Schatten von Saint-André gehalten.

Nostradamus setzte die Sporen ein, willig fiel das Pferd in Galopp. Einen Monat, dachte der Reiter, dann atme ich wieder den Duft, den der Wind aus der Camargue herüberträgt. Auch Saint-Rémy werde ich endlich wiedersehen, die Mutter, die Geschwister dort. Und ich werde wissen, wie es in Montpellier steht, was der alte Grison so treibt ... und Bénédicte. Ein Jahr noch, höchstens zwei, überlegte er im rhythmischen Wiegen weiter, dann ist mir die Promotion sicher. In aller Ruhe kann ich mir den Titel erwerben, die abschließenden Kollegien besuchen. Zumindest in dieser Hinsicht hat sich das Grauen gelohnt. Ich besitze Gold, Silber, weit mehr, als ich brauche. Ich kann mir schon jetzt ein eigenes Haus einrichten, brauche nicht noch einmal in der Burse unterzukriechen. Und wieder kehrte ihm ein Erinnerungsfetzen zurück, an François Rabelais mußte er auf einmal denken, und er schwor sich: Was aus dem Dichter geworden ist, werde ich ebenfalls bald herausfinden.

Von solchen Gedanken beflügelt, erreichte er bis zum Abend den Markt Tourne. Dort fiel er in die Taverne ein und ließ sich auftragen, was Küche und Keller herzugeben vermochten. Nachdem er bestens gesättigt war, nachdem ihm der Rotwein zudem kräftig das Blut erhitzt hatte, warf er eine schwere Münze auf den Tisch des Hauses und rief dem Wirt zu: »Da hast du! Fülle auch meinen Freunden hier die Becher und schenke dir selbst einen guten Tropfen ein! Ein Lumpenhund, der knausern wollte, obwohl ihm das Gold im Gürtel klingelt! Auf meine Reise, Kameraden! Auf daß sie ein glückliches Ende nehmen möge! Von der Rhône, müßt ihr wissen, komme ich! Und jetzt kehre ich nach langen Jahren der Wanderschaft als ein Wohlhabender wieder in die Heimat zurück!«

Die Umsitzenden an der großen Tafel, die ihn schon die ganze Zeit über neugierig gemustert hatten, rückten näher. Der Wirt beeilte sich, einen Krug vom Besten herbeizutragen. Alsbald war das Gelage in vollem Gange. Begeistert nahm Michel das Schulterklopfen, die rauhe Herzlichkeit, die ihm entgegenschlugen, an. Nach den schlimmen Jahren, die hinter ihm lagen, besoff er sich nicht nur am Wein, sondern auch an der neuerwachten Lebensfreude. Die Bauern, die Winzer, die anderen Durchreisenden schienen ähnlich zu empfinden. Keinen Trinkspruch, keinen Becher ließen sie aus. Immer höher schlugen die Wogen, immer lauter ging es zu. Michel zog sich eine der Mägde auf den Schenkel; während er schwadronierte, war seine Hand unter dem Beifall der anderen hurtig an ihrem Mieder zugange. Spät in der Nacht dann taumelte er mit der vollbusigen Maid beseligt nach oben. Und sie ließen die Bettstatt knarzen, weil sie trotz allem noch im Dasein wurzelten und nach einer Ewigkeit des Schreckens dennoch jung geblieben waren.

Am nächsten Morgen freilich, nachdem er spät erwacht war, spürte Nostradamus den Katzenjammer und benötigte einen ausgiebigen Satteltrunk, um endlich doch aufs Roß zu kommen. Mit pochendem Schädel ritt er weiter die Garonne aufwärts. Ungefähr auf halbem Weg zwischen Tourne und Langon, der Nachmittag düsterte sich schon wieder ein, scheute plötzlich das Pferd. Gleichzeitig brachen aus dem Unterholz heraus die Beutelschneider.

Ein, zwei Visagen glaubte Michel flüchtig wiederzuerkennen. In der Taverne gestern hatten sie auf seine Kosten gebechert, hatten sich dann aber bald wieder verdrückt. Sie mußten die Nacht durch geritten sein, um ihre Kumpane zu verständigen und hier, im Strauch- und Riedland, den Hinterhalt zu legen. Dies blitzte dem ohnehin schon Angeschlagenen noch durch den Schädel, im nächsten Moment traf auch schon der erste Knüppelschlag seinen Schenkel. »Saubande!« brüllte er, zog den Degen, setzte sich wütend zur Wehr; einem zerschlitzte die Klingenspitze die Schwarte. Doch gleichzeitig hängten sich drei andere an sein Bein und an die Zügel des Gauls – und Michel stürzte. Er verlor die Waffe, prallte mit dem Kopf schmerzlich gegen einen kieseldurchsetzten Lehmbrocken, schmeckte im Rachen sein eigenes Blut. Einen Augenblick später ging ein wahrer Hagel von Prügeln auf ihn nieder; er konnte nichts anderes mehr tun, als sich, halb ohnmächtig schon, einzukrümmen, wenigstens den Schädel und die Weichteile zu schützen. Zuletzt traf ihn ein Stiefeltritt gegen die Schläfe; eine rötlich durchzuckte Schwärze dröhnte heran und löschte das letzte Flackern seines Denkens aus.

Als Nostradamus wieder zu sich kam, stand dunsthöfig der Mond am Himmel und schien über ihm hin und her zu schwimmen; Michel lag in einer ekelhaften Lache von Erbrochenem. Noch einmal, als er es gewahr wurde, übergab er sich, danach richtete er sich taumelnd auf. Von Platzwunden und Blutergüssen war sein Körper übersät. Schmerz durchzuckte seine Glieder, und dazu die Kälte. Eine ganze Weile brauchte er, bis er das volle Ausmaß seines Unglücks begriff: sein Pferd war fort und mit ihm sein ganzer Besitz. Ebenso fehlte unter seinem Radmantel die Geldkatze. Sie hatten ihm sämtliches Gold und Silber geraubt, das er sich in Bordeaux und vorher hatte ersparen können. Ein gotteslästerlicher Fluch röchelte ihm aus der Kehle; zusammen mit dem Geld hatten sich auch seine Zukunftspläne in Nichts aufgelöst, waren zu Dreck geworden. Als Bettler würde er zurückkehren nach Montpellier – falls er den Weg dorthin mittellos überhaupt schaffte.

Es war, als träfe ihn noch einmal ein hundsgemeiner Hieb. Ein verzweifeltes Heulen kam ihn an; erst im Morgengrauen fand er die Kraft, weiter in Richtung auf Langon zu taumeln. Und bei jedem Schritt verfluchte er sich selbst, weil er sich in Tourne so großspurig gezeigt hatte.

✳

Barmherzig ihm gegenüber erwies sich dann aber der Medikus im nächsten Ort, wo Michel hungrig und zitternd am späten Abend eintraf. Der Arzt sorgte für das Nötigste und versorgte seine Wunden, schlug ihm anschließend vor: »Wenn du willst, sende ich Nachricht nach Tourne und auch nach Bordeaux. Gerade für die Gironde-Stadt hast du viel getan. Der Magistrat wird nicht umhin können, Büttel nach den Gaunern auszusenden. Und ebenso wird man dies von der Obrigkeit in Tourne verlangen dürfen.«

»Und du glaubst wirklich, daß es etwas nützen würde?« murmelte Nostradamus kleinlaut. »Die Kerle, die ich erkannt habe, und ich weiß nicht einmal genau, ob es zwei oder nur einer waren, sind doch längst über alle Berge. Die sind doch nicht so dumm, hier in der Gegend zu bleiben. Und was die anderen angeht...« Er zuckte die Achseln, verstummte.

»Man muß es wenigstens versuchen!« beharrte der Medikus. »Ohnehin kannst du jetzt nicht weiter, bis deine Wunden einigermaßen abgeheilt sind.«

»Also gut, dann laß den Boten abgehen«, erwiderte Michel.

So geschah es, doch die Suche nach den Beutelschneidern, so sie überhaupt ernsthaft betrieben wurde, blieb erfolglos. Nach etlichen Wochen mußte auch der Arzt von Langon einsehen, daß er allzuviel Vertrauen in die königliche Justiz gesetzt hatte. Michel hingegen hatte es von Anfang an geahnt und hatte sich zwischenzeitlich wohl oder übel mit seinem Schicksal abgefunden. »Wenn du mir wenigstens mit ein paar Stübern aufhilfst, komme ich schon weiter«, eröffnete er seinem Samariter in der Maimitte. Der Medikus, obwohl er gewiß nicht betucht war, tat mehr. Er gab seinem jungen Kollegen soviel Silber, daß der wenigstens die nächsten zwei, drei Wochen überstehen konnte.

Das Geld reichte bis Moissac, das ungefähr auf halbem Weg zwischen Bordeaux und der Mittelmeerküste lag. In der ersten Junihälfte traf Nostradamus, schon wieder erschreckend abgerissen, dort ein. Vor der Pfarrkirche kauerte er sich aufs Pflaster und streckte die Klaue aus. Die Gottesdienstgänger freilich, obwohl zahlreich, übersahen ihn. Wenig später wurden ihm zudem neuerlich Prügel angedroht. Die örtlichen Bettler, die ihn schon die ganze Zeit über mit scheelen Blicken bedacht hatten, wollten die Konkurrenz auf keinen Fall länger dulden. Notgedrungen verzog Michel sich wieder, dann erinnerte er sich an den Degen, den er nach dem Überfall zerbrochen im Schlamm aufgefunden hatte. Die beiden Stücke staken noch immer in seinem Deckenbündel, und nun verscherbelte der Bakkalaureus sie für wenig mehr als ein Almosen an einen Schmied. Völlig waffenlos schaffte er es mit dem Erlös bis Grisolles. Wieder halb verhungert kam er drei Tage später in Toulouse an.

Hier immerhin erinnerte man sich seiner wohlwollend auf dem Rathaus. Ganz uneigennützig war die Hilfsbereitschaft des Magistrats freilich auch nicht. Im gleichen Spital, in dem er einst die Pest bekämpft hatte, mußte er nun an den Betten der Lungensüchtigen und Ruhrkranken für sein Quartier und seinen Unterhalt schuften. Der Sommer ging darüber hin; von seiner einst so feudalen Behausung nahe der Basilika Saint-Sernin konnte Michel diesmal nur träumen: jetzt lag er in seinen verbitterten Nächten in einer Dachkammer oben im Siechenhaus; wenigstens aber sparte er bis zum September genug, um anschließend bis Montpellier durchzuhalten. Der Herbst fröstelte schon deutlich von den Bergen herunter, als er Anfang November an seinem alten Studienort eintraf. Wieder dachte er an den Buchhändler und Verleger Grison, ebenso sehr zärtlich und liebesbedürftig an Bénédicte, doch als er deren Häuser aufsuchte, erlebte er neue Enttäuschungen.

Die Frau, die ihn einst in seiner tiefsten Erniedrigung bei sich aufgenommen hatte, war verschollen; die meisten Nachbarn in der Gasse – sie hatten sich nach der Seuche neu dort angesiedelt – erinnerten sich noch nicht einmal mehr an sie. Ähnlich stand es im Haus nahe des Torbaues über der Straße nach Nîmes. In den Räumen, in denen Nostradamus seine Studien als frischgebackener Bakkalaureus betrieben hatte,

hatte sich zwischenzeitlich ein Kohlen- und Holzhändler breitgemacht. Schon 1527, so berichtete der, sei der alte Grison verstorben; er selbst habe das Anwesen danach von den Erben erworben. Michel versuchte daraufhin, wenigstens das eine oder andere Mitglied des ebenfalls aufgelassenen intellektuellen Zirkels ausfindig zu machen, aber auch in dieser Hinsicht hatte er wenig Glück: die einen waren ebenfalls gestorben, die anderen in die Fremde verzogen. Und von Rabelais, so erfuhr der Heimgekehrte zuletzt an der Universität, fehlte nach wie vor jede Spur.

Seine alte Kammer unterm Bursendach durfte Michel, nachdem er sich als Doktorand eingeschrieben hatte, immerhin wieder beziehen – der Kustos gestand ihm das Dach über dem Kopf sogar kostenfrei zu. Was freilich die Verpflegung angehe, so murmelte er betreten, hätten die Zeiten sich geändert. An den Mäzenen läge es: die seien längst nicht mehr so dicht gesät wie früher. Also erkundigte sich der angehende Doktor der Medizin nach sonstigen Möglichkeiten, seinen künftigen Lebensunterhalt zu bestreiten, und da wußte ihm der Kustos tatsächlich Rat: »Sprich im Kloster Saint-Pierre vor! Die Mönche dort betreiben ja das Hospital, und Heilgehilfen brauchen sie immer . . .«

»Was, bei den Kutten?! Meinen alten Feinden?!« schnappte Michel. Jäh war ihm das Abenteuer von Gignac wieder gegenwärtig. Einen Augenblick später begriff auch der Kustos, grinste und beruhigte ihn: »Das ist verjährt! Du hast schließlich damals ausgiebig an der Pestfront gebüßt, und deine Amnestie ist in den Akten der Hochschule verbrieft und besiegelt. Nimm deine Chance also ruhig wahr! Eine andere bekommst du zur Zeit sowieso nicht in Montpellier.«

Von der Richtigkeit dieser Worte konnte sich Nostradamus

während der folgenden Tage gründlich überzeugen. Obwohl er es zunächst trotzig doch noch anderweitig versuchte, blieb ihm zuletzt nichts anderes übrig, als in den sauren pfäffischen Apfel zu beißen. Um so freudiger nahm ihn der Almosenier[68] des Klosters in Arbeit und Brot. Der Grund für solch altruistisches Verhalten blieb Michel nicht lange verborgen: zur höheren Ehre des Christengottes und vor allem um der Wohlfahrt der Geschorenen willen mußten die Pfleger im Hospital sich krummlegen bis zum Umfallen.

Bedeutend eifriger und ausdauernder noch als kürzlich in Toulouse versah der Bakkalaureus und Doktorand dazu seinen Dienst am Nächsten im Schatten von Saint-Pierre. Während er Bettpfannen schleppte, Verbände wechselte und Erbrochenes aufwischte, ließen die Mönche sich's im Konvent gutgehen. Zwischendurch wandelten sie durch den Chorgang und beteten das Brevier, Michel aber erledigte bei den Hartwänstigen unter den Siechen die Einläufe und hörte die blasigen Winde dort brodeln, wo angesichts der Magen- und Darmgeschwüre kein Kraut und auch sonst keine Arznei mehr halfen. Dies zu ertragen, war er als Mediziner freilich längst gewohnt, bedeutend schlimmer fand er deswegen die Pfründner[69], Kleinadelige und Großkaufleute, die sich in einem besonderen Trakt des Spitals breitgemacht hatten, obwohl sie gar nicht an körperlichen Gebrechen litten. Bedienung bei Tag und Nacht verlangten sie von ihm und den anderen Heilgehilfen. In der einen Stunde hatte Notredame nach einem Krug Wein zu springen, in der nächsten nach einem Topf meerfrischer Austern. Sinnlosen ärztlichen Rat verlangten die Nichtstuer von ihm; gegen ihre zumeist doch nur eingebildeten Krankheiten sollte er ihnen die rechten Mittelchen nennen. Am unerträglichsten aber waren diejenigen, die ihn aus ihrer Langeweile heraus in endlose Disputationen über theologische Haarspaltereien zu verwickeln versuchten.

So wurde Michel also unter dem klerikalen Dach mißbraucht für die Dreckarbeit, die körperliche und geistige: daß er jetzt für die Mönche arbeiten mußte, erschien ihm wie deren späte Rache für Gignac. Für ein paar Brocken Brot, für ein paar Schlucke sauren Krätzer am Tag hielten sie sich ihren akademisch gebildeten Sklaven, und angesichts solcher Großherzigkeit wäre aus der weiteren wissenschaftlichen Ausbildung des Michel de Notredame gewiß nichts mehr geworden, wenn ihm zuletzt nicht der Kragen geplatzt wäre.

Im Frühling 1530 geschah es, nach einem halben Jahr der Verknechtung, in dem er die Universität nur höchst sporadisch betreten hatte, obwohl sie doch so nahe lag. Einmal mehr wurde ihm das an diesem Märztag bewußt, und beim Anblick einer der Kutten, die ihm entgegenwallte, packte ihn die Wut noch heftiger. An die Jahre seiner ehrlichen Aufopferung dachte er, an seinen Kampf gegen die Pest; an die Visagen zwischen Tourne und Langon: mit Dreck und Schlägen hatten sie ihn schon damals für seine Barmherzigkeit, für seinen guten Willen belohnt. Nun, da er in Montpellier wiederum nichts anderes anstrebte, als sich zum Nutzen seiner Mitmenschen als Doktor der Medizin zu approbieren, war er neuen, anderen Beutelschneidern in die Hände gefallen, die nichts anderes von ihm wollten, als ihm sein Leben, seine Chancen, sein Weiterkommen im Dienst des Nächsten zu rauben. Und jetzt, da der Geschorene an ihm vorüber wollte, als Michel seine Hängebacken sah und den Weindunst roch, ging der Zorn mit ihm durch.

»Trotzdem! Verstehst du?!« schrie er den Verblüfften an. »Trotz euch, ihr Laffen! Trotz eurer Kleingeistigkeit und eurer Eigennützigkeit werde ich meinen Weg machen! Ihr haltet mich nicht auf! Ihr nicht – und auch sonst niemand! Sucht euch einen anderen, der durch sein Schuften für euer eigenes nichtswürdiges Dahinvegetieren aufkommt! Mit mir könnt ihr nicht länger rechnen! Ich scheiße auf den Dienst hier – und auf eure verlogene Hospitalität dazu! An die Hochschule will ich zurück! Ernsthaft studieren will ich wieder – nicht bloß da ein Stündchen und dort ein Stündchen, falls eure willkürliche Gnade das mal erlaubt! Meinen Doktor werde ich machen, auch ohne eure falsche Hilfe – und wenn ich wie keiner vor mir am Hungertuch nagen muß!« Er packte den Mönch am Skapulier[70], beutelte ihn, hätte ihn um ein Haar geohrfeigt. Doch mit einem jähen Atemzug stieß er ihn bloß verächtlich zurück, lachte gleich darauf befreit auf und verließ das Kloster auf Nimmerwiedersehen. Schnurstracks rannte er hinüber zur medizinischen Fakultät, und obwohl ihm der Hunger schon jetzt in den Eingeweiden wühlte, vermittelte ihm die Atmosphäre im Hörsaal dennoch so etwas wie das Gefühl endlich wiedergefundener Heimat.

✳

Endlich studierte er wieder ernsthaft, und das Hungergespenst ließ sich, wie sich zeigen sollte, auch ohne mönchische Mithilfe bannen. Nachdem Nostradamus sich etliche Wochen bei verschiedenen Kommilitonen durchgeschlagen hatte, kam ihm die rettende Idee.

Einen Gaul lieh er sich aus und ritt während der Ostervakanz hinüber nach Saint-Rémy. Hielt nach Jahren wieder die

149

Mutter in den Armen, die mittlerweile alt und gebrechlich geworden war. Eine ihrer verheirateten Töchter kümmerte sich um sie; die anderen Geschwister Michels waren in alle Winde verstreut, manche auch Opfer der Pest geworden. Noch immer im Haus befanden sich jedoch gewisse Rezepturen aus Jaunes Nachlaß; das eine oder andere verstaubte alchimistische Gefäß dazu. Mit Hilfe Madeleines packte Nostradamus die Relikte zusammen, im Sattelsack brachte er sie wenige Tage später nach Montpellier. Dort begann er unter dem Dach der Burse kosmetische, verdauungsfördernde, aber auch sanft potenzhebende Agenzien herzustellen[71]. Er vertrieb sie mehr oder weniger unter der Hand und deswegen preisgünstiger als andere Quacksalber; mit dem Erlös vermochte er seine letzten Studiensemester ganz gut zu finanzieren. Zum Selbstzweck freilich wurde ihm das Destillieren und Salbenreiben nicht; nach wie vor beschied er sich mit der Kammer, die er schon 1521 bewohnt hatte. Er tat es, obwohl er sah, daß manch anderer, der die Schwarzkunst beherrschte, zweispännig im Wagen durch die Gassen von Montpellier fuhr.

Nostradamus hingegen gelangte nunmehr zur gediegenen medizinischen Reife. Im Herbst 1531 legte er seine Prüfung als Chirurgus ab. Im Hörsaal stach er bei dieser Gelegenheit den Stein[72], brachte den Patienten nachher durch aufopferungsvolle Privatpflege, was gar nicht von ihm verlangt worden wäre, auch glücklich über den Berg. Im folgenden Frühjahr 1532 bestand er das pharmakologische Examen, und als wieder der Herbst kam, brillierte er abschließend in der Anatomie. Feierlich reichte ihm der Rektor der Universität von Montpellier um die Weihnachtszeit den Doktorhut, um den Michel de Notredame so hart und ausdauernd gekämpft hatte.

Seine Genugtuung war anfänglich groß, dennoch befiel ihn schon bald so etwas wie seelische Müdigkeit. Denn hinter der Tünche der akademischen Ehre schien er auf einmal schärfer denn je das unsägliche Leid der Menschheit zu erblicken. Als zöge, als triebe ihn etwas, stahl er sich deswegen zwischen zwei Feiern aus der Stadt fort. Das Meer suchte er, den gewaltigen Atem des Adonai. Noch immer trug er den schwarzen Hut auf dem Kopf, doch nun, da sein Gehirn die Brise weit über allen vergänglichen Tand hinaus erwitterte, nahm er die Kopfbedekkung ab, trug sie bloß noch in der Hand mit sich, während er weiter und weiter am Strand entlanglief in Richtung Nîmes, auf dem feinen, niemals meß- und niemals wägbaren Sand. Aus dem Sandrieseln heraus schienen ihm geistige Gebirgsschroffen aufzuwachsen; ein Wort glaubte er zu vernehmen, weit aus der Vergangenheit her; unter den Winterwolken schien am Horizont irrlichternd etwas Unnennbares zu schweben, eine Burg; und als sie verblaßte, tauchte wie ein Fanal ein Reiter auf.

Elf Jahre waren vergangen, seit Michel ihn zuletzt gesehen hatte, dennoch erkannte er ihn auf der Stelle wieder. Mehr noch: Er wunderte sich nicht einmal sonderlich, daß Francois Rabelais ausgerechnet zu dieser ihm innerlich so ungewissen und trotzdem so lichtschillernden Stunde zurückkehrte. Und auch der Dichter stutzte nicht, als er nun seinerseits den Fußgänger erblickte; vielmehr trieb er mit weicher, ganz selbstverständlicher Körperbewegung sein Tier vom Schritt in den Trab und näherte sich seinem ehemaligen Schützling lächelnd.

Etwas schien zusammenzuklingen, sich zu vernetzen im Augenblick, als sie zusammentrafen: zwei Lebensbögen, die weit auseinandergeschnellt waren und sich am vorbestimm-

ten Markstein wiederfanden, ein Kreis, der sich schloß, als die
Freunde sich umarmten. Und Rabelais stellte fest: »Du bist
reif geworden, Michel, weit über deine Jahre hinaus!«

Notredame versuchte nicht, es abzuleugnen, er nickte nur;
wie eine Vision fast waren ihm seine Irrwege, sein Leiden und
Mitleiden, seine Kämpfe, seine Erniedrigungen, sein Trotzdem – das Trotzdem vor allem – in diesem Moment wieder
gegenwärtig wie nie. Während er aber sich selbst und sein
Werden in der blitzartigen Rückschau vor sich sah, forschte er
gleichzeitig im Antlitz seines Gegenübers und entdeckte auch
dort die Furchen und Narben, das Ringen und Finden in der
Seelenlandschaft des François Rabelais, des Dichters, Philosophen und Theologen, und dann erwiderte er: »Du aber bist
zur Erkenntnis gelangt; ganz deutlich spüre ich es!«

François musterte ihn daraufhin nun doch wie erstaunt;
dann aber lächelte er und sagte: »Wir werden später darüber
sprechen.« Erst jetzt schien er den Hut zu gewahren, grinste
und setzte hinzu: »Doktor!«

»Davor bin ich heute geflohen«, bekannte Nostradamus,
und nun lachte auch er.

»Du bist nicht geflohen, du hast gesucht«, erwiderte Rabelais. Sehr nachdenklich hatte er die Worte gemurmelt, doch
gleich darauf blitzte der alte Schalk aus seinen Augen. Sein
Blick ging nach Norden. »Lunel!« rief er. »Erinnerst du dich
noch an unser allererstes Zusammentreffen dort? Mit dem
Pferd, wenn du hinten aufsitzt, können wir den Weg in kurzer
Zeit schaffen.«

»Lunel!« wiederholte Michel lachend, und gleich darauf
trug der Rappe sie davon zu dem einst so großen und jetzt
schon lange geschlagenen Ort.

Sie fanden die alte Spelunke; selbst der Wirt war noch der

gleiche, und dann gingen ihnen der Nachmittag, der Abend und die Nacht über dem Erzählen hin. Zuerst berichtete Nostradamus, dann Rabelais: zwischen Paris und Rom hauptsächlich hatte er im zurückliegenden Jahrzehnt den Bogen seines Lebens und Lernens ausgespannt. Den Temple[73] in der französischen Hauptstadt erwähnte er mehrmals mit bedeutungsvollem Unterton; Michel verspürte dann jedesmal ein unerklärliches Schauern. Von der Universität und dem Brodeln des Geistes zu Paris sprach François, allmählich wandte er sich dann Italien zu, geißelte mit unflätigen Worten das Papsttum dort, sprach von Gift, Dolchen und Intrigen, von Geschichts- und Glaubensfälschungen der unerhörtesten Art. »Die Gebeine des Petrus«, schrie Rabelais bei dieser Gelegenheit, »beten sie an – doch Kephas war kein Christ!« Glücklicherweise ging das Sakrileg im allgemeinen Tumult unter; ebenso etliche andere blasphemische Sentenzen, die der Dichter, beflügelt vom Wein, sonst noch von sich gab.

Von Rom aus führte er seinen Zuhörer dann weiter in den italienischen Norden. In Florenz, Pisa und Venedig hatte er sich aufgehalten, hatte dort unter republikanischen Bannern gelebt und lobte jetzt die geistige Freiheit, die mit den Namen dieser Städte verknüpft war. Basel am Rhein erwähnte er; dort hatte er einen der größten Denker der Zeit getroffen: Erasmus von Rotterdam[74]. Michel kannte einige der Schriften dieses Philosophen und Humanisten, doch jetzt schien ihm der Titan, so wie Rabelais ihn beschrieb, geradezu leibhaftig zu werden. Völlig atemlos wurde der frischgebackene Doktor der Medizin, als François anschließend einen noch ungeheuerlicheren geographischen und geistigen Sprung tat. Offenbar nach seinem Baseler Abstecher war der Dichter über

Venedig bis Palästina gereist, hatte Akkri gesehen, den See Tiberias, vor allen Dingen Jeruschalajim. Unwillkürlich weitete sich Michels Seele, als er diesen Namen aus dem Mund des wiedergefundenen Freundes vernahm. Was Rabelais dann aber an Einzelheiten zu berichten wußte, versetzte ihm einen Schock.

»Raffgier, Mord, Gottesleugnung – das sind die Bausteine, aus denen der belialische Tempel aufgetürmt wurde«, schrie François. »Lüge, Trug, Verrat und Metzelsucht dazu! Christliche Kirchen und moslemische Moscheen zum Säuefüttern! Wie Pestbeulen über die reine Erde geschwärt! Vom Heiligen keine Rede; vielmehr das Jüdische, das dort verzweifelt noch immer zu überleben versucht, in den Dreck getreten! Den Teufelsdienern und Satansbuhlen ist alles Licht zum Opfer gefallen! Michel, ich sage dir, es kommt keine Wahrheit mehr aus Jerusalem, und dasselbe gilt auch für Rom...«

»Wo lebt sie denn?!« stieß Michel, der Arzt, der Halbjude, hervor.

»Wo? – Ich suchte die Antwort verzweifelt«, erwiderte Rabelais. »Um ihretwillen zog ich weiter, in die Wüste, nach Qumran[75]. Der Name sagt dir nichts. Am Toten Meer liegt der Ort, am Rand der Hölle. Dort traf ich den Eremiten. Kein Jude war er, kein Christ, kein Moslem – einfach ein Mensch, ein Alter...«

François brach ab, wie erschrocken. Im Schädel des Medikus räderten die Fragen drängender denn je. Doch aus Rabelais war jetzt nichts Vernünftiges mehr herauszubringen. Stammelnd vertröstete der Dichter seinen Freund auf später; gleich darauf übermannte ihn der Wein.

*

Eine seltsam unwirkliche Zeit folgte, während der Winter sich allmählich in den Frühling des Jahres 1533 hinein drehte. So redselig Rabelais in der Taverne von Lunel gewesen war, so auffallend hielt er sich nunmehr bedeckt. Brachte Nostradamus die Rede trotzdem auf Jerusalem, Rom und das geheimnisvolle Qumran, gebrauchte der Poet Ausflüchte. Lenkte ab und überredete Michel statt dessen oft zu langen Ausritten. An der Küste, bis Sète und Agde, trabten sie entlang. Einmal machten sie einen Abstecher nach Saint-Rémy; die alte Madeleine konnte sich kaum fassen vor Freude, doch bald trieb Rabelais den Freund wieder weiter. In Avignon drückten sie sich anschließend ein paar Tage herum; dort stöberte der Dichter wie verächtlich in den Buchläden unterhalb des Papstpalastes. Schien gleichzeitig den von Saint-Rémy weggescheuchten Michel zu belauern; begann zu spötteln, als Nostradamus, aus der Erinnerung über die Enttäuschung der Mutter heraus, auf einem weiteren und längeren Besuch dort bestand. Dann aber ließ Rabelais sich plötzlich überreden und begleitete den Medikus zum zweitenmal ins Lavendelland zwischen Rhône und Durance.

Danach, zurück in Montpellier, wirkte der Dichter noch nachdenklicher. Schwieg oft stundenlang, löcherte Michel dann wieder mit Fragen über dessen Zukunftspläne. »Helfen, heilen will ich, wo immer man mich braucht«, erwiderte Notredame mehr als einmal bei solcher Gelegenheit. Dennoch wußte er selbst nicht, ob er an der Küste bleiben oder doch lieber anderswo hinziehen sollte. Nach den relativ ruhig verlaufenen letzten Jahren schien seit der Rückkehr des Rabelais das ewige Getriebensein von neuem zu beginnen. Einen Rat gab ihm aber auch der Poet nicht; auch der beinahe Vierzigjährige schien unter innerer Rastlosigkeit zu leiden. Anläßlich einer neuerlichen Sauftour nach Lunel begann François Rabelais wie besessen von einem großen Werk zu schwadronieren, das er in die Welt zu schleudern gedenke; Teile davon seien sogar schon fertig, seien bereits zu Papier gebracht. Von einem Riesen namens Gargantua und dessen Sohn Pantagruel[76] phantasierte er, ließ ungeheuerliche Dialogfetzen und prallwänstige poetische Bilder ins Spelunkentoben hineinfahren und setzte noch Satirisches der bissigsten Art darauf.

Michel ließ sich mitreißen von diesen unerhörten Reden, doch später, als der Freund wieder besoffen war wie ein Maultiertreiber, kehrte ihm die Erinnerung an ein anderes Gelage in der Taverne zum Gehenkten Hund zurück. Was der Zurückgekehrte damals, zur Weihnachtszeit, von sich gegeben hatte, beschäftigte den Arzt plötzlich ungleich stärker als alles Gargantuanische und Pantagruelische; daß der Dichter ihm nun schon seit Monaten weitere Aufklärung schuldig geblieben war, kam hinzu. Am nächsten Morgen dann stellte Nostradamus erneut die Frage nach Qumran, nach dem Alten, nach der Wahrheit.

François, im einen Augenblick noch gräßlich verkatert, musterte ihn nach dem nächsten Lidschlag scharf wie nie. Dann nickte er und erwiderte: »Laß uns noch einmal zusammen zur Küste reiten! Im Meeratmen dort sollst du alles erfahren!«

*

Sie hockten auf einem halb im Sand versunkenen Bootsrumpf; die Spanten und Planken des Wracks waren von der Zeit verkrümmt und verzogen. Die Wellen rollten heran, verliefen sich wieder und kamen erneut; lange starrte Rabelais auf die See hinaus, nach Osten, endlich murmelte er: »Der Alte von Qumran, er wurzelt in der Ewigkeit wie keiner. War nicht Jude, nicht Christ, nicht Moslem und hatte dennoch alle geistigen Wege beschritten. Hatte gesucht in den Büchern, ebenso in den Herzen der Menschen. Hatte sich in Thora, Evangelien und Koran verstrickt, hatte sich Gehirn und Empfinden daran zerschunden und zuletzt fast alles davon verworfen – den Kern aber bewahrt. Und ebenso hatte er es gehalten mit den Lebendigen. Hatte mit Rabbinern und jüdischen Fischern gesprochen, mit Mönchen, mit Pilgern unterm Zeichen der Muschel[77]. War mit sarazenischen Kriegern geritten und mit islamischen Karawanen gewandert. Hatte Verbrecher im Prunkkleid und Heilige in der äußersten Erniedrigung getroffen und den Kern erkannt: das Unnennbare, das in unschuldigen oder erweckten menschlichen Augen liegt . . .«

Rabelais verstummte, schien seinerseits zu ringen; Nostradamus wagte ihn nicht zu stören. Erst nach längerer Pause redete der Dichter weiter; seine Stimme klang nun lauter: »Ein Wissen hatte der Alte sich erkämpft, eine Lehre von neuem entdeckt – beides zusammen von Anbeginn da und in die Ewigkeit reichend. Die zeitlose Wahrheit, die Moses nicht anders gepredigt hat als Jesus oder Mohammed. Jeder von ihnen und abertausend verschollene Weise dazu – sie alle haben immer von neuem den einzigen Kern umkreist und damit der Welt die Botschaft der Barmherzigkeit, des Friedens, des menschlichen Aufstiegs gebracht, jeder in seiner Epoche und in seinem Volk. Und dem Pfuhl, dem Sumpf, dem Höllischen stellten sie immer wieder die Rebellion, das Löcken wider den Stachel entgegen: das Trotzdem . . .«

157

Rabelais brach ab, wandte sich um mit einem Ruck und sein Blick, der bis jetzt aufs Meer gerichtet gewesen war, traf sich mit dem Notredames. Dieser wiederum war zusammengezuckt, als er das Trotzdem, seine eigene Geißel und seine eigene Triebfeder, aus dem Mund des anderen vernommen hatte. Und aus dem zweifachen Blick stieg ein gegenseitiges Erkennen auf, sie fanden sich. Dann nickte Rabelais und fuhr fort: »Die Menschheitslehre aber, die Botschaft des Menschen an den Menschen, die einzige vom Herzen geprüfte Wahrheit, die es gibt – sie hat zu allen Zeiten und in allen Ländern das Tier gereizt! Und dieses Tier, der Moloch, hat ein untrügliches Mittel gefunden, um die Wahrheit wieder zu verdunkeln und zunichte zu machen. Immer wenn die Kirchen aller Religionen ihren Machthunger zu stillen beginnen, verkommt das lichte Wort zur Theologie, verkehrt sich die Barmherzigkeit in Haß. Unter der Knute der Pfaffen, gleich welchem Götzen sie anhängen, stürzt die Menschheit zurück in den Abgrund und hört das Singen der Sterne nicht mehr. Statt dessen schlachtet der Mensch den Menschen in Kreuzzügen und Heiligen Kriegen, foltert und mordet seinesgleichen und jagt sich den Giftstachel ins eigene Fleisch!«

Rabelais sprang auf, rannte zum Wellensaum, schrie es übers Meer hin: »Rom heißt die ärgste Hure heutzutage! Nie hat das Christentum den Juden begriffen, sondern immer nur und von Anfang an wollte die römische Kirche ihn nicht erkennen. Den großen Lehrer hat sie erniedrigt zum Götzen am Kreuz und hat auch diejenigen verraten, die seine wahren Schüler waren, Kephas und Jakobus vor allem. In den gesamten europäischen Kontinent hat sie sich verkrallt und ließ Ströme von Blut fließen zur Befriedigung ihrer Gold- und Machtgier.«

Der Dichter schüttelte die Faust gen Osten, gleich darauf wetterte er weiter: »Kaum weniger schlimm aber ist der Islam! Als Mohammed kam, ein halbes Jahrtausend nach dem jüdischen Weisen, da hatte er nichts weiter im Sinn, als eine verdorbene Menschheit zu Jesus und Moses zurückzuführen. Zwei Lehren wollte er, nachdem sie in die Irre gegangen waren, wiedervereinigen unter dem Mantel einer dritten[78]. Doch kaum war er gestorben – eingegangen zu dem, der ihn gesandt hatte –, zogen seine Anhänger und selbsternannten Nachfolger das Schwert, spalteten seinen Willen zur Einheit auf in Schia und Sunna[79], metzelten sich gegenseitig und ließen nicht nach in ihrem Durst nach Blut, bis das islamische Tier sich ins christliche verbiß und umgekehrt. Seither umschlingt der Drache Europa, Afrika und Asien, von Spanien im Westen bis Palästina und Konstantinopel im Osten; doppelköpfig von Rom und von Arabien aus.

Er ist die Geißel der Menschheit, ärger als die Pest: dies lehrte mich der Alte von Qumran, nachdem ich es auf meinen Reisen selbst schon lange gespürt hatte und nachdem ich am Menschsein verzweifelt war und Hand an mich legen wollte; weil ich das Göttliche trotz allem liebte, es aber nicht mehr sah. Der Alte aber nahm meine Hand und zeigte mir den Ausweg. Zurück zu den Quellen Mohammeds, Jesu und Moses' führte er mich sanft in der Wüste; am Rande des Toten Meeres begriff ich. Auf daß ich das Lichte wieder vor mir sehen durfte – und daß es sich mir in einem Zeichen versinnbildlichte ...«

Während Nostradamus wie in Trance starrte, nestelte Rabelais sein Koller auf und zog ein seltsam geformtes Amulett hervor, das er an einer einfachen Lederschnur um den Hals getragen hatte. Ein Kreuz bildete das Zentrum, die vier

Balkenenden waren jedoch durch einen Kreis verbunden. Auf diesem bronzenen Ring standen hebräische Schriftzeichen; Michel de Notredame, atemlos, entzifferte sie, flüsterte den Namen: »Adonai!«

»Adonai!« wiederholte François. »Es steht für die uralte und ewig lebendige Lehre! Du weißt, daß es vom Judentum bewahrt wird, in Wahrheit aber allumfassend ist. Es ist, auch dies weißt du, der Name des einzig Göttlichen!«

Der Dichter tat einen tiefen Atemzug, dann fuhr er fort: »Siehst du, wie der endlose Kreis das endliche Kreuz bannt? Das falsche Zeichen reckt seine vier Lanzen der Unwahrheit gegen Nord, Süd, Ost und West: Inquisition, Judenhaß, Hexenverfolgungen und Kriegszüge. Der Ring aber, die bronzene Rose, die widerstreitende Metalle sanft und nahtlos in sich vereint, bannt das Böse. Zeichen der Liebe und des wahren Menschentums ist sie; in ihr wird die Menschheitslehre bewahrt, so Menschen sich finden, die gegen den Drachen aufstehen. Kreuzfeinde in unserem Teil der Welt, Feinde des Halbmondes anderswo, doch uns und sie verbindet die Rose, ob sie nun ums Kreuz geschlungen ist oder um den Krummsäbel[80]. Dies ist die Botschaft, die ich dir bringen mußte und wollte, mein Freund! Einen geheimen Bund gibt es; zu allen Zeiten hat er für das Gute gewirkt und dem Bösen getrotzt; Licht war er selbst noch in der äußersten Dunkelheit. Viele von denen, die von der Kirche als Ketzer verteufelt wurden, hingen ihm an. Denker, Träumer, Dichter und Ärzte – Ärzte, Michel! – trugen das Zeichen, egal ob äußerlich oder tief innen im Herzen. Einen Tempelbund gab es, der kannte Adonai; der hatte das Haus des Göttlichen nicht aus totem Gestein erbaut, sondern auf lebendigem Wollen gegründet – doch, auch das mußt du wissen, er wurde vernichtet vor zwei

Jahrhunderten in Paris[81]. In jenem Alten freilich, den ich in Qumran traf, lebte sein Herz weiter – und auch dies ist ein Zeichen unseres Bundes: Daß er weder durch das Schwert noch durch das Feuer, noch durch andere Verfolgungen gänzlich ausgerottet werden kann. Immer wieder steht das ewige Hoffen, das Trotzdem, auf gegen den Moloch, von Jahrhundert zu Jahrhundert, von Jahrtausend zu Jahrtausend, und dies ist die Antwort, die wir beide gesucht haben, mein Freund! Dies ist die Erkenntnis, um die du, während das Leben dich geißelte, so sehr gerungen hast!«

Nostradamus hatte nicht bewußt zugegriffen, dennoch hielt er plötzlich das Rosenkreuz[82] in der Hand. Das Metall schien sich in seine Haut, in sein Fleisch einzugraben; er spürte es mit allen Fasern, schließlich murmelte er: »Ich werde es von nun an tragen in meinem Herzen, François! Überallhin, auch wenn ich meinen künftigen Weg noch immer nicht erkennen kann...« Er brach ab, runzelte die Stirn, setzte hinzu: »Den realen, meine ich. Den steinigen, diesseits des Adonai...«

Wortlos nahm Rabelais das Amulett wieder an sich, noch einmal blickte er lange auf das Meer hinaus, endlich erwiderte er: »Der eine Pfad geht oft mit dem anderen in eins. Dir wurde heute ein Ort bestimmt, der dich geistig und körperlich gleichermaßen weiterführen wird.« Und dann nannte der Dichter ihm den Namen; er lautete: »Lavelanet!«

Scalinger

Als eine Vision hatte Nostradamus im Dezember 1526 schon einmal das Wort vernommen und den Ort erblickt. Jetzt, da die Rösser auf dem steinigen Pfad von Carcassonne her eine jähe Kehre nahmen, sah er plötzlich den Berg und die Burg leibhaftig vor sich.

Direkt aus dem Erdkern schien der Kegel aufgetrieben zu sein; im flirrenden Sonnenglast schien gleichzeitig seine Überhöhung zu tanzen. Wild und siegreich ragten die beiden Mauerschroffen in den makellosen Himmel. Ein unhörbares Sirren und Singen glaubte Michel zu vernehmen; er zügelte sein Pferd, und seine Hände fügten sich, ohne eigenes Zutun eigentlich, zusammen wie zum Gebet.

Auch Rabelais verharrte lange schweigend. Erst als sein Rappe ungeduldig zu tänzeln begann, wies er ins Tal hinunter, wo ein Dorf lag, und erklärte: »Das ist Lavelanet, welches den Aufstieg zur Festung bewacht. Von dort aus können wir es dann in kurzer Zeit hinauf auf den Montségur[83] schaffen.«

Wie aus einem Traum kam Nostradamus wieder zu sich; er wiederholte das Wort, schmeckte es ab, dann setzte er ungeduldig die Sporen ein. Sein Roß, gefolgt von Rabelais' Rappen, fegte den Pfad hinunter, als ginge es in eine Schlacht.

Die Reiter erreichten Lavelanet, als das Licht des Nachmittags sich golden mit dem ersten Ahnen der heranstreichenden Dämmerung zu mischen begann. Sie zogen durch das

Dorf; die wenigen Menschen, denen sie begegneten, blickten auf die Fremden, als teilten sie mit ihnen ein geheimnisvolles Wissen. Einmal glaubte Michel ein Augenpaar zu erkennen, das wiederum in seiner eigenen Erinnerung wurzelte. Er stutzte, sein Pferd machte Anstalten sich aufzubäumen, aber er trieb es weiter und wußte dabei: Es würde sich alles zusammenfügen; wenn nicht heute, dann irgendwann. Dann ließen sie die letzten Häuser des Ortes hinter sich, und die Rösser zogen einen Hang am Fuße des kalkfarbenen Kegels hinauf.

Jäh, als träfe er auf eine Gegenwelt, stieß der Hügelrücken zuletzt auf den Berg. Felsschroffen ragten auf, die eine ungeheure Kraft aus dem hellen Korpus getrieben hatte, dazwischen stachliges, struppiges Gebüsch: ein letzter Wall zwischen den beiden Männern und der Burg. Sie sprangen aus den Sätteln, zogen die Tiere an den Zügeln weiter den jetzt halsbrecherisch steilen Pfad hinauf. Tiefer und tiefer senkte sich die Dämmerung über den Kegel, während sie keuchend höher klommen. Schwitzend und zitternd erreichten sie im letzten Tageslicht das Plateau.

Sie traten aus dem Dämmerdunkel im selben Augenblick, als die Sonne hinter den Horizont sank und die Grate, Zinnen und Abbrüche der Festung rot aufleuchten ließ. Flammengarben sprühten aus den höchsten Kanten, gleichzeitig schien der Stein von innen heraus zu glühen. Im nächsten Moment aber verlosch das Wunder, und über den Montségur strich, obwohl es doch Hochsommer war, ein kalter Windstoß hin. Etwas unglaublich Wehes verspürte Michel in der Seele, gleichzeitig hörte er François sagen: »Wir müssen die Tiere versorgen und Feuerholz sammeln! Spute dich, ehe wir die Hand nicht mehr vor Augen sehen!«

»Sehen...«, murmelte Nostradamus, und das Wort hallte ihm im Schädel nach, unablässig, während er die Rösser absattelte und sie festband und sodann zusammen mit Rabelais den Holzstoß auftürmte.

Unter dem romanisch gewölbten Torbogen der Ruine lagerten sie; weiter hinten schien das zyklopische Gemäuer mit fortschreitender Nacht ein ungeheuerliches Schweigen zu verbreiten. Gleichzeitig aber züngelten die Flammen immer heftiger in einen zeit- und grenzenlosen Nachhall; inner- und überirdische Elemente schienen sich aneinander zu reiben. Sowohl der Dichter als auch der Arzt spürten es. In unausgesprochenem Einverständnis ließen sie es auf sich wirken. Sie redeten kaum, nur manchmal warf einer von beiden wie träumerisch ein frisches Scheit in den Steinkreis, in dem das Feuer loderte. So zog und lockte das feurige Schweigen sie immer tiefer in seinen Bann; seelische Krusten fraß es ihnen weg; durch die ersten Stunden der Nacht trieben Notredame und Rabelais auf diese Weise Seite an Seite.

Dann aber fuhr ein Hieb über den Montségur und schleuderte Michel ins Dunkle und ins Helle zugleich; er durchstieß die Flammen, brandete durch Schranken, durchschnitt den Stein. Er spürte, wie die Finsternis des Vergangenen sich aufspaltete: die Zeit stürzte zurück, drei Jahrhunderte tief.

Der Drache tatzte über Okzitanien hin; seinen giftigen Atem spie er über das herrrliche Land, das zum geistigen Nabel einer erneuerten Welt hätte werden können.

Doch nun, in seiner abgründigen und blasphemischen Verneinung, griff der hydraschädelige Moloch gnadenlos und unbarmherzig diejenigen an, die reinen Herzens und aus solch reinem Herzen heraus Suchende waren. Der König von

164

Frankreich und der Papst zu Rom hatten sich gegen die Albigenser[84] verbündet. Um das Licht zu verdunkeln, um die eigene gotteslästerliche Macht und den Pfuhl zu bewahren, boten sie ihre Kreuzheere auf. Von Norden zog das katholische Tier heran und fiel zähnefletschend über die Höfe, die Dörfer, die Städte der geistig und moralisch Höherstehenden her. Um das gesamte Languedoc wand sich der schuppige Leib der Schlange, schnürte sich immer enger zusammen und würgte den Katharern Freiheit und Leben ab; vieltausendfach.

Säuglinge, Greise und Frauen sah Nostradamus in ihrem Blut liegen; Balkenroste sah er, auf denen über lodernden Flammen menschliches Fleisch aufplatzte, flehend emporgereckte Hände, die mit Äxten und Schwertern abgehauen wurden. An Galgenbäumen hingen die Bedauernswerten in Bündeln. Andere wieder waren aufgrund pfäffischer Mordurteile vom After bis zum Hals gespießt. Wer vor der Hinmetzelung zur Folter bestimmt war, wurde mit vielen nackt in Käfigen zusammengepfercht. Inquisitoren hetzten von einer Schädelstätte zur nächsten und zerbissen dabei gottesverachtend verfälschte Bibelworte zwischen den Zähnen. Wo immer das Christenkreuz siegreich aufgepflanzt wurde, tat sich der Abgrund der Hölle auf. Daß kein Katharer auf Erden überleben dürfe, fauchte der Papst von seinem Thron herunter[85]. Die Verfolgten jedoch, nachdem sie die Fratze des Bösen in ihrer ganzen Scheußlichkeit erblickt hatten, begannen verzweifelt den Widerstand gegen Rom und Paris zu organisieren.

In den ihnen noch verbliebenen Städten verschanzten sie sich, aber auch deren Mauern hielten das fürchterliche Tier nicht auf: Minerve, Cîteaux, Albi, Lavaur, Foix, zuletzt

Toulouse sah Notredame fallen. Wer von dort entkommen konnte, wer dort nicht in den öffentlichen Brunnen ersäuft, aufs Rad geflochten, enthauptet oder verbrannt wurde, floh verstört ins Gebirge. Am Nordrand der Pyrenäen, auf deren abgelegenen, himmelstürmenden Burgen suchten die Katharer ihre letzte Zuflucht.

Der Drache jedoch tatzte ihnen nach, die Kirche forderte nach wie vor ihre völlige Ausrottung. Nur zu willig gab sich der König, gaben sich nunmehr auch Landfremde, Kreuzritter aus ganz Europa, dazu her. Abgeschnürt, beschossen und gestürmt wurden die Festungen; auch hier wurde kein Leben verschont, kein Mann, kein Weib, kein Kind.

Schließlich war der Widerstand auf drei Burgen reduziert: Peyrepertuse, Quéribus – und Montségur. Nur jeweils eine Handvoll Verteidiger hielten dort noch hinter den Wällen aus – vollständige Heere trachteten ihnen nach dem Leben. Peyrepertuse wurde in den Abgrund gefegt, wenig später auch Quéribus. Wie ein Fanal hoch über Lavelanet aber stand nach wie vor Montségur.

Der Berg der letzten Hoffnung, der aberwitzigen! Nostradamus spürte dieses Empfinden im eigenen Herzen und wurde zu einem Fleisch mit denen, die auf dem weltentrückten Kegel im späten Winter von 1243 auf 1244 noch ausharrten. Zum eigenen Antlitz wurde ihm jedes einzelne ihrer abgezehrten, hungerfaltigen Gesichter, auf seinem Leib brannten ihre Wunden, mit ihren Händen krallte er sich am Stein und am Gottvertrauen über alles Menschenmaß hinaus fest. Den Frostbiß spürte er bis in die Knochen, schon längst gab es kein Brennmaterial auf der Festung mehr. Auch mit den Nahrungsmitteln waren sie am Ende, und selbst das Wasser war jetzt so knapp geworden in der Zisterne, daß sie schon seit

Wochen aufs Waschen verzichten mußten. Doch noch immer hielten sie aus, und noch immer sprachen ihnen die Parfaits[86] Mut zu, auch wenn unten in der Tiefe der Belagerungsring von Tag zu Tag enger gezogen wurde.

Zehntausend Bekreuzte waren es zuletzt, die der Moloch gegen den Montségur aufbot, und Michel – ein längst schartig gewordenes Schwert in der Faust – sah, wie sie weiter und weiter in den Wald vordrangen, ihre Verhaue immer näher heranschoben, und gleichzeitig hörte er jetzt Tag und Nacht die Steinbrocken heranheulen: auf den Bastionen, im Sparrenwerk der ächzenden Dächer, auf dem Hofpflaster zerplatzten und zersplitterten die Katapultgeschosse; immer wieder rissen die Zacken auch Menschenfleisch auf, und diejenigen, die sich verwundet nicht mehr auf den Wällen zu halten vermochten, vernahmen das Krachen tief unten in den Katakomben, im Angstdunst, gemeinsam mit den Frauen und Kindern. Als Kind, als Weib, als Verletzter, als einer der letzten Kämpfer erlebte Michel de Notredame diese Zeit äußersten Grauens auf dem Montségur mit – und dann kam der Tag, an dem das Christenheer im frühen März dieses Jahres 1244 zum entscheidenden Sturm blies. Der Moloch überwand die letzte Distanz, und während überall schon die Helme, die Schwerter, die Äxte über den Zinnen auftauchten, kämpfte Nostradamus noch immer – doch dann schmetterte ihm etwas Stählernes zwischen die Augen, und er verging in einem Lichtbersten.

Fing sich aber sofort wieder in einem anderen Dasein; unterhalb der gefallenen Burg stand Michel de Notredame jetzt in der Gruppe der Todgeweihten. Wenig mehr als zweihundert Katharer waren es noch, die man hierhergetrieben hatte. Zynisch hatte man ihnen die Wahl zwischen der Bekeh-

167

rung zum Katholizismus oder dem Scheiterhaufen gelassen: von ihnen, den Reinen, verlangte man, daß sie sich mit den Mördern gemein machen sollten. Doch sie waren stark geblieben in ihrem Glauben, der keine Theologie, sondern allein die Helle des Herzens und des Denkens kannte; kein einziger war abgefallen, keiner abgeglitten in den Pfuhl. Und singend schritten, wankten, taumelten sie nun zum Brandplatz, man schrieb den 16. März 1244 nach christlicher Zeitrechnung; doch noch ehe die Katharer den Scheiterhaufen bestiegen, war ihnen die Zeit bereits nichtig geworden, erblickten sie schon das Ewige. Auch Michel sah und ahnte es; im Leib eines Mannes, einer Frau, eines Kindes, dreifaltig in seinem Menschsein, betrat er die Bühne, die Brandstätte, und unter dem Beifall der Horde von Mönchen und Pfaffen stießen die Büttel lachend die Fackeln ins Reisig. Wieder verwich Nostradamus – und wurde neuerlich aufgefangen in einem Lichtbersten und kam, während der erste Sonnenstrahl des neuen Tages über die Zinnen flirrte, im Torbau des Montségur wieder zu sich.

Das Antlitz Rabelais' erblickte er; gleichzeitig aber schien sich mit dem Gesicht des Freundes noch ein anderes zu verstricken. Wiederum einen Lidschlag später trennten sich die beiden Wesenheiten, und Nostradamus – erst jetzt wieder völlig klarsichtig – erkannte, daß sich zu ihm und François ein dritter Mann gesellt hatte. Das Augenpaar, das er gestern in Lavelanet zu sehen vermeint hatte, kam ihm wieder in den Sinn, doch im selben Augenblick führte ihn die Erinnerung noch ungleich weiter zurück – bis ins Jahr 1527, bis in die Stadt Agen.

Müde war sein Gaul damals über den Marktplatz des Ortes getrottet, Michel war mit seinen Kräften am Ende gewesen, völlig erschöpft. Doch dann hatte er jenen Großen gesehen, der irgendwie vergeistigt war, und hatte flüchtig den Eindruck gehabt, als wollten die so erstaunlich klaren Augen des Unbekannten ihn zu irgend etwas auffordern. Freilich hatte er nicht die Kraft gefunden, sein Pferd anzuhalten, und so war er einfach weitergeritten. Jetzt aber schaute er zum drittenmal in diese Augen, und wenn er auch vom Verstand her nicht wissen konnte, warum der Fremde gekommen war, so hatte er doch eine innere Ahnung. Mit dem Montségur hing es zusammen, mit seinen Zeitrückstürzen, mit seiner Vision. Das Antlitz dieses Mannes hatte er dreifaltig auf dem Scheiterhaufen gesehen und hatte es gleichzeitig als sein eigenes weich zersplittertes erblickt. Zeitlos wie sein eigenes schien das Wesen dieses anderen Menschen zu sein, und als Nostradamus dies dachte, schlug ein gemeinsames Lächeln, zögerlich allerdings noch, die Brücke zwischen ihnen. Und im gleichen Augenblick stellte Rabelais ihm den Besucher vor: »Jules César de l'Escalle!«

»Oder einfacher: Scalinger«, versetzte der. Er war ungefähr im gleichen Alter wie Rabelais. Danach reichte er Michel die Hand und fügte hinzu: »Es wäre mir eine Freude gewesen, dich und meinen alten Freund François schon gestern in meinem Haus zu Lavelanet willkommen zu heißen. Doch zunächst mußtest du den Montségur besteigen, um eine Prüfung abzulegen . . .«

»Prüfung?!« Michel war sprachlos. Das Wort war jedoch noch nicht verklungen, da stieg ihm erneut das Begreifen auf.

»Du bliebst nicht stumm, als die Vision dich packte«, erklärte Rabelais. »Nie werde ich vergessen können, was du Jules und mir in deiner Entrückung geschildert hast!« Er trat näher, griff wie besänftigend nach Notredames Arm, sprach weiter: »Ja! Auch Scalinger war zugegen! Ich hatte gewußt, daß er die Sommerwochen hier im Gebirge verbringen würde; deswegen war es nicht schwer gewesen, ihm rechtzeitig die Botschaft zu senden. So hat Jules uns unten im Dorf erwartet und folgte uns dann unauffällig auf den Berg. Im gleichen Moment, da sich dir das dritte Auge öffnete, kam er zum Feuer. Du teiltest deine Erleuchtung nicht nur mit einem Rosenkreuzer, sondern auch mit einem Katharer! In Jules César de l'Escalle lebt der Same eines Parfaits weiter, der vor drei Jahrhunderten hier auf dem Scheiterhaufen starb!«

»Mit allen Mitteln versuchte die Kirche, uns vom Antlitz der Erde zu tilgen«, fiel nun wiederum Scalinger ein, »doch es gelang ihr nie! Immer, trotz aller Verfolgungen, gab es Eingeweihte, welche die Lehre und das Wissen bewahrten – und die Erinnerung an den Untergang des Montségur dazu. Sowohl in unseren Herzen als auch in verborgenen Büchern sind diese Dinge aufgezeichnet. Solange freilich noch die dunklen Jahrhunderte über unserem Teil der Welt lasten, dürfen sie allein den Auserwählten bekanntgemacht werden! Du aber, Nostradamus, hast in dieser Nacht den Zugang aus eigener Kraft gefunden! All die Bilder, all die Ereignisse, die du inwendig sahst, sind niedergelegt in jenen Schriften, von denen ich sprach!« Nach diesen Worten umarmte er ihn; ganz selbstverständlich geschah es, und der Jüngere verspürte dabei die zeitlebens ersehnte Nähe eines älteren und weiseren Bruders.

»Ich wußte, daß ihr zusammenfinden würdet«, sagte Rabelais danach. »Es war mir klar, seit du mich damals am Meer nach dem Pfad fragtest, Michel. Hier nun, in der Gestalt von de l'Escalle, steht dein neuer Lehrer vor dir! Während du eine weitere Stufe erklimmst, ist er dein Ziel. Zu ihm trieb alles hin, seit wir uns zum erstenmal in Lunel trafen – auch wenn ich es damals selbst noch nicht ahnte und dir lediglich aus Sympathie weiterhalf. Dennoch war nichts Zufall! Unsere wilden Besäufnisse nicht, nicht der alte Grison, bei dem ich dich einführte, ebensowenig die Jahre, in denen wir getrennt durch Leid und Erkenntnis trieben. Narbonne, Toulouse und Bordeaux hießen deine Stationen; Paris, Rom, Venedig und Outremer die meinen. Gegeißelt wurden wir beide; als die Zeit für dich und mich reif geworden war, trafen wir uns wieder in Montpellier. Am Strand dort nahmst du in deinem Herzen das Rosenkreuz von mir an. Für das Trotzdem steht es; du wußtest es längst. Wie dieses Trotzdem aber in deinem Fall ausreifen soll, ahne ich nur. Den Schlüssel dazu besitzt, wenn überhaupt ein Mensch, Jules César de l'Escalle. An einen Größeren, als ich es bin, reiche ich dein Streben nun weiter, mein Freund! Dies war der Grund, warum ich dich nach Lavelanet und auf den Berg brachte...«

Damit umarmte auch er Michel, wandte sich dann aber rasch ab und ging zu den Pferden, um sie für den Abstieg fertig zu machen. Wenig später lag das Gipfelplateau des Montségur wieder verlassen da; der Berg schien erneut weggeglitten zu sein in seinen tragischen Traum. Die drei Reiter aber trugen seinen stummen Schrei in ihren Seelen mit zu Tal.

＊

Stille Tage folgten; Scalinger wollte ganz offensichtlich nichts treiben, nichts zwingen. Dennoch vertiefte sich die Bindung zwischen ihm und Nostradamus zusehends. Das Brot brach der eine für den anderen, den Wein teilten sie sich. Am gemeinsamen Tisch saß nach wie vor auch Rabelais, schien vor seinem neuerlichen Aufbruch hinaus in die Welt, den er nun bereits mehrfach angekündigt hatte, noch auf etwas zu warten. An einem der ersten Septemberabende dann, draußen auf der Terrasse des einfachen Bauernhauses zu Lavelanet, begann der Katharer zu sprechen.

»In deiner Vision erlebtest du den äußerlichen Untergang des Montségur«, wandte er sich an Michel, »nun aber sollst du erfahren, wie die Lehre entstand, wie sie wuchs – und warum sie jenseits aller materiellen Zertrümmerung weiterleben muß. Um drei Jahrhunderte reistest du zurück in die Zeit, jetzt aber folge mir drei Jahrtausende tief! Folge mir dorthin, wo dein, mein und auch François' Ursprung liegt: ins Hebräische, aus dessen Vernetzung mit dem Ägyptischen der erste und ehrwürdigste Sproß trieb ...«

Als de l'Escalle Michels erstaunten Blick bemerkte, lächelte er und fragte: »Ahntest du es nicht, daß du, er und ich vom selben Blut sind? Warum wohl war mein Dach vom ersten Tag an auch das deine? Fiel dir nie auf, daß sich im Namen des Dichters Rabbinisches verbirgt? Gab es dir nicht zu denken, daß Rabelais seinen Lehrer nirgendwo anders als in Qumran fand? Ja, Michel, dies ist die Wahrheit! Jüdisch, zumindest in einem Strang seines Werdens, ist jeder einzelne von uns. Eng verbunden, andererseits, ist dein, sein und mein Wesen mit vielen Völkern der Erde – und auch dies kennzeichnet von Anbeginn an den abrahamitischen Samen.

Hebräischer Abkunft und pharaonischer dazu, ich deutete es bereits an, war Moses[87]. Die Bibel, von Tempelpriestern verfälscht, verschleiert dies, den Eingeweihten jedoch ist es bekannt. In Moses, der also Israelit und Ägypter gleichermaßen war, lebte der Traum des großen Pharao Echnaton[88] fort.

172

Dieser hatte den Götzen Amon[89] gestürzt und vertrieben aus seinem Land. Er hatte sein Reich von der Blasphemie zu reinigen versucht und seinem Volk in der Gestalt und im Symbol des Aton[90] das Lichte geschenkt. Unsterblich ist seine Hymne an die Sonne, an den wärmenden und belebenden Geist des Alls. Das Bild des Gestirns überhöhte er poetisch und gab dem Unnennbaren, das jenseits des Sichtbaren lebt, damit Klang. Die Finsternis aber behauptete sich zuletzt doch gegen Echnaton. Der Götze Amon und seine Priester kehrten zurück; an Gift starb der Pharao im Exil.

Moses jedoch wurde gezeugt, und ein Menschenalter nach seinem Tod kehrte der lichte König zurück und wurde wiedergeboren im Leib des Ägypters, im Leib des Hebräers. Zu jener Zeit lastete nach wie vor die Dunkelheit Amons über dem Nilland, jenseits der Reichsgrenzen aber, im Osten, strahlte die Sonne feurig wie nie über dem Berg Horeb[91]. Dorthin leitete das Unsterbliche ein verknechtetes Volk, und nach jahrelanger Wanderung durch die Wüste erklomm Moses den Gipfel des Horeb. Gleichermaßen ins eigene Herz und in die Spiralen des Kosmos ließ er sein Ich sich dort einsenken. Tage und Nächte, Hunger und Durst verflüchtigten sich ihm ins Nichts; er lebte allein aus der Substanz des allübergreifenden Geistes und des menschlichen Sehnens heraus. Dies zusammen schenkte ihm zuletzt die Erleuchtung, und wiederum aus dieser Erleuchtung heraus begann er demütig mit seinen Händen zu arbeiten und schabte, splitterte, meißelte zehn Wahrheiten aus sprödem Gestein. Die Tafeln brachte er ins Tal zu seinen Mitmenschen und vermittelte ihnen auf diese Weise die tragenden Säulen seiner und zudem der einzigen Lehre...«

Scalinger brach ab, schenkte den anderen und sich Wein

nach, blickte, nachdem sie zusammen getrunken hatten, lange nach Süden, wo die Silhouette des Montségur dunkel und dennoch sonderbar schimmernd in der Nacht zu schweben schien. Erst nach einer ganzen Weile nahm er den Faden wieder auf: »Die Säulen hinterließ der Menschheitslehrer seinem Volk und allen anderen, doch später errichtete er über seinem nichtstofflichen Tempel auch das Dach. Wieder lügt die Bibel, wenn sie behauptet, Moses habe Heere zum Kampf gehetzt, habe den Bruder um der einen oder der anderen Religion willen gegen den Bruder gehetzt, habe die Eroberung Kanaans mit Schwert und Feuer gepredigt! Nichts von alldem ist wahr! Die Priester des materiellen Götzentempels verschmolzen seinen Namen und seine Taten vielmehr mit denen des Molochs. Machtwahn wurde dem Milden in den Mund gelegt; jedoch nicht er, sondern einer, der fälschlich und tückisch nach ihm benannt wurde, vollbrachte später die Untaten[92]. Moses hingegen, auch dies war den Eingeweihten stets bekannt, lehrte nichts als die Liebe, die Güte, die Barmherzigkeit. Diese seine höchsten und wertvollsten Gebote pflanzte er in eine Welt, in der die Menschheit Tag und Nacht unter Keule und Klinge blutete: zu dem Licht, das er selbst einst erblickt hatte, wollte er dadurch sein Volk führen; ins Gelobte Land schaute er – und dieses Land war nicht aus Bergen und Tälern, Küsten und Flüssen zusammengefügt. Er erschaute es aus der Ferne seiner dunklen Zeit heraus, doch ehe seine Herde und all die anderen Herden es zu erreichen vermochten, verschied er. Was er aber in seinem Herzen empfunden hatte, wurde weitergetragen von anderen: von jenen Wenigen, welche die Welt zu allen Zeiten – wenn auch oft genug vergeblich – zu leiten und sinngebend zu lenken versuchen.

Das waren freilich nicht die Tempelpriester – und ebensowenig die Könige Israels. Deren falsches Wissen krustete sich im Stein fest, ihr Streben troff blutig von den Schwertklingen. Nichts von dem, was Moses gewollt hatte, vollbrachten sie. Andere aber, solche in härenen Kleidern und ohne Waffengurte, kamen der ewigen Botschaft wieder nahe. Die wahren Propheten wurden sie genannt; in ihnen blieben der Same des Adonai und die Lehre lebendig. Wann immer Israel in den dunklen Abgrund zu treiben drohte, traten sie auf. Von Jahrhundert zu Jahrhundert riß diese geistige Kette nicht ab; in einer Zeit dann, zu der Judäa geschlagen werden sollte wie niemals zuvor, erschien Moses, der in seiner königlichen Wiedergeburt der Anfang gewesen war, in der Gestalt eines Mannes namens Jeschu[93] von neuem...«

Offenbar um den anderen Zeit zu gönnen, dies zu verdauen, füllte Scalinger wiederum die Becher nach, doch weder Rabelais noch Nostradamus griffen zu. Sie ahnten, daß sie nun etwas Ungeheuerliches zu hören bekommen sollten, und in der Tat fuhr der Katharer folgendermaßen fort: »Nicht von überirdischer Herkunft, so wie die Christen es darstellen, war Jeschu, sondern wie jeder Mensch aus der Vereinigung eines Mannes mit einem Weib entstanden. Ich könnte euch sogar den Namen seines Vaters verraten, denn für diejenigen, die die wahre Geschichte des Jeschu kennen, war seine Abstammung nie ein Geheimnis. Ungleich wichtiger ist jedoch die Tatsache, daß in seinem Herzen die Menschheitslehre aufblühte wie seit eineinhalb Jahrtausenden nicht mehr. Was Moses einst gewesen war, wurde Jeschu von neuem; ein Fleisch und ein Sehnen waren sie in einem Geiste. Dies drückte der Prophet aus, als er ankündigte, das Gesetz erfüllen zu wollen; zurück zu den Wurzeln und hin zum reinen

Wasser wollte er sein Volk führen – sein Volk, das zu jener Zeit schon verstreut war über den halben Erdkreis[94].

In Ägypten lernte und lehrte Jeschu, Spanien und Gallien durchwanderte er, um Rom freilich schlug er einen scheuen Bogen, später aber finden sich seine Spuren in der hellenischen Welt. Von dort aus betrat er Asien, tiefer und tiefer drang er ein in das, was dieser Kontinent ihm zu geben hatte; auf den Spuren jüdischer Kaufleute erreichte er zuletzt Kaschmir[95]. Auf eine andere große Ausformung des einzigen Seelenwissens stieß er dort: ein Weiser namens Siddharta[96] hatte sie eingewurzelt in Indien in der Zeit zwischen Moses und Jeschu. Nun pflegte der Mann, der vom Jordan gekommen war, jahrelange Zwiesprache mit dem Gautama; sein inwendiges Begreifen verflocht sich freudig mit dem der Bergmönche. Gemeinsam fanden sie heraus, daß es tausend und abertausend Bezeichnungen gibt für den einen, einzigen Weg, und zuletzt schied Jeschu von den Buddhisten wie von leiblichen Brüdern und kehrte in das Land seiner Geburt zurück.

Als die verborgenen und dunklen Jahre seines Lebens bezeichneten die Christen später neidisch die Zeitspanne seiner Wanderungen, in Wahrheit aber war Jeschu über einen See aus strahlendem Licht gewandelt. In Judäa freilich stieß er jäh wieder auf die Finsternis, denn dort geiferte der Drache ärger denn je. Ganze Wälder von Kreuzen zerstachelten einen bleiern gewordenen Himmel, unentwegt durchstreiften gepanzerte Reiter die geschlagene Provinz. Eine eiserne Garotte: so saß die Faust Roms dem jüdischen Volk im Nacken; in Jeruschalajim, auf der Burg Antonia, regierte ein blutsaugendes Vieh namens Pontius Pilatus[97]. Unter solchen Vorzeichen sah Jeschu seine Mutter und seine Geschwister[98] wieder; armselig hausten sie am Gestade des Jam Kinneret[99]. Als Haarflechterin[100] schlug Mirjam, die Witwe, sich durch, als Steinklopfer, Holzarbeiter oder Fischer ihre Söhne. Auch von ihrem Erstgeborenen erwartete Mirjam, daß er auf solche Weise zum gemeinsamen Lebensunterhalt beitragen solle; Jeschu jedoch schenkte ihr und den anderen mehr.

Er malte ihnen eine Vision aus, versuchte sie noch einmal aus einer ägyptischen Gefangenschaft zu befreien, indem er ihnen vom mosaischen Reich der Gerechtigkeit erzählte. Von einem Tempel, der auf den Herzen der Menschen errichtet werden müsse, sprach er nach eineinhalb Jahrtausenden wieder. So tröstete er seine jüdischen Mitmenschen und gab ihnen neue Kraft, doch er beließ es keineswegs dabei; die Leidenden immer bloß weiter ins dumpfe Dulden hineinzutreiben, wäre ein neues Unrecht gewesen. Deswegen predigte er alsbald auch jenen, die das Leid nach Judäa hineingetragen hatten, auch römischen Zöllnern und anderen Angehörigen der Besatzungsmacht öffnete er die Augen; ihnen sagte er, daß ihre Taten letztlich auf sie zurückfallen würden, falls sie nicht umkehrten. Auf diese Weise zog er, wie ein Stein, der ins Wasser geworfen wird, die Kreise des Guten und Lichten um sich, und das Dunkle wich, wo immer er stand oder ging, vor ihm zurück.

Immer größeren Zulauf fand er, bald schon beschränkte er sein Wirken nicht mehr auf den Jam Kinneret, sondern durchwanderte ganz Galiläa, und an seiner Seite waren jetzt viele Frauen und Männer, die wie er den Frieden über das Land zu breiten versuchten. Eine dieser Jüngerinnen stand seinem Herzen näher als alle anderen; gleich seiner Mutter wurde sie Mirjam genannt und stammte aus der Stadt Magdala. Mit ihr vereinigte er sein Fleisch und seine Seele, und zuletzt wurde Mirjam schwanger und gebar ihm eine Tochter. In der Nähe Jeruschalajims fand der Rabbuli[101], wie seine Geliebte ihn zärtlich nannte, ein Haus für sie und das Kind; er selbst aber zog wenig später weiter, auf den verfluchten Felsen hinauf, und nun waren nur noch Männer bei ihm, denn es stand Kampf bevor. Jeschu war angetreten, sich dem Moloch auf der Burg Antonia zu stellen.

Im Vorhof des jüdischen Tempels begann es; das Reich der Gerechtigkeit predigte der Lehrer dort sowohl den Pilgern seines eigenen Volkes als auch den römischen Wachen und Bütteln. Als etliche Mammongierige, denen der Glaube der Menschen nichts weiter als den eigenen Profit bedeutete, deswegen gegen ihn aufbegehrten, stieß er zornig einen Tisch der schnöden Geldwechsler um und wetterte, daß ein Kamelstrick leichter durch ein Nadelöhr kommen könne als ein Reicher in den Himmel. So hatte Jeschu ein erstes Zeichen gesetzt zu Jeruschalajim; in den folgenden Tagen dann geißelte er immer eindringlicher die Willkür der Römer und fand dabei mehr Gleichgesinnte denn je, denn inzwischen wurde in der Stadt das Passahfest vorbereitet, und es hatten sich Hunderttausende aus ganz Judäa dort versammelt. Daß Rom untergehen werde, wenn es weiter Krieg und Unterdrückung und nicht die Menschenliebe betreibe, rief der Menschheitslehrer zu den Zinnen der Burg hinauf. Zu ihrem eigenen Besten beschwor er die Römer, doch Pontius Pilatus, verhärtet in seinem Herzen, vernahm nichts als das Rumoren der Menge, und dieser Aufschrei der Unterdrückten ließ ihn zuletzt um seine gotteslästerliche Macht fürchten. Hinterhältig wartete der Römer noch die Nacht ab; dann, als Jeschu sich zusammen mit seinen engsten Anhängern wieder in einen Garten außerhalb Jeruschalajims zurückgezogen hatte, sandte der Statthalter des Molochs seine panzerschuppigen Büttel aus.

Jeschu wurde ergriffen, während seinen Gefährten mit knapper Not die Flucht gelang, und dann schleppte man den Menschheitslehrer hinauf auf die Festung Antonia. Die Liktoren[102] durchbohrten ihm das Fleisch; noch in der gleichen Nacht wurde standrechtlich das römische Urteil über ihn gesprochen. Am Morgen des folgenden Tages zerrten die imperialen Büttel ihn zur Schädelstätte; verstört verbargen sich die Juden in ihren Häusern und Hütten und weinten ihre Tränen um ihn in der Dunkelheit und im Schutze der Schatten[103]. Einige jedoch, und diese waren Angehörige des jüdischen Hohen Rates[104], taten mehr. Unter Anführung des Joseph von Arimathia und des Nikodemus versuchten sie die Rettung des Menschheitslehrers, und mit Hilfe von Gold und Drogen gelang ihnen dies auch.

Unmittelbar bevor die Nägel ihm die Hand- und Fußgelenke durchbohrten, leiteten sie dem Lehrer des Lichts eine heimliche Botschaft zu; Jeschu wies daraufhin den Betäubungstrank, auf den jeder Delinquent Anspruch hatte, zurück. Bei klarem Bewußtsein wurde er ans Kreuz geschlagen, wenig später aber verlangte er dennoch nach einem Trunk. Joseph von Arimathia war es, der den Schwamm angeblich mit Essig benetzt hatte; jetzt führte der bestochene Henkersknecht Jeschu die Droge zu. Als der Galiläer die Wirkung zu spüren begann, rief er hinunter zu den Juden, daß die Schwäche ihn jetzt übermanne. Dies war das Zeichen für die beiden Ratsherren, auf der Stelle bei Pontius Pilatus vorstellig zu werden und diesem viel Gold für die Kreuzabnahme des Scheintoten zu bieten. Der Römer – verächtlich, denn was scherte ihn der Kadaver eines Gekreuzigten – ging darauf ein.

Nachdem aufgrund weiterer Bestechung ein Lanzenstoß harmlos fehlgeleitet worden war, wurde Jeschus Körper in ein neues Grab gebracht, wo Joseph von Arimathia und Nikodemus ungestört handeln konnten. Im lindernden Kräuterdunst glitt Jeschu, nachdem die Wirkung der Droge abgeklungen war, von seiner todesstarren Ohnmacht in den Heilschlaf hinüber; später brachten die Angehörigen seines Volkes ihn in Sicherheit. Mirjam von Magdala, von der Trauer zum Grab getrieben, wurde Zeugin; freilich erkannte sie den Rabbuli zunächst nicht, weil die Ratsherren ihm vorsichtshalber Haupthaar und Bart geschoren hatten[105]. Dann aber war ihre Freude grenzenlos, und sie war dabei behilflich, den Geretteten aus der Stadt zu führen; andere seiner Anhänger begleiteten und beschützten ihn sodann auf seiner langsamen Wanderung nach Galiläa, wo er sich vor den Römern in Sicherheit fühlen durfte. Unter denen aber, die in Jeruschalajim nicht eingeweiht gewesen waren, verbreitete sich alsbald das Gerücht, Jeschu sei aufgrund eines göttlichen Wunders von den Toten auferstanden.

Davon ahnte der Menschheitslehrer nichts, als er sich nun noch einige Monate in einem abgelegenen Haus hoch über dem See Kinneret verbarg. Es genügte ihm, daß seine Freunde und Verwandten um ihn waren, unter ihnen Kephas und Jeschus Bruder Jakobus. Diesen vor allem vertiefte er noch einmal seine Botschaft, und auch Mirjam von Magdala mit ihrem und seinem Kind sah er noch einmal. Dann jedoch kam der Tag, da wiederum der Osten ihn rief, und im Guten schied Jeschu von den Seinen, um seinen Lebensweg viele Jahrzehnte später in Kaschmir zu beenden, wo man bis auf den heutigen Tag sein Grab zeigt[106]. Seine Schüler und seine Nachfahren aber blieben in Judäa, bis spätere Ereignisse sie von neuem schrecklich trafen – und bis sein Same an die westlichen Küsten des Mittelmeeres gelangte. Und so entstand, ungefähr um die Zeit seines Todes in Indien, am Fuß der Pyrenäen der Same der katharischen Lehre ...«

Erschöpft hielt Scalinger inne, griff nach seinem Weinbecher, trank aber dann doch nicht. Statt dessen stand er plötzlich auf, ging zur Balustrade der Terrasse hinüber und starrte lange in die Richtung des Montségur. Weder Rabelais noch Nostradamus wagten ihn anzusprechen, ihn in seinem Sinnen zu stören. Aber auch untereinander wechselten sie kaum einen Blick übers Windlichtflackern hinweg. Jeder von ihnen mußte jetzt für sich verarbeiten, was er gehört hatte. Die unerhörte Rechtfertigung des Judentums gegenüber der christlichen Theologie hatte sie erschüttert, François nicht weniger als Michel, auch wenn jenem zumindest einiges von dem, was ihr Gastgeber berichtet hatte, nicht ganz fremd gewesen sein konnte. Aus dem Mund des Katharers war dem Volk, in dem sie wurzelten, endlich Gerechtigkeit widerfahren; nun breitete sich Sternenlicht über ihre jahrtausendealten Wundmale wie Balsam – und dann, wie aus dem Sternenlicht heraus, kehrte Scalinger zu ihnen zurück.

»Von den wahren Schülern des Jeschu und seinen leiblichen Nachfahren sprach ich«, nahm er den Faden wieder auf, »und die Wahrheit ist, daß das Christentum das Wollen der einen verfälschte und das Wissen um die Existenz der anderen mit allen Mitteln unterdrückte! Ich aber will euch nun von Jakobus und Kephas erzählen, wie sie wirklich waren, und ebenso von den Nachfahren des Menschheitslehrers, die das wahre Blut, das ›sangue réal‹, in ihren Adern trugen und diesen kostbaren Schatz bis herauf in unsere Zeit vererbten!«

Jäh wandte er sich Rabelais zu und rief: »Kephas und Jakobus, die man unter die allerersten Christen zählt, sind nie in
den Pfuhl abgeglitten – du weißt es, mein Freund!«

Grimmig nickte der Dichter; Nostradamus erinnerte sich
gleichzeitig an eine Stunde in der alten Spelunke von Lunel,
als Rabelais ebendies erwähnt hatte.

»Vielmehr hielten sie dem Menschheitslehrer die Treue
und bewahrten in ihren Herzen, was er ihnen als Vermächtnis
hinterlassen hatte«, fuhr Scalinger fort. »Mutig leisteten sie
jenem anderen Widerstand, der Jeschu nie begegnet war und
ihn dennoch verleumdete wie keiner! Ja, niemand anderen
als den ungeheuerlichen Verräter Saul meine ich: das war sein
jüdischer Name, bis er auf ihn spuckte und sich römisch Paulus nannte. Er war es, der den Weisen aus Galiläa zum grie-
chisch-römischen Popanz erniedrigte und ihn zu einem
schmutzigen Abklatsch des Herkules machte[107]. – So rein, so
gut, so nachvollziehbar war die Lehre des Erleuchteten gewesen; jeder Mensch, vom guten Willen getrieben, hätte ihm
nachzufolgen vermocht! Paulus jedoch raubte den Suchenden ihr Vorbild aus Fleisch und Blut. Indem er aus dem
Menschheitslehrer Jeschu den Götzen Christus formte, riß er
eine unüberbrückbare Kluft zwischen den vom Weibe Geborenen und dem vermeintlich göttlich Gezeugten auf. Auf
diese Weise kreuzigte der mit dem römischen Namen den
Galiläer noch einmal – und schlimmer, als Rom es zu Jeruschalajim geschafft hatte! Aus dieser Gotteslästerung heraus
trieb das Christentum auf; der Drache, der Moloch! Jakobus
aber und Kephas und viele andere Aufrechte mit ihnen, wurden ebenso verraten wie ihr Meister.

Dennoch hielten sie sich in Jeruschalajim und am See Kinneret, für eine Weile wenigstens noch, und bewahrten das

Helle und Reine, das ihnen geschenkt worden war. Als Ebioniten[108] bezeichneten sie sich, als die Armen, und der Vater dieser Gemeinde – nie einer christlichen! – war Kephas; ihm zur Seite stand der leibliche Bruder des Jeschu, Jakobus. Eine Verleumdung sondergleichen ist es daher, diese Menschen mit Rom und der römischen Kirche in einem Atemzug zu nennen. Nie setzte Kephas seinen Fuß auf italienischen Boden; er war kein Christ und wollte es nicht sein – vielmehr war ihm aufgegeben, die wahre Menschheitslehre und dazu das sangue réal zu hüten. So lebten unter seiner Obhut sowohl der Geist als auch das Fleisch des Jeschu weiter, und ehe der jüdische Fischer die Augen für immer schloß, durfte er auch noch die Enkel des Rabbuli in seinen Armen halten. Diesen Kindern aber war es nicht mehr vergönnt, in Jeruschalajim oder am Jam Kinneret zu bleiben, denn wenig später stieg das entsetzliche Jahr 70 herauf, in dem das israelische Volk geschlagen wurde wie nie.

Titus[109] hieß der Machtgierige und Mörder, der das Land von einem Ende zum anderen mit Krieg überzog. Ganze Wälder von Kreuzen errichtete er über Galiläa, Samaria, der Dekapolis[110] und dem Jordantal, und zuletzt zog er die Würgeschlinge, damit sein Verbrechen die Krönung erfuhr, um Jeruschalajim zusammen. Die Mauern der Stadt stürzten ein, wenig später auch die des Tempels; was Jeschu einst prophezeit hatte, wurde in diesem Jahr 70 Wahrheit. Den Nachfahren Jeschus aber, so sie ihr Leben retten wollten, blieb nichts als die Flucht.

Von wenigen Gefährten begleitet, und diese waren allesamt Ebioniten, erreichten sie die Küste. Ein armseliger Segler nahm Kurs nach Westen, vorbei an Zypern und an Sizilien ging die Fahrt bis Massilia[111]. Dort, endlich, durften sich die

Juden in Sicherheit fühlen, doch lange hielt es sie dennoch nicht im Trubel der Hafenstadt; in ihren Herzen war, da sie aus einem gebirgigen Land gekommen waren, die Sehnsucht nach den Bergen zu stark. Noch einmal also zogen sie los, wiederum nach Westen, und dann fanden sie am Rand der Pyrenäen jenen Kegel aus hellem Stein, an dessen Fuß sie sich instinktiv behütet fühlten ...«

»Den Montségur ...«, flüsterte Nostradamus, und vor seinem inneren Auge sah er gleichzeitig die ersten bescheidenen Hütten sich in den Schutz einer struppigen Flanke schmiegen.

Scalinger, Entrückung und gleichermaßen Begeisterung im Blick, nickte; dann sprach er weiter: »Auf diese Weise wurde die Menschheitslehre eingewurzelt im Süden Galliens, und auf sehr fruchtbaren Boden fiel sie hier, denn die Bauern und Hirten, die in diesem Land lebten, waren unverdorbenen Herzens. Sie spürten, daß mit den Ebioniten etwas Gutes und Wertvolles zu ihnen gekommen war; dankbar nahmen sie an, was die Bescheidenen ihnen zu geben hatten. Was aber das sangue réal anging, so leuchtete es während der folgenden Menschenalter stets aus sich selbst heraus, und so war es ganz natürlich, daß aus diesem einzigartigen Blut so etwas wie Adel entstand; ein Adel freilich, der sich allein durch seine Menschenliebe, Reinheit und Barmherzigkeit rechtfertigte. Mütter und Väter waren die Nachfahren des Jeschu ihren Gemeinden, keinesfalls aber Büttel und Aussauger wie die Zwingherren anderswo, und gerade deswegen fanden sie in den folgenden Jahrhunderten immer weiteren Zulauf.

Während das spätrömische Reich unter der Knute des nunmehr mächtigen Christentums ausblutete und verelendete, während der römische Moloch immer wütender nach allen Andersdenkenden zu schnappen begann, lebten die Menschen des Languedoc wie auf einer verzauberten Insel; das Reich des Friedens hatte sich jetzt ausgebreitet von den Pyrenäen bis weit hinüber in die Cevennen. Weltenfern einerseits lagen die Dörfer der Reinen an den Bergflanken und in den Tälern; andererseits jedoch begannen sich von dort aus jetzt Fäden zu spinnen, über den halben Erdkreis hinweg. Zwar war das jüdische Volk in die Diaspora getrieben worden, war verstreut worden über zahllose Länder von Spanien bis Asien, dennoch war es nicht untergegangen und lebte mutig in seinen Oasen und auf seinen Wander- und Handelspfaden fort. Dadurch wiederum gelangte eine neue und dennoch im Einzigen wurzelnde Lehre auch in das Languedoc, wo man sich der leiblichen und seelischen Verwandtschaft mit Israel nach wie vor bewußt war. Diese Lehre nun, in Verbindung mit dem ebionitischen Herzwissen, brachte in der Folge die Glaubensgemeinschaft der Katharer hervor.

Mani hieß der Weise, der die Brücke zwischen Abendland und Morgenland schlug. In Ktesiphon, der uralten Stadt am Ufer des Tigris, war er zwei Jahrhunderte nach Jeschu wiedergeboren worden; in Babylon lernte und lehrte er, im indischen Gundeschapur schlug man ihn ans Kreuz. In seinen Visionen sah er das Lichte und das Finstere um die Menschenseele streiten; aus diesem Widerspruch erklärte er das ewige Aufsteigen und Niederstürzen. Und er war ein Kämpfer des Herzens wie Moses und Jeschu; vom ersten Namen führt eine geistige Linie über den zweiten zum dritten. Wie sie verkündete er, daß der Mensch das Helle in sich vom Dunklen befreien müsse; dazu aber sei ihm der Weg vom Göttlichen vorgezeichnet durch die Folge der Reinkarnationen. In jedem einzelnen Leben, so Mani, müsse die Seele des Zeitenwanderers lauterer und klarer werden, bis sie zuletzt ins Strahlen des Kosmos eingehen könne. Dann werde der Mensch seinen Garten Eden wiederfinden: jenes schimmernde Friedensreich, das nie auf Erden, sondern immer im Inwendigen und damit gleichzeitig im All-Sein gelegen habe.

Dies ist der Pfad, wie Mani und später die Manichäer[112] ihn predigten, und in den Herzen der Menschen des Languedoc vereinigte er sich mit dem, was ihnen durch das wahre Blut geschenkt und bewahrt worden war. Ebenso waren sie sich mit den zugewanderten und allmählich mit ihnen verschmelzenden Manichäern darin einig, daß es keiner Kirche und keines Kults zur Erlösung bedürfe, keiner Theologie, keines Amtspriestertums, keiner Riten. All dies vielmehr käme aus dem Dunklen und sei eine Verneinung der einzigen Lehre; nicht einen Popanz also beteten die Katharer an, sondern suchten in weißen Gewändern den Geist – und dies trug ihnen über die nächsten Jahrhunderte hinweg die unversöhnliche und zuletzt mörderische Feindschaft des mittlerweile gewaltig aufgeblasenen Widersachers in Rom ein.

Der schwarzschuppige Drache schnappte nach dem sangue réal, das man da und dort jetzt auch als ›San graal‹[113] bezeichnete, und in jener Zeit, Michel de Notredame, die du in deinem Gesicht auf dem Montségur erblickt hast, stürzten die letzten Burgen der Reinen und wurden von den Römisch-Katholischen geschleift wie einst die Mauern von Jeruschalajim. Selbst auf den Scheiterhaufen aber vermochten die Päpstlichen die Wahrheit nicht zu verbrennen; es blieben stets Eingeweihte am Leben, die das uralte und einzige Wissen hüteten! Und…«, jetzt hob der Katharer seinen Kelch und betrachtete ihn mit leuchtenden Augen, »…auch das sangue réal, der Gral lebt! Bis heute blüht es leiblich weiter;

in manchem Haus und in mancher Hütte des Languedoc und der Provence findet der Herzwissende es noch immer! Diese geheime Kraft, Michel, ist es, die dich gerufen hat, die dich zum Montségur leitete. Und diese Kraft, mein Freund, wird dir auch deinen künftigen Weg weisen...«

Im gleichen Augenblick, in dem Scalinger endete, ahnte Nostradamus das Ungeheuerliche. Er ahnte es im Geiste: kein Zweifel war mehr möglich, dennoch lag ihm mit demselben Herzschlag das ungläubige Nachbohren auf der Zunge. Ein Nicken des Katharers aber, lächelnd über den Kelch hin, wischte ihm die Regung weg, machte all sein kleinmütiges Fragen gegenstandslos; nur eines war wichtig. »Wohin führst du mich?« flüsterte der knapp Dreißigjährige – und vermied es dabei scheu, den anderen beim Namen zu nennen.

»Du wirst es selbst erkennen, Michel, wenn du in meinem Haus in Agen zu den Sternen blickst«, erwiderte Scalinger. »Schon morgen, wenn du einverstanden bist, brechen wir dorthin auf.«

✷

Von einer Anhöhe außerhalb Lavelanets aus schauten der Dichter, der Parfait und Nostradamus am nächsten Tag noch einmal zum Montségur hinüber. Nicht meßbare Zeit verstrich im letzten gemeinsamen Schweigen; irgendwann dann reichte Rabelais zuerst Scalinger und danach dem, der sein Schüler gewesen war, die Hand. »Bewahre das Rosenkreuz in deinem Herzen«, sagte er zu Michel, »es ist ein Zweig am Baum der kosmischen Lehre, in die du jetzt ganz eindringen sollst!«

Anschließend wendete er langsam sein Pferd und ritt nach Norden davon, wo seine eigene Aufgabe auf ihn wartete: ein literarisches Werk zu schaffen, das in seiner Fulminanz den Knechtern und Zwängern des freien Geistes noch nach Jahrhunderten ein Dorn im Auge sein würde.

Scalinger und Nostradamus verharrten noch, bis der Rappe des Poeten im Wald verschwunden war, dann trieben auch sie ihre Tiere an und schlugen den Weg nach Westen ein.

Zehnklang

Im Herbst 1533 waren Scalinger und Nostradamus in Agen an der Garonne eingetroffen; ohne Umstände hatte der Arzt, Astronom und Mathematiker seinem Schüler und Freund zwei Kammern in seinem Haus überlassen. Hatte ihn auch in die Krankenstuben der Stadt eingeführt, und Michel war von da an Tag für Tag geduldig im Dienste der Nächstenliebe unterwegs gewesen, und dies war der eine Pfad, auf den de l'Escalle ihn ganz selbstverständlich zurückgeleitet hatte. In einem anderen Bereich aber, und damit hatte Scalinger begonnen, sein eigentliches Versprechen einzulösen, ging Nostradamus nun schon seit Monaten ganz neue und unbekannte Wege. Auf die Berechnung der Sternenbahnen und das reale Bild des nächtlichen Himmels dazu hatte Jules ihm den Blick gelenkt; nun, da der Winter in seiner klarsten und frostigsten Zeit stand, spürte Nostradamus schaudernd ein Erkennen und Begreifen wie nie zuvor in seinem Leben.

Auch in dieser Nacht kauerte er wieder unter der Dachluke; der kantige Kontrast des Rahmens schien das Flimmern draußen noch zu verstärken. Weiter hinten im Raum, neben der abgeschirmten Öllampe, saß Scalinger über seinen Tabellen. »Jupiter!« rief er plötzlich drängend. »Betrachte, wie er über den Horizont steigt!«

Michels Hände krampften sich um die bronzene Röhre, die aus keiner geringeren als der Werkstatt Leonardo da Vincis in Florenz stammte. Die geschliffenen Gläser in ihrem

Inneren schienen jäh und wie aus eigener Kraft heraus aufzuglühen, nachdem Nostradamus das Instrument in die richtige Position gebracht hatte. Und dann sprang der Planet, auf der Bruchkante zwischen dem Verborgenen und dem Sichtbaren tanzend, ihn auf visuelle und gleichzeitig innerseelische Art förmlich an.

Ein bergezertrümmerndes Bersten und gleichzeitig eine Musik von nie gehörter Harmonie tobten durch Notredames Gehirn; nicht mehr den winzigen Lichtball glaubte er zu sehen, sondern eine Welt, unendlich größer und erstaunlicher als die irdische. Ätherische Meere wogten dort draußen, riesenhafte Kontinente schienen sich herausbilden zu wollen aus einer dennoch kaum greifbaren Materie; in einem Werden und Sichverformen, das alle Dimensionen sprengte, war der Himmelskörper begriffen. Das All zerrte an ihm und hielt ihn doch mit derselben Kraft unverbrüchlich fest auf seiner Bahn, und jetzt vermeinte Michel auch die irrwitzige Geschwindigkeit zu spüren, mit der das alles geschah. Eine wahrhaft göttliche Macht fegte durch die Unendlichkeit dahin – und fegte mit dem nächsten Herzschlag auch Nostradamus mit sich fort. Er wurde selbst zum Sternenwanderer und fand seinen außerirdischen Platz auf genau der Bahn, die ihm und nur ihm allein entsprach. Dem Tag und der Stunde seiner Geburt war sie angemessen, auch die nicht greifbare Zeitspanne seiner Zeugung spielte mit hinein; sein völlig befreiter Geist fand sich auf diese Weise im ewigen kosmischen Konstrukt wieder.

Im Konzert der Planeten wurde er selbst zum Ton; jenseits der Grenzenlosigkeit waren sie ihm jetzt greifbar nahe, wurden zu Pupillen, zu einem Auge, das ihn fordernd anblickte. Einige waren ihm vertraut, andere hatte er nie zuvor am nächtlichen Himmel gesehen, als er sie nun zu sichten und zu zählen begann. Merkur, eine ausgeglühte Schlackenwelt; Venus, sturmdurchtobt unter schlierigem, farbensprühendem Himmel. Die Erde, blau, freundlich, dennoch der mörderische Exilort des Sehnens. Mars, rötlich, karstig, wüstenklar, aber ein Geheimnis dort, über alles irdische Maß hinaus. Jupiter, aus dem Gigantenwogen heraus ein Strudel, eine irishäutige Nabelschnur, hinüberschnellend zum Saturn. Und dieser umzirkelt und gegürtet von Welten, die unsichtbar an ihn gefesselt waren.

Uranus, den Namen vernahm der Seher aus ferner Zukunft herüber[114], tief im Inneren metallgeschmiedet, die Oberfläche eiskrustig erstarrt. Neptun, frostig verschleiert sein Firmament, zwei winzige Monde jedoch miteinander im Widerstreit[115]. Pluto, der zwergische Sonnenumläufer auf dennoch ausufernder elliptischer Bahn; jenseits noch des fast völlig Dunklen der Unsichtbare, der Letzte, der Zehnte: Transpluto. Zahlen sah Nostradamus wirbeln, die erst dem Jahrtausendende zu Sinn gaben[116]. Ungewiß blieb, ob der Zehnte ein Körper war oder nichts als zermörserter Sternenschutt. Der Visionär aber, so oder so, hatte mit ihm die Grenze des Sonnensystems erreicht; für immer hatte sich ihm ins Gehirn das wahre Bild und die wahre Zahl eingegraben.

Siebenfach, stets, hatte der Moloch sich ins lügnerische Fundament eingekrallt, doch nun, unendlich klarer noch als vor vielen Jahren am Ende des Pyrenäenwinters, sah, vernahm und spürte Michel de Notredame den Zehnklang. Ein Weltbild, das die Erde fünfzehn Jahrhunderte lang geknechtet und geknebelt hatte, zerbarst. Ordnung entstand aus dem unverständlichen Chaos, zu einem Ganzen fügten zehn Gegensätze sich in vollkommener Harmonie zusammen.

Zehn Töne, zehn Welten, zehn Geist- und Lebensspender umkreisten die Sonne und waren eins mit ihr durch eine unsichtbare Nebelschnur. Nichts war Zufall, nichts Willkür, nichts ächzte unter irgendeinem Zwang; jedes Einzelne schwang naht- und fugenlos im Vielfachen – und nachdem Notredame dies verinnerlicht hatte, wurde ihm der Zehnklang zum Dom des Adonai.

In einer Kathedrale, aus reinstem Licht erbaut, fand er sich wieder; die Lichtpfeiler und Lichtkuppeln zerdehnten die Zeit oder verdichteten sie. Wahrlich zum Augenblick wurde eine Ewigkeit unter der Berührung des Einzigen; ebenso aber war es die Wahrheit, daß ein Augenblick unter seinem Lichthauch unendlich währte. Nichts Lineares hatte der Zehnklang an sich, vielmehr pulsierte er durch eine niemals meßbare Vielzahl von Dimensionen, und wiederum waren alle diese Dimensionen in einer und die eine ebenso in allen anderen enthalten. Dies war die Erkenntnis, die Nostradamus, gefangen und zur Freiheit gekommen im Zehnklang, erfuhr. Er glaubte, den Niedersturz des ersten Lebens auf die Erde in fernster Vergangenheit zu erblicken, mit demselben geistigen Lidschlag aber auch den rettenden Rückschwung weit in der Zukunft. Ehe er jedoch das aus dem Zehnklang geborene Bild schärfer zu erfassen und zu begreifen vermochte, verwich ihm der Dom und verwich ihm der All-Ton, und wie aus einem Schmerzächzen heraus kam er, an das bronzene und auf einmal klägliche Fernrohr geklammert, wieder zu sich.

Die Nachtkälte biß ihn, er zitterte, gleichzeitig glühte ihm der Schädel wie im Fieber. Er rang nach Worten, Sätzen, wollte die Vision in Sprache umformen – schnell; doch er brachte nichts weiter zustande als ein Stammeln. In seine Verzweiflung, in seine Nichtigkeit hinein aber schob sich im nächsten

Moment die Gestalt Scalingers; mit einem Ausdruck tiefen Verstehens reichte der Katharer ihm den Weinbecher, und Michel leerte ihn auf einen Zug, und dann dauerte es nur noch Sekunden, bis die alkoholische Wärme seine schreckliche Unzulänglichkeit überdeckte.

Das Zittern legte sich, die Kälte wich; nach dem Arm des Freundes griff Nostradamus und rief: »Ein Tempel im All! Du wußtest es, ja?! Hinter der brüllenden Finsternis das ungeheuerliche Licht! Zehn Sphären, zehn Säulen des Ewigen! Die strahlende Musik! Cherubinisch! Nichts Götzisches dort draußen! Nur Reinheit! Das Auge, Jules! Das Adonai!«

»So hast du es erblickt; ich ahnte es«, erwiderte leise der Astronom. »Ja, Michel, ich wußte, daß es in dieser Nacht so weit kommen würde – genau zur Wintersonnenwende! Nicht nur Jupiter stand auf der Bruchkante, sondern auch das Jahr, und dies, zusätzlich zu deiner Gabe, hat dich hinausgerissen! Über eine Schwertschneide hinweg hast du eine Mauer durchbrochen. Unumkehrbar ist dein Weg damit für immer geworden...«

»Wohin führst du mich?!« brach es, wie in der Nacht des Abschieds vom Montségur, aus Nostradamus heraus.

»Wage noch einmal den Blick zu den Sternen, diesmal aber mit bloßem Auge«, antwortete Scalinger. »Dann wirst du es endgültig wissen!«

Notredame, benebelt vom Wein und trotzdem plötzlich wieder klingenscharf denkend, gehorchte. Und sein Geist jagte von neuem hinaus durch das Viereck des Fensters, stockte im ersten Lidschlag noch aufgrund der materiellen Einengung, erlebte dann aber wiederum die grenzenlose, seelenäugige Freiheit.

Der Sternenschwarm, myriadisch durch alle Dimensionen

des Kosmos reichend, saugte ihn ein. Zehn Planeten, sonnennah, benutzte er wie Trittsteine: sie ließen ihn über den ersten Fluß gelangen. In den lautlosen und dennoch sphärenklingenden Wasserfall stürzte er sich weiter draußen, und es hob ihn hinauf über die Firmamentgrenzen, hieb ihn nach vorne und hinten, trieb ihn in seiner eigenen molekularen Zertrümmerung und Zerspleißung durchs Aleph. Nie gesehene Bildfetzen hämmerten ihm durchs dritte Auge, durch jeden atomar aufgesplitterten inwendigen Sehnerv; Sonnen sah er entstehen, quellen und abstürzen ins immaterielle Loch; Planeten flirrten aus Schrumpfungen und Erkaltungen heraus; Monde wurden geboren und vergingen wieder. Flächig schlierte der Alldunst zwischen den Polen der Ewigkeit, über ganze Sternenhaufen hin, verflüchtigte sich ins Nichts und kehrte gleichzeitig dröhnend zurück. Spiralig, immer wieder, krümmte sich das, was gewesen war, was sein würde, in die kosmische Rune ein, ums eine und unendlich vervielfältigte Auge tanzte es – und in diesem Spiralzeichen fing sich jetzt auch das dritte Auge des Sehers.

Die nicht auslotbaren Grenzen der Ewigkeit berührte es dennoch, in den unendlich potenzierten Spiegelungen gewahrte es sich in unendlicher Vielfalt selbst. Dann aber fixierte das raumzertrümmernde Auge sich wieder auf einen einzigen Punkt; adlergleich schwebte Nostradamus nun über einem kleinen Planeten, und am dritten Platz im Reigen der Zehn erkannte er die Erde. Bläulich schwamm sie im All, auf ihren Meeren trieben bekannte und unbekannte Kontinente; im Umkreisen wurden dem Visionär die nie zuvor erschauten Konturen vertraut. Es fegte ihn tiefer, er durchbrach die Wolkenhülle, meinte Seegischt zu riechen, sah Wälder wogen, hörte Kiesel und Sand an den Stränden schleifen unter dem

Pulsieren des Ozeans – und dann flüsterten und wisperten die Menschenstimmchen; ein myriadenfaches Geräusch von fast insektenhafter Art. Plötzlich verspürte Nostradamus Panik; es kratzte, juckte und biß ihn; aus der inneren Ablehnung heraus schnellte sein Leib sich flach wieder höher und fand die erträgliche Distanz.

Jetzt glitt der Seher über eine Zwergenwelt hinweg. Ameisenhügelig die Städte, scheinbar willkürlich übers Land gestreut. Flüsse, Ströme – nicht bedeutender als ein Rinnsal. Häfen, wie von Kinderhänden in Steilküsten gegraben. Karavellen, die wie Wasserflöhe auf dem westlichen Ozean trieben. Nadelstichelig in der Erdkruste: Kathedralen, Kirchen, Dome: so gering, so verächtlich von Michels adlerhoher Warte aus. Trotzdem drang plötzlich von dort unten der Giftdunst herauf. Von dort und von den Burgen, die wie angekrusteter Kot auf ihren Felszinnen klebten; schweflig, abscheulich stach es gegen das Firmament empor. Und dann kroch aus dem Gestank die Vision! Aus der menschlichen Nichtswürdigkeit, aus dem Pfuhl brodelte und zischte sie heraus: eine Verneinung gegenüber dem Zehnklang, den Nostradamus in dieser Nacht erfahren hatte. Das Grauen schüttelte ihn, und doch vermochte er sich nicht von ihr zu lösen, und die Bilder fuhren ihm ins Gehirn, bis er röchelte.

Einen Religiösen erblickte er in Deutschland, der floh, unter Bedeckung durch gewappnete Reiter, vor dem spanischblütigen Kaiser auf eine sächsische Festung. Dem römischen Papst hatte der Verfolgte den Krieg angesagt, hatte den Drachen mit der Waffe des Wortes zu bekämpfen versucht; dafür trachtete man ihm jetzt nach dem Leben. Auf der Burg über der kleinen Stadt schrieb der Mönch, der wie ein Junker gekleidet war, innerhalb weniger Monate die Bibel ins Deutsche um. Schleuderte sie sodann hinaus in die rechtsrheinische Reichsgaue, dem Papst und dem Kaiser in die Fratzen. Er wurde gebannt, fand aber viel Zulauf unter den einfachen Menschen, die sich unter der Knute von Kirche und Adel schinden mußten. Jetzt jedoch witterten sie Morgenluft und Freiheit aufgrund des neuen Evangeliums und erhoben sich gegen ihre Unterdrücker. Im Bauernkrieg brannten Burgen und Klöster, sammelten die Volksheere sich gegen die gepanzerten Rotten der Feudalherren. Schon sah es so aus, als würde Deutschland den glorreichen Aufstieg schaffen, das belialische Vieh mit dem doppelten, dem kaiserlichen und päpstlichen, Schädel verjagen. Aber dann kam der Umschwung, das Hohnkeckern aus dem Wanst des Molochs heraus. Die Volksheere geschlagen; die Unschuldigen, die Freiheitsdurstigen gespießt, enthauptet, gerädert, geviertelt. Der Mönch, der Junker, der Religionsstifter wurde zum Verräter. Im entscheidenden Augenblick hatte er sich auf die Seite des Drachen geschlagen; hatte das Mordbrennen von Adel und Kirche mit einer angeblich göttlichen Rechtfertigung verbrämt. Dennoch lebte in den Herzen der Kleinen, der vermeintlich Minderwertigen und Dumpfen der große Traum fort.

Dann sah Nostradamus das eigene Jahrhundert in seine zweite Hälfte treiben. In Deutschland und gleichzeitig in Frankreich gelangte die Reformation trotz allem zur Blüte. Einsichtig zeigten sich Teile des Adels und sogar Priester und nahmen die neue Lehre jetzt an. Was rompfäffisch blieb, wurde vielerorts in die Flucht und über die Alpen ins Exil gejagt. Ein Aufblühen ging über beide Länder hin, unerhört. Zumindest im Herzen Europas schien das Schicksal des römischen Drachen besiegelt. Doch dann schloß der Papst ein Bündnis mit Paris, Bayern und Habsburg. An der Seine wurden in einer einzigen Nacht weit über zweitausend Hugenotten hinterhältig hingeschlachtet; und der Krieg wütete weiter, immer wieder, bis das Jahrhundert ins nächste überging. Gleichzeitig wühlte und hetzte Rom jenseits des Rheins: um der eigenen verfluchten Macht willen! Zu München ließ sich ein Herzog gegen die Protestanten aufstacheln und in Wien ein Kaiser. Im neuen Jahrhundert dann, kaum stand es im zweiten Jahrzehnt, wurde der Ausrottungskrieg heimlich schon vorbereitet.

Eine Jahreszahl grellte im Schädel des Sehers auf: 1618. Das Kriegstreiben Roms schlug jetzt um in die nackte Gewalt. In der Nähe von Prag, am Weißen Berg, führte ein Mönch auf einem Schimmel das katholische Heer gegen die Gerechten und gab sich dabei als göttlicher Sendbote aus[117]. Hingeschlachtet wurde die Macht eines frei gewählten Königs namens Friedrich[118] innerhalb weniger Stunden; damit hatte ein Metzeln begonnen, das dreißig Jahre lang andauern sollte. Und Nostradamus sah, wie aus dem Schlachtgetümmel jetzt eine ungeheuerliche Gestalt auftauchte.

Wallenstein oder Waldstein hieß der Feldherr und kam aus den katholisch gebliebenen Tiefen Böhmens; mit unwiderstehlicher Gewalt riß er die Führung über das Menschenmorden an sich. Die Protestanten trieb er zurück, Schlacht um Schlacht, erschlug einen schwedischen König und jagte dessen Heere hinauf bis ans Nordmeer; dann stieg er zum Waffenmächtigsten im Kaiserreich auf. Der Herrscher zu Wien war ein Knabe gegen ihn, Wallenstein gottgleich. Zu dieser Zeit wurde ein Kurfürstentag zu Regensburg einberufen, südlich von Nürnberg, und der Bluthund des dreißigjährigen Krieges trotz seiner Macht entmachtet von den nicht weniger blutsäuferischen Fürsten. Das Schlachten aber kehrte sich wiederum um, die Protestanten kamen neuerlich zum Zug – und aus seiner Nichtigkeit heraus schlug Wallenstein noch einmal zu. Und verzeichnete neue Siege und bedrohte den Kaiser scheinbar von neuem. Zuletzt aber drangen Meuchelmörder in eine Burg zu Eger in Böhmen ein, der Gottähnliche verspritzte sein Blut im eigenen Schlafgemach. Mit Wallensteins Verröcheln verschwamm jetzt auch die Vision Notredames; mit schreckgeweiteten Augen kam er zu sich, vorübergehend zumindest, und schrie Scalinger an: »Dem Prinzen wird das Grab vom Niederen bereitet werden! Einen Vorgeschmack seines Lohns erhält er zuvor unterhalb Nürnbergs! Der spanische König lacht im Kopf und im Herzen! Verraten ist das Wort des großen Wittenbergers!«[119]

Kaum hatte er die entsetzlichen Bilder in Worte zu kleiden versucht, hieb es Nostradamus wiederum weg in die andere Welt: quer über einen halben Erdteil riß es ihn, kurz tauchte ein Meeresarm unter ihm auf, dann raste er die Themse entlang bis London. Einen König mit löwenartiger Perücke sah er; an seinen Thron krallte sich der Monarch, begann aber bald immer heftiger zu wanken und wurde zuletzt gebeutelt wie ein Schilfrohr im Sturm. Rundschädelige[120] spie dieser Sturm aus; die fielen jetzt über den Gesalbten her und schleppten ihn aufs Blutgerüst. Ein Richtschwert blitzte auf über einem nun angstschweißigen Nacken, und dann zeigte einer England und dem Himmel das abgeschlagene Haupt.

»Der König wird getötet werden vom englischen Parlament!« hörte de l'Escalle den Seher fauchen[121]. Einen Lidschlag lang bohrten sich die Blicke der beiden Männer dabei ineinander. Doch dann sah der Katharer in den Pupillen des anderen etwas bersten, und von neuem wurde Michel entrückt.

Die gefallene Krone verwandelte sich in einen türkischen Turban. Im Osten Europas standen horizontweit die islamischen Heere auf. Lanzen- und Säbelspitzen deuteten auf Wien. Ein Donnergrollen erschütterte die Erde, als hunderttausend Schlachtrösser donauaufwärts stürmten. Eine Kette auflodernder Städte und Dörfer säumte den apokalyptischen Weg, und die Christenkreuze barsten überall ins Nichts hinweg. Dann erreichte der Halbmond die habsburgische Hauptstadt und krümmte sich gleich einer Würgeschlinge um sie.

»Vom Fez geht die Herrschaft aus über Europa!« schrie Nostradamus. »Im Feuer werden seine Städte und Seelen zerfetzt! Das Große vom asiatischen Land hat viele Truppen! Welch Heulen, wenn die Östlichen das Kreuz in den Tod teufeln!«[122]

Das Heulen aber schlug um, als die Vision weiterraste: das eherne Gesetz des Krieges erblickte Michel jetzt: Sensen und Gegensensen. Die Türken wurden zurückgetrieben bis Belgrad, jetzt saßen ihnen die Christen wieder im Nacken. Vom Strom geschützt, galt die moslemische Festung als uneinnehmbar. Über den Horizont aber funkelte ein Tag herauf, der trug, zweimal offen und einmal versteckt, die Sieben im Antlitz[123]. Dies war sein satanisches Mal; unter diesem Zeichen begann die Schlacht. Eine Brücke des Todes wuchs auf aus scheinbar grundlosem Schlamm, sieben bekreuzte Heere drangen hinüber; gräßlich hingemetzelt wurde der Islam.

Unterm Dachgebälk zu Agen stammelte Michel die Satzfetzen heraus: »Insumbrien! Vor der Stadt ... Sieben werden die Belagerung machen! Der sehr große ... König! Wird dort seinen Eintritt erzwingen! Die Stadt ... wieder frei! Von seinen Feinden!«[124]

Ein weiteres Sternenblinzeln dann, parallel zum letzten Wort des Sehers. Vom Anfang des betreffenden Jahrhunderts flirrte die Zeit weiter bis nahe an sein Ende und schleuderte Michel ins Paris des Jahres 1789 hinein, übers Pflaster bis vor die Mauern der Bastille. Musketenbewehrt tanzten um ihn die Barfüßigen. Kanonen ratterten, ein Wutschrei, jahrhundertelang aufgestaut, schien das Firmament zu spalten, dann dröhnte es grobkugelig und schweflig gegen die Wälle. Morsch war das Gemäuer der Zwingburg, unerhört morsch; als die Bastion zusammenkrachte, wurde eine überfällige Wahrheit offenbar. Vom Fauligen stürzten die Uniformierten herunter und wurden nahe der Seine alle geschlachtet bis auf einen[125]. Aus der schillernden Blutröte platzte die Revolution ganz Frankreichs heraus. Der König floh, hetzte durch einen Wald bei Reims und erreichte Varennes. Dort stellte man ihn, brachte ihn zurück nach Paris, verhängte über ihn das Urteil. Begeistert kreischte das Volk, als das Haupt des Kapetingers in die Gosse rollte. Danach freilich folgte ein Blutrausch, folgte die ungeheuerliche Herrschaft des Schreckens.

Mit verzerrtem Gesicht keuchte Nostradamus: »Die große Mauer wird einstürzen, vor dem großen Krieg! Die meisten werden im Blut schwimmen! Nahe dem Fluß wird der Boden vom Blut überronnen sein! Bevor der König seine Herrschaft abgibt, wird er durch den Wald von Reims kommen! In seiner innerlichen Überzeugung als Träger der Monarchie qualvoll entzweigerissen, ebenso als Christ! Wird Varennes erreichen! Das Haupt der Kapetinger wird im Sturz Sturm, Krieg, weiteres Blutvergießen herauskotzen! Tranchiert wird Frankreich!«[126]

Wieder mit dem letzten Satz durchmesserte es auch den Seher. Im eigenen geistigen Aufklaffen schnitt er weiter durch die Zeit und den Raum, faßte Fuß auf einer kärglichen Insel namens Korsika. Wild war die Landschaft und wild auch der Name dessen, der sich jetzt von dort aufmachte, um über halb Europa den Ruch von Kanonendonner zu breiten. Zwei griechische Wörter hämmerten Michel durch den Schädel: néos und apollyon[127]. Den Träger dieses Omens sah er aufsteigen, einzigartig, sah ihn zuletzt aber auch wieder stürzen – unter eine Kaiserkrone hinein und damit – genau damit – als Verräter am Volk und an der herrlichen Idee in den Abgrund.

»Nahe bei Italien wird ein Kaiser geboren, der kommt dem Land teuer zu stehen! Eher für einen Schlächter als für einen Fürsten wird man ihn am Ende halten! Wird einen unerhört wilden Namen tragen! Wird wie kein anderer berüchtigt sein wegen des Todeslärms, den er über die Erde sendet!«[128]

Als würgte ihn plötzlich etwas, brach Nostradamus kurz ab, fuhr aber schon im nächsten Augenblick um so erregter fort: »Nachdem das Schlachten beendet ist, wird er verraten! Gefangen wird er sein! Die neuen Minister werden ihm den Degen entreißen! Zuletzt wird ihm nachts Feuer in der Kehle brennen! Auf einer felsigen Insel mit fünftausend Einwohnern, die nicht seine Sprache sprechen und fremdartige Sitten pflegen, wird er sein Dasein beenden! In einer Scheune, inmitten des Meeres, wird er abscheiden!«[129]

Lange schien der Visionär dem Toten nachzuwittern; gleichzeitig fegte ihm eine Fülle weiterer Bilder durch die Seele, immer wieder bellte er unvermittelt neue Wort- und Satzfragmente. Von einem frei gewählten Herrscher jenseits des Atlantiks war die Rede, von einem Sklavenkrieg und einem Attentat; Scalinger fröstelte, als er es vernahm. Noch mehr erschütterte ihn das, was wenig später kam; von einem entsetzlichen Krieg zwischen Frankreich und Deutschland stammelte Nostradamus, von einem Schlachten, das erstmals in der Menschheitsgeschichte die ganze Welt in seinen Strudel riß. Wieder wurde zuletzt ein Kaiser gestürzt und vertrieben; ein Deutscher[130].

Die Nacht hatte sich mittlerweile in ihre stillste Stunde hineingedreht, schon begannen die Sterne am winterlichen Himmel zu verblassen, und nun, nach der unbeschreiblichen Anstrengung, schien Michels inwendige Kraft zu verfliegen, seine Augen und sein Leib schrumpften ein, als sollte er sterben. Scalinger machte einen Schritt vorwärts, um den Wankenden zu stützen, um ihn notfalls auffangen zu können, doch auf einmal fegte das anderweltliche Glühen und Knistern um so mächtiger in Notredames leibliche Schale zurück: eine unsichtbare Spannung schien seinen Körper zu krümmen, zu beuteln; fast epileptisch zuckte er, und das Zukken riß ihn wiederum ganz nahe an die Luke heran – und dann, direkt aus der völligen inneren Erschöpfung heraus, raste der Seher davon in die schrillste und fürchterlichste Vision seiner Initiation.

Hinauf zum Sonnenball stürzte er, den Lebensnabel sah er spiralig kreisen; jäh aber und satanisch bildete sich das weiche Lichtwirbeln mit dem nächsten gejagten Herzschlag zu einem hakenkantigen Zudreschen um. Schwertscharf und stachelig schnürte es die Seele Michels ein, er schrie aus giftverätzter Kehle auf, und mit diesem Schrei hagelte das Hakenkreuz erdwärts und schorfte sich ins Fleisch und ins Blut des deutschen Landes ein. Der abgehalfterte Kaiser dieses Landes saß jenseits des Rheins in den Niederlanden; diesseits aber, an einem viel weiter östlich strömenden Fluß, kroch, noch vor der Abdankung des Hohenzollern, aus armseligem Mutterschoß das Blasphemische. Braun war der Name der Stadt, wo dies geschah[131], auf der Schneide zweier Staaten lag das Geburtshaus; nur ein kleines Stück weiter im Süden brachen aus der weichen Erde Europas rissig die Alpen. Gezeugt worden war die Rattenfratze von einem Säufer, einem Schmutzigen, einem Nichtswürdigen[132], wuchs nun heran im Sumpf, im Pfuhl, unter erzkatholischem Himmel dazu. Brach dann aus nach Wien, nach München, blieb aber gefangen im geistigen Elend und im erzbösen pfäffischen Schlangenschleim, lebenslang. Saugte an schwarzen Altären das Gift in sich ein, das allerschlimmste, menschenverachtendste: den Judenhaß[133]. Neunzehn Jahrhunderte der Verneinung, der ungeheuerlichen Zurücksetzung des Menschheitslehrers nahmen auf diese Weise widergöttliche Gestalt in ihm an. Weil er in die Gehirne des deutschen Volkes die Runen dieser Blasphemie eingrub, weil das Volk wiederum nicht groß, sondern wie er elend im Geiste und im Herzen war, fand er zuletzt einen rasenden, millionenfachen Zulauf. Das Hakenkreuz pflanzte er in einem eitrigen Land auf, von der Maas bis an die Memel, von der Etsch bis an den Belt. Pflanzte es in Deutschland auf und pflanzte Deutschland damit myriadenfach die Todesrune in den Leib und die Todesfuge ins Herz. Deutschland aber, verblendet wie kein Volk je auf Erden, bejubelte, je lauter der trommelte, seinen Schlächter.

Gellte, tobte, brüllte noch wahnwitziger, als der Hakenkreuzgötze es in den neuen Krieg riß. Rannte zu den Hakenkreuzfahnen im unübersehbaren Rattenschwarm. Biß tollwütig sich ins Sudetenland hinein, nach Polen, nach Frankreich. Verhärtete seine Herzen und blickte nicht hin, als das Judenschlachten jetzt losging, das sich bereits in einer kristallkalten Nacht angekündigt hatte. Sechs Millionen Menschen wurden widermenschlich hingeschlachtet im Giftgas, sechs Millionen Seelen würden von nun an anklagen auf ewig. Kein Aufschrei jedoch des Hakenkreuzvolkes, nichts als Feigheit oder Hohn in den kreuzhakig verkrümmten Herzen; die wenigen, die sich nicht hatten verführen lassen vom abgrundtief Bösen, gingen den Vernichtungsweg des jüdischen Volkes mit, wurden ebenfalls über die kreuzkantige Rampe getrieben. Und keinen Widerstand der Kirche gab es; kein Sichdagegenstemmen um der Gerechtigkeit willen; keinen Versuch, Barmherzigkeit und Nächstenliebe in eine zutiefst geschundene Welt zurückzutragen; ein Konkordat, einen teuflischen Bund aus vom Teufel vergifteten Herzen heraus, hatte Rom mit der Rattenfratze geschlossen und hielt ihn eisern ein, gerade – dies erahnte zumindest Nostradamus – um der vorgeblich gottgewollten Ausrottung des unschuldigen Volkes willen.

Ausgerottet in diesen zwölf Jahren nach der doppelten Drei aber auch andere: Roma, Sinti, Polen, Russen. Abermillionen Menschen auf den vielen Kriegszügen dazu; Soldaten und Zivilisten gleichermaßen. Grenzübergreifend verbluteten, erfroren, verreckten sie, von den Eiswüsten Rußlands bis hin zu den Glutwüsten Afrikas. Weiter sprang der Krieg, das zweite weltweite Schlachten dann über einen Kontinent und ein Meer, die zu den Zeiten des Sehers noch nie von Europäern durchmessen worden waren. In der Vision erlebte Nostradamus mit, wie stählerne Vögel auf Atolle in einem Ozean niederstießen, der bis dahin einen so friedlichen Namen getragen hatte[134], und auf einer der größten Inseln dieses Erdteils loderte die Fackel der vorerst letzten Vergeltung bis in den Himmel hinauf. Ein grauenhafter Feuerpilz entstand über einer riesigen Stadt, hunderttausend Menschen verzischten ins Nichts mit einem einzigen Schlag. Da und dort blieben Körperkonturen zurück: lebendiges Fleisch, harsch und kohlig in den Stein gebrannt. Dies war die letzte Rune, mit der aufgrund der Untaten des Rattenfratzigen die Erde gezeichnet und beschämt worden war; mit dem Verlöschen des von Menschen geschaffenen Vulkans verlosch schließlich auch der Krieg. Der Träger des Hakenkreuzes aber, der Katholik, Völkermörder und Judenhasser über alles unmenschliche Maß hinaus, war verschollen unter den zusammengestürzten Ruinen seiner Hauptstadt; das Feuer hatte seinen Kadaver gefressen, und später fand sich keine Spur mehr von ihm. Auch das Hakenkreuz wurde nicht mehr gesehen, beinahe fünfzig Jahre lang, doch dann, aus der unendlichen Bösartigkeit anderer Deutscher heraus, reckte es seinen mörderkantigen Schatten wiederum über das Land hin und blieb dort in der Schwebe...

In der Schwebe, etliche grauenhafte Herzschläge noch, blieb auch die letzte Vision Notredames hängen, bis er sich endlich aus ihr zu befreien vermochte, bis er den erlösenden Absprung fand und erkannte, daß er sich wieder in seiner eigenen Zeit gefangen hatte. Noch einmal brach es aus ihm heraus, und Scalinger vernahm, was an Fetzen von den Gesichten des Freundes zurückgeblieben war: »In den Norischen Alpen wird einem zu spät zur Entwicklung gekommenen Volk ein Führer geboren werden! Ein Kind armer Eltern wird es sein! Wird durch die Macht seiner Rede die Menschenmassen führen! Unter dem Anschein, das Volk zu befreien, wird er auf schurkische Weise die Macht über die Menschen an sich reißen! Wird die schlimmsten Verbrechen begehen und die falschen Lehren aus seinem Buch verbreiten, das dem Kampf gewidmet ist! Die Schwachen werden angefallen werden, Deutschland wird das Berberreich erobern! Am Rhein wird ein tiefer Graben ausgeschachtet, auch ein Steinwall errichtet! Die Herrschaft über Frankreich wird in ein fremdes Land verlegt werden müssen! Der Führer des Dritten wird noch größere Verbrechen begehen als Nero! Den Gipfel seiner Tapferkeit erreicht er, wenn es gilt, Menschenblut zu verschütten! Er wird Öfen errichten lassen! Wird in drei Öfen die Menschen werfen lassen, um sie lebendigen Leibes zu verbrennen! Drei Deutsche werden auf ihn lauern, um ihn zu vernichten! Es werden aber Myriaden sterben, bevor der Phönix stirbt! Sechshundertsiebzig Monate wird er auf Erden leben, wird eine lebensgefährliche Kriegsmacht führen, wird eine feurige Sintflut hervorbringen!«[135]

Entsetzt, obwohl nichts als seine eigenen Ahnungen sich in dem Seher erfüllt hatten, hatte der Katharer während dieser letzten visionären Eruption auf Nostradamus gestarrt. Nun, und auch dies hatte Scalinger geahnt, sank Michel völlig erschöpft in sich zusammen. Eben noch war das bittere Flackern in seinem Blick gewesen, jetzt schlossen sich seine Lider wie unter einem steinschweren Schlag. Ehe er jedoch im ohnmachtsnahen Schlaf, der ihn im Stehen befallen hatte, stürzen und völlig niederbrechen konnte, fing der Arzt von Agen ihn in seinen Armen auf, brachte ihn eine Treppe tiefer und bettete ihn dort auf sein Lager. Dann setzte er sich neben ihn und wachte über ihn, viele Stunden lang.

✶

Der Tag hatte seinen Zenit bereits überschritten, als Nostradamus wieder zu sich kam. Im Blickwechsel mit Scalinger kehrte ihm innerhalb eines einzigen Lidschlags die Erinnerung zurück. Doch ehe Michel die Frage, die einzige, auszusprechen vermochte, antwortete bereits der Parfait: »Der Zehnklang führte dich und wies dir den Weg! Angeboren war dir die Rückschau, das Zeitrückstürzen, doch damit warst du erst halb aus deiner Schale gekrochen! In der Nacht jedoch, die jetzt hinter dir liegt, hat der Kreis sich geschlossen! Das Spiralen von zehn Planeten eröffnete dir das Grenzenlose! Vergangenheit, Gegenwart und Zukunft werden von nun an Furchen desselben kosmischen Pfades für dich sein! In eins geht dir alles, was war, was ist und was sein wird! Damit dein Blick in solch endlose Dimensionen austreiben konnte, wurdest du vom Höheren in mein Haus geführt! Und nun, Michel de Notredame, erkenne deine Aufgabe, die wiederum jenseits alles dessen liegt!«

Es schien, als wollten Scalingers letzte Worte eine neue Vision auslösen, doch dann verwichen die aufwirbelnden Bilder schon im Entstehen wieder, und an ihre Stelle trat ein ungeheuerliches Herzweh: Michel begann in seinem innersten und wertvollsten Kern maßlos zu leiden, jäh im Einklang mit Millionen und Abermillionen geschundenen Menschenwesen. Er spürte den lichten Traum der Menschheit und erlitt gleichzeitig dessen immerwährende Zertrümmerung und Verneinung. Er sah die Schwertklinge gute Augen ausstechen, in selbstloses Wollen den Stachel der Selbstsucht sich bohren; Menschenherzen, die sich weiten wollten, wurden wieder und wieder zusammengezwängt und erniedrigt, und der Moloch, der Drache, der Pfuhl riß die Kluft auf zwischen dem Zehnklang und denen, die aus ihrer wahren und eigentlichen Natur heraus dorthin, in die helle Befreiung, zu gelangen versuchten – und dies trotzdem nicht schafften, weil auch der

Pfuhl, der Drache, der Moloch wiederum Bestandteil ihrer Natur waren; dem Eigentlichen und dem wahren Sinn des Daseins zum Trotz!

Michel litt und lehnte sich auf und dann gelang es ihm plötzlich – und dies mutiger und kühner denn je –, dem finsteren Trotzdem das andere, das Trotzdem des kosmischen Lichtstrahlens entgegenzusetzen. Zu dieser Tat hatten ihn schon ein Pyrenäenwinter und die Jahre der Pest geläutert; seitdem war das positive Trotzdem stets in ihm gewesen, freilich noch nicht rein genug. Jetzt aber fielen die letzten Schlakken ab, jetzt übersprang es, ES, die Grenzen, wurde einzig bestimmend, allumfassend – und wurde damit zur Antwort auf Scalingers großartige Herausforderung.

Nostradamus griff nach der Hand des Freundes, von neuem entstand die schrankenlose Blick- und Seelenbrücke zwischen dem Parfait und dem Seher, und dann stammelte Michel: »Die Menschheit warnen ... und führen ... und leiten ... ins Licht. Aus den Niederungen ... sie herauspeitschen auch. Ein Plan ... ein Weg ... vom Ursumpf ... bis zum Eingehen in den Sphärenklang. Wach sein ... Erweckter sein ... für die anderen. Hirte und Hüter der Herde. Der Armen ... die dennoch in die Schönheit gelangen sollen ...«

»Allein zu diesem Zweck entstand aus dem Wollen des Adonai der Seelenbund der Weisen und Menschheitslehrer«, bestätigte Scalinger. »Von Anbeginn an lebt er und wird bestehen bis zum Ende, bis zur neuen Geburt. Moses, Jeschu, Mani, du weißt es! Hand in Hand mit ihnen aber zu allen Zeiten die Helfer, die Jünger; Frauen und Männer. In unseren Tagen kanntest du Rabelais und kennst mich. Auch von Leonardo da Vinci oder Erasmus von Rotterdam hörtest du. Die Werke Huttens hast du gelesen, des Deutschen. Wie François mir sagte, zitiertest du begeistert Villon, den großen, freigeistigen Rebellen. Sie alle, Michel, dazu der Alte von Qumran, zogen und ziehen mit uns an einem Strang. Mit uns, Michel! Denn von heute an gehörst du zu uns! Du selbst hast es soeben ausgedrückt und besiegelt! Das Ziel eines langen Weges hast du erreicht, aus eigener Kraft...« »Dennoch stets geführt und gehalten von anderen!« unterbrach Nostradamus. »Auch dies weiß ich jetzt – aber es geht letztlich nicht um dich oder mich oder Rabelais; es kann immer nur das Eine und damit die Einheit, der Einklang zählen!«

Scalinger nahm es hin mit einem warmen Leuchten in den Augen, dann sprach er weiter: »Jeder im kosmischen Spiel des Ganzen erfüllt seine Aufgabe! Die deine liegt in deiner Gabe! Vertiefe die Gesamtschau, durchdringe sowohl den Sinn als auch die Zukunft bis zum Kern und bis hinaus zu den entferntesten Grenzen! Warne die Menschheit vor dem falschen Pfad und leite sie – auch durch dein ärztliches Tun – zu ihrer Bestimmung! Auf diese Weise erfüllst du mit Leben, was das Aleph im Planetenreigen deinem Geist aufgezeigt hat! Und wisse: Wann immer du von nun an zu den Sternen blickst, werden die irdischen Schleier zurückweichen vor deinem dritten Auge!«

Nach diesen Worten verließ Jules César de l'Escalle still den Raum. Es war alles gesagt und getan worden, was das Adonai ihm zu sagen und zu tun aufgegeben hatte. Michel de Notredame, die endlich errungene und gleichermaßen ihm geschenkte Klarheit im Herzen, ließ sich hineinsinken in seine Aufgabe und dachte gleichzeitig mit nie zuvor gespürter Barmherzigkeit an die Kranken, die an diesem Tag seinen Besuch erwarteten.

Esclarmonde

Im Zweiklang, nicht im Zwiespalt, von barmherzigem Tun und nächtlichem Schauen durchlebte Nostradamus die folgenden Jahre. Hier wie dort wurzelte er sich allmählich immer tiefer in seinen Lebenssinn ein. Ließ sich, zumindest im seherischen Bereich, zu nichts drängen; ließ sich nicht von der scheinbaren Zeitnot des kurzen Menschenlebens hetzen. Eine grundlegend prägende Entwicklungsphase hatte er vom Montségur bis zu der sterngrellen Winternacht in Agen durchlaufen; nunmehr, er spürte es, war ihm eine Atempause vergönnt.

Milder wurden in dieser Zeit die Bilder, die er nächtens erblickte, und es war, als sei ein weicher Schutzwall zwischen Innen und Außen aufgerichtet worden. Während etwa im Jahr 1534 Pizarro die Inkastadt Cajamarca eroberte und deren letzten Herrscher Atahualpa ermorden ließ, sah Michel in schier uferlosem Strom die Mildherzigen und Armen aller Zeiten über die Erde hin treiben und begriff, daß ewig und immer wieder sie es waren, die das neuerliche Aufknospen nach jedem Blutbad und die neue Hoffnung nach jeder Verzweiflung aussäten. Ungefähr zur gleichen Zeit, als von England aus ein Hieb gegen den Papst geführt wurde und die britannische Kirche sich von Rom ablöste[136], verstand Nostradamus einmal mehr und tiefer denn je, wie gotteslästerlich Kirchen und Religionen überhaupt waren, wie sehr sie das Wahre und Eigentliche stets verzerrt hatten; doch gleichzeitig erkannte er mit seinem neuen Wissen die geistige Gegenwelt, sah dem Ungeist die zarten Hände so vieler Liebender entgegengestellt.

Ein Kreuzzug Karls V. fand statt, 1535: gegen den Seeräuberstaat des Chaid ed Din Barbarossa[137] in Nordafrika ging es. Notredame, wie aus unendlicher Ferne, wurde Zeuge des christlich-islamischen Metzelns, verstand aber gleichzeitig, daß in den katholischen und sunnitischen Kriegern nichts anderes als das Tier sich selbst bedrängte – und wenn auch das Menschenleid blieb, so wurde aus dieser Vision heraus trotzdem das jeschuanische Trostwort wahr: Daß Schwert und Schwert sich gegenseitig ausrotteten. Das Schlachten würde nicht ewig währen, einmal würden die vorletzte und die letzte Klinge sich ineinander verbeißen und endgültig wegsplittern ins Nichts, und daraus wiederum entstand dem dreißigjährigen Arzt zu Agen eine leuchtende Vision: ein Friedensreich stieg auf über dem Planeten; unverbrüchlich würde es kommen, und kein Mensch mehr würde dann der Wolf des Menschen sein. Ähnliches erfüllte Nostradamus wiederum, als 1536 der deutsche Kaiser seinen dritten Krieg gegen Frankreich führte; in einem lichten Gesicht sah Michel schon wenige Jahrhunderte später nicht nur einzelne Monarchen, sondern alle Gekrönten stürzen und zu Staub werden. Und während er darob innerlich befreit frohlockte, bildete sich ihm eine brüderliche Brücke hinüber und zurück zu einem anderen Seher. In den böhmischen Wäldern und zu Prag hatte der gelebt, zwei Jahrhunderte tiefer in der Zeit; als den blinden Hirten[138] hatte man ihn bezeichnet, und seine und des Franzosen Gesichte gingen nun in eins; auch dieser Hirte hatte den Untergang aller Kronen längst vorausgesagt.

Bestehen bleiben und immer kräftiger aufblühen würden indessen die Barmherzigkeit, der Drang der Menschen nach Gerechtigkeit und Freiheit; all dies würde am Ende aus der Nächstenliebe hervorgehen. Die Nächstenliebe war es auch, die Michel de Notredame in diesen trotz visionärer Ausbrüche behüteten Jahren immer wieder in die Seelenruhe leitete: nicht nur, daß die Kranken ihn hatten – er hatte auch sie. Hilfe und Trost nach all seinen Zerrissenheiten und seinen Qualen fand er in ihren dankbaren Augen und er spürte dies durch die Berührung ihrer oft so vergichteten, gekrümmten und zitternden Hände, und eines dieser leidenden Menschenwesen dann schlug für ihn eine weitere Brücke – eine Wundersame lernte er kennen: Esclarmonde...

Einen Korb mit Früchten in der Hand, trat sie in den Raum, als er soeben die Sieche versorgte. Keine Verwandte war sie, eine Nachbarin bloß aus der gleichen Gasse und war gekommen einzig aus dem Antrieb ihres Herzens heraus; Michel erkannte es, und mit demselben Lidschlag stürzte die Mauer der Konventionen zwischen ihnen ein. Mit einem kleinen Lächeln und einem entzückenden Verwirrtsein in den hellen Augen wartete sie ab, bis er sein mildtätiges Werk getan und die Kranke die Gabe von ihr angenommen hatte; danach folgte sie ihm hinaus auf den Hof und folgte ihm weiter, wie in einem ganz selbstverständlichen Übereinkommen, hinüber zur Garonne.

Das Flußwasser schwappte spielerisch über den geriffelten Uferschlick, die Binsenköpfe schwankten samenschwer und dennoch scheinbar schwerelos im Märzwind. Vom Stromrauschen und vom Wind gestreichelt, trieben die junge Frau und der Mann mit jedem zauberisch-zögerlich gesetzten Schritt näher zueinander; zuletzt trafen sich kurz ihre Hände, und aus der so flüchtigen und doch so innigen Berührung heraus begannen sie zu reden. Daß ihre Familie erst vor wenigen Monaten nach Agen gekommen sei, berichtete Esclarmonde; ihr Vater habe das Haus hier geerbt und betreibe darin jetzt einen kleinen Handel mit Futtermitteln. Vorher aber hätten sie auf einer Ferme[139] weiter im Süden gelebt; dort sei sie aufgewachsen unter dem Himmel der Gascogne, und bei klarem Wetter seien die Berge wie zum Greifen nahe gewesen.

»Vermißt du sie denn sehr, deine Berge?« fragte Michel, gleichzeitig stach ihn eine winzige Trauer; vielleicht würde sie ja antworten, daß sie schon bald dorthin zurückkehren wolle.

»Manchmal«, erwiderte Esclarmonde. »Manchmal ja, aber auch die Garonne ist schön...« Sie lächelte verträumt, fügte dann ganz leise hinzu: »Wenn man nur will, kann man den Wolken doch überall nahe sein...«

Ehe Michel ihr beipflichten konnte – und es hätte ihn sehr dazu gedrängt – tänzelte sie fort, lief ein paar Schritte auf eine Sandbank hinaus, bückte sich, kam zurück, hielt dabei etwas zwischen den Fingern und gab es ihm. »Schau«, sagte sie. »Ein Kiesel, nichts weiter als ein kleiner Stein. Keiner beachtet ihn, solange er trocken am Ufer liegt. Wenn aber das Wasser ihn gestreichelt hat, schimmert er zauberhaft wie ein Juwel. Solche Dinge«, wieder lächelte sie, »muß man nur wissen, dann findet man überall Heimat.«

»Heimat...«, murmelte Michel, und im Weitergehen, während er nach wie vor den Kiesel wie etwas sehr Wertvolles in der Hand hielt, erzählte er ihr von Saint-Rémy, Avignon und Montpellier. Doch nur die lichten Erinnerungen, die ihn mit diesen Städten verknüpften, teilte er ihr mit; das Dunkle verschwieg er, denn es wäre ihm wie ein Frevel vorgekommen, sie damit zu belasten. Nur in einem Fall vermochte er sie und sich nicht zu schonen; als Esclarmonde sich nämlich nach seiner Familie und seiner Mutter erkundigte. »Madeleine, ja, sie ist nun auch schon eine Weile tot«, antwortete er und dachte daran, wie die Botschaft im vergangenen Jahr nach Agen gelangt war; Monate, nachdem die anderen ihr in der Provence den Grabhügel aufgewölbt hatten. »Ich glaube aber, sie hatte ein erfülltes Leben, trotz allem«, fuhr er gleich darauf fort, »und ganz friedlich soll sie eingeschlafen sein ...«

»Wir alle werden einmal ausruhen und schlafen; es ist nichts Böses daran, gar nichts«, versuchte die junge Frau ihn zu trösten. »Gerade du als Arzt weißt das doch!« Und dabei schlüpfte ihre Hand in die seine, und diesmal blieb es nicht bei einer flüchtigen Berührung; sie hielt ihn fest und er sie; immer noch Hand in Hand kehrten sie in der Abenddämmerung nach Agen zurück. »Sehen wir uns bald wieder?« fragte er Esclarmonde unter dem tuffsteinweichen Torbogen der Futtermittelhandlung.

»Ich wünsche es mir sehr! Ja, morgen schon!« antwortete sie ohne jegliches Zieren – und in dieser Nacht, während er zu den Sternen blickte, vermeinte er im Funkeln des Firmaments immer und immer wieder ihr Gesicht zu sehen; ihre hellen Augen.

∗

Im März 1537 hatte Esclarmonde ihm den Kiesel geschenkt, im Sommer des folgenden Jahres führte Michel de Notredame die junge Frau zum Altar. Ihr und ihrer Familie zuliebe nahm er die kirchliche Zeremonie hin, äußerlich zumindest; innerlich verband er sich mit seiner Braut unter dem Zeichen des Adonai. Scalinger tat danach ein Übriges und stellte dem

Paar für die Flitterwochen das Haus in Lavelanet zur Verfügung. In seinem fünfunddreißigsten Lebensjahr also kehrte Nostradamus zum Montségur zurück; schon gleich am Tag nach ihrer Ankunft brachte er Esclarmonde auf den Berg.

Nichts Schauriges hatte die zerstörte Katharerfestung diesmal an sich; die Weißgekleideten hatten gesiegt, nicht die Eroberer – dies jedenfalls glaubte Michel zu spüren, als er in Gesellschaft der helläugigen Frau höher und höher stieg. Verwichen war der Blutdunst; jetzt lag nichts anderes mehr in der Luft als der belebende Duft der Koniferen und anderen Nadelgewächse, und droben über den geborstenen Zinnen schossen übermütig die Schwalben hin und her. Wie damals an der Garonne gingen der Arzt und sein junges Weib das letzte, flachere Wegstück Hand in Hand; dann zeigte Michel Esclarmonde den Platz, an dem er fünf Jahre zuvor Scalinger kennengelernt hatte.

»Auch dies geschah also unter einem Tor«, sagte sie lächelnd. »Irgendwie scheint das dein Schicksal zu sein.« Sie schmiegte sich an ihn, flüsterte: »Weißt du noch – der andere Steinbogen in Agen, wo du mich fragtest, ob...?«

»Und du gabst mir die Antwort, die wunderschöne«, erwiderte Michel weich, dann küßte er sie zärtlich. Die Herzwärme spürte er dabei von neuem, das Zauberische, das ihn wieder und wieder beseligte, seit er sie kannte; das Geborgensein, das er nie wieder missen wollte. Danach ergriff er wieder ihre Hand und führte Esclarmonde durch das Gewölbe des Portals; mit ihr zusammen wollte er heute den höchsten Gipfel des steinübertrümmerten Burgberges erklimmen. So tauchten sie ein in den Schlund, Sonne und das Streicheln duftschwangerer Luft auf der Haut; plötzlich aber, im kurzen, jähen Schatten, schien ein harter Hieb Notredames empfindlichsten Kern zu treffen. Um einen kalten, eisernen Knäuel krampfte seine Seele sich zusammen – Angst war auf einmal da, Panik. Esclarmondes lebendiges Fleisch entwich seiner Hand, und im selben Augenblick wurde ihm das Pulsierende brutal ganz aus dem Griff gerissen, und es half nichts, daß er verzweifelt nachfaßte: nichts als Knochiges, Sprödes blieb, das am Ende völlig zersplitterte. Er erstarrte, ein Schrei wollte ihm aus der Kehle dringen; mit dem nächsten Schritt aber traten sie beide wieder ins Licht, Michel freilich taumelnd.

»Was ist mit dir?« hörte er wie aus großer Ferne Esclarmondes Stimme. »Du bist ganz blaß!«

»Nichts«, erwiderte er, trat mit dem gleichen Lidschlag endgültig zurück in die Realität, fing sich in der Nähe seiner Frau. »Ich bin bloß gestrauchelt. Stell dir vor, wenn ich mir hier oben den Knöchel verstaucht hätte!«

»Ich hätte dich zurückgebracht, ich hätte es schon geschafft«, versicherte Esclarmonde.

»Ja, das hättest du«, nickte Nostradamus; seine Stimme klang jetzt wieder ruhig und zärtlich, wenig später hatte er den kleinen Zwischenfall völlig vergessen.

Über den Burghof schritten sie, kletterten weiter bis zum westlichen Flankenturm. Von dort aus blickten sie hinüber zum zertrümmerten ehemaligen Gegenstück des Bergfrieds[140]. Licht und Dunkel, Gut und Böse, Leben und Tod, dachte Michel noch einmal flüchtig, dann aber behaupteten sich im aufbrandenden Liebesspiel mit Esclarmonde das Lichte, das Gute und das Leben allein. Hoch über der Welt hielt Nostradamus seine entzückende Gattin auf dem Schoß; auf seinen Lenden begann sie sich zu wiegen und zu tanzen, und während er sich schließlich in sie verströmte, barsten sie beide körperlich und seelisch hinauf ins Licht.

Dies war ihre wahre Hochzeit; nicht in einer dumpfen Christenkirche, sondern sehr nahe des Grals wurde sie vollzogen. Während der folgenden Wochen dann wurde diese Innigkeit ihnen mehr und mehr zum Rausch und zum Bedürfnis. Ein ganz neues Dasein entdeckten sie beide: ihre Liebe, die schon von allem Anfang an tiefer als gewöhnlich gewesen war, uferte nun aus in fast schmerzhafte Grenzenlosigkeit. Im September dieses Jahres 1538, am zweiten Tag des Monats auf der Bruchkante zwischen Sommer und Herbst, eröffnete Esclarmonde ihrem Geliebten, daß sie sich ihrer ersten Schwangerschaft sicher sei. Michel, überglücklich, schwor sich und ihr, daß er dem Kind der beste Vater auf Erden sein werde; anschließend erzählte er seiner helläugigen Geliebten von jenen Männern, die ihm einst seine Kindheit behütet hatten, solange sie es vermocht hatten: von Pierre de Notredame und von Jaune.

✱

Im Mai 1539 wurde Notredames Sohn geboren: etwa zur gleichen Zeit, da der Konquistador Martinez de Irala sich über den Atlantik aufmachte, um die La-Plata-Länder zu erobern, kam Esclarmonde zu Agen nieder. Nicht mehr unter dem Dach Scalingers freilich erblickte der Säugling das Licht der Welt; dank der Unterstützung des Katharers hatten Michel und sein Weib schon bald nach der Rückkehr von Lavelanet ihr eigenes Haus nahe dem seinen beziehen können. Dort hing nun auch der Äskulapstab über der Tür; leise im Wind hörte Nostradamus ihn metallisch aus seiner dünnen, fedrigen Krümmung heraus sirren, als er – nachdem das Neugeborene und die Wöchnerin eingeschlafen waren – die schmale Stiege zum Dachboden hinaufkletterte. Ganz wie einst bei Scalinger gab es auch hier die Luke, die dem Seher durch ihre viereckige Öffnung das Davonschwirren in den Zehnklang erlaubte, und gerade in dieser Nacht drängte es Michel dazu: er wollte seine Gabe nutzen, um, wenn möglich, einen Blick in die Zukunft seines Sohnes zu tun.

Hastig kletterte er über die Stiege, denn es verlangte ihn danach, so schnell wie möglich zu Esclarmonde zurückzukehren; fast war es ihm, als dürfe er nun, da sie Leben geschenkt hatte, ihre eigene lebendige Gegenwart keine Sekunde länger als nötig missen. Kaum hatte er aber die ersten sieben oder acht Stufen hinter sich gebracht, wurden ihm die Beine schwerer und schwerer, und auf der nächsten Stufe schien etwas seinen Leib niederzuzwingen gleich einem bleiernen Gewicht. Dennoch setzte Nostradamus noch einmal an und drang gegen jenen unsichtbaren und jetzt immer beklemmenderen Widerstand noch eine weitere Stufe vor: dann wußte er grell und unwiderruflich, daß er auf der zehnten stand, keiner anderen – und dort bannte es ihn urplötzlich fest, als donnerte das gesamte Firmament über ihm herab. Er keuchte, der Schweiß brach ihm aus; unendlich langsam knickte er in die Knie und krallte sich mit splitternden Nägeln ins Holz, sein Gesicht schrammte über das Spröde – er konnte nichts dagegen tun. Schwärze, völlig undurchdringlich, wallte vom Speicherraum herab; Hiebe, nicht materiell und dennoch planetenschwer, trafen ihn äußerlich und gleichzeitig im Innersten immer wuchtiger. Qualvoll, entsetzlich qualvoll begriff er, daß ihm in dieser Nacht jeder und jeglicher Zugang verwehrt wurde; aus diesem Begreifen heraus stürzte und glitt er dann alle zehn Stufen zurück; erst im Flur wich die Last von ihm, war er wieder frei.

218

Jules! dachte er. Er wird den Grund kennen! Ich muß zu ihm! Über die Gasse rannte er; obwohl der Weg nur ein paar Dutzend Schritte lang war, keuchte er, als er gegen die Tür hämmerte. Scalinger, selbst erst kurz zuvor zurückgekehrt vom Bett der Wöchnerin, denn er hatte zusammen mit Michel die Geburtshilfe geleistet, öffnete bestürzt.

Beim Wein – hastig, gierig fast trank er – berichtete Nostradamus, kam stammelnd zu einem Ende, blickte den Älteren flehend an. »Warum... gerade heute?!« brach es aus ihm heraus. »Warum in dieser Nacht... wo mein Sohn...?!«

Jules schwieg; tiefe Furchen, wie Michel sie noch nie an ihm erblickt hatte, durchzogen auf einmal sein Gesicht.

»War ich zu selbstsüchtig?! Zu eigennützig?!« stöhnte Michel. »Verweigerte es sich mir deswegen?!«

Starr blieben Scalingers Züge, immer noch; auch auf seiner Seele schienen unerträgliche Gewichte zu lasten. Viel Zeit verstrich in einem immer quälender werdenden Schweigen, zuletzt aber durchbrach der Parfait seine steinerne Lähmung. »Was hätte es dir genützt, hättest du den Blick in die Zukunft getan?« fragte er mit gepreßter Stimme. »Was hätte sich dadurch geändert an einem Leben, dessen Anfang und Ende ohnehin vorbestimmt sind?« Er beugte sich vor, umklammerte Michels Arm, preßte ihn, beinahe brutal. »Ja, du warst selbstsüchtig«, erklärte er. »Du wolltest die Gabe zu einem Zweck benutzen, für den sie nicht bestimmt ist! Lerne daraus, mein Freund!«

Der Klammergriff löste sich wieder; hastig fuhr nun auch Scalingers Hand zum Weinbecher. Wie vorhin Notredame trank er unmäßig, dann setzte er hinzu: »Jetzt geh! Es ist besser, wir sprechen nicht mehr von dem, was mit dir heute nacht geschehen ist! Geh, Michel! Esclarmonde und das Kind brauchen dich! Es ist nicht gut, wenn sie spüren, daß du außer Haus bist . . .«

»Ja!« Nostradamus erhob sich. »Ich werde es nie wieder versuchen, ich habe begriffen«, murmelte er, während er sich verlegen zur Tür schob.

Jules César de l'Escalle, nachdem er wieder allein war, lachte bitter auf. Ein Laut zwischen Schluchzen und Auflehnung war es. »Nichts, gar nichts hast du begriffen«, flüsterte er. »Und das ist die größte Gnade, die dir widerfahren konnte, mein armer, armer Freund . . . daß das Adonai barmherzig war und den Schleier wenigstens nicht vorzeitig wegzerrte . . .«

✳

Was Scalinger damit gemeint hatte, blieb die folgenden Jahre noch im dunkeln. Nostradamus, zunehmend erfolgreich als Arzt, durfte weiter durch ein Leben treiben, das in einen sicheren Hafen eingemündet zu sein schien. Täglich besuchte er seine Kranken; zu Fuß in Agen, im Sattel, wenn er in die Dörfer außerhalb der Stadtmauern gerufen wurde. Seltener als früher hingegen wachte er nachts unter der Luke; etwas wie eine uneingestandene Scheu vor seiner janusgesichtigen Gabe war nach der Geburt des Sohnes zurückgeblieben.

Der Säugling gedieh; im Frühling 1540 begann er unbeholfen zu torkeln, wenig später zu laufen. Esclarmonde, als ihr Kleiner die ersten Schritte tat, ging bereits mit ihrem zweiten Kind schwanger. Dieses, ein Mädchen, wurde im Jahreswechsel von 1540 auf 1541 geboren, kurz bevor die Türken die Stadt Buda[141] eroberten und Pizarro jenseits des Atlantiks unter den Dolchen von Meuchelmördern starb. In der Stadt an der Garonne jedoch blieb das Leben weiterhin friedlich.

Mehr und mehr wurzelte Michel sich ein in die Geborgenheit und den Brutdunst der Familie; großäugige Kindesliebe und noch einmal tolpatschige Säuglingszuneigung waren ihm vergönnt, das nach wie vor herzbeklemmend erfüllende Zusammensein mit seiner Gattin, seiner Geliebten dazu. 1542 dann aber zerbrach dies alles, die Drachentatze zerschmetterte den Frieden, der stets bloß trügerisch gewesen war; auf der politischen und klerikalen Bühne kündigte sich das Verhängnis schon einige Zeit vorher an.

Kaiser Karl V., von der Reformation in den eigenen Kronländern immer heftiger gebeutelt und deswegen außenpolitisch immer bißwütiger, fiel zum viertenmal über Frankreich her und warf die Truppen seines alten Widersachers Franz I. gleich im ersten Ansturm bis Soissons zurück. Tückischer und mörderischer noch benahm sich Papst Paul III. im selben Jahr. Aus wahrhaft katholischer Menschenliebe heraus verschärfte er die Inquisition überall dort, wo ihm vom Moloch Macht gegeben war. In Italien, Süddeutschland, Österreich, Spanien, Portugal und Frankreich füllten sich erneut die Kerker, wurde gefoltert, geschunden und wurden Menschenseelen zerbrochen. Wieder loderten die blasphemischen Fackeln der Scheiterhaufen zum Himmel, wieder schwärzte sich Menschenfleisch und platzte auf an den Brandpfählen; wieder wurde die Unschuld gehenkt und gekreuzigt um des kirchlichen Machterhalts willen, und aus seinem Prunkgrab heraus, jenseits der Pyrenäen, keckerte einmal mehr der verfluchte Torquemada.

Damit aber noch immer nicht genug, denn ebenfalls in diesem entsetzlichen Jahr 1542 geißelte das Unheil unsichtbar auch aus der Neuen Welt heran: Konquistadoren, Seeleute, Goldgierige und Völkermörder schleppten, nachdem sie bereits die Syphilis nach Europa gebracht hatten, jetzt eine neue Seuche ein – ein noch namenloses und damit um so schrecklicheres Massensterben[142].

*

Von der Gironde her und dann entlang den Flußhäfen drang es blitzschnell, innerhalb weniger Sommerwochen, bis Agen vor. Michel de Notredame sah sich jäh zurückgeschleudert in die Jahre des Peitschentobens. Während er, Scalinger und die anderen Ärzte so gut wie hilflos waren angesichts des Erbrechens, der willenlosen Mattigkeit, des rasenden Fiebers, der Schwellungen im Rachen der Kranken, der pilzigen Beläge, die sich auf den Schleimhäuten und auf jeder scheinbar harmlosen Hautwunde bildeten, während sie verzweifelt in ihren medizinischen Folianten blätterten und weder bei Galen noch bei Hippokrates auch nur den geringsten Hinweis fanden, trieb zwischen der Atlantikküste und den Cevennen der Wahn um so gräßlicher auf. Erneut rotteten die Menschen sich in panischer Furcht in den Kirchen zusammen oder rannten unter den schnalzenden Lederschnüren in nackten Rudeln durch die Gassen; der Klerus aber stachelte den Irrsinn immer weiter an, und von den Kanzeln, Brunnenbrüstungen und sogar den Galgenhügeln herunter keiften und pfiffen die Pfaffen ihre gotteslästerliche Predigt über die Kreischenden und makaber Tanzenden hin: Daß Gott sie für ihre Sünden strafe, weil sie dem Teufel in Gestalt der Reformation Raum in Europa gegeben hätten.

Auch dagegen waren Nostradamus, Scalinger und die übrigen Ärzte machtlos; nichts als der hilflose Wille zur Barmherzigkeit, trotz allem, blieb ihnen. Während seine

Umwelt zum Gotterbarmen litt oder tobte, versuchte Michel Halt in seiner eigenen Innenwelt zu finden; im Adonai, bei den Katharern, bei Askulap. Daß er noch immer das eigene Heim besaß, die geliebte Frau, die beiden Kinder, gab ihm zusätzliche Kraft, schenkte ihm immer wieder, wochenlang, den unerläßlichen Antrieb. Neben seinen medizinischen Pflichten, die ihn jetzt achtzehn, zwanzig Stunden täglich auf den Beinen hielten, vergaß er – und dies hielt ihn letztlich aufrecht – nicht die Sorge um die, welche ihm am meisten von allen anvertraut waren. Immer wieder untersuchte er vorsorglich den jetzt dreijährigen Knaben und das einein-halbjährige Mädchen; Esclarmonde hielt er dazu an, das Haus alle vierundzwanzig Stunden auszuräuchern, und bei jeder sich bietenden Gelegenheit forschte er auch in ihrem Antlitz nach den Anzeichen der Seuche. Fand er seine Furcht, die er sich mit klarem Denken gar nicht zu umgreifen traute, dann nicht gerechtfertigt, durfte er sich also sagen, daß trotz-dem – TROTZDEM – nicht alles verloren war, dann machte er weiter, dann trieb er, unerschütterlich, wiederum in den kol-lektiven Wahnsinn und ins unaussprechliche Menschenleid hinaus.

Säuglinge hörte er verröcheln, und sie röchelten in ihrer letzten Agonie wie ausgezehrte Greise; Alte sah er qualvoll absterben unter den Pilzwucherungen, die ihnen – von den offenen Beinen, von den Druckstellen wegen der oft schon jahrelangen Bettlägerigkeit her – das Leben abdrückten. Alte wie Junge: über das Aufsteigen und Niedersinken des gesam-ten menschlichen Existenzkreises hatte die Seuche sich jetzt ausgebreitet, und immer noch besaßen die Ärzte kein Mittel gegen sie. Scalinger hatte lediglich herausgefunden, daß die Krankheit sich am ärgsten dort einfraß, wo die Menschen sich zusammenrotteten, wo sie sich betend und sich geißelnd gegenseitig den Speichel in die Gesichter sprühten. Dort, augenscheinlich von den Altären, vom Geißlertoben ausgehend, keckerte der Tod am heftigsten, doch wenn die Medici warnten, wenn sie den Wahn zu beschwören versuchten, so ernteten sie nichts als Anfeindungen und Drohungen, und zudem wurde dann jedesmal die Inquisition rührig: Machtvoll gedieh, aller Vernunft zum Trotz, Torquemadas verhängnisvolles Erbe, über dem Pfuhl des ungeheuerlichen Verreckens.

Gegen diesen Feind also hatten die Ärzte noch zusätzlich zu streiten, während sie gleichzeitig mit nichts als ihren nackten Händen gegen die Seuche kämpften, und so ging der Sommer des Jahres 1542 hin, es wurde Herbst. An einem feuchtwindigen Tag dann, an dem selbst das Baumlaub in einem jähen Umschlagen vom Leben zum Tod faulig geworden schien, kehrte Nostradamus mit dröhnendem Schädel und völlig erschöpft nach vierzehnstündiger Sisyphosarbeit in sein Haus zurück – und gewahrte, kaum daß er über die Schwelle getreten war, den süßlich-modrigen Geruch.

Derselbe Geruch war es, den er anderswo schon hundertmal hatte ertragen müssen; stets ging er mit der mörderischen Seuche einher, die den Rachen und das hilflose Fleisch ihrer Opfer bei lebendigem Leibe verrotten ließ. Ein Schrei drang aus Michels eigener Kehle; gleich darauf hielt er seinen Sohn in den Armen, den Dreijährigen, und tief hinten im Gaumen des Kindes sah er das Pelzige wuchern. »Nein!« keuchte er. »Es darf nicht sein! Das Kerzenlicht täuscht! Das kann das Ewige nicht wollen! Nicht unser Erstgeborener!« Doch in den Augen Esclarmondes las er das todesbittere, verzweifelte Wissen – und gleich darauf hob es ihn im Geiste hinweg aus dem Wohnraum, die Stiege hinauf, die zur Luke führte. Sieben, acht, neun, zehn, zählte er die Stufen – und die Lähmung erfaßte ihn, dieselbe, die er dreieinhalb Jahre vorher, in der Geburtsnacht seines Sohnes, verspürt hatte. Dieselbe Klammer krampfte sich ihm um die Seele und um den Leib; Scalingers Antlitz blitzte auf; einen Laut zwischen Schluchzen und Auflehnung vernahm er, hörte zugleich das Flüstern: »Nichts, gar nichts hast du begriffen! Und das ist die größte Gnade, die dir widerfahren konnte, mein armer, armer Freund ... daß das Adonai barmherzig war und den Schleier wenigstens nicht vorzeitig wegzerrte ...«

Mit dem letzten aus der Zeit heraufhallenden Hauch zerbarst die Fessel. Durchs kantige Viereck jagte Nostradamus hinaus ins All; schrill und reißend traf ihn der Zehnklang. Knochenmarktief biß ihn die Kälte, drei flehende Augenpaare vermeinte er im Planetenschwirren zu erkennen, doch ehe er den Blickkontakt fand, der für sie vielleicht Erlösung gewesen wäre, brodelte von neuem sumpfig der Seuchendunst, wurde zum Giftpilz – und trieb ihn zurück in seine reale Qual, zurück zu dem fieberschweißigen Kind, das er nach wie vor in seinen Armen hielt. Auch das angstverzerrte Antlitz Esclarmondes war wieder da; ebenso, verkrümmt in der Wiege, das wurmartige Körperchen des eineinhalbjährigen Mädchens, und auch von dort her schien jetzt der süßlich-modrige Gestank heranzuwehen.

Von da an wußte Michel de Notredame nichts mehr; er spürte nur noch, daß er instinktiv und verzweifelt kämpfte. Nächte strichen vorbei und Tage, manchmal glaubte er, daß trotz allem Esclarmonde in seiner Nähe sei, dann aber entglitt sie ihm wieder, ins Irgendwo, ins Nichts. Das einzige, was er wirklich noch wahrnahm, war der Geruch: süßlich, modrig;

irgendwann schlug das Modrige ins Süßliche und dann in ein
eher bitteres Süß um – und da kam er endlich doch wieder zu
sich, aber nur, um ein Paar gebrochener Augen zu erblicken,
und das Starre, das Gläserne hatte einst zu seinem Sohn
gehört.

In derselben Nacht, als der Dreijährige starb, folgte ihm
auch das eineinhalbjährige Mädchen nach; kaum hatte
Michel die Leinentücher über die kleinen Leichen gezogen,
brach fieberglühend Esclarmonde zusammen.

Und wieder das verzweifelte Ringen – um sie mehr noch als
um die Kinder; und neuerlich die Niederlage, die ihm draußen in der Sternenkälte bereits angedeutet worden war. Das
dort erschaute dritte Augenpaar verschmolz noch einmal mit
dem leiblichen, als Esclarmonde sich zum letztenmal auf-
bäumte, und er sah noch einmal die Liebe herausbrechen aus
diesen Pupillen; einen röchelnden Laut, der klang wie ein
letztes »DU!«, glaubte er noch zu vernehmen. Und dann das
»DU!«, das er in das jäh totenstarr gewordene Gesicht hinein
selbst schrie – und dann nur noch das Nichts und im Nichts
sich verlierend sein tierisches Wimmern.

*

Irgendwann, nach Stunden oder Tagen, kam er soweit zu
sich, daß er den Toten den letzten Dienst zu tun vermochte.
Eigenhändig sargte er die Körper seines Weibes und seiner
Kinder ein; selbst Scalingers Hilfe wies er zurück. Er taumelte
zum Friedhof hinaus, dreimal hintereinander an den Holmen des Karrens zerrend; irgendwie schaffte er es auch noch,
die Gruben auszuheben und anschließend die Erde aufzuhü-
geln. Wie ein dreifacher Wall, den er mit eigenen Händen

zwischen sich und seinem Lebenssinn aufgetürmt hatte, erschienen ihm die Gräber jetzt. Aus seiner Pein heraus brach ein gotteslästerliches Lachen; gefolgt von Jules, dessen Gegenwart er freilich überhaupt nicht wahrnahm, schleppte sich Nostradamus zurück in die Stadt.

Seinem Haus näherte er sich wie ein Fremder und dennoch wie einer, der, auf den Tod verwundet, die Geborgenheit einer Höhle sucht; bloß noch verkriechen und eingraben ins eigene Leidenslager wollte er sich jetzt. Ehe er aber die Schwelle überschreiten konnte, hörte er das Kreischen und Geißeln herankommen. Die Wahnsinnigen rotteten sich in der Gasse zusammen; Michel de Notredame erstarrte.

Nicht mehr Menschen, sondern den Feind, den Moloch, den Drachen erblickte er. Der Zehnklang stand auf, grell, und höllenschwarz durchschliert. Und während im Kosmos und im Inneren des Sehers die Schlacht zu toben begann, überwältigte ihn eine ungeheuerliche Vision.

Die Papstvision

Karavellen sah er westwärts über den Ozean vordringen; ein fauliger Wind schien sie zu treiben und die Segel zu blähen, auf denen drohend die Kreuzzeichen prangten. Kolumbus und nach ihm hordenweise all die anderen Konquistadoren sprangen gierig wie die Ratten den neuen Erdteil an. Zuerst krallten sie sich an vorgelagerten Inseln fest, bissen sich aber noch im gleichen Menschenalter tief in den zu Tode erschrockenen Kontinent hinein, mordeten Millionen und kannten kein Erbarmen, weil das furchterregende Zeichen, unter dem sie angetreten waren, ihnen genau dies befahl, genau dies rechtfertigte. Sie schlachteten, weil unter dem Banner des Kreuzes schon immer geschlachtet worden war. Sie folterten und metzelten ganze Völker hin, weil hinter ihnen die siebenfach verblendeten Folterknechte und Schlächter standen: die Priester und Missionare der römischen Kirche.

Diese waren es, die eine Sternstunde Europas, den Aufbruch der Alten Welt zu wahrlich neuen Ufern, verspielten und eine einmalige Chance in ihr Gegenteil verkehrten. Blind knieten sie vor ihren Götzen und erkannten nicht das Göttliche in den Augen der anderen, der Bronzehäutigen. Daß sie die einzige Wahrheit besäßen, brüllten sie und übersahen dabei, daß weise Inkas oder Azteken – freilich nicht deren nicht minder blutrünstige Priesterschaft – ganze Quipu-Bündel[143] bisher nie erahnter Wahrheiten auch für sie gehütet hätten.

Ihre Botschaft von der vermeintlich allumfassenden Erlösung der Welt verkündeten sie und verstellten den Himmel mit Kreuzbalken – und meinten nichts anderes, als daß sie den eigenen finsteren Trieben hemmungslos freien Lauf lassen wollten.

Goldgier, Mordlust, Foltersucht, Machthunger: so lauteten die eigentlichen Namen ihrer vier Evangelien, mit diesen Greuelfarben waren die Schädel ihrer vierhälsigen Hydra bemalt. Drei Kronen trug der römische Papst bereits auf seinem Haupt; jetzt strebte er nach der vierten, der weltumspannenden jenseits des atlantischen Meeres. Die spanischen Könige waren dabei gefügige Werkzeuge. Mit einem zynischen Federstrich hatte der Römer formell längst alles Geraubte unter dem westlichen Himmel zwischen seinen Vasallen aufgeteilt[144]. Sie, in katholischer Gefolgschaftstreue, betrieben das Gotteslästerliche für ihn; er selbst durfte dafür seinen hydraschädeligen Götzen preisen.

Dies war das erste Bild, das Notredame in der Gasse zu Agen, nahe seinem vom Tod ausgesogenen Haus, erblickte.

Aus dem ozeanübergreifenden Strudel wurde gleich darauf ein himmelüberschattender Gewitterwirbel: die Fratze des Molochs; und der Seher erkannte, daß sie aus nichts anderem bestand als Schwertern, Dornen, Streckbalken, Spießen, Folterzangen, Eisenzwingen, hakig verbalkten Kreuzkanten, Hellebarden, Morgensternen, Dolchen und widerborstigen Nägeln, aus allem Bösen, das dem Abgründigen im Menschen je entsprungen war. Noch unbeschreiblicher, noch dunkelweltlicher, noch verneinender aber waren die Augen des Drachen – plötzlich sah er nur noch sie und fühlte, wie sie ihn durchbohrten; und dann brach das kontinentübergreifende Hohnlachen aus ihnen heraus.

Zerfressene Gliedmaßen, erweichte Gehirne, vereiterte Zeugungsinstrumente trug es mit sich. Aus dem Leib der westatlantischen Welt löste es die unsichtbaren wieselflinken Tierchen heraus und schwemmte sie hinüber an die ahnungslosen Küsten Europas. Weil die katholischen Konquistadoren Myriaden von Frauen vergewaltigt und geschändet hatten, hatte die Syphilis ostwärts über den Ozean setzen können; dies verkündete ihm das erste Hohnlachen: dies war die eine Ernte, die der Missionierungsdrang der christlichen Welt eingebracht hatte; das Blasphemische aber hatte noch weiter ausgesät und eingefahren in seine Scheunen, und jetzt ertönte das zweite Hohnlachen und war in ein süßlich-modriges Gewand gekleidet. Pelzig und pilzig wucherte es daraus hervor; die Seuche war es, die Agen und dazu halb Frankreich zwischen der Küste und den Cevennen heimgesucht hatte, und auch sie war, wie die Syphilis, aus dem gotteslästerlichen Machtanspruch des Christentieres geboren worden.

»Die Sanftäugigen, die Braunhäutigen«, vernahm Michel eine schluchzende Stimme, »sie hätten euch gewarnt, und sie hätten euch auch die Heilmittel genannt, wenn ihr sie nicht vorher ausgerottet hättet!« Gegen das verruchte Augenpaar, weniger gegen Nostradamus selbst, waren die Worte gerichtet, doch der Moloch, schon wieder hohnlachend, wischte sie hinweg; er wollte nichts anderes als das Leiden und den Tod, darauf beruhte seine teuflische Macht. Das Geißeln setzte er deswegen gegen die Ärzte, die sich aufs äußerste und dennoch vergeblich abmühten – und nun, da er dies begriff, schrillte es in Michels Schädel. Du! schrie er stumm in das Mordglänzen in den Augen des Molochs. Du trägst die Schuld daran! Dir ist es zuzuschreiben, daß Esclarmonde, daß mein Sohn, meine Tochter ...!

Bis ins Mark fuhr ihm messerscharf die Gewißheit, ins Unendliche öffnete sich der zutiefst bösartige Abgrund der Augen, und in diese gegenweltliche Schlucht, die den gesamten Planeten durchschnitt, stürzte Nostradamus nun hinein: eineinhalb Jahrtausende tief. Rom war es dort, das den Menschheitslehrer ans Kreuz schlug, Rom hatte Jeschu zuvor gegeißelt, und nun begründete Rom auf dem Blut des Geschundenen, des Verratenen seine Macht. Mit kralligen Klauen hieb es die wahre Weisheit hinweg und schuf sich statt dessen deren Verneinung; in einen Kreuzgötzen verwandelte es den Lichten. Den Galgen und nicht die Lehre wurzelte es auf diese Weise ins Fleisch der Erde ein; aus Galgenholz zimmerte es sich seinen Thron; die Folterinstrumente, mit denen es schon den Reinen geschlachtet hatte, benutzte es bis zum Ende des ersten Jahrtausends seines Aufstiegs dazu, das Foltern und Abwürgen über einen ganzen Kontinent voranzutreiben. Christianisiert wurde Europa und blutete darüber fast aus. Das Ostgotenvolk sah Nostradamus ins Feuer gehetzt werden[145], Sachsen, Slawen und wieder und wieder die Juden erlitten dasselbe Schicksal; Manichäer, Katharer und Templer dazu, nachdem das erste Jahrtausend sich erfüllt hatte. Wiedertäufer, Hussiten, Bogomilen[146] wurden gemetzelt im Verlauf der nächsten Jahrhunderte; sogenannte Hexen und angebliche Ketzer zu Millionen und Abermillionen gemeuchelt und verbrannt[147].

Doch nicht nur die Scheiterhaufen sah Michel in seiner entsetzlichen Rückschau qualmen, nicht nur die Kerker überquellen von den Opfern, nicht nur die Juden geschlachtet werden, die europäischen Völker ausgerottet, wenn sie sich dem Götzenthron nicht beugen wollten, weil ihr Gewissen dem entgegenstand; dies alles genügte noch nicht, weiter

231

raste der römische Drache durch die Zeit und griff hinüber nach Asien, nach Outremer. Über das Heimatland des Jeschu fielen die Kreuzfahrer her; ein Heiliger der Kirche, Bernhard von Clairvaux[148], hatte sie im Bündnis mit dem Papsttum als einer der ersten dazu angestachelt. Ein weiterer Heiliger Roms, Ludwig IX. von Frankreich[149], hatte, nachdem unter seiner Herrschaft bereits der Montségur gestürmt worden war, das Massenmorden im Osten neuerlich ausbrechen lassen, und zwischen diesen herausragenden Pfeilern der Kirche hatte es unzählige andere Hetzer und Bluthunde gegeben, die unter dem Zeichen des Kreuzes eine Rotte nach der anderen zu blasphemischem Tun übers Mittelmeer gepeitscht hatten.

Nostradamus, starr vor Grauen, sah Jeruschalajim geschändet, jahrhundertelang. Kinderschädel zersplitterten unter dem unaufhörlichen Ansturm des Kreuzes an den ehrwürdigen Mauern der Stadt; mehr als einmal wateten die Rösser der christlichen Ritter bis zu den Sprunggelenken im Menschenblut; kein Greis und kein Weib wurde geschont, wenn es um den Besitz und die Macht des sogenannten Heiligen Grabes ging. Und in den Annalen der Kirche waren solche Schandtaten triumphierend verzeichnet: der Götzenwahn, der den christlichen Kämpfern die Seelen verkrustet hatte, blies ihnen ein, daß Gott ob der Bekehrungen mit dem Schwert frohlocke, daß dies alles zu seiner höheren Ehre geschehe.

Keine Einsicht zeigte das Papsttum, kein Erbarmen; keine Menschenträne weinte es während der Jahrhunderte dieses unaufhörlichen Schlachtens. Nicht aus päpstlicher Einsicht und Reue kamen die Kreuzzüge schließlich zum Stillstand, sondern allein deswegen, weil der Moloch sich – nun wieder ganz nahe an der Zeit des Michel de Notredame – plötzlich selbst in die Enge getrieben sah. Aus dem Norden kam die Gefahr – die Reformation: dann, und jetzt löste Michels Erstarrung sich in dunkle Hoffnung auf, kam es zum Sacco di Roma[150].

Die Deutschen und Spanier überwanden nach grauenhaften Monaten der Belagerung die Wälle der Stadt. Gerechter Haß trieb sie, und so stürmten sie nun gegen die Mauern der Engelsburg[151] an. Nostradamus hatte gehört davon, doch nun glitt ihm sein stückhaftes Wissen in ein höheres hinein; in der Vision wurde er Zeuge, wie Clemens VII. im hadrianischen Grabmal zitterte und kreischte. Er, dessen Macht scheinbar in der Ewigkeit festgewurzelt war, saß jetzt wie eine Ratte in der Falle, schon stiegen die Schreie von Bischöfen und Kardinälen zu seiner letzten protzigen Bastion empor. Michel sah, wie ein Purpurgekleideter an ein Tor genagelt wurde, wie man ihm die Zunge aus dem Mund riß und ihn anschrie, dies sei die Strafe für die Verlogenheit seiner Kirche[152]. Auch andere Würdenträger des Molochs wurden geschunden und gefoltert, schon sah es so aus, als würde der Drachenthron stürzen und hinweggefegt werden vom Antlitz der Erde, doch dann wendete sich das Blatt wieder. Der Kampf gegen Rom, der beinahe siegreich gewesen wäre, brach in sich zusammen; die Deutschen zogen ab, ohne ihr Werk vollendet zu haben, und der Papst kroch unversehrt aus seinem Grabmal heraus.

Schmerzlich getroffen, wirbelte Nostradamus zurück in seine eigene Zeit, in sein eigenes Leid; das gegenwärtige Jahr und den dreifach tödlichen Tag berührte er flüchtig; sodann jagte er in die Zukunft davon.

Sein eigenes Jahrhundert verwich ihm; im nächsten sah er

das Böse dreißig Jahre lang geifern, und wieder waren die Bildfetzen da, die er schon bei seinem allerersten Hinausrasen in den Zehnklang erblickt hatte. Schuld des Papsttums! – dreifach hallte ihm der anklagende Satz durch den Schädel. Und diese Schuld häufte sich nun immer weiter und höher auf, von einem künftigen Jahrhundert zum nächsten; gleichzeitig aber verstärkte sich unaufhaltsam der Widerstand. Ein inner- und außerweltlicher Krieg wurde geführt, der jetzt endlich in sein letztes Halbjahrtausend emgemündet war. Zwei Zahlen erkannte Notredame: 1527 und 2027. Die erste bedeutete eine letzte Warnung, die zweite stand für das erste Aufbersten einer seit beinahe zweitausend Jahren nie mehr erlebten Freiheit. Michel versuchte mehr von der zweiten Zahl zu greifen und wollte sich hineinfallen lassen in das gloriose Strahlen, doch noch war es ihm nicht vergönnt; er mußte den Rücksturz ertragen.

Fast genau in die Mitte zwischen den Zeitsäulen schleuderte es ihn, dort begann er wie um eine Nabe zu wirbeln; eine Revolution sah er, die er schon einmal erblickt hatte. Damit war die Macht des Molochs zur Hälfte gebrochen, in etlichen seiner Schädel stak das Schwert; die andere Hälfte aber war nicht getroffen worden. Und dem Seher entstanden neue abscheuliche Bilder.

Sechs Millionen Juden, hingeschlachtet von einem Katholiken, der doppelt die Drei und dazu ein Rattenmaul in der Fratze trug. Während dies aber in der Mitte und im Osten Europas geschah, k am es jenseits Italiens zu vergleichbaren Greueltaten. Aus seinem römischen Pfuhl kroch der Drache und glitt übers schmale Meer hinüber nach Kroatien. »Ustascha!«[153] zischelte er und richtete seinen Wappenschild auf: ein Kruzifix, einen Dolch, eine Pistole sowie einen schuppenhäutigen Sprengkörper zeigte das blasphemische Bildnis. Pfaffen und andere Schwarzuniformierte marschierten gemeinsam; gemeinsam auch richteten sie die Todeslager ein, und bald reichte die Kette der menschenverachtenden Pferche von der adriatischen Küste bis hinüber zur Save[154].

Hinter Stacheldrahtzäune, in Baracken wurden nun diejenigen Christen getrieben, die nicht huldigen wollten. Beinahe eine Million Orthodoxe traf es; kein Andersgläubiger sollte überleben in dem Land, in das der Moloch sich eingekrallt hatte; die römischkatholische Macht beanspruchte den Balkan für sich allein und vollbrachte neuerliche unvorstellbare Greueltaten.

Einen Franziskaner sah Nostradamus, der schmiedete eigenhändig ein gräßliches schwertartiges Instrument und köpfte in einer einzigen Nacht mehr als dreizehnhundert Orthodoxe[155]. Orthodox war auch der Bischof der Stadt Banja Luka, und die katholischen Ustaschen griffen sich den über achtzigjährigen Greis, rissen ihm die Kleider vom Leib und schleppten ihn zu einer Schmiede. Dort nagelten diese Christen ihm Hufeisen auf die Fußsohlen, anschließend peitschten und traten sie ihr Opfer, bis es in seiner Qual wie ein Roß galoppierte. Nachdem der Erzbischof ohnmächtig zusammengebrochen war, wälzten sie seinen blutigen Leib herum, stachen ihm die Augen aus, schnitten ihm Nase und Ohren ab und entzündeten ein Feuer auf seinem Herzen, und als dieser Wehrlose endlich tot war, tanzten priesterliche und uniformierte Ustaschen um seinen Leichnam[156].

Auf diese Weise predigte Rom sein Evangelium gegen Ende des zweiten Jahrtausends auf dem Balkan, und die Opfer seiner Missionierungssucht wurden zu Hunderttausenden verscharrt oder trieben in den Flüssen davon; dann aber, als das andere Tier, das rattenfratzige, zu Fall gebracht wurde, als zumindest etliche der Menschheitsmörder in Nürnberg gehenkt wurden, schaffte der vatikanische Moloch es noch einmal, völlig ungeschoren davonzukommen. Michel sah, wie seine unbeschreiblichen Untaten eifrig unter den Teppich gekehrt, vertuscht und verniedlicht wurden; die alte Lüge und der alte Wahn kamen wiederum zum Tragen: Daß von den selbsternannten Stellvertretern Gottes nichts Böses, nichts Übles, nichts Schändliches ausgehen könne. Und die Menschen ließen sich einmal mehr blenden von dieser Verkehrung der Wahrheit und setzten sich in den jetzt neu entstehenden Staatsformen neuerdings deren Verneinung ins Nest. Ja, es gelang dem Moloch sogar, zahlreiche Mörder aus der ustaschischen Zeit hinter den vatikanischen Mauern zu bergen und zu schützen, und andere, die unter dem Zeichen des Hakenkreuzes Blut vergossen hatten, wurden mit Hilfe Roms über den Ozean und in Sicherheit gebracht[157].

Aus unbegreiflicher menschlicher und religionsgläubiger Dummheit heraus wurden auch die Schädelstätten in Kroatien, Serbien und Bosnien übertüncht; ein halbes Jahrhundert hielt der Kitt, aber dann – und nun raste Nostradamus in einen weiteren Spiralarm seiner Vision davon – bröckelte er weg. Ein mächtiges Reich im Osten Europas zersplitterte zu dieser Zeit, die Welt schwankte und versuchte eine neue Richtung zu finden, und während der Globus noch taumelte, sprenkelte der Tod wiederum seine scheußlichen Male über den Balkan. In Kroatien begann es; nach dem Zusammenbruch des riesigen roten Imperiums witterten die Römisch-Katholischen dort erneut ihre Chance und versuchten sofort wieder die Unterdrückung der Andersgläubigen[158]. Die Serben aber, eingedenk der Ustascha-Verbrechen, nahmen dies nicht noch einmal hin und schreckten in Panik sowohl vor Kroatien als auch vor Rom zurück, und aus dieser Panik heraus fielen die ersten Schüsse; aus serbischen Waffen diesmal. Nichts als Notwehr, zumindest ganz am Anfang, war dies gewesen, aber das ausgehende Jahrhundert ruckte um ein weniges weiter – und nun machte sich der Krieg nach seinem ewigen und ureigenen Gesetz selbständig. Der Spieß drehte sich um; wo er in der rattenschnäuzigen Epoche die Orthodoxen getroffen hatte, fuhr er nun ins Fleisch der Kroaten, Bosnier und Moslems. Kaum weniger Greueltaten als vordem wurden jetzt unter diesem umgekehrten Vorzeichen verübt; zuletzt standen Dutzende von zersplitterten Volksgruppen gegeneinander. Von den Bergen fegte Kanonenfeuer in die schutzlosen Städte hinein, nächtlich und hinterrücks abgeschlachtet wurden Menschen wie Schafe. Verwundete, Kranke, Hilflose, aber stets solche der jeweils anderen Religion, wurden in Folterlager gepfercht; Frauen zu Tausenden in Soldatenbordelle getrieben und von ganzen Mörderrudeln vergewaltigt. Marodeure und Freischärler machten sich selbständig, keiner mehr war da, der ihnen jetzt noch die Zügel hätte anlegen können; stärker, unendlich stärker war der religiöse Wahn in einer jetzt dreifachen Ausformung. Die Wurzel jedoch, aus der diese dreifaltige Metzelsucht ausgetrieben war, war die ustaschisch-vatikanische; Rom hatte zu nie gesühnter Zeit das Übel ausgesät; dort hatte der Kern des Bösen gelegen, von Anfang an.

Nun, da von neuem so blutig geerntet wurde, sah Michel de Notredame den römischen Papst im Verein mit Moslems und Orthodoxen zu Assisi beten[159]. Nichts als Heuchelei freilich war dies, um wieder einmal das arglose Auge der Welt zu täuschen, denn ausgesperrt blieben in der Hochburg des

Franziskus, DER FRANZISKANER, die Serben; unzumutbar war es für sie, dorthin zu kommen. Dies war das eine Unrecht, das der Römer sich zynisch leistete; das andere jedoch war nicht weniger gotteslästerlich, denn zur gleichen Zeit ließ der Papst durch die Münder seiner Bischöfe, seiner Vasallen verkünden, daß ein Krieg der ganzen Welt gegen Serbien gerechtfertigt sei[160]. Mit doppelter Zunge also, wie stets, hatte Rom gesprochen, und als Folge dessen wiederum sah Nostradamus jetzt eine Gefahr vom Balkan aufsteigen und vom einen Ende Europas zum anderen wölken; ehe er jedoch das Ende und den Ausgang erkennen konnte, verschwamm das Bild, und der Blick auf das vatikanische Handeln wurde ihm global.

Er verließ den Kontinent seiner Geburt und raste weit nach Süden und Osten, über das Menschenbrodeln in Afrika und Asien hin. Ein insektenartiges Wuseln, ungeheuerlich, bedrängte ihn; wie pilziges Gewucher vermehrte sich das menschliche Leben gegen Ende des zweiten Jahrtausends und fraß sich ein in die Erdkruste; und dann, auf einmal, begann der Planet zu taumeln und zu torkeln unter der unbeschreiblichen Last und bäumte sich gleich darauf auf gegen das, was ihm wiederum durch die Schuld der Religionen und deren Machtwahn aufgesattelt worden war. In Afrika sah Nostradamus Wüsten entstehen, riesige Landstriche des Todes; keine Quelle und keinen Halm gab es dort mehr, weil die Menschheit das Land bis aufs letzte bereits ausgesaugt hatte. Ein unfruchtbarer Gürtel schob sich vom Äquator aus immer weiter nach Norden und Süden vor; das Gewusel trieb er vor sich her, und an seinen Rändern ballten sich die Kreaturen zu immer dichteren und hoffnungsloseren Schwärmen zusammen. Dieses Zusammenballen, dieses Vegetieren zu Tausenden auf einer einzigen Quadratmeile ereignete sich aber gleichzeitig auch in den südlichen Teilen Asiens; dort wurden die Wuselnden zusätzlich durch Seuchen, Überschwemmungen, Erdbeben dezimiert. Und noch weiter griff der Blick des Visionärs aus; kondorgleich schwebte er plötzlich über dem Subkontinent, auf dem Cortex und Pizarro im Namen des Christengötzen gewütet hatten, und dort wiederum sah Nostrad amus das Insektenhafte mit den menschlichen Gesichtern in grenzenlosen Elendsstädten zusammengebakken, und über den löchrigen Dächern dieser Pfuhlsiedlungen hing ein unbeschreibliches Miasma von Armut und Not.

Überall jedoch, in Afrika, Asien und dem Süden Amerikas, stachen die Türme der Christenkirchen in den Himmel oder beulten sich Moscheenkuppeln und sämig ausgeronnene Tempelfassaden gegen das Firmament, und von diesen götzendienerischen Gemäuern, am lautesten aber von den katholischen, stieg nun ein Keckern und Zetern auf: Mehr Geburten! Mehr Säuglinge! Mehr Gläubige! Immer noch mehr! Um der Macht der Religion willen! Der einzigen Wahr-heit! Der einzigen Lehre! Der einzigen Erlösung!

So erklang in lügnerischer Vielfalt der Schrei, und diejenigen auf allen drei Erdteilen, die ihm gehorchten, gebaren sich damit das noch tiefere Elend unaufhörlich selbst; immer noch weiter und rettungsloser glitten sie in den Sumpf hinein und zeugten, weil der Moloch es ihnen befahl, den kollektiven Tod. Nicht mehr einzudämmen war der Hunger, nicht mehr aufzuhalten das Sterben; die Säuglinge wurden getauft und verreckten schon wenige Wochen oder Monate später mit schrecklich aufgetriebenen Bäuchen und wieder vergreisten Gesichtern; auf ihren Kanzeln aber standen die Prediger und verlangten die nächsten Schwangerschaften.

Wo die Vernunft gegen den Irrsinn aufstand, auf dem alten Kontinent vor allem, wurde sie niedergebrüllt und verteufelt. Wo Ärzte Mittel gekannt hätten, um das Verwuchern der Menschheit ins Unerträgliche aufzuhalten, um den Hunger und das Sterben zu bannen, wurde von Rom gegen sie gehetzt, daß sie Feinde der Menschheit und Mörder seien. Wo Regierungen Programme erstellten, um das Leben lebenswert zu erhalten, versuchten Rom und die anderen sie zu unterminieren und zu stürzen, und weil der größte Teil der Menschheit der Religion anhing und nicht dem Verstand, trieb das Elend, als das zweite Jahrtausend sich ins dritte wandte, bis fast zur globalen Agonie aus. Immer häufiger wurden Kriege geführt wegen der furchtbaren Enge auf Erden; immer vulkanischer gebärdete sich die überlastete Rinde des Globus; die Flüsse waren tot, die Gebirge verseucht, und die Meere wurden jetzt zu Kloaken.

Dies war die Saat, die die Menschheit den Religionen verdankte, und ins immer rasendere Abstürzen hinein peitschte nun eine weitere Geißel. Um eine Seuche handelte es sich, ungleich tückischer als die Syphilis oder die Pest; tausend Krankheiten gleichzeitig trieb sie den Befallenen ins Blut, und am ärgsten verbreitete sie sich dort, wo die Verblendeten hirnlos den Geboten der Kirche gehorchten. Rom nämlich verbot ihnen den Schutz, mit dessen Hilfe das Übel hätte eingedämmt werden können; als gotteslästerlich und sündig bezeichnete Rom einmal mehr die Vernunft[161]. Aber noch einmal zusätzlich beleidigte es das Göttliche in jener Zeit, denn aus dem Vatikan drangen Gerüchte an die Weltöffentlichkeit, daß das Papsttum sogar die Ausrottung der Menschheit durch die Menschheit selbst hinzunehmen gewillt war. Eine Waffe war nun auf Erden verbreitet, unter deren pilziger

Feuerkuppel millionenfach das Leben verlöschen würde, wenn sie aus dem Himmel fiel, und die römische Kurie verkündete, daß deren Anwendung gegen das heidnische China moralisch zu rechtfertigen sei[162]; Milliarden Leichen nahm man in Kauf um des eigenen totalen Machtanspruchs willen.

Dies, wenn er es nicht längst begriffen hatte, begriff Nostradamus nun in seiner allerletzten Konsequenz, und daraus entstand ihm das letzte und ungeheuerlichste Bild seiner Vision: es war, obwohl schaurig, dennoch nicht dunkel, denn jetzt erlebte Michel, wie aus dem Zehnklang die Befreiung und die Erlösung sich ankündigten; die Abfolge der letzten drei Päpste erschaute er und damit den unumkehrbaren Untergang der Kirche, des Drachen, des Molochs.

Johannes Paul Il. nannte sich der Drittletzte, aus Polen stammte er[163]; zu seiner Zeit wurde die Seuche geboren und mit ihr das Ende der Kirche eingeläutet. Einen leeren Tempel beweihräucherte er in einem afrikanischen Hungerland, einen anderen kreuzförmigen Bau weihte er kurz vor dem Sterben seiner Kirche noch ein auf jener geschlagenen Insel vor der Küste des amerikanischen Kontinents, wo das Metzeln der Christenhorden genau ein halbes Jahrtausend zuvor seinen Anfang genommen hatte. Dort und bei vielen hundert anderen Gelegenheiten zeigte er sein wahres Gesicht, und in den letzten Jahren seiner dunklen Herrschaft und zugleich des Millenniums wuchs der Widerstand gegen ihn. Vor allem in den europäischen Ländern waren die Menschen nicht mehr bereit, sein Diktat und seine falschen Lehren hinzunehmen. Ein gewaltiger Exodus aus der Kirche setzte ein – der Papst jedoch zeigte angesichts dieses Menetekels keine Einsicht, sondern verschanzte sich, rückschrittlich wie je, im Bunker seiner Dogmen, und als er starb, atmete die Welt auf.

Dann tagte in Rom neuerlich ein Konklave, beißender Rauch stieg nach vollzogener Wahl aus dem Vatikan auf, und als er verwirbelt war, vernahm Nostradamus den Namen des Vorletzten. Nach Blut roch dieser Name, nach Vertreibung und Flucht; zuerst spürte der Seher dies bloß dunkel und vage, doch auf einmal wurden die Bilder grell.

Von einer Fratze wurde die Larve gefetzt; Dokumente kamen ans Licht, deren Inhalt die einst Gläubigen jetzt mit ungläubigem Stammeln wiedergaben. Unter dem falschen Thron Petri tat ein Abgrund sich auf, wie selbst die ärgsten Feinde des Molochs ihn nie für möglich gehalten hätten; eine Verneinung, die gegen das Leben der Welt an sich gerichtet gewesen war, wurde offenbar. Als ungeheuerliche Würge-schlange entpuppte sich die lange Reihe der Päpste, und gegen ihr derzeitiges Haupt richtete sich nun der Zorn des italienischen Volkes. Brandbomben splitterten und platzten hinein in die Kirchen, die Götzentempel, den Petersdom. An ihren Greisenhaaren wurden zahllose Priester übers Pflaster geschleift, wie Wasser wurde ihr Blut vergossen und blieb lange schillernd in den Steinrillen stehen[164]. Rot eingefärbt war die Erde an den Ufern des Tiber[165], aber weiter raste das Volk der Volsker durch seine verratene Stadt und brachte in den Tempeln zu Fall, was dem Feuer bisher noch widerstanden hatte. Als Ruinen in einer von Schmutz und Kot bedeckten Wüste standen die Kirchen schließlich da[166]; ein Drachen-wind hatte den Vatikanspalast zu Asche, Kalk und Staub wer-den lassen[167]. Tief unten im Gekröse des zerstörten Petersdo-mes gähnte ein offenes Marmorgrab; über die falschen Gebeine, über die Tentakel der Lüge strich ein ungewisser Aprilwind hin[168].

Im Aprilwind hetzte der Vorletzte davon; während seine

Vasallen gemetzelt worden waren, hatte er sich in den Wanst eines riesigen flugtüchtigen Insekts aus Metall retten können. Nach Westen, nach Frankreich trug es den Flüchtigen: Avignon, das dem Papsttum schon einmal Exilort gewesen war, sollte den Vertriebenen jetzt wiederum hinter seinen Mauern bergen. Ehe der Vorletzte freilich die Stadt erreichte, wurde sein Gefährt zur Erde herabgezwungen; die Jäger schlugen dem Römer seine letzte Rüstung vom Leib und er taumelte zu Fuß in Gesellschaft von einem halben Dutzend Vasallen weiter: unerkannt, gleich einem Räuber und Dieb, gelang es ihm, sich Avignon bis auf wenige Meilen zu nähern. Dann aber, noch ehe er sich in seiner letzten Burg zu bergen vermochte, holten ihn erneut die Häscher ein. Und sehr nahe der Stadt vergoß er sein Blut; im selben Monat geschah es, in dem an den Ufern der Ströme die Rosen blühten[169].

Das purpurrote Sprühen erschaute Nostradamus noch; mit demselben Lidschlag schwemmte ihn das Schlieren in einen ungewissen Bereich zwischen den Bildern davon, und was nun noch folgte oder vielleicht auch nur Möglichkeit war, sah er undeutlich wie hinter Schleiern.

Verborgen blieb ihm, ob der bis ins Mark getroffene Pontifex in der Provence verendete, oder ob er in die Namenlosigkeit davontrieb; vielleicht noch einmal übers Meer, dem alten Karavellenkurs nach. Etwas Leeres, Ausgeblutetes vermeinte Michel jedenfalls ganz kurz noch zu sehen, vor einer riesigen und schweigend triumphierenden Bergkette weit jenseits des Ozeans; wenn es aber so war, dann war dies gleichzeitig der endgültige Untergang des Vorletzten: ebendort, wo unter dem Szepter der Kirche die Königreiche von Moteczuma und Atahualpa untergegangen waren. So oder so blieb unwiderruflich nichts von dem, was er einmal gewesen war; Notredames Vision kehrte zurück nach Rom.

Die Konturen der Zeit wurden jetzt wieder glasklar, dennoch begriff Nostradamus nicht, wie der Letzte es schaffte, sich noch einmal auf den vatikanischen Trümmern einzuwurzeln. Vielleicht hing es damit zusammen, daß der vage Tod des Vorletzten nicht ausgereicht hatte für die Erlösung der Welt; möglicherweise benötigte die Gerechtigkeit ein Fanal. Nahe dem Tiber jedenfalls stieg noch einmal die dreifache Krone zum verhangenen Firmament, und Michel vernahm einen Namen; der lautete bezeichnenderweise: Petrus Romanus[170]. Nicht Kephas, Jeschus Gefährten hatten die Gebeine des ersten Petrus gehört – deswegen baute der letzte jetzt um so mehr auf trügerischem Grund, und nun, da er zur Macht kam, begannen die Fundamente des Vatikans augenblicklich wieder zu schwanken.

Entsetzte, angstvolle Schreie erklangen im Süden und Osten des Mittelmeerraumes. Säbelklingen zuckten in der halbmondförmigen Scheide, denn das Tier auf dem Drachenthron fletschte wieder die Zähne. Tücke, Lüge, Betrug, Krieg, Mord waren seine Losungsworte, auch jetzt noch, in der letzten Sekunde, und sein Brüllen traf sich mit jenem anderen, das folgerichtig unter islamischem Himmel aufstand.

Die Menschheit raste auf den Abgrund eines globalen Krieges zu, die Pfaffen tobten auf beiden Seiten der Front, aber noch stemmten sich die Denkenden, die Fühlenden, die Vernünftigen gegen die Finsternis. Mit äußerster Kraftanstrengung hielten sie das Geschehen für eine kurze Zeit noch in der Schwebe; dann schlug der römische Moloch zu. Ein hinterhältiges Verbrechen geschah, ein Meuchelmord, gleichzeitig kamen Pläne ans Tageslicht, nach denen als kalkulierte Folge der Tat über den Wüstenstädten die Feuerpilze emporwachsen sollten. Zur Rede gestellt, verkündete der letzte Papst noch einmal die Botschaft seiner Theologie: Daß es mit dem Schöpfungsplan vereinbar sei, den Jüngsten Tag über dem Planeten herbeizuführen. Dies war das Evangelium, das der Drache der Welt unmittelbar vor seinem Ende predigte; gleichzeitig schlug das Pendel zurück, in der Gegend jenseits von Euphrat und Tigris ballten sich Gepanzerte in Millionenzahl zusammen und bedrohten den Südosten Europas und Italien, immer näher schoben sie sich auf den abendländischen Kontinent zu. Lange dauerte es freilich nicht mehr, bis der Drachenthron endgültig und für immer stürzte[171].

Eine Nacht kam, in der das Feuer noch einmal den vatikanischen Hügel besprang; brennen sah man Rom, einer höllischen Fackel gleich[172].

Hunger, Schlachtenlärm und eine weitere Revolution suchten anschließend die keinesfalls mehr ewige Stadt heim. Kein Mönch, kein Priester, kein Novize wurde verschont. Haßerfüllte, die gleichen Blutes wie Petrus Romanus waren, machten dessen ohnehin schon in Ruinen liegenden Palast dem Erdboden gleich[173]. Aus der maßlosen Wut nadelten zehn bewaffnete Fäuste heraus[174]. Sehr nahe dem Tiber verschlang die Todesgöttin den letzten Papst. Seinen Kadaver schleiften sie durch den Schlick, und während die Flammen über der Engelsburg und dem Vatikanspalast noch einmal zum Freudenfeuer auflodern, warfen sie den Leib des Petrus Romanus in den stinkenden Fluß[175].

Dies, sehr deutlich sah es Nostradamus, geschah zu einer Zeit, in der es in Europa keine gekrönten Häupter mehr gab.

Zugrunde gegangen waren die Monarchien, doch in eine noch erbärmlichere Lage war die Kirche geraten[176]. Auf ewig sollte sie von nun an, während der von ihr jedenfalls geistig entfachte und in Kauf genommene dritte weltweite Krieg tobte, als Synonym für das Böse, das Finstere, das Verneinende, das Widermenschliche, das Abgründige stehen. Dies war ihr Urteil, vom Zehnklang über sie verhängt, und diese Verdammnis schrie Nostradamus nun zum Himmel hinauf.

✳

Und er schrie sie ebenso den Geißlern und Peitschern in den Gassen von Agen entgegen.

Im Moment, in dem er aus seiner Vision auftauchte, verflocht er die Schuld des Papsttums, die er soeben in ihrer schlimmsten und gefährlichsten Auswucherung erblickt hatte, mit dem Tod seiner Familie. Mit dem ungeheuerlichen Leid der Menschheit verband er sein eigenes; beides zusammen überlagerte ihm das letzte Quentchen vernünftigen Denkens und ließ ihn selbst die rein kreatürliche Vorsicht vergessen. Denn in der Realität erkannte er all die Fratzen seiner Vision wieder; ein satanischer Weg war es, den die Religiösen hier wie dort beschritten hatten. Maßloser Abscheu packte ihn, und deshalb ließ er es nicht mit dem einen verzweifelten Brüllen bewenden, sondern durchlief noch einmal seine Vision in umgekehrter Richtung: eine Anklage um die andere schleuderte er den Geißlern und Klerikern entgegen, fauchte Sätze und Satzfetzen, die in den Augen der Kirche die reine Gottesleugnung darstellten: Lästerungen, die vor einem Inquisitionstribunal unabwendbar seinen Tod bedeuten mußten.

246

Und in der Tat schob sich daraufhin das religiös aufgehetzte Menschentier auf ihn zu, und in den Augen der Peitscher und Pfaffen erkannte Michel, jäh ernüchtert, den tödlichen Haß.

Absturz

Durch einen finsteren, steinkantigen Schlund stürzte er; gleich darauf schwand ihm das wache Bewußtsein. Bedeutungslos wurden Leid, Schmerz und Zeit, er sank tiefer und tiefer. Das Dröhnen verhallte, dann war nur noch Stille. Mit dem letzten Rest seines irdischen Seins verspürte er so etwas wie eine sanfte Erlösung. »Hineinsinken lassen... ganz!« vernahm er eine lautlose Stimme. An diese Verheißung klammerte sich seine Seele, doch ehe er es vollbringen konnte, kehrte sein irdisches Empfinden zurück. Die Knochen schienen ihm zu bersten und das Fleisch zu platzen, als er, trotz seines wütenden Widerstrebens, wieder ins Leben gerissen wurde.

Die reale Existenz festigte sich um ihn: Nachtkühle, klammer Herbstwind, beißender Rauch. Strenger Geruch nach Pferdeschweiß, ein polterndes Hufstampfen ganz in der Nähe; dann, ungewiß im durchloderten Dunkel, ein Menschengesicht. »Jules?!« stöhnte Nostradamus, immer noch auf der Schwelle zwischen Abkippen und Da-Sein. Er hörte den anderen erleichtert aufatmen, eine Lederflasche reichte Scalinger ihm, und Michel, angeekelt zunächst und dann gierig, schluckte den Branntwein. Der Schnaps dämpfte die Schmerzen, gab ihm, nachdem er ihm in den Schädel gekrochen war, den Mut zur nächsten Frage: »Was ist passiert... und wo bin ich?«

»In Sicherheit, für diese Nacht zumindest, du Narr!«, erwiderte der Katharer, und dann berichtete er hastig, was in Agen, nachdem Michel gegen die Geißler zu toben begonnen hatte, geschehen war: »Ein Stein traf dich am Kopf, du stürztest besinnungslos aufs Pflaster. Vermutlich hätten sie dich zu Tode getrampelt, wenn du nicht hart neben die Kellerrampe deines Hauses zu liegen gekommen wärst. Es war dein Glück, daß du hinunterrutschtest, ehe sie dir sämtliche Knochen brechen konnten. Dein plötzliches Verschwinden verwirrte die Wahnsinnigen; mir gab es Zeit, durch die Hintertür in das Gebäude einzudringen. Daß halb Agen von uralten Fluchtgängen unterhöhlt ist, wußte ich. Ich schleppte dich, ehe die Geißler uns auf die Spur kamen, etliche Gassen weiter; von einem Keller zum nächsten. Nahe der Stadtmauer brachte ich dich wieder nach oben und verbarg dich in einem Schuppen. Bis ich das Roß und die Kutsche geholt hatte, stand ich trotzdem Todesängste um dich aus. Doch das Vorhaben gelang; weil die Tore wegen der Seuche unbewacht waren, brachte ich dich ohne weitere Schwierigkeiten aus der Stadt. Bis die Nacht einfiel, jagte ich das Pferd ununterbrochen nach Nordosten, querfeldein. Jetzt befinden wir uns irgendwo zwischen Agen und Villeneuve-sur-Lot...«

»Du hast viel für mich riskiert... danke!« murmelte Michel. Kaum aber hatte er das letzte Wörtchen ausgesprochen, kehrte ihm die Erinnerung an die drei Särge zurück. »Und doch... sinnlos!« setzte er aufschluchzend hinzu. »Was soll mir das Leben noch bedeuten, wenn... Esclarmonde, wenn die Kinder...?!«

Scalinger, erschüttert, schwieg lange. Im Hintergrund stampfte das Roß und schnaubte auf einmal, wie empört. Michel, als er den Laut vernahm, biß sich förmlich an der Branntweinflasche fest. Der Schnaps schien seine Kehle, seinen Magen zu verätzen; er würgte und dann erwiderte Jules hart: »Was dein Leben dir noch bedeutet?! Du wirst es spätestens dann wissen, wenn die Inquisition dich in ihren Krallen hat! Wenn die Dominikaner dir die Glieder auf der Streckbank zerreißen. Wenn dir die Schultergelenke am Wippgalgen[177] aus den Pfannen springen! Wenn du als blutiges Bündel Fleisch nur noch den Scheiterhaufen vor Augen hast! Dann, Michel, würdest du um dein Leben betteln!« »Die Inquisition!?« flüsterte Nostradamus. »Du glaubst wirklich...?!«

»Erinnerst du dich denn nicht mehr an das, was du in Agen gebrüllt hast?!« fuhr Scalinger ihn an. »Die ungeheuerlichen Verbrechen der Kirche? Der Untergang des Papsttums? Daß der letzte Papst im Tiber...?«

»Nein«, erwiderte Michel – und rief gleich darauf: »Doch!« Die Bilderflut kehrte zurück, ballte sich in seinem Schädel zusammen; die gesamte Vision durchlebte er noch einmal, in einem Sekundenbruchteil.

»Begreifst du jetzt endlich?!« rief der Katharer. »Sie werden dich hetzen wie einen tollwütigen Hund, weil du ihnen die Wahrheit gesagt hast! Zu ihrem Erzfeind bist du geworden, nachdem du ihr Schicksal erkannt und deine Erkenntnis auch noch in aller Öffentlichkeit in Worte gekleidet hast! Keinen Pfifferling ist dein Leben mehr wert, wenn du nicht untertauchst! Und du mußt leben, mein Freund! Du mußt das, was du inwendig gesehen hast, in die Zukunft tragen – um der Zukunft des Menschengeschlechts willen!« Scalinger packte den Arm Notredames, kümmerte sich nicht um dessen schmerzliches Zurückzucken. »Das ist deine Aufgabe, Michel! Aber erfülle sie besser, als du es zu Agen getan hast! Du darfst die Wahrheit nicht blindwütig hinausschreien und dich dadurch selber gefährden! Vielmehr mußt du einen Weg finden, wie du den Feind über Jahrhunderte hinweg überlisten kannst! Du wirst den Schlüssel dazu besitzen, eines Tages; glaube mir das, mein Freund! Doch vorerst rette dein Leben – und rette damit deine Gabe! Dies ist es, was das Adonai gegenwärtig von dir verlangt!«

Nostradamus, zerschlagen, ins Nichts abgestürzt, halb rauschig dazu, spürte dennoch, daß Scalinger recht hatte. »Aber wohin soll ich fliehen?« flüsterte er. Gleichzeitig stiegen ihm Bilder vor seinem inneren Auge auf: der Montségur, die Provence.

»Nicht nach Saint-Rémy, Avignon oder Montpellier«, erwiderte Jules. »Und auch nicht nach Lavelanet! Dort, wo man dich kennt, bist du, zumindest in den nächsten Jahren, nicht in Sicherheit! Aber du kannst den Spuren deines Lehrers Rabelais folgen. Geh in den Norden, Michel! Nach Paris, nach Deutschland! Lote die Grenzen aus, bis du weißt, daß du heimkehren sollst ...«

»Und du?« fragte Nostradamus – und nahm damit den Rat Scalingers an. »Du bist mein Herzbruder gewesen in Agen, mein Freund, mein Mentor. Man wird dich doch auch verdächtigen und dich ebenfalls jagen! Man wird herausfinden oder doch ahnen, wer mich aus der Stadt gebracht hat!«

»Sorge dich nicht um mich!« antwortete Jules César de l'Escalle. »Man wird mir nichts beweisen können. Und es gibt Hochgestellte in den Städten und auf den Schlössern an der Garonne, die im Notfall ihre Hand über mich halten. Ich wollte, Michel, dasselbe würde auch für dich gelten! Doch sich vor dich zu stellen, könnten im Augenblick selbst die Adligen nicht wagen ...«

»Mit dem Morgengrauen breche ich auf, und du kehrst

dann so schnell wie möglich nach Agen zurück«, erwiderte Nostradamus. »Und ... du kümmerst dich dort um die Gräber, ja?« »Ich werde auch dafür sorgen, daß dein Haushalt aufgelöst wird«, versprach Scalinger. »Ist es dir recht, wenn die Sachen Esclarmondes Familie zugute kommen?«

Michel, wie geistesabwesend, nickte. Seine Trauer und die Furcht vor dem Ungewissen verflochten sich miteinander und lähmten ihn von neuem. Zäh verstrich die Zeit bis zum Morgengrauen; nur gelegentlich wechselten die beiden Männer noch ein gepreßtes Wort. Mit dem ersten schwachen Tageslicht dann umarmten sich der Katharer und Nostradamus stumm; anschließend bestieg Jules den Kutschbock, und Michel blieb allein auf der Waldlichtung zurück. Als er sich noch einmal ans Feuer kauerte, um wenigstens äußerlich ein bißchen Wärme zu spüren, entdeckte er, daß Scalinger ihm seinen Beutel und außerdem seinen Degen zurückgelassen hatte. Nachdem die letzte Glut erloschen war, nahm Michel de Notredame beides an sich und machte sich auf den Weg in nordöstlicher Richtung. Er blickte sich nicht mehr um.

*

Bis er in der Nähe des Flusses Lot war, verließ er die schützenden Wälder nicht. Mehr sein Instinkt als sein bewußter Wille weiterzuleben – trotz der Ermahnungen des Katharers – trieben ihn dazu. Dann blickte er mit tränenden Augen auf den Strom hinaus. Über den Fluten schlierte schimmelpilzig der Novembernebel. Wieder griff die Verzweiflung nach ihm, die Erinnerung an die Seuche, die pelzigen Wucherungen; ins eisige Wasser watete er, bis es ihm die Lenden umspülte und er den tauben Schmerz in den Hoden stärker als die seelische Qual fühlte. Er war versucht, sich ganz hineinzustürzen in den Fluß, sich einfach treiben und unterpflügen zu lassen. Dann aber tauchte ein Kahn aus dem Nebel auf; Menschenhände waren da und fingen ihn auf. Im Trangeruch, auf den von Fischschuppen überkleisterten Bohlen kauerte er, und die Fischer fragten nicht viel, brachten ihn mit der unaufdringlichen Herzwärme einfacher Leute hinüber ans andere Ufer und nahmen ihn dort in ihre Hütte auf.

Er blieb, wortkarg in sich gekehrt und dennoch geduldet, bis weit in den Dezember; verdiente sich seinen Unterhalt dadurch, daß er zugriff, wo immer es nötig war. Auf diese Weise wurde ihm der Boden unter den Füßen allmählich wieder tragfähiger; um den Jahreswechsel herum aber brach er jäh aus. Rannte durch den Graupelregen bis nach Puy-l'Evêque, fiel dort durstig in die einzige Taverne des Dorfes ein, ließ einen Teil von Scalingers Silber springen und erhandelte für den Rest, schon rauschig, eine elende Schindmähre. Am nächsten Morgen lenkte er den Gaul, einem bitteren und immer noch alkoholschwangeren Trieb nach, ziellos ins Ungewisse. In Bergerac, nach wirren Umwegen, langte er im Februar 1543 an und verdingte sich, früherer Erfahrungen eingedenk, bei einem Dordognefischer. Bis zum April vermochte er ein paar Stüber zu sparen und verdiente sodann am Spieltisch damit ein Vielfaches. Von Westen her trieb der Wind in diesen Tagen den erregenden Jod- und Salzduft heran. Kurz war Michel versucht, bis Bordeaux weiterzuziehen. Dann aber mußte er sich sagen, daß die Inquisition ihn dort, wo er einst als Heilgehilfe gewirkt hatte, allzu leicht in die Fänge bekommen könnte. Also ritt er, während ihm die Ereignisse von Agen erneut gräßlich in der Seele schwärten, hinauf nach Périgueux; mehr als einmal war er dabei versucht, sich in den eigenen Degen zu stürzen.

Das Frühjahr, nachdem er während der dunklen Monate zumeist wie betäubt gewesen war, riß ihm die Wunden ärger denn je auf. In einem brennenden Widerspruch zu seinem eigenen, bodenlosen Absturz schien ihm das Aufblühen der Natur ringsum zu stehen. Er hatte stets nur zu heilen versucht, dennoch hatte der Widersacher, der Moloch immer wieder höhnisch triumphiert; seinem Herzen, seiner Liebe zum Trotz. So oft hatte er nach dem Lichten gegriffen, bloß um jetzt in die äußerste Finsternis geworfen zu werden. Den Untergang des Drachen hatte er gesehen, die Inquisition aber hatte ihn noch im gleichen Augenblick vogelfrei und gesetzlos gemacht. Geborgen und behütet in seiner Familie war er gewesen, doch der Tod hatte ihm das, was ihm auf Erden am wertvollsten gewesen war, entrissen: drei Leben innerhalb einer einzigen Nacht.

Diese Nacht vor allem durchlebte er jetzt wieder und wieder, während er durch die hellen, duftenden Tage ritt. Wenn er dennoch nicht Hand an sich legte, so hauptsächlich deswegen, weil er innerlich zu müde und immer noch zu zerschlagen war; vielleicht auch spielte das eine Rolle, was Scalinger ihm mit auf den Weg gegeben hatte. Trotz seiner Verzweiflung spürte Michel, wie die Triebfeder sich dann und wann doch wieder zu spannen versuchte: er hatte noch etwas zu leisten in der Welt und gegen den Pfuhl, und in solchen Momenten jagte ihn dann ein zuckender Haß vorwärts – das einzige, was ihm noch geblieben war, woran er sich immer noch klammern konnte. Irgendwann, ständig im Zwiespalt mit sich selbst, gelangte er zuletzt tatsächlich nach Périgueux, und dort stieß er auf den Quacksalber, der seinem Leben wieder eine armselige Perspektive gab, indirekt zumindest.

Potenzmittel und Universalarzneien bot der Scharlatan auf dem Marktplatz an; die Kunden und Gaffer drängten sich um ihn und seinen grell bemalten Karren. Zwischen Verachtung, Empörung und zaghafter Neugierde schwankend, trieb auch Michel seine Mähre näher heran. Schließlich saß er ab und erstand, möglicherweise in Erinnerung an seine Doktorandenzeit in Montpellier, eine Phiole. Kaum hatte er den Stöpsel gezogen, roch er die Bescherung. Der Lump verkaufte nichts anderes als Rinderurin mit Schwefel versetzt; das Zeug war im medizinischen Sinn vollkommen wertlos, unter gewissen Voraussetzungen sogar gefährlich. Grimmig – plötzlich konnte er wieder Zorn empfinden – packte Nostradamus den Betrüger am Wams und begann ihn grob zu beschimpfen. Frech gab ihm der andere zunächst heraus, wurde aber schnell kleinlaut, als Michel in aller Öffentlichkeit die Zusammensetzung des vorgeblichen Wundermittels zur Sprache brachte. Wenig später schlug die wachsende Empörung der Bürger von Périgueux in erste Handgreiflichkeiten gegen den Quacksalber um. Mit knapper Not gelang ihm die Flucht, die Menschen aber scharten sich jetzt um Michel de Notredame, und dann stellte ein Gichtiger die Frage: »Wüßtest du denn eine Arznei gegen mein Leiden?«

»Gieße dir einen Sud auf von Fingerkraut, Bockshornklee und Lein[178]«, erwiderte Nostradamus. »Daß du dir zudem die Glieder warmhalten mußt, versteht sich von selbst.« Den Dank des Alten und dessen Scherflein nahm er sodann wie beschämt hin; das Helfenkönnen hatte ihm auf einmal selbst eine winzige Wunde geschlossen. Bis zum Abend half und riet er noch Dutzenden; als er seinen Gaul endlich zur Taverne führte, war ihm erstaunlicherweise nicht nach Saufen zumute. Vielmehr begann Michel zu überlegen, wie er sein Kräuter- und alchimistisches Wissen am besten mit seiner weiteren Flucht vereinbaren konnte. Bis zum nächsten Morgen hatte er, und der Quacksalber war nicht ganz unschuldig daran, die Lösung gefunden.

Einige Tage noch, bis zuletzt die in Périgueux eingesessenen Ärzte gegen ihn zu eifern begannen, hielt Nostradamus seine Sprechstunden auf dem Marktplatz ab; danach hatte er ausreichend Silber im Sack, um mehrere Dutzend Phiolen, etliches an Chemikalien und getrockneten Kräutern sowie einen gebrauchten Sattelladen zu erwerben. Noch in der Stadt an der Isle mischte er eine Reihe von Ingredienzien zusammen, danach zog er nach Osten weiter, auf die nächste Stadt Brive-la-Gaillarde zu. In den Dörfern, die entlang diesem Weg lagen, bot er den Bauern und Bürgern gegen ein bescheidenes Entgelt seine Dienste an. So tat er in der Folge, auch wenn er sich wegen der Inquisition nicht als promovierter Arzt zu erkennen geben durfte, dennoch viel Gutes, und während er dann über Brive-la-Gaillarde weiter nach Clermont ritt, verkrusteten allmählich weitere seelische Wunden.

Gegen Ende des Sommers 1543 lagen die Auvergner Berge hinter ihm; ins Loiretal bei Roanne trabte Michels Mähre hinunter. Dank dem nach Norden strömenden Fluß führte Notredames Weg von da an zielgerichteter als bisher weiter. Bis zum Herbst erreichte er die Stadt Nevers; im Schatten der dortigen Kathedrale Saint-Etienne fand er einen Stellmacher und in dessen Hinterhof einen Zigeunerkarren mit gebrochener Achse. Seit Périgueux hatte Nostradamus genügend verdient, um die Reparatur zu bezahlen und das Gefährt zu erwerben. Es blieben auch noch ein paar Münzenbübrig, um für eine menschenwürdige Innenausstattung unter der gepichten Plane zu sorgen, und gerade rechtzeitig bei Einbruch des Winters hatte der Flüchtling damit endlich wieder so etwas wie ein eigenes Dach über dem Kopf. An der abgeriebenen Deichsel trottete Michels Gaul sodann in Richtung Orléans, und die Phiolen klirrten jetzt nicht mehr im Sattelladen, sondern hinten in einem extra für sie gezimmerten Kasten.

Der Inhalt dieses Behältnisses, die Kräuterbüschel dazu, die vielfältig von den Planenhaltern baumelten, sicherten Notredames Lebensunterhalt auch weiterhin, trugen ihm sogar immer größeren Zulauf ein, denn durch den Karren war er nun zu einem durchaus reputierlichen Fahrenden geworden. Daß er nicht quacksalberte, sondern die Medizin ernsthaft und ehrlich betrieb, kam hinzu. Sicher auch die Tatsache, daß er sich niemals schreimäulig gab. Die Menschen spürten, daß der Dunkeläugige, der Wortkarge unter der Zigeunerplache es gut mit ihnen meinte, und deswegen schenkten sie ihm instinktiv ihr Vertrauen. Mehr als einmal auch, besonders in den Dörfern, wurde er gebeten zu bleiben.

Doch dies lehnte Nostradamus jedes Mal wie brüskiert ab; nicht wegen der nach wie vor lauernden Inquisition allein geschah es, vielmehr auch aufgrund der Unruhe, die ihn inwendig immer noch peitschte und trieb. Mehr als ein Jahr war jetzt vergangen, seit Scalinger ihn durch die Keller von Agen geschleppt hatte, und er hatte mittlerweile sein vierzigstes Lebensjahr vollendet. Dennoch gab es oft genug Nächte, in denen ihm der lange Zeitbogen seiner Wanderung jäh zusammenstürzte, in denen alles, was er in diesen Monaten erlebt hatte, zu nichts wurde und Esclarmondes und der Kinder letzte Stunden sich zu einem Grauen über alle Ewigkeiten hinaus auszuwachsen schienen. Aus dem Schmerz heraus konnten dann auch wieder die Visionen heranfluten – die nun schon vertrauten und andere, neue. Während sein Körper sich unter diesen kosmischen Hieben duckte, zerhieb sein Geist die Welt in klirrende Splitter. Bruchkanten, Kristallfetzen, Facettenscherben züngelten aus der Finsternis, um im Bann seines dritten Auges neu zusammengesetzt zu werden. Alles aber, was sich in diesen gräßlichen Nächten zu Bildern und Schattenrissen verband, war fratzig, rostblättrig und klingenschartig, war miasmisch, sumpfig und pfuhlig; herzkalt, seelenfrostig und knochenmodrig. Nur immer Mächtige, Gierige erblickte Michel zu dieser Zeit, Gekrönte, in Pelze gehüllt und gleißend; wenn der Zehnklang ihn mitriß, durfte er sich nicht in die Geborgenheit von Hütten flüchten, sondern wurde stets in marmorkalte Paläste gehetzt. Menschenverachtung, Zynismus, Steinherzigkeit wurden gezeugt unter schroffen Zinnen; aus den Schößen krochen nicht Säuglinge, sondern krokodilszähnige Ungeheuer, krallten sich ins warme Fleisch des Lebens, der Kleinen, der angeblich Minderwertigen wie die Vampire, und dann gaben sie das Übel weiter und immer weiter. Edelleute und Kirchenfürsten entsprangen aus dem Drachenseim; von Anbeginn an und noch weit in die Zukunft hinein saßen sie auf ihren Thronen, auf ihren Schädelstätten, überall in Europa. Mit einem Schleim grünschillernden Hasses überzogen sie den Kontinent von Jahrhundert zu Jahrhundert, und Nostradamus sah, wie die Szepter, die Throne, die Kronen um die Achse des Grauens wirbelten; zackige Linien entstanden vor seinem inneren Auge im Auf- und Niederschwung der Dynastien, und die Ketten, die Würgeschellen klirrten, doch ihr Verschwinden sah er in der Zeit seiner in Agen geborenen Qual nicht. Lediglich herausgeschnittene, losgelöste Entwicklungsstränge erblickte er. Versuchte er, seine Visionen in Sätze oder Satzfetzen zu kleiden, dann spürte er augenblicklich das Unvollkommene, das nie einen Sinn ergab, nie zu einer Lösung gelangte: das Ende blieb ihm verschattet, weil er selbst nach wie vor auf einem Schattenweg wanderte; in einer Zwischenwelt – wenigstens das wußte er in solchen Momenten genau – befand er sich, seit er Agen und den Katharer verloren hatte. Dennoch bewahrte Michel diese Bildfetzen in seinem Gedächtnis; er tat es, weil er ahnte, daß sich, irgendwann, auch aus solchen Bruchsteinen ein Gebäude würde errichten lassen.

Nie also fanden der Karren und sein Lenker Heimat, weiter und weiter trottete der Gaul, und im Sommer des Jahres 1544 erreichte Nostradamus Paris. An Rabelais dachte er, als er die Mähre zur Seine hinunter trieb; aus einem instinktiven Orientierungssinn heraus fuhr er weiter bis zum Quartier latin[179]. Beherrscht wurde das Viertel von der Sorbonne[180], klerikal-frostig schien der Wind von den burgähnlichen Mauern herüberzuwehen. Mehr dem Fluß zu jedoch atmete Notredame wenig später wieder freiere Luft: Inmitten von Hurenhäusern, Spelunken und Fischerhütten standen hier die Kollegien der Humanisten; in Gewölben und sogar auf den Gassen boten zahlreiche Buchhändler ihre Waren feil.

Zum erstenmal, seit er den Strand der Garonne verlassen hatte, wurde ihm hier so etwas wie Vergessen geschenkt. Einen Druck mit Villon-Balladen entdeckte er und ließ sich seelisch ins Toben und Tosen, ins Dröhnen und Poltern, ins Brüllen und Wüten solcher Sprachgewalt hineinfallen; in den Schrei des Dichters nach Leben und Gerechtigkeit. Jeder Vers kam ihm vor, als hätte ein Bruder ihn geschrieben, jeden Gedanken hatte er selbst schon gedacht; der gleiche Zorn wie im Herzen Villons war in seinem eigenen. Mit dem pfaffen- und obrigkeitslästerlichen Buch in der Hand stürzte Michel in die nächste Taverne, und der Wein vertiefte ihm die rebellische Entrückung; rauschig taumelte Nostradamus vom Nachmittag in die Nacht hinüber, teils in akademischer, teils in zwielichtiger Gesellschaft.

Als dann der Mond über der Seine stand, kicherte eine Dirne in seinem Karren; kaum aber grub Michel seine Hand in ihr Schenkelfleisch, kaum wagte er nach beinahe zwei Jahren der Abstinenz doch wieder den Griff ins Warme, ins Fruchtschwere, schwand ihm sofort alle alkoholische und poetische Euphorie, und aus der willigen Haut schienen ihm unvermittelt wieder das Pelzige, Pilzige, der Verwesungsgeruch aufzusteigen. Esclarmondes würmerzerfressenes Antlitz vermeinte er zu sehen, im nächsten Augenblick verschmolz es mit dem Totenschädel Bernadettes, die er einst in Avignon geliebt hatte. Mit einem gurgelnden Schrei fuhr Michel zurück; nichts als kriechenden Ekel empfand er jetzt, abgewürgt hing ihm das Glied zwischen den Beinen. Zeternd und spottend suchte die Dirne das Weite.

Nichts als ein Irrlichtern war die Seelenverbindung mit dem genialen Vaganten gewesen: wo Villon sich im Dasein gesuhlt hatte, war Notredame schon wieder vom Leben ausgespien worden. Nicht einmal eine kreatürliche Erlösung war ihm vergönnt, auf dem Grund des Weinbechers hatten nichts als Ekel, Erniedrigung und dazu der Tod gelauert, und das Nachschauern von alledem trieb ihn schon nach wenigen Tagen wieder fort aus Paris, weg vom vermeintlichen Nabel der Welt; mit verwüstetem Antlitz hockte Michel auf dem Bock, während die Mähre jetzt ostwärts trottete.

Die Marne wies Nostradamus, der sich verzweifelt wieder ins Trotzdem geflüchtet hatte, den Weg. Epernay und Châlons, unwirklich wahrgenommen, glitten vorbei. Unter spätherbstlichem und winterlichem Himmel dann die Argonnen und Ardennen. Durch Frost und Schneetreiben stapfte die Mähre, ihr Lenker aber schien gefeit gegen solche Unbilden; um so bissiger freilich beutelte ihn eine seelische Kälte. Dennoch übersah er das Leiden der Menschen nicht; wie nun schon seit Jahren half und linderte er in den Dörfern, in den Einöden, wo immer er konnte. Zwischen Winterende und Frühlingsbeginn 1545 erblickte er die Türme und Mauern von Lüttich. Abgerissen, voller Frostbeulen zog er dort ein – schon nach wenigen Tagen hatte er wieder einmal die etablierten Ärzte am Hals. Und so schirrte er von neuem den Gaul an, fuhr weiter über Düren zum Rhein und kam an einem Maitag nach Köln.

Prachtvoll stand der Dom über dem Strom, geschäftig klapperten die Schiffsmühlen, behäbig breiteten die Patrizierpaläste ihre Fassaden aus. Zwei Völker vermischten sich in dieser Stadt; Wurzelstränge, viele Jahrhunderte tief, schienen sich hier zu verflechten. Dieses Flechtwerk saugte nun unwiderstehlich auch Nostradamus an, und er ließ die Mähre trotten und traben, bis er den Kathedralenplatz erreicht hatte. Vor der Fassade jedoch bäumte sich das Roß plötzlich und schlegelte wild in den Sielen; im gleichen Moment erblickte Michel jenseits eines glotzenden Menschenrudels den Scheiterhaufen.

Wie ein krebsiger Auswuchs des Kirchenschiffes schien er aus einem Steinsockel herauszuwuchern; ein Frösteln, trotz der Sonnenwärme, befiel Nostradamus, der Gaul wiederum stand jetzt da wie erstarrt. Der Fluchttrieb, einmal mehr, zuckte dem Arzt durch den Schädel, ehe er sein Gefährt aber wenden konnte, begann die Menge zu murmeln und geil zu keuchen, und von hinten drängten jetzt weitere Rotten heran und schlossen den Karren ein. In wachsender Panik sah Michel die Kleriker aus dem Domportal quellen. Im selben Moment rumpelte aus einem Gassenschlund ein anderer Wagen heraus: hinter Gitterstäben das Gesicht einer Frau; blutüberströmt war ihr Leib, und auf dem blasphemischen Sockel warteten jetzt die Henker.

Notredames eben noch scharfer Blick trübte sich. Wie durch einen Schleier hindurch nahm er wahr, was nun weiter geschah. Die vermeintliche Hexe wurde aus ihrem Käfig gezerrt; ihre zerbrochenen und ausgerenkten Gliedmaßen schleiften über die Stufen, als die Henkersknechte mit den roten Kapuzen sie hinauf zum Scheiterhaufen schleppten. Um geschundene Gelenke schlossen sich die Eisenschellen, um einen trotz der Erniedrigung wie blumig wirkenden Körper wand sich schlangengleich die Kette. Die Kirchenmänner stimmten einen Choral dazu an, dann trat ein Dominikaner vor und bellte das Todesurteil über den Platz. Wie ein satanisches Fanal schwebte über alldem plötzlich ein Kruzifix an langer, metallbeschlagener Stange und züngelte natterngleich gegen das bedauernswerte Weib hin; die Henker standen im Halbkreis und stießen ihre Fackeln ins Reisig. Der Holzstoß, zusätzlich noch pechgetränkt, barst zu einer schwarzgelben Lohe. Der Menschenleib am Pfahl hinter dem Qualm- und Flammenvorhang krümmte sich, bäumte sich, wand sich in seinen Fesseln. Ein röchelnder Schrei stieg empor, in dem eine unbeschreibliche Qual mitschwang – und dieser Schrei war es, der den seelischen Knoten des Sehers jetzt in sich einsaugte.

In grenzenloses Mitleiden und in grenzenlosen Haß wurde Nostradamus hineingerissen, ähnlich wie im Herbst vor drei Jahren in Agen, und ebenso wie damals überfiel ihn eine erschütternde Vision.

Die Islamvision

Nicht mehr das Weib, sondern die ganze Menschheit sah er in Agonie sich krümmen. Abgewürgt wurde alles Leben in der Klammer der Religion. Ein Schrei jeglicher Kreatur stieg zum Himmel, kakophonisch keckerte das Katholische seinen Hohn. Keckerte kettig und ließ sein Züngeln zucken über die Erde. Myriaden von Körpern und Seelen hingen in den Eisenschellen fest, der Moloch hatte Millionen mit seinem Mal gebrandmarkt. Stahlschuppig, während zerquetschtes Fleisch ihm aus dem Maul troff, begann der Drache zu rasseln, sauriertatzig zu tanzen. Dreifach fratzig wiegte sich über reptilischen Zacken sein Haupt. Nostradamus, jäh zurückfahrend, erkannte die blasphemische Dreifaltigkeit, die letzten drei Schädel der rompäpstlichen Reihe.

Hinter ihnen, aus zwanzig Jahrhunderten ausgeschwärt, Aberhunderte gleichen Blutes. Vor ihnen jedoch nichts mehr als der Schnitt. Hoffnung wollte in der Seele des Sehers aufkeimen; nicht ewig – er wußte es ja bereits – würden die Scheiterhaufen brennen und die Kerker bestehen. Dann aber, gerade als Michel dies dachte, teilte und verdoppelte sich die Kette im Absterben, und während der eine Teil verging, kroch gleichzeitig der andere sichelscharf wie nie über die Krümmung des Erdballs herauf. Notredame begriff, daß das Böse in Rom nur zur Hälfte ersäuft werden würde, daß dessen östlicher Wiedergänger aus dem Todesheulen am Tiber Kraft für sich selbst saugen würde.

Zeitgleich mit dem Auftauchen des drittletzten Papstes wurde sowohl in Paris als auch in Persien das belialische Ei ausgebrütet[181]. Einen Bärtigen, Niederträchtigen erblickte Nostradamus, der drang in metallener pfeilschneller Schale von seinem Versteck in Frankreich bis ins Land jenseits von Mesopotamien vor. Finster, freudlos und menschenfeindlich war seine Fratze; im Halbdunkel von Moscheen vernahm man vor und noch lauter nach seiner Ankunft millionenfach fanatisches Kreischen. Hinweggefegt wurde die Vernunft, unter dem Schutz natternschneller Waffen kamen die Islampfaffen zur Macht; gemordet wurde im Zeichen des Halbmondes abertausendfach. Ein schwarzes Tuch breitete sich aus, vom einen Ende Persiens bis zum anderen. Hinter solch todesfarbenem Schleier verschwanden die weichen Gesichter der Frauen; keinen Deut mehr zählte das Weibliche unter der Tyrannis des Freudlosen, ein Despot war in ihm aufgestanden wie zu den bösartigsten biblischen Zeiten. Hunger, Folter und Mord wucherten schrecklich. Und dann kam hinzu der Krieg. In Sümpfen und auf wüstenheißer Erde wurde hunderttausendfach menschliches Fleisch zerfetzt[182].

Kindliches Fleisch sogar war es, das der Ghom-Götze[183] fraß! In seinem düsteren Tempel sah Michel den Moloch jetzt steinern hocken; vom Göttlichen geiferte er, während er zur selben Zeit Schädel auf Schädel zu einer himmelhohen Pyramide türmte. Als Wiedergeborenen in der Abfolge der Wiedergeburten des Menschheitslehrers Mohammed sah er sich selbst; er, der doch in Wahrheit nichts anderes als die äußerste Verneinung jeglicher Menschheitslehre war. Nicht ein Quentchen vom Geist Allahs, des Ewigen und Einzigen, oder des Adonai war in ihm; allein aus dem Drachenseim heraus lebte er. Und schließlich krönte er seine Blasphemie, als er

Mörder und Meuchler gegen einen Dichter auf den Plan rief, einen Waffenlosen, den er weltweit jagen ließ von seinen Bluthunden.

Der Tyrann jedoch starb zuletzt, nicht der Dichter; doch selbst über seinen Tod hinaus betrieb er die eigene Vergötzung weiter. Ein Grabmal wurde ihm errichtet, ein Baalstempel für den Toten in einer toten Wüste. Und von dort ging, während er selbst verrottete, das Blutwüten weiter: Dschihad[184], der Heilige Krieg.

Während das Jahrtausend sich seinem Ende näherte, griff dieser Wahn auf die halbe Welt über, und überall gerieten die Moslems aufgrund der Irrlehre in Raserei; gehetzt und gemordet wurde von Indien bis Afrika. Einen geistigen Rückschritt strebten die Anhänger des Persers an, der die Menschheit in die äußerste Finsternis führen sollte. Immer mehr Mörder, Scharlatane, Volksverhetzer und Despoten liefen ihnen zu, und dann vereinigte sich das Geschrei unter einem rauchschwarzen Banner und richtete sich gegen das geistig wertvollste und dennoch geschlagenste Volk der Erde. Gegen Israel wandte es sich, aus dessen Samen – und dies war seine Größe und sein Wert – zuallererst die einzige und allumfassende Menschheitslehre aufgeblüht war. Nach beinahe zweitausendjähriger Diaspora hatte das mosaische Volk auf der Bruchkante zwischen zwei Millennien zwergenhaft wieder Heimat gefunden in seinem angestammten und verheißenen Land, doch nun brandete aus Millionen gotteslästerlichen Kehlen der Schrei auf, daß Juda vernichtet und seine Reste im Meer ersäuft werden müßten. Uralt war dieses Wolfsheulen, bis zum äußersten hatten die Christen es getrieben und hatten es niemals verstummen lassen, bis zu ihrem eigenen Untergang; jetzt, ein kleines Zeitfunkeln bloß, ehe dies geschah, griffen die irregeleiteten Moslems den satanischen Ruf auf.

Einer, und der tyrannisierte nach dem Absterben des Ghom-Götzen Mesopotamien, warf sich nunmehr zum neuen Führer des Hasses auf. Nahe der alten Stadt Babylon saß er; in unterirdischen Bunkern ließ er stählerne Todespfeile aufstellen, mit tückischem Gas und todbringenden Tierchen gefüllt, und ließ sie gegen Israel richten; die Herrschaft über die gesamte islamische Welt sollte dem Mesopotamier aus dem Untergang Judas erwachsen. Ehe jedoch die Feuerpfeile über den Himmel zu fahren vermochten, griff die größte Macht des Planeten ein und überzog ihrerseits das Land des Tyrannen mit Krieg.

Unter deren Führung versammelten sich die Truppen zahlreicher Völker südlich des Persischen Golfs, und eine pulverdampfrauchige Nacht senkte sich auf Mesopotamien herab. Innerhalb weniger Wochen starben Hunderttausende.

Wiederum als gerechten Krieg gab die westliche Macht ihr Handeln aus – und der Kampf hätte in Wahrheit gerechtfertigt sein können, wenn es allein um den Schutz der Schwachen gegangen wäre. Ihr Führer jedoch war Christ; mit einem Christenpfaffen hatte er sich beraten, ehe er das Zeichen zum Angriff gab[185]; die alte Kreuzzugsblasphemie trug er damit noch einmal in die Welt. Den Kreuzfahrern war es nie um die Menschheitslehre gegangen, und auch diesmal war sie nicht ihre Triebfeder; vielmehr waren sie hinter der nur scheinbar menschenfreundlichen Fassade gierig nach den Schätzen des Orients. In der Nachbarschaft des mesopotamischen Tyrannen hielten sie durch ihr Tun einen anderen an der Macht; einen Blutsauger und Mörder, nicht weniger schlimm als der, den sie bekämpft hatten. Nicht die Unterdrückung des Bösen, sondern eine schwarze Flüssigkeit, die unermeßlichen Wert besaß, war ihnen der Ansporn zum kriegerischen Handeln gewesen. Einmal mehr hatten sie statt des einzig Göttlichen den Götzen angebetet, damit sie später um so gieriger das Pfuhlige und Stinkende aus der Wüste saugen konnten, und aufgrund dieses wahrhaft christlichen Tuns bekamen sie nun ihren Lohn: das Pfuhlige und Stinkende brach aus der Wüste hervor und verpestete Land und Meer dermaßen, wie die Menschheit es nie zuvor erlebt hatte.

Der babylonische Tyrann hatte die qualmenden Fackeln entzündet und die faulige Schwärze in die See geleitet – so schien es; doch in Wirklichkeit hatten sich christliche und islamische Diener des Abgöttischen darin die Hände gereicht. Aus der ihnen gemeinsamen Verneinung der Menschheitslehre heraus war das Unheil entstanden. Von den einen war die mohammedanische Lehre verraten worden und von den anderen die jeschuanische; gemeinsam hatten sie dem Drachen zu neuem Leben verholfen; in der Folge sollte die Drachensaat noch einmal über den ganzen Erdkreis hin ausufern.

Nostradamus, der durch den Zehnklang raste, sah, daß die schwarzen Wolken, die von Mesopotamien und zuvor von Persien ausgegangen waren, sich über Jahrzehnte nicht wieder legten. Vielmehr griff der Feuerbrand weit über die Grenzen seines Ursprungs um sich, über ganz Nordafrika fauchte er und brachte neue himmelverschattende Scheiterhaufen in Tunesien und Algerien hervor. Auch dort hatte der giftige Same des Persers die Völker aufgehetzt, und bald folgten Spanien und Frankreich. León, Sevilla und Barcelona fielen unter dem Ansturm der Sichelklinge; bis Paris hieb sie sich weiter und verbündete sich dort mit den Menschen der Armenvier-

tel, während gleichzeitig die Ufer der Seine von einem ungeheuerlichen Gluthagel verätzt wurden[186]. Ein zweiter
Ansturm auf Europa ging unmittelbar darauf von Libyen
aus[187]. Eine dritte Heersäule stand sodann wieder in Mesopotamien und ebenso in Syrien auf, und deren Haß richtete sich
nun gegen Israel[188].

Beinahe augenblicklich sprang das Metzeln von dort aus
auf Italien über; während Judäa schon weitgehend verwüstet
dalag, hieb der Säbel über den Tiber hinauf bis zur Poebene
und verschonte auch die Toskana nicht[189]. In Frankreich
stand unterdessen eine Million islamischer Bewaffneter[190],
doch noch immer war die Macht des Molochs damit nicht
gebrochen, denn nun drang der unheilige Krieg einerseits bis
Dalmatien und andererseits bis England vor. In Bosnien,
Kroatien und Serbien, wo die Selbstzerfleischung bereits zu
Zeiten des drittletzten Papstes begonnen hatte, wendete sich
nun das Blatt; sowohl Orthodoxe als auch Katholiken ernteten, was sie über Jahrhunderte hinweg an Haß, Geifer und
Machtwahn ausgesät hatten[191]. Auf den britischen Inseln
wiederum sah man aus den Tiefen des Meeres stahlgepanzer-
te unterseeische Ungeheuer auftauchen. Verzweifelt ging die
englische Flotte gegen sie vor; von der Flanke her griff zusätzlich Frankreich an. Gleichzeitig senkte sich eine arktische
Frostwelle auf die britischen Inseln herab, und von einem
nordafrikanischen Hafen aus wurde eine noch fürchterliche-
re islamische Invasion vorbereitet[192].

All diese Schauplätze des Metzelns und Schlachtens
erblickte Nostradamus im Geiste; während dies aber geschah,
fluteten ihm weitere Bildfetzen heran, und er erkannte, daß
der letzte Religionskrieg auch das Innere des europäischen
Kontinents nicht aussparte. Auch Deutschland, die Schweiz

und Österreich litten, außerhalb des Erdteils brannten weite Landschaften in Afrika und Asien. Dann aber, als die vom persischen Moloch gezeugte Not am größten war, schlug die Lage jäh um, und von Spanien ging ein wahrlich planetenerschütternder Gegenschlag aus. Am einen Tag gehörte das Mittelmeer noch dem Islam, in der Nacht jedoch fauchten aus den iberischen Küstenfelsen riesenhafte Spitzkeile heraus und nahmen Kurs auf die feindlichen libyschen und tunesischen Bastionen[193]. Die von Ghom verführten Städte barsten unter Pilzwolken – innerhalb weniger Augenblicke war der westliche Schwertarm der von der Menschheitslehre Abgefallenen zerbrochen.

Der östliche freilich sichelte noch eine kurze Zeit weiter auf Rußland zu, bis auch dort die vernichtenden Feuerbälle zwischen Erdkruste und Firmament aufstiegen[194]. An einem Tag im Februar geschah dies, weit jenseits der zweiten Jahrtausendwende schon. Die Nachfolger des Persers hatten sich an die Küsten des Roten Meeres flüchten müssen, und dort ereilte sie nun der letzte Vergeltungsschlag einer von allen falschen Religionen befreiten Menschheit. Noch einmal blühte über der Wüste der Pilz auf, und der feurige Sturm fegte über das Wasser hin, und dann war nach dem romgötzischen auch das ghomgötzische Haupt abgeschlagen[195].

Novembernebel bildeten sich auf der nördlichen Hemisphäre, als das aus dem Priesterwahn geborene Metzeln nun für alle Zeiten sein Ende fand[196], in sanftes, erlösendes Zehnklangschleiern trieb Nostradamus davon. Ein verzücktes Dahinschweben war ihm vergönnt; einen kosmischen Pulsschlag lang hatte alle Pein ein Ende gefunden. Eine mehr als zweitausendjährige Fehlentwicklung der Menschheit war beendet und im Höheren aufgefangen worden, und ganz

kurz vermeinte Michel eine weitere und letzte Vision daraus
aufkeimen zu sehen. Doch dann wurde er brutal aus diesem
lichten Schauern herausgerissen; er stürzte ab, stürzte zurück
auf den Domplatz von Köln.

*

Der Scheiterhaufen war in sich zusammengestürzt; von der
Frau, der Unschuldigen, war nichts geblieben als verkohltes,
geborstenes Gebein, teilweise zerfallen, teilweise noch immer
in der Kette hängend; im Hintergrund, in den Kulissen der
blasphemischen Szene, nach wie vor der Klerus und auf der
Plattform – schaufelnd, zusammenraffend – die Henker.
　Michel de Notredame zerrte an den Zügeln, peitschte die
Mähre durch die gaffende, glotzende, geile Menschenvieh-
menge; rücksichtslos bahnte er sich den Weg zum nächstlie-
genden Tor und dann aus der Stadt. Weit draußen, in den
Rheinauen erst, weil der Gaul vor Erschöpfung zusammen-
zubrechen drohte, verlangsamte Nostradamus seine Flucht.
Unter einer Erle verkroch er sich für die Nacht, doch bis zum
Morgen schloß er kein Auge, denn am Horizont stand immer
noch der Schattenriß der deutschen Stadt. Feuer und Rauch
schienen von dort aus hinüberzuquellen in viele kommende
Jahrhunderte; Giftgas mischte sich hinein – und wieder das
Pöbelgeschrei, das hirnlose Keuchen, Brüllen und Schnaufen.
Gesichter flammten auf und vergingen im Zeitknäuel dieser
einen Nacht und fast des folgenden halben Jahrtausends noch
unter den teutonischen Kathedralentürmen. Gesichter von
Frauen, von Dichtern, von Denkern; von Juden auch, von
unzähligen schuldlosen Israeliten, hingerichtet durch das
Bündnis von Thron und Altar.

271

So schaute Nostradamus in die deutsche Zukunft und sah, daß die Verstrickung noch am Ende des Jahrtausends bestand, als die Adelsthrone und ein Rattenschnäuziger längst untergegangen waren, als das deutsche Zentrum an einen unbedeutenden Ort nahe von Köln verlagert worden war. Auch von dort her vernahm Michel, während jetzt der neue Tag heraufdämmerte, das christlich-machtgierige Röhren. Wieder waren die Schwachen, die Armen, die ohnehin schon zu Boden Geschlagenen die Opfer, und wieder wurden Waffen gesegnet und sollte das teutonische Marschtrittstiefeln hinauspoltern in die fernsten Erdgegenden. Wieder wollte man das Nichtdeutsche, das Deutschland doch in Wahrheit vor seinem Wahn hätte bewahren können, innerhalb der eigenen hirnengen Grenzen nicht dulden.

Nostradamus floh weiter, und in seiner Heimatlosigkeit fühlte er sich eins mit einer unüberschaubaren Schar anderer Menschen zu allen teutonischen Zeiten. Rhein- und dann moselaufwärts polterte und holperte der Karren; wochenlang, so gut wie ohne Aufenthalt. Durch Lothringen trieb es ihn; der Sommer des Jahres 1545 näherte sich seinem Zenit. Auf der Hochfläche von Langres traf Notredame zuletzt auf Flüchtlinge, die in entgegengesetzter Richtung unterwegs waren: Im Süden Frankreichs sei von neuem die Pest ausgebrochen; von der Auvergne bis in die Gascogne sei niemand mehr sicher.

Nostradamus vernahm es – und vernahm im selben Augenblick eine inwendige Stimme: daß er gebraucht werde; sehr deutlich spürte er gleichzeitig, daß die Zeit seiner Verbannung vorüber, daß die Bedrohung durch die Inquisition bedeutungslos geworden war. Noch einmal trieb er die Mähre an und jagte sie bis zum nächsten Marktflecken. Dort han-

delte er gegen den Gaul und den Karren ein vollblütiges Reitpferd ein und preschte innerhalb weniger Wochen von den
Quellen der Rhône bis zur Garonne. In Toulouse, hörte er,
wüte die Seuche am ärgsten; in den ersten Septembertagen
traf er dort ein und schloß damit einen Kreis, dessen Ausgangspunkt zwei Jahrzehnte zurücklag.

Erneut wurde ihm die Barmherzigkeit zum Kernpunkt seiner Existenz, als Arzt und aus der Nächstenliebe heraus erfüllte er wiederum seine menschliche Pflicht. Sein eigener
Schmerz, den er seit beinahe drei Jahren mit sich trug, verlor sich im allgemeinen Leid. Er gab sich selbst auf und fand
sich damit neu. Als die Herbstnebel über dem Flußtal zu brüten begannen, verschwand die Erinnerung an jenes andere
Novemberschlieren – der Tod Esclarmondes und der Kinder
war, zumindest für den Augenblick, vergessen. Später, als die
Pest in Toulouse mit dem Winterfrost verging, kehrte das
Wissen zurück; der narbige Wulst über der Wunde aber hielt.
Und ein Zukunftswille wuchs im Herzen des Sehers; er sattelte sein Pferd und ritt durch Graupeln und Schneeschauer die
Ariège aufwärts nach Süden davon.

Drittes Buch

Der Seher von Salon

(1546–1566)

Tessier

E r hatte es nicht anders erwartet, dennoch durchzuckte ihn eine nur vage greifbare Traurigkeit, als er an der Fassade von Scalingers Haus die geschlossenen Läden erblickte. Im Schritt war er hineingeritten nach Lavelanet, jetzt spornte Michel den Rappen jäh zum Trab. Schneematsch und Kiesel spritzten weg; weiter vorne, wolkig, verhangen, verbarg sich der Montségur. Schon auf halber Höhe der Flanke saß Nostradamus ab, führte das Roß wie im Traum am Zügel weiter, hinauf durch den Nebel; schließlich erreichte er das Tor. Dort stürzte ihm, kaum hatte er den Hengst versorgt, die Zeit dreifach zurück.

Zusammen mit Esclarmonde wiegte er sich auf nachgiebigem Gestein, tiefer im Nebeltreiben stand Jules, ganz fern schon im Portalschlund Rabelais. Obwohl sie also in verschiedenen Dimensionen zu wurzeln schienen, ging dennoch etwas Gemeinsames von allen drei Seelenvertrauten aus und strömte warm in sein eigenes Inneres: sowohl die Frau als auch die Freunde wollten ihn halten und führen. Gegen die Außenwelt, gegen den Winter schotteten sie ihn ab und bargen ihn in einer Hülle, in der Kältebiß und Nässe ihm nichts mehr anzuhaben vermochten. Eine flutende Verzückung wurde ihm geschenkt, einen halben Tag und noch eine ganze Nacht hindurch, und in dieser Spanne Zeit, die gleichermaßen planetarisch und innerweltlich war, lenkten sie ihn wortlos und lächelnd auf seinen künftigen Weg. Im Morgengrauen, als Nostradamus wieder zu sich kam und die innere Glut noch immer fühlte, standen die Zinnen und Bastionen des Montségur zartblau und golden über ihm. Der Anblick schnitt ihm ins Herz; im selben Augenblick wußte er mit Gewißheit, daß er in Lavelanet erwartet wurde.

Ruhig ritt er zurück ins Tal; von der letzten Wegkehre aus erspähte er die Kutsche, die sich von Mirepoix her näherte. Vor dem Landhaus des Katharers hielt er den Hengst an und wunderte sich nicht im geringsten, als wenig später dort auch die Kalesche zum Stehen kam. Der Mittfünfziger, der ausstieg, war überdurchschnittlich groß; das dunkelblonde Haar, jetzt vom Wind zerwühlt, war da und dort bereits fahl durchschossen. Jung hingegen, unglaublich jung wirkten seine Augen; etwas Klares und Hellsichtiges lag in der gletscherfarbenen Iris, das Michel unwillkürlich an Jules erinnerte. Als der Fremde den Mund öffnete, kam noch etwas Urvertrautes hinzu, denn der Hüne redete ihn in der Mundart der Provence an: »Ich habe gesehen, wie du vom Montségur herunterkamst. Und nun treffen wir uns vor dem Haus meines Freundes... Jules César de l'Escalle! Das, denke ich, kann kein Zufall sein...«

»Als solchen würden es nur die Uneingeweihten bezeichnen«, erwiderte Nostradamus. »Schon auf dem Berg wußte ich, daß heute etwas Vorbestimmtes geschehen würde...« Das, was ihn zu dem Großen hinzog, wurde übermächtig. »Der Geist Scalingers, der auch mein Freund und dazu mein Lehrer war«, setzte er hinzu, »hat es mir mitgeteilt. Aber auch noch andere waren im Spiel – Rabelais, Esclarmonde...«

»Du sprichst provençalisch wie ich«, murmelte der Fahlblonde. »Dazu die Namen, die du nanntest, vor allem der eine: Esclarmonde! Jetzt weiß ich, wer du bist! Hier, meine Hand, Michel de Notredame! Du bist zurückgekehrt, ganz so wie Jules es immer wieder prophezeit hat. Und nun hat sein Tod uns hier in Lavelanet zusammengeführt...«

»Sein Tod?!« fuhr Michel auf; jäh begriff er, was er unwissentlich vorhin schon ausgesprochen hatte.

»Du wußtest es nicht – und wußtest es doch«, nickte der Hüne. »Ja, Scalinger ist im vergangenen Herbst vom Leibe abgeschieden. Sein Hingehen war friedlich; er hatte seine Aufgabe in diesem Leben erfüllt. Denn er hatte den Kelch weitergereicht an einen anderen, mein Freund! Wir sprachen oft über dich in jenen Sommern, die wir zusammen hier unter dem Gipfel des Montségur verbrachten...«

»So bist du, wie er, Katharer, ja?!«

Der Große nickte. »Genette Tessier lautet mein Name«, sagte er. »Ich stamme aus Salon-de-Provence, lebe auch dort, hatte aber immer Kontakt zu Jules. Wenn er dir gegenüber nicht von mir sprach, so deswegen, weil es nicht nötig war. Er wußte, daß du und ich uns ohnehin begegnen würden. Wie du besaß er die Gabe; seinen, deinen und meinen Weg las er heraus aus dem Sternenschwingen. Im letzten Sommer, den wir zusammen in Lavelanet verlebten, sagte er mir, daß dein und mein Pfad sich hier kreuzen würden. Gemeinsam, Michel, laß uns nun sein Vermächtnis übernehmen. Aus diesem Grund wurden wir unter dem Berg zusammengeführt!«

Nostradamus nickte; dann betraten sie – Tessier besaß den Schlüssel – Seite an Seite das Haus.

*

Die Bücher und dazu das Fernrohr aus Florenz waren in der Kalesche verstaut: vorausschauend, auch in dieser Hinsicht, hatte Scalinger diese Dinge in Lavelanet zurückgelassen.. Nun schlugen die Zugpferde den Weg nach Carcassonne ein. Michels Hengst trabte am langen Zügel hinter der Kutsche her. Unter der flappenden Lederplache besprachen die beiden Männer, die sich nicht erst hatten anfreunden müssen, Notredames Zukunft. »Drüben in der Provence war die Seuche noch immer nicht gebannt, als ich abreiste«, sagte Genette. »Ich schlage vor, du stellst dich dem Magistrat in einer der Städte zur Verfügung. Zwar tust du es um der Barmherzigkeit willen, doch gleichzeitig erwirbst du dir dadurch die Achtung der Patrizier. Dies wird dir das endgültige Einwurzeln später erleichtern. Man wird dann nicht mehr nach deiner Vergangenheit und deinen dunklen Jahren fragen. Dies ist unabdingbar für dich, denn für die Aufgabe, die du anschließend zu erfüllen hast, benötigst du für dich die Sicherheit und in den Augen der Dumpferen die Reputation. Ich werde dir dabei helfen, so gut ich kann; ebenso wie in Agen wirst du nicht allein sein!«

Michel nahm das neuerliche Geführtwerden hin; für einen Moment schienen sich Tessiers und Scalingers Antlitz zu einem zu vernetzen. Unaufhaltsam verstärkte sich von da an die Bindung, während die Kutsche über Carcassonne weiter nach Narbonne und Béziers rollte. In Montpellier schloß sich wiederum ein Kreis seines Lebens; in Lunel trank er mit Genette auf das Andenken Rabelais', der sich dem Vernehmen nach jetzt in Paris aufhielt und dessen literarischer Ruhm sich erstaunlich, für Notredame jedoch nicht ganz unerwartet, ausgebreitet hatte. Ab Nîmes und Tarascon dann wurde den beiden Provençalen die Luft immer heimatlicher; in Saint-Rémy sah Michel die Verwandten wieder, die dort überlebt hatten, und zu Salon schließlich erfuhr er, daß die Pest derzeit am ärgsten in Aix wütete.

Eingedenk des Rates, den Tessier ihm gegeben hatte, verweilte Nostradamus nur wenige Tage im Haus des Katharers, dann sattelte er seinen Rappen und ritt weiter nach Südosten. Der April gab sich stürmisch, als er die uralte Stadt erreichte; kurz schoß es dem Arzt durch den Sinn, daß schon die Römer in Aquae Sextiae[197] ein Heilbad betrieben hatten – jetzt nistete im Umkreis der seit mehr als einem Jahrhundert bestehenden Universität und der Kathedrale Saint-Sauveur die Seuche.

In einem Seitentrakt der Hochschule, wo auch das Hospital untergebracht war, nahm Michel Quartier. Die wenigen noch in Aix verbliebenen Ratsherren hatten den Arzt zuvor gleich einem verlorenen Sohn bewillkommnet. Ungleich wichtiger waren ihm jedoch die Kranken, die Leidenden, die Verzweifelten; wie so oft schon in seinem gepeitschten Leben stürzte sich der Medikus in den Kampf, kaum daß er seinen Sattelsack ausgepackt hatte. Wieder schienen ihm Tage und Nächte zu einer einzigen endlosen Tortur zu verschwimmen, wieder sah er die Pein der menschlichen Kreatur in ihrer letzten und scheußlichsten Ausuferung, wieder stellte er sich dem übermächtigen Tod mit beinahe nackten Händen entgegen. Das Trotzdem jedoch war bei ihm, und er tröstete und linderte, so gut er eben konnte. Hinzu kam seine Erfahrung mit der gräßlichen Krankheit, sein bitter erworbenes Wissen, das nun schon beinahe ein Vierteljahrhundert in ihm gewachsen war.

Bereits in Toulouse hatte er mit einer Mixtur experimentiert, die aus blauem Ambra und Rosenöl sowie etlichen scharfsäftigen Kräutern bestand, und dieses Agens wandte er nun auch in Aix immer häufiger an[198]. In Pillen- und Pulverform verabreichte er es den Siechen und verordnete es auch denen, die bislang noch nicht befallen waren: vor allem in vorbeugender Hinsicht stellten sich gewisse Erfolge ein. Im Sommer schließlich, in der Jahreszeit, da die Pest sich nach allen Erkenntnissen stets am bißwütigsten gezeigt hatte, durfte Michel de Notredame einen unverhofften Sieg verbuchen: die Seuche ließ nach, sie verlosch – und die Überlebenden in Aix schworen, daß kein anderer als der im April aufgetauchte Medikus sie vertrieben habe. Seitens des zusammengeschmolzenen Rates erging die dringende Aufforderung an Nostradamus, sich für immer in der Stadt niederzulassen. Michel, um der Höflichkeit willen, bat sich Bedenkzeit aus. Schließlich hatte er seinerzeit mit Genette Tessier eine ganz andere Absprache getroffen, und mehr denn je drängte es ihn jetzt dazu, den Kontakt mit dem Katharer wiederaufzunehmen. Ehe er jedoch in die Verlegenheit kam, die Patrizier von Aix mit einer abschlägigen Entscheidung zu brüskieren, brachten Flüchtlinge aus Salon die Nachricht, daß nunmehr dort das Sterben begonnen habe. Der Pestarzt ritt den Rappen fast zuschanden, als er wie der Teufel nach Nordwesten hetzte.

Ins Quartier Ferreiroux[199] preschte er auf schäumendem Gaul hinein; zu seiner Erleichterung fand er Tessier und dessen Familie noch gesund vor. Augenblicklich versorgte er sie mit seinen Pastillen; Genettes Einladung – »Vorerst wohnst du bei uns!« – nahm er gleichzeitig wie selbstverständlich an, doch nur, um sich wenig später wiederum einem verstörten Rat zur Verfügung zu stellen. Und dann wieder die gehetzten Tage und die schlaflosen Nächte, wieder der Kampf, oft bis zur Erschöpfung. Während Michel sich um die Kranken, die Sterbenden und die an ihrer Furcht Verzweifelnden kümmerte, bereitete Tessier im Gewölbe seines Hauses große Mengen des Agens zu, und diesmal stellte sich der Erfolg schon nach ungefähr zwei Wochen ein. Dank des raschen und entschlossenen Eingreifens des gar nicht in Salon ansässigen Arztes und des Katharers verschwand die Pest fast ebenso schnell wieder, wie sie über die Stadt hergefallen war. Immer noch stand der Sommer des Jahres 1546 in seiner vollen Hitze, als draußen vor den Mauern der letzte Grabhügel festgeklopft wurde; äußerst glimpflich war Salon-de-Provence davongekommen, es hatte nicht mehr als knapp zwei Dutzend Tote gegeben. Und dann kam der Tag, wo an Michel de Notredame wiederum die Bitte herangetragen wurde, sich endgültig seßhaft zu machen.

Diesmal zögerte er nicht; Genette hatte ihm schon von Anfang an zu Salon so etwas wie heimatlichen Boden bereitet. Zudem lag Saint-Rémy nur eineinhalb Tagesritte entfernt; plötzlich dachte Nostradamus daran, daß ihm jetzt sogar Jaunes Turm wieder in Reichweite gerückt war. Mit einem fast schmerzlichen Ziehen im Herzen erinnerte er sich auch wieder an eine Fahrt, die er einst zusammen mit dem Patriarchen hinüber nach Cavaillon, zu dem versoffenen Conflans, unternommen hatte. Damit hatte alles begonnen; zum erstenmal hatte er damals, noch aus kindlichem Instinkt heraus, geheilt. »Ich danke dir, mehr, als ich es mit Worten vermag!« wandte er sich am Abend seiner Entscheidung, beim Wein, an Genette Tessier. »Wenn es dir recht ist, richte ich meine Praxis vorerst in deinem Haus ein. Sobald wie möglich freilich würde ich mir dann gerne etwas Eigenes erwerben.«

»Das wirst du«, erwiderte der Katharer lächelnd, »doch du wirst nicht nur ein Anwesen finden in Salon. Mehr, ungleich mehr ist dir hier bestimmt, sobald erst das Zerrissene von dir gewichen ist! Vorerst aber komm unter meinem Dach zur Ruhe, mein Freund. Mehr als die meisten anderen Menschen dieser Zeit hast du dir dies verdient...«

Damit hob der Hüne seinen Pokal und stieß mit ihm an, und Michel trank und spürte, wie etwas tief in seinem Inneren sich sanft zu lösen begann.

*

Während der Sommer sich, beinahe unmerklich, in den Herbst neigte, mündete Notredames Leben in der Tat in ein ruhigeres Dasein ein. Seine medizinischen Pflichten, nachdem die Pest besiegt war, forderten ihn genau im richtigen, im überschaubaren Maß. Das Helfen und Heilen erschienen ihm jetzt manchmal wie ein Kinderspiel, seit das viel tiefere Grauen, das er so lange und immer von neuem hatte ertragen müssen, verschwunden war. Zur gleichen Zeit, da in Deutschland der Schmalkaldische Krieg[200] tobte und Martin Luther zu Eisenach verstarb, hatte Michel nun gelegentlich das Gefühl, in einem bukolischen Refugium angekommen zu sein. War sein barmherziges Tagewerk vollbracht, sattelte er jetzt oft seinen Hengst und ließ sich, in der Fellwärme des Tieres geborgen, im Schritt, höchstens im leichten Trab über die Tiefebene treiben. Den Duft der Lavendelfelder entdeckte er neu, die knorrigen Olivenhaine; manchmal, wenn ihn sein Weg bis in Küstennähe führte, atmete er wie erstaunt die salzige Brise ein. Mehrmals besuchte er auch Saint-Rémy in diesem Sommer und Herbst, brach dort das Brot mit den überlebenden Geschwistern, teilte mit ihnen den Wein. Einen warmen Stein im Gefüge des verlorenen Patriarchenturmes berührte er bei solcher Gelegenheit einmal mit der flachen Hand und begriff, daß ihm dennoch alles geblieben war.

Neugierig, kindlich fast erforschte er an anderen Nachmittagen oder Abenden die Stadt, in der seine neuen Wurzeln sich zu verfestigen begannen. Nahe Tessiers Haus stand die Kirche Saint-Michel; immer wieder, obwohl er das Christliche zutiefst ablehnte, zog es Nostradamus dorthin: eine Steinplastik über dem Portal war die Ursache dafür. Das Bildwerk stellte ein bannertragendes Lamm dar; er wußte und spürte zugleich, daß hier einst Templer gelebt und nach dem wahren geistigen Weg gestrebt hatten[201]. Rabelais war ihm in solchen Momenten wieder sehr nahe, der Rosenkreuzer, der ihn einst auf die Bedeutung des vom Katholizismus verfolgten Bundes aufmerksam gemacht hatte. Von François führte der Weg weiter über Scalinger zu Tessier; so wurde das Bannerlamm von Salon dem Seher zum seelischen Schlüssel, und neuerlich fühlte er sich in einem tiefen und bergenden Strom aufgefangen.

Einmal sprach er Genette darauf an, der nickte wissend – mehr hätte Michel auch nicht verlangt und gewollt; sein neues inwendiges Hinnehmen hatte sich nun schon sehr kernnah eingesenkt. Im Zusammenhang damit stand noch ein weiterer Platz, zu dem hin der Medikus längst gefunden hatte: es war das Schloß l'Emperie und mehr noch der Felsen, auf dem das Gebäude stand[202]. Wie ein Fanal aus uralten Zeiten schien der Stein hier aus der Erde zu ragen; das seelische Rückstürzen erlebte Nostradamus beinahe jedesmal, wenn er dort weilte. Doch nichts Grausames, nichts Schartiges, nichts Blutiges war mit solchen Visionen verbunden, sondern er spürte etwas Heiliges und Reines, das wie eine Nabe aus dem Zehnklang herauszugreifen schien. Tanzende und Meditierende erblickte er im Bannkreis des Felsens von l'Emperie; Frauen-, Männer- und Kindergesichter, liebevoll ineinander verschmolzen. Eine durchscheinende Wurzel lag dort und reichte vom Anbeginn der Menschheit hinaus bis in die ewig neu sich bildenden Spiralen des Kosmos. Schmerz, Leid und Tränen, Gewalt, Machtsucht und Krieg schien sie unablässig sanft einzusaugen, und damit verwandelte sie die Finsternis in Harmonie. Bissige Zeiten, zutiefst verletzte Wesen, geschundene Seelen wurden geheilt, und auch Notredame sah sein Inneres immer wieder weichhändig gestreichelt unter den Zinnen von l'Emperie. Im Spätherbst dann geschah es ihm, daß etwas sehr Wesentliches aus seinen Visionen körperliche Gestalt annahm. »Wir wußten, daß wir dich hier finden würden«, sagte lächelnd Genette Tessier; einen Schritt hinter ihm, keltisch-kupferfarben das Haar, stand eine junge Frau. Ihre zarte Gestalt strahlte im abendlich goldenen Licht, und ihre wilden Locken waren wie Flammen. Michel kam es vor, als sei sie ausgeronnen aus dem Zehnklang; in prachtvoller Erotik aus der greifbaren Welt geboren, gleichzeitig aber eine im Diesseits niemals faßbare Sehnsucht verkörpernd. Während er dies erstaunt und verzückt dachte, fing er sich in ihr, tauchte durch ihre dunklen, den seinen ganz gleichen Augen bis auf den Grund, und die Zeit verschwamm ihm, er vergaß alles. Irgendwann kam er wieder zu sich und wunderte sich nicht, daß er jetzt ihre Hände hielt; er wunderte sich nur, wie er fast dreiundvierzig Jahre lang ohne sie hatte leben können.

Von Genette, während er, mühsam genug, halbwegs zurück in die Konvention fand, erfuhr er ihren Namen: »Es scheint ja Zuneigung auf den ersten Blick zu sein zwischen dir und Anne! Ich freue mich von Herzen! Hätte ich gekonnt, ich hätte euch beide schon früher miteinander bekannt gemacht. Doch Anne, sie ist eine Nichte meiner Frau, verbrachte die letzten Monate in Arles. Ihre Familie meinte, es täte ihr gut, wenn sie in eine andere Umgebung käme – nachdem sie so plötzlich Witwe geworden war...«

Nichts von alldem hatte Michel wirklich aufgenommen; allein ihren Namen. Tessiers letzte Worte freilich trafen ihn wie ein Hieb. Immer noch hielt er ihre Hände fest, jetzt preßte er sie wie im Krampf, gleichzeitig stöhnte er, noch einmal im nach Agen zurückschnellenden Schmerz und dennoch bereits erlöst: »Du auch?!«

»Ja«, erwiderte sie leise. »Mein Mann ist an der Pest gestorben, ehe du nach Salon kamst. Ich weiß auch, was deiner Familie vor vier Jahren an der Garonne widerfuhr. Genette hat es mir erzählt. Er dachte, daß es uns verbinden würde, Michel de Notredame. Aber...«, ihre Stimme bebte kaum merklich, »...ich glaube, da ist noch mehr, viel mehr zwischen dir und mir...«

»Alles, Anne!« Wie verzückt hatte der reife Mann die Worte der mehr als zwanzig Jahre jüngeren Frau in sich aufgesaugt; nun hatte es ihm das eigene Geständnis förmlich herausgerissen. »Alles wird zwischen uns sein, Anne!« wiederholte er. »Wenn du willst...?«

Die Kupferhaarige antwortete nicht, doch ihr Händedruck verstärkte sich – schien ihn lustvoll zu verbrennen. Und Nostradamus begriff und hatte es eigentlich schon zuvor gewußt, daß er die letzte Frage gar nicht mehr hätte stellen müssen.

Langsam, Hand in Hand, gingen sie zurück zum Quartier Ferreiroux; Genette hielt sich nun taktvoll ein wenig abseits. Kurz dachte Michel noch einmal an Esclarmonde; auch ihre

Hand hatte er in der seinen gehalten, damals, bei ihrem ersten Spaziergang am Strand der Garonne; jetzt schmerzte die Erinnerung nicht mehr. Denn in Wahrheit war sie gar nicht von ihm gegangen, sondern zu ihm zurückgekehrt: in anderer Gestalt war das Weibliche, war sein Traum von einer Frau wieder zu ihm gekommen. Aus den Armen eines anderen Mannes, eines Toten, doch auch dies schreckte den Medikus nicht; vom ersten Blick an, den er mit ihr geteilt hatte, waren er und sein Sein in einer umfassenden Lebensschale aufgefangen worden. Aus diesem Grund vor allem ersehnte er sich den Neubeginn mit ihr – freilich kam ihre Schönheit noch hinzu. Gleichzeitig erkannte er, daß Genette damals Weissagung gesprochen hatte, als er ihm, Michel, angekündigt hatte, er würde in Salon das Zerrissene abstreifen können. Mit der allmählich sich ausbreitenden Ruhe, den Sommer und Herbst über, hatte es begonnen und nun sollte es sich erfüllen; es war keine Frage mehr, es war ein ganz neues Bewußtsein.

✳

Einen mediterranen Winter hindurch reiften das Vertrauen, die seelische und körperliche Vernetzung zwischen dem Arzt und der jungen Frau.

In gesellschaftlicher Hinsicht förderten Tessier und dessen Gattin die Verbindung nach Kräften. Pascale und Thomas Arnaud, die Eltern Annes, begannen schon bald von künftigen Enkeln zu sprechen. Im Frühjahr 1547 verbrachte der Seher eine Woche in Saint-Rémy mit ihr. Notredames Bruder Bertram schickte sich dort bereits an, den eigenen Haushalt aufzulösen. Zusammen mit seinem Weib Thominée wollte er sich ebenfalls in Salon niederlassen, wo man ihm die Stelle des Hauptmanns der städtischen Miliz angetragen hatte[203]. Thominée und Anne verstanden sich auf Anhieb; lächelnd beobachtete es Michel und fühlte sich von da an auch im Kreis der eigenen Sippe wieder heimisch.

Auf dem Rückweg, duranceabwärts, setzten Nostradamus und Anne, nunmehr einundzwanzigjährig, den Zeitpunkt für die Hochzeit fest. »Sobald du ein Haus für uns gefunden hast«, schlug Anne vor, geschmeidig im provençalischen Brautsitz auf der Kruppe des Rappen sich wiegend.

Michel war einverstanden; mehr denn je sehnte er sich, mit ihr ein Heim zu teilen. »Gleich morgen werden wir mit Genette darüber reden, mein Herz«, versprach er. Dann ließ er den Hengst galoppieren; ganz eng schmiegte der Leib der zarten Frau sich an den des Mannes, und ihr herrliches Haar wehte.

Tessier wiederum teilte ihnen mit, daß er seine Fühler längst ausgestreckt hatte. Ganz offensichtlich hatte er aber noch ein bißchen mehr getan, denn das Anwesen, das er dem Paar nun offerierte, grenzte direkt an das seine. Daß das turmartige Gebäude am Ende der Gasse infolge der Pest leerstand, hatte Nostradamus immer vermutet, jetzt aber erfuhr er, daß dem nicht so war.

»Die Eigentümer leben im Languedoc«, eröffnete der Katharer seinem Schützling und dessen Braut. »Eine sehr alte Familie ist es, die auch mit Jules César de l'Escalle in Verbindung stand, und ich habe mir kürzlich erlaubt, mit ihr Kontakt aufzunehmen.« Als er die Freude in Michels Augen sah, lächelte der Hüne, dann fuhr er fort: »Man würde sich glücklich schätzen, dir das Haus für einen sehr günstigen Preis zu verkaufen. Solltest du die Summe trotzdem nicht sofort aufbringen können, springe ich selbst gerne mit einem Darlehen ein. In anderer Hinsicht würde dir auch Adam de Crapone helfen, der Baumeister, den ich dir neulich vorstellte[204]. Du weißt, daß er in mehr als einer Kathedrale gearbeitet hat, und er wäre deswegen genau der richtige Mann für gewisse Feinheiten...«

Wieder blitzte es in Michels Augen; versonnen nickte er. Dann wandte er sich Anne zu und fragte: »Wärst du denn auch einverstanden mit dem, was Genette vorgeschlagen hat?«

»Der Turm wird zu einer magischen Schale werden, für dich und für uns«, antwortete die junge Frau. In ihrer Stimme schwang dabei etwas Dunkles und Wissendes mit.

Der bronzene Stuhl

Die Ehe wurde geschlossen am Jahrestag ihres ersten Zusammentreffens auf dem Felsen von l'Emperie. Den elften November 1547 schrieb man, als Michel de Notredame und Anne Arnaud, verwitwete Ponsard, in der Templerkirche die Ringe tauschten. Den katholischen Ritus nahmen sie hin – notgedrungen: in Wahrheit war es das Bannerlamm über dem Portal, das ihnen den Segen erteilte. Trauzeugen waren Genette Tessier und Bertram, letzterer schon im stadtwappengeschmückten Harnisch. Kräftig begossen wurde die Heirat im Haus der Arnauds; nachdem der letzte Trinkspruch ausgebracht war, geleitete die Hochzeitsgesellschaft das Paar zum Quartier Ferreiroux. Ein letzter öffentlicher Kuß auf der nächtlichen Gasse, dann waren der Medikus und sein zweites Weib endlich allein.

Adam de Crapone hatte in der kurzen Zeit Erstaunliches geleistet. Der ehemalige Lagerraum im Parterre[205] war zu einer heimeligen holzgetäfelten Empfangshalle umgestaltet worden. Fächer für die Kräuter und Agenzien nahmen einen Teil der Stirnwand ein. Ein Schreib- und Experimentiertisch stand unter dem Bogenfenster, das nach hinten hinaus in den Garten wies. »Hier wirst du von morgen an praktizieren«, sagte lächelnd die Kupferhaarige und schmiegte sich enger an ihren Gatten. »Und ich werde dich oft durch die Scheibe sehen können, wenn ich draußen im Wirtschaftstrakt bin.« Sehr zärtlich, sehr viel inniger als vorhin auf der Gasse küßte sie ihn, fügte dann flüsternd und erregt hinzu: »Oben aber...«

Michel begriff. Aus der eigenen Sehnsucht, dem wachsenden Begehren heraus murmelte er: »Ja!«, hob sie hoch und trug sie über die breite Stiege hinauf in den nächsten Raum. Das Wohn- und Schlafgemach lag dort, einen Alkoven hatte Adam gegenüber der Fensterwand geschaffen; eine weitere Treppe führte zu Notredames Bibliothek und Studierzimmer. Neben seinen Folianten und den eigenen Manuskripten, mit denen er sich neuerdings beschäftigte, waren auch seine astronomischen Gerätschaften unter dem Flachdach untergebracht; in einem Erker, der auf die Plattform des von Crapone neu aufgemauerten geheimnisvollen und scheinbar nutzlosen äußeren Stiegenturms führte, stand das bronzene Fernrohr.

Nostradamus erriet, was Anne dachte. Versonnen schüttelte er den Kopf, dann legte er den zarten Leib aufs Bett unter dem Alkoven und ließ sich selbst hineinfallen in ihre Arme, in ihre ihm jetzt förmlich entgegenbebende Wärme. »Du!« stieß er rauh hervor, stöhnend gab Anne ihm das Wort zurück. Tiefer und tiefer sanken sie ineinander und nahmen von der Außenwelt nichts mehr wahr.

Später in dieser Nacht, die nicht herbstdunstig, sondern außergewöhnlich sternenklar war, blickte Michel lange auf das gelöste Antlitz der Schlafenden nieder. Das Licht der Öllampe malte Annes Züge unendlich weich. Weltenweit, in eine unbeschreiblich behütende Dimension, die er bisher nur ein einziges Mal in seinem Leben erfahren hatte, schien ihm dieses Weiche nun auszuschwingen. Wie einst in Agen tauchte er jetzt wieder in eine Spanne allerinnigsten Daseins ein und begriff, welch glühende Liebe den Kosmos in Wahrheit beseelte. Etwas verschmolz in diesem unendlichen Augenblick: der häusliche Wohnturm, von bräutlicher Aura erfüllt, vereinigte sich mit dem anderen, dem zugleich realen und metaphysischen Bau außerhalb, und der dort zehnfach aus dem Materiellen gemeißelte Zehnklang löste sich auf in eine noch höhere Harmonie. Die Ursache dieser Übersteigerung aber erblickte der Seher in Annes Gesicht, das zugleich die Züge Esclarmondes trug, und in der Landschaft dieses einen Gesichts fand nun auch er Ruhe. Er schlief ein.

*

Während der folgenden Wochen blieb ihm die zwischen Kosmos und Liebe schwingende Vision im Gedächtnis haften: dieses doppelte und dennoch einzige Gesicht ging ihm nicht mehr aus dem Sinn; geistig und zuletzt sogar körperlich unruhig, spürte er, daß ihm in der absoluten Vereinigung mit seinem Weib und damit allem Weiblichen etwas geschenkt worden war: das Bild eines göttlichen Schlüssels. Wochenlang rang er um die materielle Umsetzung dieses Gleichnisses, ließ er seinen Geist schweifen durch die verdichtende Schale des neuen Turms, an dessen runden Mauern er sich rieb und schürfte – immer wieder trieb es ihn die Stiegen hinauf und hinunter; die Erkenntnis kam ihm plötzlich, in der Nacht vor seinem vierundvierzigsten Geburtstag. Das florentinische Fernrohr, das ihm Scalinger vermacht hatte, hielt er dabei in der Hand, und auf einmal schien etwas Doppeltes mit einer Stimme zu ihm zu sprechen.

»Bronze!« sagte er am nächsten Abend unvermittelt über seinen Weinbecher hinweg. Die Gäste waren soeben gegangen, allein Tessier war auf einen Wink Notredames hin noch bei ihm und Anne geblieben. Als er die Verblüffung sowohl in den Augen der Geliebten als auch des Freundes las, fügte er hinzu: »Das legierte Metall ist ein Spiegelbild! Nicht ohne Grund stieg einst ein glückliches Zeitalter herauf, als die erste Weise – ja, eine Frau war es – Kupfer und Zinn miteinander verschmolz. Ein Element verband sich mit dem anderen; beide wurden damit zu einer höheren und wertvolleren Substanz. Leonardo wußte es, als er sein Instrument in Florenz fertigte. Nicht ohne Grund benutzte Jules das bronzene Rohr und gab es an mich weiter. Natürlich ist es ein Werkzeug, doch in seiner Konsistenz ist zudem der Same des Zehnklangs und all seiner Dimensionen gefangen. Weil das Zinn für die männliche und das Kupfer für die weibliche Hälfte steht. Im Bronzenen aber für die Kraft, die sich aus beidem ergibt – und damit für das Leben; diesseits und jenseits der Schranke, die wir als Tod bezeichnen. Die Metalle, die sich aufgeben, um neu zu werden, sind der Schlüssel dazu. Ich kenne noch andere, aber dieser hat mir bisher gefehlt, auch wenn ich die Linsen da Vincis gebrauchte. Du, Anne, hast mir durch das Entzücken, das du mir schenkst, den Weg gewiesen.«

Er beugte sich zu ihr, berührte ihr Haar, sah die Zärtlichkeit und jetzt auch das Verstehen in ihren Augen. »Ja!« rief er, wandte sich dem Katharer zu. »Einen der Schlüssel, von denen ich sprach, verdanke ich dir bereits! Es ist das Haus – nein, besser der neue Turm und die Sternwarte, die Adam de Crapone auf deine Anregung hin für mich konstruierte. Die zehnmal zehn Stufen, die gleichermaßen hinaus in den Kosmos und hinunter in den Erdmuttermund führen. Fünfundfünfzig sternenwärts, fünfundvierzig zur archaischen Grotte[206]. Asymmetrisch angelegt, damit die seelische Unwucht den Eingeweihten um so leichter ins Planetenschwingen zu schleudern vermag. Ich habe es schon verspürt! Es wirkt! Nie zuvor war ich der Nabe so nahe; die Achse hinüber zum Bannerlamm und zum Felsen von l'Emperie helfen mir zusätzlich, ganz wie wir vermuteten. Wenn ich die Aufgabe, die mir beschieden ist, erfüllen kann, dann hier! Nur eines hat mir bisher noch gefehlt. Der Schlußstein der materiellen und immateriellen Kathedrale ist es! Die Bronze, über die leonardische hinaus! Auf dem verschmolzenen Thron muß ich sitzen, nachts. Der bronzene Stuhl muß mir den Kreis von Salon vollenden! Er ist der letzte und größte Schlüssel, der das andersweltliche Schloß völlig entriegelt. Ich weiß es; es wurde mir kundgetan in der vergangenen Nacht, als aus der Zahl meiner Jahre für mich der Planetensprung geschah, doch die andere Wurzel findet sich in meiner Hochzeitsnacht – nichts wäre möglich geworden ohne Anne!«

Nostradamus verstummte. Erschöpfung schien ihn niederzudrücken; er hatte mit jedem Wort, mit jedem Satz gekämpft. Still saßen, sehr lange, auch die junge Frau und Tessier. Sie mußten erst verarbeiten, was aus dem Seher so orgiastisch herausgebrochen war. Zuletzt aber, nachdem der Wein ihnen die gemeinsame Erregung ein wenig abgedämpft hatte, sagte der Katharer: »Am besten, du sprichst mit Adam. Wenn einer dir weiterhelfen kann, Michel, dann er. Er kennt einen Glockengießer drüben in Arles . . .«

»Ich werde zusammen mit Crapone selbst hinreisen, sobald die richtige Zeit dafür gekommen ist«, versetzte Nostradamus. Dann zog er Anne auf seinen Schoß, plötzlich übermütig wie ein Jüngling, und fügte hinzu: »Du aber fährst mit, mein Herz, denn deine Aura soll in das Werk einfließen!«

✳

Im Frühmärz 1548, während man sich in Deutschland an-
schickte, den Protestanten endlich die freie Religionsausübung
zu gewähren[207], legte der Bronzekünstler in der Camargue
letzte Hand an die Gußformen. Nahe bei ihm in der rauchigen
Werkstatthöhle standen der Medikus, Anne und Adam; das
Feuer, ähnlich wie einst in der alchimistischen Küche Jaunes,
fauchte unter der ziegelgemauerten Kuppel. In deren Ausspa-
rung hing der Kessel mit dem schnabelförmigen Ausguß, und
nun – auf ein zuvor mit ihm abgesprochenes Zeichen des Mei-
sters hin – ergriffen Notredame und sein Weib gemeinsam den
Hebel des Blasebalgs. Wenig später begannen Kupfer und Zinn
sich im Kessel zu vermischen, flossen in Spiralen ineinander
und gebaren den weichen Goldton. Jäh kippte der Kessel, einer
Eruption gleich schoß der Strom in sein vorbereitetes Bett.
Beißender Qualm stieg auf und trübte ihnen den Blick; dann
aber, als der Dampf sich verzog, lag in der nachknisternden
Form das erste Gußstück.

Noch neunmal wiederholte sich der Vorgang: auf der Zahl
zehn hatte Michel zur Verwunderung des Gießers bestanden.
Zehn Werkstücke also ruhten zuletzt im Sand; rauh noch, kru-
stig und unrein, doch im Verlauf der folgenden Tage nahmen
sie ihre schimmernde und vollkommene Gestalt an. Gefeilt,
geglättet und poliert wurden sie, wieder legten Nostradamus,
seine Frau und nun auch der Kathedralenbaumeister selbst
mit Hand an, und bis zur Märzmitte war auch diese Arbeit
getan.

Am nächsten Morgen entlohnte Nostradamus den Handwerker, schlug eine Einladung zum weiteren Verweilen in Arles
beinahe brüsk aus und überwachte sodann mit Argusaugen
das Verladen der Fragmente. Am Mittag des achtzehnten März
polterte die Kalesche durchs östliche Tor der Stadt und

nahm den Weg zurück nach Salon; zwei Tage später langte sie dort an.

Genette, sichtlich ungeduldig schon, fand sich augenblicklich im Haus des Sehers ein. Zusammen mit Adam war er Michel behilflich, die sorgsam in Tücher geschlagenen Einzelteile nach oben zu tragen. Auf der Plattform des neuen Turmes fanden die Bronzen ihren Platz. »Sie sind schön geworden«, sagte Tessier leise, nachdem Anne die Umhüllungen entfernt hatte. Im Südwesten färbte sich der Himmel jetzt bereits rötlich.

»Ja, aber noch ist das Werk nicht vollendet«, erwiderte Notredame und dann erwartete er zusammen mit den anderen in seltsamer Spannung, die auch der Wein nicht zu lösen vermochte, die Mitternacht.

In völligem Gleichklang befand sich die Zeit, als der Mann und das Weib nach den bimetallischen Fragmenten griffen. Genau im Moment der Frühjahrs-Tagundnachtgleiche wurden die zehn Bestandteile des Einen zusammengefügt: fugenlos scheinbar glitten sie ineinander. Zuletzt stand der bronzene Stuhl thronähnlich da unter dem immer noch zitternd verharrenden Firmament. Wie entrückt nahm Nostradamus Platz; die anderen, auch Anne, wichen scheu ein paar Schritte zurück. Ein außerweltlicher Schatten streifte die Turmspitze, und im selben Augenblick verklärte sich etwas im Inneren des Sehers. Einer starren Maske glich sein Antlitz plötzlich, dennoch war er durchpulst von einem gewaltigen Feuer. Und dieser Lavastrom, diese vom bronzenen Stuhl ausgelöste Eruption trug ihn nun davon.

In der Schale der miteinander verschmolzenen Elemente, in der sich von dieser Stunde an gleichzeitig die völlige kosmische Ausgewogenheit manifestiert hatte, fand er den letzten Schlüssel, den Schlußstein; nun jederzeit abrufbar. Vor Monaten schon hatte er es geahnt; jetzt wurde es ihm zur Gewißheit. Ein letzter Riegel war zurückgestoßen worden; end- und hindernislos lag der Pfad jetzt vor ihm. Nostradamus ließ sich hinaustreiben, spielerisch schnellte er durch die Jahrhunderte und Jahrtausende. In einer ihm zeitlos gewordenen Zeit tanzte er, ließ er die Balken der Waage einmal hierhin und dann wieder dorthin kippen. Zurück und vorwärts turnte er und raste auf dem allumfassenden Rad durch unzählige Dimensionen – an nie erschauten Möglichkeiten sättigte er sich; irgendwann dann kehrte er in den eigenen Brennpunkt zurück.

In der bronzenen Schale verkörperte er sich wieder und tastete versuchsweise nach den übrigen Werkzeugen seiner nun unumkehrbaren Initiation. Durchs Steinhüllige, durch den Turm, ließ er das Bimetallische gleiten, berührte die Achse der hundertstufigen Treppe, das labile Gleichgewicht auf der Horizontalebene seines Hauses, und sofort pulste er elliptisch neuerlich davon. Fing sich aber im bronzenen Stuhl wieder, sah dort die anderen Stränge flirren und sich knoten. Das Bannerlamm, den Felsen von l'Emperie; Annes Liebe und die Freundschaft des Katharers. Auch Adam spielte eine Rolle; im bronzenen Rohr Scalingers und da Vincis stellte er innerhalb des Sternenleuchtens ein winziges Fünkchen dar, Bestandteil von Millionen und Abermillionen anderer menschlicher Funkengarben. Eine Stimme vernahm Michel: »Alle, die guten Willens sind . . .« Gleichzeitig bündelte das Myriadenfache sich zu einer weiteren Brücke, die sich mit dem goldfarbenen Strahlenbogen verband, ebenso mit dem Treppenturm, dem Fels und dem Lamm; Unerschütterlichkeit war ihr Name. Das Trotzdem beinhaltete sie, um das Notredame in seinem geschlagenen Leben so sehr hatte ringen müssen; jetzt war es aus seiner innerseelischen Zeugungskraft heraus in Salon für immer Fleisch und Blut geworden.

Die unendlichen visionären Möglichkeiten, die der Seher nunmehr zu nutzen vermochte, würden Gestalt annehmen im Einen, im Adonai. Dies zu betreiben, würde von nun an seine ureigene Lebensaufgabe sein. Daß nicht die visuellen Bilder, sondern die Erkenntnis des Herzens zählte, begriff er. Das eine war nichts als Mittel zum Zweck des anderen. Grenzenlos war ihm die Gabe allein deswegen geworden, damit er alle denkbaren und dazu die nie zuvor erprobten geistigen Waffen zu führen vermochte. Der absolute Zugang war ihm geschenkt worden, damit er für die Menschheit den erlösenden Ausweg fand.

Nachdem er dies gedacht hatte, trieb die Vision langsam davon. Zärtlich senkte sich sein Fleisch wieder völlig in die Schale des bronzenen Stuhles ein. In einer brutwarmen Aura kam er zu sich und erblickte, vom ersten Morgenlicht bestrahlt, die Gesichter der Geliebten, der Freunde. Göttlich schön erschienen sie ihm, und aus seinem Überschwang heraus sprang er auf, umarmte zuerst die Männer und dann, vor Freude schluchzend, sein Weib. Mit seinen armen Menschenworten versuchte er ihnen greifbar zu machen, was er erlebt hatte. Obwohl sie kaum mehr als ein Stammeln vernahmen, verstanden die anderen ihn in ihren Herzen und verstanden ebenso, daß sich in dieser Nacht – für sie alle – etwas grundlegend geändert hatte.

Still gingen Tessier und Crapone zuletzt. Kaum waren sie verschwunden, klopfte der erste Kranke an Notredames Tür. Anne öffnete ihm, und Michel versorgte ihn barmherzig.

*

Die Barmherzigkeit gegenüber den Siechen, die Liebe zu seiner Frau, der bronzene Stuhl als Ausgangspunkt und Hafen seiner Visionen – dies waren die einander ergänzenden Pole, zwischen denen das Leben des Nostradamus von nun an sinngebend, behütet und phantastisch schwang. Innerhalb des Zehnklangs hatte somit auch Dreifaltiges Gestalt angenommen. Dreimal hatte der Tod einst zugeschlagen innerhalb von sieben Wochen; jetzt aber wurde ihm jeden Tag, jede Nacht dreifach Daseinsinhalt geschenkt.

Sein Ruf als Arzt wuchs beständig, während sich das Jahrhundert seiner mathematischen Mitte näherte. Ganz wie einst Jaune, behandelte Michel Wohlhabende und Arme gleichermaßen, machte im immerwährenden Kampf gegen das Leid keinen unmenschlichen Unterschied. Alchimisch und chirurgisch half er, oft aber heilte er auch allein durch sein Wort. Er gebrauchte sein Sternenwissen und griff damit auf der metaphorischen Brücke in manche innerseelische Verkrustung hinein, erteilte Warnungen oder vermittelte neue Perspektiven, zu denen die Patienten trotz verzweifelten eigenen Ringens sonst nicht hätten gelangen können. Mehr Magier als Medikus war er in solchen Stunden, das inwendige Handauflegen beherrschte er jetzt ähnlich wie einstmals Jeschu. Gerade weil er aber diesem und anderen Menschheitslehrern in diesem Bereich nun näher denn je kam, verlor er sich nicht in Scharlatanerie oder Überheblichkeit. Eher bescheiden beugte er sich vor der eigenen Gabe, nahm sie einfach dankbar hin. Wichtiger als das Protzen, dem viele andere erlegen wären, war ihm allemal der nächste Mensch, der seine Hilfe benötigte. Der einzige Lohn, den er wirklich suchte, war, wenn durch sein barmherziges Tun aus den Augen eines Leidenden das Leid wich.

An den Abenden die anderen Augen dann; die von Anne. Immer wieder von neuem erlebte er das Geschenk ihrer Zuneigung. Zutiefst vertraut und dennoch entzückend unergründlich war und blieb ihm das blitzende Spiel der dunklen Pupillen. Wärme, Schalk, Lust, Hingabe teilten sich ihm in nie vorhersehbarem Wechsel mit; das unendlich Vielschichtigere noch dazu, das niemals in Worte gefaßt werden kann. Braut blieb die Kupferhaarige, Weib war sie längst; Mädchen auch, Mutter, Geliebte und Schutzbefohlene. Im Sprechen, im Tändeln, im Leibwiegen, im Sichverströmen fand Michel Kraft. Im Weiblichen, wie nie zuvor, gingen ihm Orgasmisches und Schoßgeborgensein in eins. Sein biologischer Rhythmus, angesichts solch geistig hellwacher Existenz, hatte sich schon bald nach der Eheschließung verändert. Sehr wenige Stunden Schlaf vermochten ihm die körperlichen und seelischen Arsenale wieder zu füllen. Regelmäßig zur Mitternachtsstunde löste er sich, zumindest leiblich, aus der Nähe Annes und stieg hinauf auf den Turm, wo der bronzene Stuhl stand[208]. Mühelos jagte er hinaus in den Kosmos und erfüllte seine Aufgabe gegenüber der Menschheit sowohl jenseits als auch im innersten Kern der irdischen Welt.

Eine Zusammenschau gewann Gestalt in diesen Jahren; was er früher scheinbar weitgehend noch als regellos erblickt hatte, mündete in die Vision einer Ordnung speziell für den einen Planeten ein. Mit fragmentarischem Zeitrückstürzen und jähem Davonrasen in die Zukunft hatte es begonnen; nun verknüpften sich ungezählte Taue zu einem Fischernetz. Zunehmend begriff Notredame, welch überragendes Bild geistigen und moralischen Wollens der Jude Jeschu einst den erdverhafteten Menschen zu vermitteln versucht hatte. Nicht die stahlkantige Kettenfesselei irgendeiner Kirche hatte er

gemeint, sondern das weiche Aufgefangenwerden der Nie-
dergebrochenen in der kosmischen Weite und damit im
eigentlichen Ursprung. Gegen den Drachen, den Moloch,
hatten er und andere Erleuchtete die verflochtenen Spiralen
aufgespannt. Ein Zerrbild dessen hatten aber gleichzeitig die
unzähligen Widersacher geschaffen – und dort, wo das Finstere und das Lichte unversöhnlich gegeneinander im Kampf
standen, stand nun auch Nostradamus. Zusammen mit dem
Kantigen, mehr denn je, wurde ihm das Weiche entschleiert;
sehr schwer zu fassen war freilich das Hohe, während das
Niedrige sich in tausend und abertausend kreischenden
Namen manifestierte. Einige davon, aber Michel durchlitt sie
in diesen Jahren alle, lauteten: Krieg, Haß, Eigennutz,
Dummheit, Machtgier, Blutdurst, Neid, Mißgunst, Lüge,
Betrug, Menschenverachtung und stets, alle übrigen wie eit-
rig durchschillernd, Herzlosigkeit. Aus solchen Scheußlich-
keiten, aus unablässiger gegenseitiger Leib- und Seelenfolter,
war das Würgeeisen des Planeten geschmiedet; daraus waren
die Fundamente des immerwährenden Absturzes errichtet.
Von Dunkelheit zu Dunkelheit vernahm Notredame das Ket-
tenklirren immer neu, und er wäre zerbrochen daran, wenn
ihn nicht dennoch und trotzdem immer wieder das andere
bewahrt hätte.

So aber, weil er sich bis in seinen allertiefsten Seelenkern
hinein längst entschieden hatte und weil er von der Liebe
einer Frau sowie der eigenen Barmherzigkeit gehalten wurde,
hüllte auch das Lichte im Zehnklang ihn schützend ein.
Immer, noch in der tiefsten seelischen Finsternis, rettete ihn
dies und zeigte ihm darüber hinaus unabweislich den Weg.

1550 dann, im Sommer, stieg eine sternenfunkelnde Nacht
herauf, in der er gleichermaßen körperlich und geistig zeugte.

302

Seinen Samen senkte er in den Schoß seines Weibes; später aber bat er Anne, sie möge ihn heute hinauf auf den Turm begleiten. Dort, unter dem freien und klaren Firmament, entwickelte er ihr seinen Plan.

»Du weißt, daß ich vieles von dem, was ich schaute, bereits für dich und den engsten Kreis in meinen Manuskripten festgehalten habe«, sagte er leise. »Jetzt ist der Zeitpunkt gekommen, da manches davon in Umlauf gebracht werden muß. Kalendarische Schriften, jeweils für das folgende Jahr, werde ich herausgeben, um den Menschen bezüglich ihres Tuns die Augen zu öffnen und sie zu warnen. Ich werde dies jedoch vorerst noch kaschieren und werde sie sehr behutsam führen. Wenn sie dann allmählich begreifen, daß ich die Gabe besitze, und wenigstens dunkel ahnen, was ich ihnen mitteilen will, dann kann ich den nächsten Schritt tun. Die großen Linien des Werdens sollen ihnen dann aufgezeigt werden: jene Stränge, die keineswegs blindes Schicksal sind, sondern von den Irdischen selbst gestaltet werden müssen.«

Anne nahm es ohne Erstaunen hin. Beinahe drei Jahre war sie nun schon mit dem Medikus und Seher verheiratet, oft hatten sie in dieser Zeit über die verhängnisvollen, aber auch über die lichten Facetten des Menschseins gesprochen. »Du wirst es ins Werk setzen, und du wirst es auch schaffen«, ermunterte sie ihn. Hellsichtig, ihrerseits, setzte sie hinzu: »Wie das Leben in meinem Schoß, das ich heute empfangen habe, wird auch das andere gedeihen. Ich weiß es, Michel! Ich weiß es ganz sicher...«

Mit leuchtenden Augen, dazu plötzlich einem rauhen Schluchzen in der Kehle, schloß Nostradamus sein junges Weib, seinen guten Geist in die Arme. Kein Hinausschweifen mehr in den Zehnklang benötigte er in dieser Nacht; ihre

Hautnähe, ihre Wärme, noch einmal unter dem freien und klaren Firmament, bedeuteten ihm in dieser verzückten Stunde ebensoviel und mehr.

✳

Gleich am nächsten Tag besprach Notredame sich mit Tessier. »Am besten wendest du dich an Pierre Roux in Avignon[209]«, riet ihm der Katharer. »Er hat sich als Drucker und Verleger, obwohl er erst seit kurzem im Geschäft ist, bereits einen ausgezeichneten Ruf erworben. Außerdem«, Genette zwinkerte, »ist ihm die Bedeutung des Rosenkreuzes nicht unbekannt. Man findet es in jeder seiner Publikationen, wenn man nur scharfe Augen hat. Wenn du willst, begleite ich dich zu ihm. Ich hatte erst vor wenigen Monaten das Vergnügen, ihn persönlich kennenzulernen.« Einmal mehr hatte Michel das Gefühl, geführt und geleitet zu werden; dankbar stimmte er zu.

In der letzten Juniwoche trafen die beiden Reiter in der ehemaligen Papststadt ein. An den Kunstmaler Anatole und dessen Weib Margarete dachte Michel, auch an die kleine Bernadette. Mehr als dreißig Jahre waren vergangen, seit die Seuche sie hinweggerafft hatte, dennoch schien es – angesichts der immer noch so vertrauten Gassen, Fassaden und Steinsilhouetten – erst gestern gewesen zu sein. Den rasenden Hufschlag eines davonpreschenden Schimmels glaubte Michel noch einmal zu vernehmen, aber dann schoben sich die Pyrenäen und ein erstes Trotzdem dazwischen, und anstelle des traumatischen Trommelns war wieder das tänzelnde Traben des Hengstes da, den Notredame jetzt, ein Menschenalter später, ritt. Am Sattel hing die Ledertasche

304

mit den Manuskripten; Genette war an seiner Seite, sein katharischer Beschützer, und wenig später deutete Tessier auf ein bescheidenes Haus unterhalb des Palastes und erklärte: »Das ist es, mein Freund!«

Noch ehe er gleich darauf Pierre Roux die Hand reichte, richtete sein Blick sich entschlossen in die Zukunft; beim Wein dann kamen der Verleger und der Seher aus Salon sich schnell näher. Es stellte sich heraus, daß der Drucker mit Rabelais bekannt war; seine Gesellen- und ersten Meisterjahre hatte der feuergeistige Rosenkreuzer in Paris verbracht. »Mehr als einmal sprach François auch von Euch«, verkündete Pierre Roux in diesem Zusammenhang, »das allein wäre schon eine ausreichende Empfehlung! Doch mehr noch zählt für mich das andere, das Ihr mir bereits angedeutet und in seiner realen Ausführung grob skizziert habt! Positiv einzugreifen ins wahnhafte Menschentreiben – so etwas reizt mich allemal!«

Der Drucker rückte näher, grinste und fuhr fort: »Daß Ihr es noch dazu listig wie ein Fuchs versuchen wollt, spricht für Eure Klugheit, Doktor Notredame! Darin unterscheidet Ihr Euch überhaupt nicht von dem berühmten Rabelais. Der kritisiert die Pfaffheit und prangert eine hirnlose Gesellschaft an, indem er beiden in seinen Satiren die Gier und den Wanst bis zum Platzen aufbläht. Dadurch bringt er so manchen mächtigen und menschenfeindlichen Altar- und Feudalsokkel ins Wanken. Man wird es ihm, wenn einmal der Tag kommt, gar nicht genug danken können! Ähnlich, wenn auch ein wenig subtiler, wollt Ihr es angehen, Michel. Anstelle des Satirischen bei François soll in Euren Almanachen das Triviale zum Zuge kommen. Ja, ich kann mir gut vorstellen, daß wir damit, den äußerlichen Erfolg nutzend, letztlich auch den tieferen und verborgenen haben werden! Eure eigentlichen Aussagen und Warnungen werden wir mit dem Simplen und Alltäglichen verknüpfen. Was schadet's, wenn neben den ernsthaften Prophezeiungen medizinische Ratschläge oder gar Kochrezepte, so wie Ihr's vorgeschlagen habt, abgedruckt werden? Gar nichts; im Gegenteil! Um so mehr Menschen werden die Kalendarien letztlich lesen – und um so mehr werdet Ihr damit erreichen!«

»Zumindest lege ich den Grundstein für den späteren wahren Bau«, murmelte der Seher von Salon. »Ehe der aber aufgerichtet werden kann, muß mein Name möglichst in ganz Frankreich bekannt werden. Dafür müßtet Ihr sorgen, Pierre Roux! Das wäre die Aufgabe, die Ihr nicht nur als Verleger, sondern mehr noch als Rosenkreuzer zu erfüllen hättet...«

»Wir ziehen an einem Strang – geschäftlich und darüber hinaus«, versicherte Pierre; ein tiefer Ernst schwang dabei in seiner Stimme mit.

Im Lauf der folgenden Tage dann stellten Nostradamus, Tessier und der Drucker den ersten Almanach zusammen: ein Konglomerat aus Wetterregeln, medizinischen Ratschlägen, tatsächlichen Rezepten und dazu etlichen eher allgemeinen Prophezeiungen für das kommende Jahr 1551 entstand. Vor einem neuerlichen Ausbruch der Pest in verschiedenen Regionen des Landes etwa warnte Michel, gleichzeitig waren auf den Seiten mit den alchimistischen Traktaten sehr vernünftige Verhaltensmaßregeln eingestreut. »Wer Augen hat, um zu sehen, wird seinen Nutzen und hoffentlich auch Erkenntnis daraus ziehen«, sagte Pierre Roux, als er gegen Ende der Woche den ersten Bürstenabzug vom Druckstock löste.

Nostradamus nickte; anschließend besprachen sie, wann und wie die ersten Auslieferungen auf den Weg gebracht werden sollten. Mit Beginn des neuen Monats ritten der Katharer und der Seher in ihre Heimatstadt zurück. Ihre Aufgabe in Avignon war erfüllt, jetzt war der Rosenkreuzer am Zug.

Im Süden der Provence warteten wieder die Kranken. Die seelische Kraft, die Michel daraus erwuchs, brauchte er für das andere, für die nächtlichen Visionen. Mehr noch brauchte er Anne für seinen innerlichen Gleichklang, seine Frau, in deren Leib jetzt das neue Leben heranreifte. Ihre Nähe und das ihnen nun mehr denn je Gemeinsame trugen ihn durch die zweite Hälfte dieses Jahres 1550; im folgenden Frühling dann leistete er seinem Weib die Geburtshilfe.

Ein Mädchen war es, das ihnen geschenkt wurde, behutsam fing Michel de Notredame den kleinen Körper in seinen Händen auf. Als er das Zucken, das noch Blut- und Sekretfeuchte spürte, vernetzte sich diese eine Realität jäh mit einer anderen, früheren; nach Agen fühlte er sich zurückversetzt: zweimal, bei Esclarmonde, hatte er dort den gleichen helfenden Griff getan, nur um wenig später die Gräber zu graben. Eine panische Angst wollte in ihm aufsteigen, doch sie dauerte nur einen winzigen Augenblick, dann sah er wieder Annes Augen und das ihm wie zum Ausgleich anvertraute Leben. Eine Hoffnung blühte in ihm auf, eine Hingabe an das Adonai ohne weiteres Fragen; er wußte auf einmal unverbrüchlich: es war gut, es würde ihm nicht noch einmal alles genommen werden. Eine weitere Wunde schloß sich, er versorgte den Körper des Neugeborenen, legte sein und ihr Kind zurück in Annes Arme und barg seinen Kopf an ihrer Brust.

Am nächsten Tag, als sie ihn fragte, welchen Namen sie dem Mädchen geben sollten, erinnerte er sich ohne Schmerz an Agen und an Scalinger. Die Botschaft des Katharers, die sein Leben so tief geprägt hatte, war ihm auf einmal wieder unendlich nahe – und in ihr die verlorene und verdunkelte Lebensgeschichte des Menschheitslehrers und Juden Jeschu. »Auch er liebte ein Weib und zeugte ein Mädchen mit ihr«, flüsterte er Anne zu. »Mirjam von Magdala gebar ihm sein Kind; ich denke, wir sollten das unsere nicht nur nach meiner Mutter Madeleine nennen!«

Lächelnd stimmte die Frau zu; aus dem Herzen und dem eigenen katharischen Wissen heraus hatte sie augenblicklich begriffen, welches Geschenk der Gatte ihr damit hatte machen wollen.

*

Während Madeleine gestillt wurde und binnen Jahresfrist ihre ersten taumeligen Schritte tat, erlebten die Almanache ihres Vaters erstaunliche Verbreitung. Pierre Roux hatte sein Versprechen innerhalb kürzester Zeit wahr gemacht und belieferte nunmehr Hunderte von Buchhändlern in ganz Frankreich. Von der Provence bis in die Normandie, von den Ardennen bis in die Grafschaft Landes[210] rissen die Menschen sich die Traktate aus den Händen. In den Jahren 1551 und 1552 wurde Notredames Name auf diese Weise im ganzen Königreich bekannt. Die Prophezeiungen des Medikus, inhaltlich immer noch eher allgemein gehalten, erschienen den Lesern nicht zu Unrecht wichtiger als gewisse Nachrichten, die aus der sogenannten großen Welt zu ihnen drangen. Über die Tatsache etwa, daß sich das Tridentinische Konzil[211] ergebnislos vertagt hatte, spotteten viele Katholiken bloß noch; über die Sentenzen des Nostradamus aber zerbrachen sie – und dazu die Hugenotten – sich die Köpfe. Das Bündnis des sächsischen Kurfürsten jenseits des Rheins mit König Heinrich II. von Frankreich nahmen sie als gewohntes Intrigenspiel des Hochadels hin; als Notredame aber wenig später von Blutvergießen und Gemetzeln schrieb, horchten sie auf.

Ganz richtig hatte der Seher von Salon, wie sich alsbald herausstellte, den Angriff Karls V. auf Metz vorhergesagt, und nun, während die Belagerung der Stadt viele tausend Menschenleben kostete, begannen selbst solche, die bisher noch gezweifelt hatten, die Bedeutung des Geheimnisvollen zu erkennen. Weiter stiegen die Auflagen der Almanache, während der deutsche Kaiser und seine Landsknechtsverbände in der Folge entsetzliche Prügel bezogen und der Habsburger zuletzt bis Innsbruck fliehen mußte.

Geschickt streute der mit der Gabe begnadete Arzt in die Publikation für das Jahr 1553 Warnungen vor dem Machtwahn und der Herrschsucht der Fürsten ganz allgemein ein. Von Anfang an war dies ja sein eigentliches Ziel gewesen, und nun kam es zumindest da und dort allmählich zu einem tieferen Nachdenken. So mancher Bürger und mancher Bauer begriff, daß die Mächtigen, die Größenwahnsinnigen im Weltenspiel austauschbar waren, daß andererseits aber das eigene Leid, das Geschundenwerden des Volkes immer blieben. Nostradamus trug damit den Kern einer anscheinend ganz neuen Lehre und den freilich noch sehr zögerlichen Beginn einer grandiosen Revolution ins französische Volk. Daß äußerlich noch nichts greifbar wurde, störte ihn – vom Mitleiden abgesehen – nicht: er hatte längst gelernt, in Jahrhunderten zu denken.

»Ein Stachel wird bleiben im Fleisch des Molochs!« sagte er im Frühjahr 1553, als er wiederum in Avignon weilte, zu Pierre Roux. »Wir haben mit den ersten Kalendarien bereits viel erreicht! Doch nun ist es an der Zeit, noch mehr zu tun. Wie du sagst, verlangen die Buchhändler nach Werken, in denen nichts anderes mehr als meine Prophezeiungen zu finden sind. Dieser Wunsch soll befriedigt werden, aus Gründen, die du nur zu gut kennst. Glaubst du, du kannst eine erste Lieferung bis zum nächsten Jahr fertigstellen, Pierre?«

»Nicht allein«, erwiderte der Rosenkreuzer. »Die Kapazitäten, über die ich hier in Avignon verfüge, sind begrenzt. Hinzu kommt, daß wir die Produktion der Almanache nicht aufgeben wollen. Mit ihrer Hilfe erreichen wir schließlich immer noch neue Leserschichten. Ich werde mir also Kompagnons in anderen Städten suchen müssen – vorausgesetzt, du bist einverstanden.«

»Es ist mir recht, sofern sie wie wir dem höheren Ziel verpflichtet sind«, antwortete Michel.

»Ich habe ohnehin nur an Katharer oder Rosenkreuzer gedacht«, nickte Pierre. Dann nannte er einige Namen: »Jacques Kerver in Paris, Mace Bonhomme in Lyon, dazu Antoine de Rosne und Benoist Rigaud[212] – ich denke, zusammen mit ihnen ließe es sich gut schaffen.«

»Dann sende ihnen so schnell wie möglich Nachricht«, bat Nostradamus. »Ich werde zwischenzeitlich zu Hause die Prophezeiungen auswählen.«

»Gut so«, sagte der Verleger. »Und da wir gerade von Salon sprechen: Richte Anne meine besten Wünsche für den Verlauf ihrer zweiten Schwangerschaft aus!«

»Ja, im Frühherbst wird's so weit sein«, versetzte mit einem

Glänzen in den Augen der nun beinahe fünfzigjährige Medikus.

*

Im September 1553 wurde Notredames Sohn geboren. In Erinnerung an Scalinger erhielt er den Namen César. Genette Tessier übernahm, ebenso wie bei Madeleine, die Patenschaft. Noch vor Annes Niederkunft hatte Michel die erste große Zusammenstellung seiner Visionen abgeschlossen. Als César seinen ersten Schrei tat, waren in Avignon, Lyon, Paris und anderswo bereits die Bleisetzer am Werk. Bis zum Frühjahr 1554 konnte das erste große Werk des Sehers aus der Provence an den französischen Buchhandel ausgeliefert werden. »Die großen Vorhersagen« – so lautete der Titel. Innerhalb weniger Monate erreichte der Oktavband Auflagenzahlen, von denen andere Autoren noch nicht einmal zu träumen wagten.

Bauern, Bürger, zunehmend auch Adlige wurden umgetrieben von den Prophezeiungen des Nostradamus. Von einem zukünftigen dreißigjährigen Krieg mitten in Europa, von einem entsetzlichen Abschlachten, das in naher Zukunft in Paris stattfinden sollte, von der Bedrohung durch die Türken war auf den Dörfern und in den Städten und Palästen die Rede. Sehr nachdrücklich, in harschen Bildern, hatte der Medikus aus Salon den Menschen seine Warnungen dargelegt, meisterlich wußte er ihre Sensationslust für den höheren und edleren Zweck zu nutzen. Jetzt rieben sie sich an den dunklen und funkelnden Fetzen der Zukunft, und wenn auch viele im Schicksalsglauben hängenblieben, so gab es doch andere, die aufgeschreckt zu denken begannen. Die stellten sich die Frage, ob denn das Grauen wirklich und wahrhaftig unumkehrbar sei; ob der einzelne oder auch die verschworene Gruppe nicht doch mutig hineingreifen könnten ins hohnkeckernde Wirbeln eines vielleicht nur vermeintlich übermächtigen Schicksals.

Genau diese waren es, auf die Michel de Notredame seine Hoffnung setzte, und aus dieser Hoffnung heraus machte er nun weiter. Für das Jahr 1555 bereitete er ein neues und noch umfangreicheres Werk vor; während er aber noch über seinen Manuskripten brütete, stürzte kurz nach Césars erstem Geburtstag Tessier in die Studierstube des Sehers und überbrachte ihm eine sehr ernst zu nehmende Warnung.

»Ich habe es soeben von katharischen Vertrauensleuten erfahren!« keuchte Genette. »Die Inquisition ist wieder auf dich aufmerks am geworden! Der Erfolg deines Buches ist den Dominikanern ein Dorn im Auge. Sie halten dich für einen Hexenmeister und Satansdiener, weil angeblich alles durch die Schöpfung ihres katholischen Götzen vorherbestimmt ist und ihrer Ansicht nach kein Mensch den Schleier lüften darf. Und die Tatsache, daß du jüdischer Abstammung bist, kommt natürlich noch hinzu ...«

»Ja, ihre Dummheit ist mir bekannt«, sagte Nostradamus. »Aber was können sie konkret gegen mich unternehmen?«

»Im Augenblick noch nicht viel«, versetzte Tessier. »Du hast dir Meriten im Kampf gegen die Pest erworben, bist als Arzt hochgeachtet und zudem in ganz Frankreich bekannt. Öffentlich werden die Kutten sich deswegen nicht gleich mit dir anlegen. Aber du kennst ebensogut wie ich ihre hinterfotzigen Methoden! Sie bespitzeln und belauern dich, tragen eine Menge Ungereimtheiten, die sie dann als theologisches Belastungsmaterial bezeichnen, gegen dich zusammen. Jedes unbedachte Wort einem Patienten gegenüber, jeden aufsässigen Satz in deinen Schriften können sie gegen dich ins Feld führen. In deiner Vergangenheit werden sie herumstochern und dabei möglicherweise auf das stoßen, was vor vielen Jahren in Agen geschehen ist – als du den Untergang der Romkirche prophezeit hast und der Pöbel dich um ein Haar erschlagen hätte. Wenn es der Inquisition gelingt, an der Garonne auch nur einen überlebenden Zeugen ausfindig zu machen, hast du verspielt, Michel! Dann drohen dir der Kerker, die Folter und der Scheiterhaufen! Doch nicht nur dich allein werden die Dominikaner ermorden! In Todesgefahr befinden sich dann auch Anne, deine Kinder – und deine Freunde! Bist du erst einmal im Spinnennetz gefangen, werden bald auch andere Unschuldige darin zappeln. Auf der Streckbank, am Wippgalgen, mit den glühenden Zangen im Fleisch schreit jeder heraus, was die blutsäuferischen Pfaffen hören wollen! Auch du, Michel – und es wäre nicht deine Schuld, beileibe nicht!«

»So weit darf es auf keinen Fall kommen!«, rief der Seher. Er hastete zur Tür, verriegelte sie. Fuhr wieder herum und setzte mit einem Zittern in der Stimme hinzu: »Wie können wir die Gefahr abwenden, Genette? Siehst du denn einen Weg? Aber verlange nicht von mir, daß ich meine Bücher aus dem Verkehr ziehen soll! Das wäre ...«

»... ein Verrat an deinem Auftrag und an deiner Gabe, ja!« fiel ihm der Katharer ins Wort. »Dennoch, Michel! Bist du nicht auch Humanist? Hast du nicht auch Pflichten gegenüber dem Leben, das dir geschenkt wurde? Und gegenüber jenen anderen, denen du Vater, Gatte oder Freund bist? Auch dies mußt du bedenken! Deswegen rate ich dir, zumindest für eine Weile zu verstummen, vielleicht zusammen mit deiner

Familie unterzutauchen. Und wenigstens in den nächsten Jahren solltest du auch kein neues Werk mehr in Druck gehen lassen!« Tessier wies auf das Manuskript, an dem Notredame gearbeitet hatte. »Mehr als dreihundert Prophezeiungen, du hast es mir selbst gesagt, willst du demnächst veröffentlichen. Ganz neue Visionen und brisantere noch als diejenigen, die Frankreich bereits kennt! Dabei haben dir schon die paar Dutzend, die bisher erschienen sind, die Inquisition auf den Hals gehetzt! Nein, du darfst es nicht tun, Michel! Ich beschwöre dich!«

Der Seher rang mit sich, begann zu zittern; ein beinahe epileptisches Zucken ergriff ihn. Und dann verwich ihm plötzlich die Gegenwart, er schnellte zurück in die eigene Vergangenheit, ein dutzend Jahre weit.

In Agen hatte er soeben seine Vision vom Untergang des Papsttums herausgebrüllt; die Fratzen der Geißler glaubte er wieder zu sehen, gleichzeitig vermeinte er zu spüren, wie er durch einen finsteren, steinkantigen Schlund stürzte. Im nächsten Augenblick war eine novemberfrostige Waldlichtung da; am Feuer, ganz nahe bei ihm, kauerte Scalinger. Und dann hörte er die Stimme seines Retters, vernahm überdeutlich noch einmal das, was Jules ihm damals so eindringlich geraten hatte: »Deine Aufgabe, Michel! Erfülle sie besser, als du es zu Agen getan hast! Du darfst die Wahrheit nicht blindwütig hinausschreien und dich dadurch selber gefährden! Vielmehr mußt du einen Weg finden, wie du den Feind über Jahrhunderte hinweg überlisten kannst! Du wirst den Schlüssel dazu besitzen, eines Tages!«

Die Rückvision zerstaubte dunstig, die Worte aber blieben Notredame im Schädel haften; klangen nach, stachelten ihn, trieben ihn. Und trieben ihn hinein in die Lösung, die einzi-

ge, die seinem humanen und prophetischen Denken gleichermaßen gerecht wurde. »List!« fauchte er Genette an,
packte ihn an der Schulter, beutelte ihn. »Eine List, die über
Jahrhunderte hinweg wirkt, allen Widersachern des freien
Geistes zum Trotz! Stammeln werde ich und dennoch sprechen – das wird sie blenden! Meine Visionen schenke ich den
Menschen; der Inquisition aber lasse ich nichts, was sie mit
ihren Krallen greifen könnte! Ich lüfte den Schleier und ver-
schleiere dennoch! Der Moloch wird es nicht fassen können,
wohl aber diejenigen, die in ihren Herzen und Hirnen wach
sind! Nur ein kleines Spiel muß ich dazu in Szene setzen! Eine
Scharade, Bruder, und ich werde dir auf der Stelle zeigen, was
ich damit meine . . .«

Nostradamus trat ans Schreibpult, jetzt wieder beherrscht.
Auf einem leeren Blatt notierte er hastig eine der bisher noch
nicht im Druck erschienenen Prophezeiungen. Scheinbar
willkürlich hieb er sodann Federstriche zwischen einzelne
Wörter und Halbsätze. Tessier, scharf einatmend, begann
offensichtlich zu begreifen. Michel fügte die Textfragmente
weiter unten auf dem Papier neu zusammen: ein Vierzeiler
entstand. Er tüftelte an den Zeilenenden herum und schuf auf
diese Weise zwei Reimpaare. Durchaus nicht unbeabsichtigt,
verdunkelte sich dadurch der Inhalt der Aussage zusätzlich.
»Das Geheimnis liegt im rechten Maß!« erklärte Notredame
leise. »Bei oberflächlicher Betrachtung wirkt der Quatrain[213]
jetzt mehr oder weniger unverständlich. Senkt man sich aber
tiefer in ihn ein, wird man seine Bedeutung, halb vom Verstand und halb vom Instinkt her, wieder erkennen. Inquisito-
risch nachweisbar freilich wird nichts, gar nichts mehr sein.
Wenn ich nun nicht einen Vierzeiler nehme, sondern jeweils
hundert noch einmal durcheinanderwerfe, verhundertfacht

sich damit auch das Chaos. Ich muß lediglich darauf achten, daß Sinn und Unsinn stets auf der Bruchkante, auf dem messerscharfen Grat zwischen Licht und Finsternis gehalten werden. Metaphorische und alchimistische Verklausulierungen in den Versen können noch ein Übriges bewirken. – Und nun, Genette, sage mir, ob du nicht auch glaubst, daß damit die Lösung für unser Problem gefunden ist?«

Der Katharer rezitierte gedämpft den verschlüsselten Quatrain. Dann umarmte er den Freund, rief erleichtert: »Ja, so wird es gehen! Die verdunkelten Verse werden den Pfaffen zumindest keine juristische Handhabe mehr bieten. Vielleicht aber solltest du den anderen, den wahrhaft Suchenden, doch noch einen versteckten Hinweis geben. Etwas, das sie außerhalb der Prophezeiungen auf die richtige Spur führt.«

Michel bedachte sich; sehr lange. »Ein Vorwort«, murmelte er endlich. »Eine Vorrede an meinen einjährigen Sohn César! An einen, der es noch gar nicht lesen, nicht verstehen kann. Die Schnüffler werden so etwas nicht ernst nehmen, werden es allerhöchstens für lächerlichen Vaterstolz halten. Nichts als die schwätzerische Ausgeburt eines alternden Mannes, der trotzdem noch einmal zu zeugen vermochte, werden sie darin sehen. Nach Jahren aber wird auch dieser vermeintliche Unsinn seinen eigentlichen Sinn enthüllen; ist César erst erwachsen, wird niemand mehr bedenken, daß er ein Säugling war, als ich die Botschaft an ihn richtete. So wird sie von der Welt angenommen werden, die Folgen aber werden mich und die Meinen nicht mehr treffen, denn im Grab kann mich keine inquisitorische Anklage mehr erreichen. Keine Folter auf Erden kann mir mehr ein Wort abpressen, und trifft der Haß mich nicht mehr, dann wird er auch gegenüber meiner

Witwe und meinen Kindern, ebenso was meine Freunde angeht, machtlos sein.«

Sehr leise, sehr bedächtig, fast als sei er schon wieder im Hellsichtigen gefangen, hatte Nostradamus die letzten Sätze gesprochen. Nun, ohne Tessier weiter zu beachten, griff er wiederum nach der Feder und begann das angekündigte Vorwort zu seinem Buch zu schreiben. Eine Weile blickte ihm der Katharer noch über die Schulter, dann zog er sich still zurück. Michel de Notredame aber brachte die Botschaft an seinen einjährigen Sohn und die Welt noch am gleichen Tag vollständig zu Papier.

*

Im März des folgenden Jahres 1555 hielt der Verleger Mace Bonhomme zu Lyon das erste Exemplar von Michel de Notredames neuem Buch in Händen. Pierre Roux und die anderen Drucker, mit denen der Seher von Salon bisher gearbeitet hatte, hatten Bonhomme diesmal den Vortritt gelassen, um die dominikanischen Büttel noch zusätzlich zu irritieren. Insgeheim arbeiteten sie dem Lyoneser jedoch in ihren eigenen Werkstätten zu und garantierten auf diese Weise sozusagen aus dem Untergrund heraus eine hohe Auflage des Werkes. Und nun schlug Mace den Band auf und begann murmelnd zu lesen:

»Deine späte Ankunft, mein Sohn César Nostradamus, ließ mich lange Zeit die Nächte durchwachen, so daß zuletzt diese Schrift verfaßt werden konnte... und das Wissen, welches mir der göttliche Geist aus dem Lauf der Sterne offenbarte, dem allgemeinen Wohl der Menschheit diene.« Hier unterbrach sich der Verleger, überflog die nächsten Zeilen stumm, dann war seine Stimme erneut im Kontor zu vernehmen: »Das Wort der geheimen Prophezeiung, die du erben wirst, wird in meinem Herzen verschlossen sein. Bedenke aber auch, daß das Schicksal der Menschheit nicht determiniert ist, wenn auch alles von der unermeßlichen Allmacht des Göttlichen geleitet wird ... die uns das Erkennen durch die Stimme der Sterne zuteil werden läßt. Sie allein, vom göttlichen Geist und außerdem vom Durchdringen der Schleier beseelt, kennen die Zukunft. Oft schon habe ich ... vorhergesagt, was ... inzwischen eingetroffen ist ...«

Wieder übersprang Bonhomme ein paar Zeilen, um so schneller las er dann weiter: »Doch wegen der Ungerechtigkeit nicht nur in den gegenwärtigen Tagen, sondern auch der meisten zukünftigen Zeiten gedachte ich zunächst zu schweigen und meine Arbeit aufzugeben. Ich wollte nichts mehr niederschreiben, weil die Herrschenden, die Sekten und die Staaten Umwälzungen erleben werden, die in einem dermaßen diametralen Gegensatz zu ihren gegenwärtigen Erwartungen stehen, daß ein Enthüllen der Zukunft von den Inhabern dieser Throne und den Vertretern der Sekten, Religionen und Weltanschauungen als unvereinbar mit ihren irrigen Vorstellungen angesehen werden müßte. Sie sähen sich zur Verurteilung und Verdammung dessen gezwungen, was man erst in den künftigen Jahrhunderten klar sehen und erkennen wird. Ich erinnerte mich auch des Satzes jenes wahren Lehrers: ›Ihr sollt das Heilige nicht den Hunden vorwerfen und eure Perlen nicht vor die Säue werfen! Sie könnten sie sonst unter die Füße treten, euch anspringen und euch zerreißen!‹, der mich dazu bewogen hat, meine Sprache dem Allgemeinverständlichen ... zu entziehen. Vielmehr habe ich beschlossen ... die Angelegenheiten der Zukunft ... in verschlüsselte und rätselbergende Sätze zu kleiden. Was mir dazu eingefallen ist, wird, welche Umwälzungen die Menschheit auch erleben wird, die falschen Ohren nicht treffen, weil alles in einer verschleierten Form dargelegt ist, deren ich mich noch konsequenter als andere Propheten bedient habe. Denn... den Mächtigen und Königen ist es verborgen, geoffenbart aber wird es den Kleinen und Geringen... ebenso den Visionären, denen... die Gabe der Weissagung zuteil wurde.«

Sehr nachdenklich hielt der Verleger inne; das gefurchte Antlitz seines Autors glaubte er plötzlich vor sich zu sehen. Erst nach geraumer Zeit vertiefte sich der Lyoneser erneut in den geheimnisvollen und zugleich so klaren Text: »Dieses heilige Feuer und diese visionäre Kraft kommen über uns wie die Strahlen der Sonne. Wir Menschen vermögen, indem wir unsere natürlichen Fähigkeiten und dazu die Hilfsmittel unseres Verstandes nutzen, zwar die verborgensten Rätsel der Schöpfung nicht zu ergründen, denn wir kennen weder den Tag noch die Stunde! Dennoch kann es... einzelne Personen geben, denen das Göttliche und die Schöpfung durch bildhafte Eindrücke im Zusammenklang mit den Regeln der judiciellen Astrologie[214]... Zukunft und Vergangenheit offenbaren wollen.«

Von Gott, Engeln und bösen Geistern war anschließend die Rede; Bonhomme lächelte: meisterlich hatte Nostradamus es an dieser Stelle verstanden, abergläubischen und theologisch verblendeten Lesern die ihnen gemäßen wertlosen Brocken hinzuwerfen und sie auf diese Weise aufs Glatteis zu führen. Für die Denkenden jedoch hatte Michel sodann geschrieben: »Was die verborgenen Prophezeiungen betrifft, so empfängt man sie bei der Schauung des Sternenhimmels... durch den Anhauch des geistigen Feuers, welches die Erkenntnisfähigkeit anregt. Nicht anders ist es bei den Verkündigungen selbst, wo es mir plötzlich möglich war, ohne in die Gefahr blasphemischer Geschwätzigkeit zu geraten, meine Vorhersagen niederzuschreiben... weil alles aus der heiligen Kraft des Großen und Ewigen... hervorging. Von daher kommt alles Gute, nun aber, mein Sohn, obwohl ich von Prophetie gesprochen habe, möchte ich mir... einen Titel von derartiger Erhabenheit doch nicht zulegen! Denn derjenige, der heutzutage als Prophet bezeichnet wird, hieß ehedem Seher. Prophet im eigentlichen Sinn... ist jener, der ferne Geschehnisse durch die natürliche Erkenntnis jeglicher Kreatur schaut; wenn es aber so wäre, daß sich dem Propheten... göttliche ebenso wie menschliche Dinge offenbarten, so könnte dies schon deshalb nicht geschehen, weil sich die Auswirkungen der Zukunftsvoraussage in weite Fernen erstrecken...«

Mace Bonhomme erinnerte sich an ein Gespräch, das er erst wenige Monate zuvor mit dem Seher von Salon geführt hatte: um dasselbe Phantastische, das so dunkel aus den eben gelesenen Zeilen herausschillerte, war es dabei gegangen. »Angenommen«, hatte der Medikus gesagt, »du zeugst noch heute einen Sohn, und sein Same wiederum pflanzt sich fort über einhundert, zweihundert Jahre. Am Ende dann, verzeih mir, mein Freund, stünde einer, der großes Unglück über die Menschen brächte; ein Krieger, ein Feldherr, ein Machtbesessener. Ich sähe ihn in der Zukunft; ich könnte seine Taten erblicken, ich hätte Mitleid mit seinen Opfern! Also könnte ich versuchen, das Böse bereits in seiner ersten unschuldigen Wurzel – in dir, Mace – auszutilgen. Ich könnte dich daran hindern, in einer bestimmten Nacht mit einer bestimmten Frau zu zeugen. Nie, du wirst mir darin zustimmen, würde

Jahrhunderte später der Krieger, der Feldherr, der Machtbe-
sessene ins Leben treten. Das Unheil wäre abgewendet, nicht
wahr?«

Bonhomme hatte genickt; gleich darauf aber hatte Notredame ihn leidenschaftlich angefahren: »Nein! Du täuschst
dich! Weil du nur in der einen möglichen Dimension dach-
test! Weil du nicht ahntest, daß aus dem willkürlichen Verschütten des einen blutigen Pfades tausend andere und noch
schlimmere Wege entstehen könnten! Die Zukunft, die sich
in der einen Facette zeigte, wäre aufgesplittert in Myriaden
andere! Und wer wollte dann abwägen, messen, entscheiden?
Wer urteilen darüber, ob ich durch die Verhinderung deines
Beischlafes unendlich Gutes oder aber noch Grauenhafteres
bewirkt hätte?!«

»Dies würde doch aber bedeuten, daß wir dem Schicksal so
und so hilflos ausgeliefert wären!« hatte der Verleger geächzt.
»Glaubst du wirklich daran, Michel?! Klammerst auch du
dich letztlich an nichts als die Sinnlosigkeit, den blinden
Zufall?!«

»Nein!« hatte Nostradamus geantwortet. »Ich habe nur
gesagt, daß Zukunftsschau und das kleinliche Hineingreifen
ins Tausendfacettige zwei völlig verschiedene Dinge sind!
Kindliche und kindische Hände haben nichts zu suchen im
unendlich größeren Sternenhallen des Göttlichen! Trotzdem,
Mace, gibt es den erlösenden Weg! Bloß nicht an der einen
Faser des kosmischen Netzes sollen wir herumtändeln, sondern das ganze planetenweite Gespinst müssen wir in seinem
Zusammenhang und in seiner eigentlichen Sinngebung
erkennen! Den einen dunklen Faden laß uns mit einem tau-
starken Strang aus lichter Liebe umkleiden! Wohin wohl wird
das Seil, in dem sowohl das eine wie auch das andere enthal-

ten sind, dann ausschwingen? Könnte es dann nicht passieren, daß das Zukünftige als Möglichkeit existiert – und trotzdem nicht geschieht...?!«

Keine Antwort hatte Mace Bonhomme damals zu geben vermocht; der Schädel hatte ihm geschwirrt, sehr verwirrt und doch wieder irgendwie getröstet hatte er sich gefühlt. Und jetzt, als er das Buch in der Hand hielt, las er im Vermächtnis des Michel de Notredame an César und die Menschheit weiter: »Denn die Geheimnisse des Göttlichen sind unbegreiflich, und die schaffende Kraft berührt nur am Rande das weite Feld der menschlichen Erkenntnis, die aber ihren allertiefsten Ursprung im freien Willen hat. Sie offenbart uns jene Wurzeln, die nicht aus sich selbst heraus erkennbar sind, weder durch menschliche Scheinerklärungen noch durch irgendwelche andere Formen des Begreifenwollens oder gar des Okkulten unterhalb des Firmaments, weil doch stets das Gesamte und Ewige, welches alles andere in sich birgt, gegenwärtig ist. Aufgrund dieser Unteilbarkeit des Ewigen allein lassen sich... die Ursachen aus den Bewegungen der Sterne erkennen. Verstehe mich recht, mein Sohn! Ich sage nicht, daß die Erkenntnis dessen... sich deinem beschränkten Gehirn nicht noch einprägen kann, beziehungsweise daß die in großer Entfernung liegenden Wurzeln der Zukunft sich dem Begreifen durch die vernunftbegabte Kreatur entziehen. Da sie sich dem... wahrlich nicht widersetzen, sind... gegenwärtige und entfernte Dinge keinesfalls allzu tief verschüttet, aber auch wieder nicht allzu offenkundig. Das vollkommene Begreifen dieses Treibenden jedoch kann man nicht ohne die Inspiration durch das Göttliche erlangen, denn jede seherische Inspiration erhält ihren eigentlichen Ursprung und Beweggrund vom Alephischen und Adonaischen, erst danach von den zeitlichen Umständen und der Natur. Weil die Ursachen indifferent sind, sich also indifferent verwirklichen oder nicht verwirklichen, tritt das Kommende oft nur teilweise so ein, wie es vorhergesagt wurde. Denn die vom Verstand abhängige Erkenntnis kann das Verborgene nicht schauen, es sei denn mit Hilfe ... jenes winzigen Lichteleins ...« Ein Licht vermeinte jetzt auch Bonhomme zu erblicken, doch schon wenige Zeilen später wurde ihm das Gegenteil vor Augen geführt. »Ich warne dich aber vor ... der abscheulichen Magie«, hieß es im Text des Nostradamus, »die seit jeher ... von den Gesetzen des Göttlichen verworfen wurde!« Mace, aus seinem eigenen katharischen Wissen und damit einem grundlegenden Durchschauen etwa des Katholizismus heraus, nickte. Gleich darauf aber kam Notredame auf sein eigentliches Thema zurück: »Davon ausgenommen ist die judicielle Astrologie, durch die ich ... meine Visionen niedergeschrieben habe. Da ich jedoch befürchten mußte, daß mein ... Wissen bekämpft werden würde, wollte ich es in seiner schrankenlosen Überzeugungskraft nicht veröffentlichen. Dasselbe gilt für die geheimen Schriften, zu denen ich Zugang hatte. Ich fürchtete das, was mit ihnen geschehen würde, und habe sie, nachdem ich sie verinnerlicht hatte, dem Vulkanischen[215] übergeben. Während es sie verzehrte, ging von der hochlodernden Flamme eine ungewöhnliche Helligkeit aus ...«

Der Verleger lächelte; er wußte, daß Michel an dieser Stelle neuerlich eine falsche Fährte für die inquisitorischen Hetzhunde gelegt hatte. Metaphorisch war das lichte Aufflammen des rosenkreuzerischen und katharischen Wissens aus dem vulkanischen Schlund zu verstehen; nie hätte Nostradamus die Bücher, die er Rabelais, Scalinger, Tessier und anderen verdankte, wirklich der Vernichtung überantwortet. Vielmehr hatte er diese Möglichkeiten wahren Begreifens, neben dem Intuitiven im Zehnklang und aus der Bronze, zutiefst genutzt, und folgendermaßen hatte er dies weiter unten im Vorwort seines eigenen Werkes ausgedrückt:

»Durch die Inspiration der Offenbarung bin ich, ein Sterblicher, mit meinen Sinnen vom Sternenschwingen nicht weiter entfernt als mit den Füßen von der Erde und kann weder irren noch getäuscht, noch enttäuscht werden... und so habe ich... meine Prophezeiungen verfaßt... welche ich mit Absicht ein bißchen schwer durchschaubar verschlüsselt habe. Es sind... Weissagungen von der Gegenwart bis zum Jahr 3797; möglich, daß manche angesichts eines so weiten Zeitbogens in ihren Gehirnen zurückzucken werden. Doch... die Ursprünge werden überall auf diesem Planeten sichtbar werden, mein Sohn. Denn wenn du...« – Die Menschheit! dachte Bonhomme – »...die natürliche Reife der Existenz erreichst, wirst du in deiner Heimat, am Himmel, die vorhergesagten künftigen Ereignisse schauen.« Eine Ahnung stieg dem Lyoneser auf, etwas ganz Ungeheuerliches, gleich darauf stachen ihm die folgenden Zeilen ins Auge:

»Nur das Ewige allein kennt die Ewigkeit seines Lichts, das aus ihm selbst hervorgeht. Jenen aber, denen... durch eine melancholische Inspiration Offenbarungen zuteil wurden, sage ich, daß dies... vor allem auf zwei Ursachen beruht, die nur für den Verstand desjenigen faßbar sind, der die Gabe der Weissagung besitzt. Die erste lebt im Geistigen des Menschen, der im Licht einer übernatürlichen Erleuchtung anhand des Sternenschwingens weissagt; die zweite ist die in ihm schlummernde Möglichkeit der Offenbarung – und diese bedeutet eine gewisse Partizipation an der Ewigkeit des Göttlichen.«

Der Verleger spürte und begriff, daß er damit zum Kern der Botschaft vorgedrungen war; hier lag das Eigentliche, das Michel de Notredame seinen künftigen Lesern vermitteln wollte. Bei dem, was nun noch folgte, handelte es sich eher wieder um Verschleierungen und um ein Kitzeln der Sensationsgierigen; ihnen hatte der Seher etliches an Ködern hingeworfen, um selbst diesen Tumben dadurch vielleicht doch eine Chance zu tieferem Erahnen zu geben. Von Revolutionen, Zerstörung der Natur und außergewöhnlichen zukünftigen Erscheinungen am Firmament war die Rede. Dann aber stand noch einmal ein kristallscharfer Satz auf: »Einst wird die Unwissenheit aufgehoben sein!«

In seinem Herzen und seinem Gehirn empfand Mace Bonhomme, daß dies unumstößliche Wahrheit war; sehr wahrhaftig in seiner Menschlichkeit endete das Vorwort auch: »Zum Abschluß, mein Sohn, nimm also dieses Geschenk von deinem Vater Michel Nostradamus entgegen, welcher sich erhofft, daß du jede einzelne der in den Quatrains enthaltenen Prophezeiungen weitergeben wirst. Ich bete zum Ewigen, er möge dir ein langes Leben in Glück und Gnade verleihen!«[216]

»Und der Menschheit dazu!« murmelte der Verleger. Dann schloß er mit behutsamer, beinahe zärtlicher Handbewegung den Band. Von nebenan, aus der Werkstatt, drang das Ächzen und Klappern der Druckstöcke herüber, wieder in einem anderen Raum wurden die fertigen Buchblöcke aufgebunden, und plötzlich konnte der Katharer aus Lyon es kaum noch erwarten, bis er das Werk endlich würde ausliefern dürfen.

*

Von der Märzmitte dieses Jahres 1555 an war das der Fall, und noch ehe der Sommer in seiner größten Hitze stand, war klar, daß der Erfolg der gesammelten 353 Prophezeiungen[217] allen vorangegangenen Autorenruhm des Sehers von Salon noch weit in den Schatten stellen würde.

»Selbst im Louvre«, so teilte zu dieser Zeit Jacques Kerver aus Paris dem Medikus brieflich mit, »sind deine Quatrains neuerdings in aller Munde!« Weiter schrieb der Verleger, daß man in seinem und auch in den anderen mit Bonhomme vernetzten Betrieben das heimliche Drucken wieder aufgegeben habe; es bestünde längst keine Gefahr mehr, die Inquisition sei völlig machtlos gegen den Ruhm Notredames. Eher käme es zum Aufstand von Volk und Teilen des Adels gegen die Kirche, als daß die Dominikaner ihm noch irgend etwas antun könnten.

Nostradamus las die überschwenglichen Zeilen in seinem Studierzimmer; zunächst lächelte er, dann aber schien ihm etwas Eisiges nach dem Herzen zu greifen. Es dauerte nur wenige Augenblicke; gleich darauf rief Anne nach ihm, und er ging nach unten – zu ihr und dem Patienten, der seine Hilfe brauchte. In der Nähe seines Weibes und über der Barmherzigkeit vergaß er das winzige bedrohliche Zucken wieder. Viele Stunden später, um die Mitternacht, bestieg er den Treppenturm und nahm unter dem Teleskop Platz auf dem bronzenen Stuhl.

Doch der Zehnklang erschien Nostradamus heute schrilltönig; wenig vermochte er zu greifen, seltsam verschleiert blieben ihm das Firmament und die Zukunft. Er konnte es sich nicht erklären und versuchte es auch nicht ernsthaft; zwingen, das wußte er, ließ sich das Sternenschwingen nicht. Undeutlich aber spürte er, daß sein Versagen mit dem Herzklemmen zusammenhängen konnte; der kleine Stich nach der Lektüre des Briefes war ihm auf einmal wieder gegenwärtig geworden. Möglicherweise hätte er den Schleier daraufhin doch noch zerreißen können, wäre nicht wenig später eine hämmernde Müdigkeit über ihn gekommen. So aber dachte er bloß noch an sein Alter, an den harten Tag und die Geborgenheit im Alkoven; und er taumelte nach unten und wühlte sich in die Wärme und Nähe der Kupferhaarigen hinein.

Draußen in der Nacht indessen schien, während er wie ein Toter schlief, ein schleimiges Zischeln und Züngeln zu hängen.

Natternzüngeln

Auf dem Stadtplatz von Salon liefen die Gaffer zusammen, zu Grüppchen ballten sich die reputierlichen Bürger; wichtigtuerisch versuchten etliche Ratsherren, obwohl nicht vorgewarnt, im letzten Augenblick doch noch so etwas wie ein Empfangskomitee zu bilden.

Graf Claude de Tande, seines feudalen Zeichens königlicher Statthalter in der Provence, nahm Brot und Salz[218] gnädig an. Als der Bürgermeister jedoch stammelnd zu einer improvisierten Rede ansetzte, unterbrach der Adlige ihn beinahe schroff: »Das Lobhudeln könnt Ihr Euch sparen! Sagt lieber ohne weitere Umschweife, wo der Medikus zu finden ist, der berühmte Doktor Nostradamus!«

»Im Quartier Ferreiroux«, stotterte der Patrizier. »Wenn Euer Gnaden es befehlen, werde ich ihn auf der Stelle holen lassen!« »Nichts da! Aber Ihr könnt mich und die Kavalkade hinführen!« versetzte der Comte. Die Reitgerte ließ er wippen; der Bürgermeister, von den übrigen Honoratioren jäh gepufft und gestoßen, beeilte sich, dem Befehl Folge zu leisten.

Notredame verarztete gerade eine Wassersüchtige aus der Nachbargasse, als er den Lärm vernahm. »Nimm den Sud aus Anis, Brennessel und Fenchel dreimal täglich ein!« riet er ihr, dann ging er, gefolgt von der schnaufenden Matrone, zur Tür. Als er öffnete, schwang sich Claude de Tande soeben aus dem Sattel. Mehrere Ratsherren drängten sich an den Grafen heran; zischelten, deuteten. Weiter hinten versuchten die Reiter der Leibtruppe, ihre Rösser zu einem schützenden Halbkreis zu formieren, einen Wall zu bilden zwischen ihrem Herrn und dem Pöbel, der jetzt noch lauter zu johlen begann. Dann, die Patrizier abschüttelnd, trat der Statthalter unter das Tor, musterte Michel scharf und sagte: »Ihr also seid der Mann, von dem ganz Frankreich spricht!«

Die Wassersüchtige verdrückte sich wie erschrocken, im gleichen Augenblick aber tauchte Anne auf und ergriff die Hand ihres Gatten, und der Medikus fand Halt in der Berührung; mit ruhiger Stimme antwortete er dem Comte: »Ich bin Nostradamus, falls Ihr das gemeint habt.«

Claude de Tande nickte; erkundigte sich, plötzlich sehr höflich: »Darf ich eintreten? Ich habe eine Botschaft der königlichen Majestäten in Paris an Euch zu überbringen, Doktor!«

Michel und Anne, während etliche Geharnischte nun von draußen die Tür sicherten, geleiteten ihren hochgestellten Gast hinauf ins Studierzimmer. Nahe dem Schreibpult, an dem das verschlüsselte Werk entstanden war, nahm der Statthalter der Provence Platz. Lange und nachdenklich ließ er den Blick über die Folianten und astronomischen Gerätschaften schweifen; bescheiden standen der Arzt und sein Weib unterdessen da. Zuletzt, unvermittelt, erklärte der Graf: »König Heinrich der Zweite und Katharina von Medici[219] wünschen, daß Ihr, Nostradamus, in die Hauptstadt reist! Ihr sollt den Majestäten im Louvre Eure Aufwartung machen – und dies so schnell wie möglich! Welche Ehre Euch damit widerfährt, brauche ich wohl nicht eigens zu betonen!«

Ehre? dachte Nostradamus. Möglich. Aber bloß in den Augen der Welt. Er war innerlich zusammengezuckt, als er die beiden majestätischen Namen vernommen hatte. Zu oft in seinen Visionen hatte er den Thron vernetzt mit dem Moloch erblickt. Das Haus Medici stand zudem für die Götzenanbetung von Rom. Nichts Gemeinsames verbindet diese und mich, überlegte er weiter. Sinnvoller wäre es gewesen, mich weiter um die Wassersüchtige zu kümmern, anstatt den Comte anzuhören. An die Seine soll er mich schwätzen, damit die Gekrönten den Kitzel verspüren können. In ihrem Prunk, in ihrem Wahn vom Gottesgnadentum, werden sie das Eigentliche ja doch nie erkennen. Ob ich vor ihnen auftrete oder ihr Hofnarr – was tut,s? Soll ich mich denn wirklich erniedrigen vor ihnen, bloß weil sie Hochgeborene sind?

»Wann könnt Ihr reisen?!« Scharf schnitt die Frage de Tandes in Michels empörtes, verschrecktes Weggetretensein hinein.

Ich will gar nicht aus Salon fort! durchfuhr es ihn. Auf einmal waren auch das Herzklemmen, die Müdigkeit wie erst kürzlich unterm Sternenhimmel wieder da und verwichen blitzschnell wieder; fast in Panik dachte der Seher: Aber ich kann mich ja nicht wehren! Sie haben die Macht – und ich nichts als die Gabe. Sie könnten nicht nur mir schaden, sondern auch meiner Familie und den Freunden, wenn ich ablehne! Sie zwingen mich zu sich, allein durch das Wort eines Noblen. Ich werde gehorchen müssen, auch wenn das alles so sinnlos ist. – Sinnlos?! fuhr es ihm im selben Augenblick durch den Sinn. Vielleicht doch nicht! Vielleicht nicht ganz! Wenn Heinrich im Herzen kein König, Katharina keine Medici wären! Keine Popanze, sondern doch Menschen. Dann ja! Dann könnte ein Gespräch unter sechs Augen zuletzt doch etwas bewirken! – Nein, nicht bei denen! warnte ihn etwas. – Ich muß es versuchen, sagte ein entgegengesetztes Stimmchen in ihm.

»Wann ich reisen könnte? – In drei, vier Tagen«, antwortete er dem Comte. »Sobald ich meinen ärztlichen Kollegen hinsichtlich der Kranken, die ich nicht unversorgt zurücklassen darf, die nötigen Informationen gegeben habe.«

Es schien, als läge dem Statthalter eine unwirsche Erwiderung auf der Zunge. Doch Claude de Tande beherrschte sich und stellte lediglich fest: »Gegen Ende der Woche also, gut! Ich werde dafür sorgen, daß Euch eine bequeme Kalesche für die Fahrt nach Paris zur Verfügung steht!«

*

Am 14. Juli 1555 brach Michel de Notredame in die Hauptstadt auf; der Abschied von Anne, den Kindern und den Freunden fiel ihm trotz des nun einmal gefaßten Entschlusses, das Beste aus der Audienz zu machen, außerordentlich schwer. Dann preschten die Kutschgäule, hinter den Vorreitern her, nach Lyon. Zehn Tage dauerte die Fahrt; gerädert, schon jetzt, klopfte Nostradamus endlich an Mace Bonhommes Tür. Nicht mehr als ein paar Nachtstunden blieben dem Verleger und seinem Autor, um zumindest das Allerwichtigste im Hinblick auf den vermeintlich so ehrenvollen Empfang zu besprechen. »Auf alles mußt du im Louvre gefaßt sein!« warnte der Katharer den Freund mehr als einmal. »Ein Intrigennest ist es, in das du dich begibst! Von einer Stunde auf die andere kannst du von der Gnade in die Ungnade fallen! Jedes Wort mußt du dir dreimal überlegen, ehe du es vor dem Thron aussprichst!«

Gleichzeitig war Bonhomme aber der Meinung, daß Michel durchaus versuchen sollte, seine Chance zu nutzen. »Wenn du dich gut schlägst, können wir mit weiteren Auflagen deines Werkes rechnen«, versicherte Mace. »Daß es dabei nicht um den Profit allein geht, ist für uns beide keine Frage. Aber mit dem Wohlwollen der Majestäten im Rücken – falls du es dir erringst –, würde eben auch der eigentlichen Absicht des Buches Vorschub geleistet!«

Nostradamus mußte seinem Gönner beipflichten; er tat es, obwohl er wieder den Klammergriff um sein Herz spürte. Gleich darauf aber begann der Drucker überschwenglich das Vorwort an César zu loben; die Vielschichtigkeit des Textes, die genialische Verschlüsselung des Eigentlichen im Trivialen. Michel wurde wieder abgelenkt, flüchtete sich zudem in den Wein; nach der zwölfstündigen Fahrt dieses Tages übermannte ihn zuletzt die Müdigkeit. Am nächsten Morgen war der Abschied von Bonhomme notgedrungen nur kurz; der Sergeant der Beireiter drängte schon wieder, und weiter ging die rüttelnde und rumpelnde Tortur; noch immer waren es an die drei Wochen bis Paris.

Am 15. August polterte die Kalesche über die südliche Seine-Brücke hinein ins Häusergewirr der Ile de la Cité[220], brach sich, ohne anzuhalten, Bahn durch das Menschengewimmel und nahm wenig später ihren Weg auch über den nördlichen Flußarm. Kurz und nicht unbedingt erbaut erinnerte Notredame sich an seinen flüchtigen Aufenthalt im Sommer 1544 in der Hauptstadt, doch der Anblick des Quartier Latin blieb ihm diesmal erspart. Die Kutsche fuhr nun am anderen, am rechten Ufer des Stromes weiter, und dann wuchsen steinkantig und drohend die Festungsmauern des Louvre auf; der Zwingburg, in der sich das französische Königtum seit der Zeit Charles V. eingeschanzt hatte[221]. Unweit der Bastion stieg der Seher von Salon in einer Herberge ab; genau ein Monat und ein Tag waren seit seinem Abschied von der Provence vergangen[222].

Gleich am folgenden Vormittag tauchte der Hofmarschall de Montmorency in höchsteigener Person in der Taverne auf. Um die Etikette ging es, um das gespreizte höfische Benehmen, das dem Medikus vor der Audienz so nachdrücklich wie möglich andressiert werden sollte, dem Popanz zu Ehren. Michel nahm es hin, eingedenk seiner wahren Ziele und der gutgemeinten Ratschläge Bonhommes, auch wenn ihm das Pfauenhafte des Schranzen von Tag zu Tag unerträglicher wurde. Nach einer Woche dann befand Montmorency, daß der Arzt nun zumindest leidlich zu trippeln, Kratzfüße zu machen und sich gewählt auszudrücken vermochte. Also wurde der endgültige Zeitpunkt des Empfangs festgelegt, und in den letzten Tagen des Monats betrat Nostradamus den Louvre.

Heinrich II. und Katharina von Medici standen im gleichen Alter; Mittdreißigern sah sich der Einundfünfzigjährige mit dem längst ergrauten Bart gegenüber; Mittdreißigern, die ihn dennoch sehr von oben herab musterten. Als nichtssagend empfand der Seher das Gesicht des Monarchen, in den Zügen der Mediceerin indessen schienen Gier, Geilheit und Tücke sich abstoßend fleischig eingegraben zu haben. Während Michel der Etikette Genüge tat, verspürte er nichts als Abscheu. Widerlich auch war ihm die Horde der Höflinge, der Pairs[223], Grafen, Barone, Äbte und Prälaten. Äffisch und dünkelhaft wirkten sie in ihrem Putz; aus nichts anderem als Puder, Perücken und substanzlosem Prunk schienen sie geschaffen. Inmitten des Pomps, sozusagen als blasphemischer Kontrapunkt zum Doppelthron, protzte der Bischof von Paris[224]. Einen Hurenbock, der sich vergeblich den Anschein des Heiligen zu geben versuchte, erkannte Notredame in ihm. Kurz und wie kriegerisch kreuzten sich seine und des Kirchenfürsten Blicke, gleich darauf richtete der König das Wort an den Weisen von Salon.

»Wir haben dich vor Uns erscheinen lassen, weil du dir in Unserem Reich einen gewissen Ruf erworben hast«, sagte der Monarch; seine Stimme klang seltsam flach. »Die Frage freilich ist, welchen Nutzen du dem Thron bringen kannst?«

Michel zuckte zusammen. Nutzen! durchfuhr es ihn. Das, was ihm wirklich nützen könnte, meint er nicht! Warum ist er nicht wenigstens ehrlich und spricht von Profit?

Dennoch wollte er versuchen, dem unglücklichen Beginn der Audienz eine Wendung zum Besseren zu geben. Ohne auf das entsetzte Stirnrunzeln Montmorencys, das Natternzischeln der Schranzen zu achten, trat er – eine Geste freien, nicht geduckten Willens war es – einen Schritt vor und antwortete: »Etwas Höheres als menschliche Eitelkeit und kleinliches Trachten bestimmt mein Tun! Wenn ich meine Visionen erlebe, berühre ich unabdingbar das Ewige! Ich selbst bin unbedeutend, nichts als ein Sünder! Der Zehnklang aber, welcher der kosmische Pulsschlag ist, benutzt mich so, wie der Geiger die Saite! Wir alle sind nur Instrumente und dienen, so wir uns bemühen, einem erhabeneren Zweck...«

»Schon gut!« Die Mediceerin fiel ihm ins Wort. »Das alles klingt nach Theologie – du solltest dich einmal mit dem Bischof von Paris darüber unterhalten.« Wulstlippig lächelte sie dem Kleriker zu, und der herausgeputzte Pfaffe grinste pflichtschuldig, doch – Nostradamus sah es wie von einer Linse vergrößert – die Konturen seines Mundes blieben dabei messerscharf. »Wir aber, die Majestäten, wollen klarere Worte von dir hören!« fuhr Katharina fort. »Wir sind es, die zwar nicht die himmlischen, aber doch die irdischen Geschicke Frankreichs bestimmen! Mit Uns steht und fällt das Reich!

334

Sage Uns deswegen, wie es um die Zukunft des durch die göttliche Gnade errichteten Thrones bestellt ist!«

Michels Antlitz versteinerte. Das gierige Weib hatte nichts begriffen. Und jetzt, während die wütenden Gedanken durch seinen Schädel flackerten, deutete die Municeerin auch seinen Gesichtsausdruck falsch. Daß seine wie gemeißelten Züge nichts anderes als eine geheimnisvolle Konzentration ausdrückten, schien die Königin ganz augenscheinlich zu glauben; ihr abwartendes Zurücklehnen, ihr selbstzufriedenes Augeln sprachen nur zu deutlich dafür. Nostradamus indessen hatte es gar nicht nötig, sich ins kosmische Dröhnen einsinken zu lassen. In seinen Visionen hatte sich ihm das selbstverschuldete Schicksal des französischen Königshauses längst gezeigt. Etwas ganz anderes beschäftigte ihn: Die Dummheit der Municeerin und ihres flachstimmigen Gatten, ihr viehisch-primitives Selbstverständnis, ihre Unverfrorenheit, ihre Machtgier, weit über die eigene kläglicke Lebensspanne hinaus; ihr blasphemischer Glaube, sie – ausgerechnet sie – hätten irgend etwas mit dem Göttlichen, mit dem Ewigen, mit dem Sternenschwingen zu tun.

Abscheu empfand der Seher von Salon vor den Popanzen; Abscheu, noch ärger als vorhin, als er den Audienzsaal betreten hatte. Sinnlos war die Reise gewesen, jetzt wußte er es; von Anfang an hätte er auf seine innere Stimme hören sollen. Unbelehrbar waren die Mächtigen, waren es immer gewesen und würden es immer bleiben. Ein Zorn stieg in ihm auf; dann warf er Heinrich II. und der Italienerin hin, was sie hören wollten.

»Jahrhunderte – noch – wird der französische Königsthron bestehen!« sagte er doppeldeutig.

Scharf blickte er dabei das Paar an; doch in ihren Augen sah er auch jetzt nichts als den gleißenden Widerschein des Goldes, welches die Wände der Empfangshalle überkrustete. Statt Einsicht zu zeigen, speisten der Monarch und die Mediceerin ihn zuletzt auch mit Gold ab. Nostradamus nahm die Münzen an und dachte dabei an die Armen in seiner Heimatstadt.

*

Das Bild einer anderen Stadt trieb ihm aus der Erinnerung herauf, als er am Nachmittag des gleichen Tages vor dem bescheidenen Grab stand. Im Wicken- und Efeugewirr, das Rabelais' letzte Ruhestätte überwucherte, glaubte er, die Gassen, die Universität und die Burse von Montpellier wieder vor sich zu sehen. Vor zwei Jahren, 1553, war François verstorben; Monate später hatte Michel in Salon davon erfahren. Jetzt, da er den Klauen Montmorencys hoffentlich für immer entronnen war, hatte er den Friedhof endlich aufsuchen können. Behutsam, zärtlich fast, berührte er die Pflanzenstränge, ließ die Hand dann tiefer sinken, ertastete den Stein.

Die unsichtbare Gegenwart des Toten gab ihm nach der sinnlosen Audienz wieder seelischen Halt. Noch einmal betrat er zusammen mit Rabelais das verwinkelte Haus des alten Grison; zum erstenmal in seinem Leben hatte er dort einen bedruckten Bogen in der Hand gehalten, und nun, in der Rückschau, war es ihm, als bildete sich ein ungeheuerlicher Brückenbogen von damals bis in die Gegenwart. Aber nicht nur diesen Grundstein hatte François ihm gelegt; sanft verwichen die Silhouetten Montpelliers, zusammen mit dem Dichter fand sich Michel am Meeresstrand bei Lunel wieder. Eine hilfreiche Hand zeichnete das Rosenkreuz in den Sand, ein Kreis dehnte sich aus zur Spirale, deren Fiedern gleichermaßen Qumran und den Montségur berührte. Unter einem Torbogen hervor trat Scalinger; gleich darauf verblichen Rabelais' Gesichtszüge, blieben aber im Antlitz des Katharers erhalten, und aus diesem wiedergeboren, nahmen sie schließlich Tessiers Konturen an; mit dem einen Brückenbogen hatten sich immer wieder andere verflochten. Jetzt, da er wieder einmal an einem Grab stand, begriff Notredame den Sinn alles dessen so unumstößlich wie nie. Der Stein schien unter seinen Fingerkuppen nachgiebig zu werden; ein rauhes Flüstern drang ihm aus der Kehle: ein Dank an den Toten.

Während der Laut sich aber mit dem Windrascheln im Efeu- und Wickengewirr mischte, stieß jäh und kantig etwas anders aus dem Kristallischen heraus; eine tonlose Warnung war es: Hüte dich . . . !

Die Beklemmung packte Michels Herz; ehe er sie aber wenigstens diesmal zu greifen, zu packen vermochte, drang eine irdische Stimme an sein Ohr: »In Christi Namen! Endlich habe ich Euch gefunden!«

Nostradamus fuhr herum, sah sich einem Kleriker gegenüber; einem offensichtlich höhergestellten Priester in prunkvoll verbrämter Soutane. »Der Bischof von Paris hat mich beauftragt, Euch zu ihm zu bringen«, fuhr der Abbé nun fort. »Seine Eminenz nimmt außerordentliches Interesse an Euch! Dies um so mehr, als Ihre Majestät, die Königin, Euch ja heute aufforderte, bei Gelegenheit eine theologische Disputation mit meinem erlauchten Herrn zu führen. Kurz und gut, Doktor Nostradamus, ich soll Euch in die Residenz des Bischofs geleiten, damit man sich etwas eingehender mit Euch und Eurer Philosophie beschäftigen kann, als dies im Louvre möglich war. – Wenn Ihr mir also gnädigst folgen wollt? Meine Kutsche wartet draußen vor dem Tor . . .«

»Eigentlich wäre es mir lieber...« murmelte Michel, brach ab, deutete wie hilflos auf das Grab, setzte dann hinzu: »Er war einer meiner besten Freunde...«

Der Kleriker äugte auf den Stein, entzifferte die Inschrift. »François Rabelais, äh«, ächzte er. »Ganz sicher ein begabter Mensch! Wenn auch ein wenig ungebärdig im Leben! Um nicht zu sagen: aufsässig. Jetzt jedenfalls hat er seine Ruhe gefunden. Gott möge seiner Seele gnädig sein! – Was Euch angeht, Doktor Nostradamus«, der Abbé hüstelte, »so könnt Ihr später seine Gesellschaft gerne suchen... äh, wieder suchen. Doch nun sollten wir die Eminenz wirklich nicht länger warten lassen!«

Michel, obwohl ihm der Pfaffe nicht gefiel, gab sich geschlagen. Wies er die Einladung zurück, dann würde er Schwierigkeiten bekommen; dies wurde ihm zunehmend bewußt. Klüger war es, in den sauren Apfel zu beißen und sich erneut den Popanzen zu stellen. »Gehen wir also«, erwiderte er knapp und löste sich vom Grab; der Kleriker paßte sich beflissen seinem Schritt an.

*

»Zunächst«, sagte der Bischof von Paris, »kann es natürlich nicht angehen, daß Ihr weiter in der billigen Herberge haust, mein Freund!« Er äugte durch das Bogenfenster seines Salons, in dessen Ausschnitt ein Turm des Louvre sichtbar war, lächelte dünnlippig und fügte hinzu: »Die Majestäten, Gott allein weiß, wie schwer die Last ihrer Regierungsgeschäfte sie drückt, haben leider auf die Höflichkeit vergessen, Euch eine bessere Unterkunft anzubieten. Die Kirche jedoch in ihrer Großmut weiß stets, was sie den Menschen schuldig

338

ist, denen sie ihre Gunst erweist. Als mein Schützling, Doktor Nostradamus, werdet Ihr selbstverständlich auch in meinem Palast wohnen!«

»Dies ist aber doch wirklich nicht nötig!« versetzte Michel. »Der Gasthof ist bequem, und ich habe mich auch schon eingewöhnt dort!« Insgeheim dachte er: Dem Hurenbock mit Haut und Haaren ausgeliefert sein, nein! Um gar keinen Preis!

»Euer Einverständnis vorausgesetzt, habe ich bereits Anweisung gegeben, daß Euer Eigentum hergebracht wird«, fuhr der Kirchenfürst, ganz so, als hätte er den Einwand des Medikus gar nicht vernommen, fort. »Ja, ich denke, die Sachen sind inzwischen schon in Euren Gemächern eingetroffen. Und jetzt will ich Euch für diesmal nicht länger belästigen, Verehrtester! Erfrischt Euch in den Räumen, die man Euch zugewiesen hat, fühlt Euch dort ganz wie zu Hause! Beim abendlichen Bankett in meiner bescheidenen Hütte, sobald ich meine Pflichten als Beichtvater Ihrer Majestäten erfüllt habe, sehen wir uns wieder!«

Erneut mußte Michel sich fügen; machtlos fühlte er sich, noch mehr als auf dem Friedhof. Daß die Zimmerflucht, in die man ihn geleitete, prächtig ausgestattet war, vergrößerte sein Unbehagen eher noch. Nie war er ein Freund von Protz und Prunk der Kirche gewesen, und nun sah er sich mehr oder weniger in einem ihrer Zentren gefangen. Wie früher so oft in Avignon angesichts des Papstpalastes spürte er auch hier das Viehische und Natternschuppige hinter der gleißenden Fassade. Auch der hiesige katholische Zwinger stand auf einem ausgehöhlten Felsen, und der Seher glaubte die Schreie der Geschundenen und Gefolterten aus den unterirdischen Kerkern zu hören.

Unruhig begann Notredame durch die Räume zu gehen, bald wurde ein Hetzen daraus und hielt an, stundenlang, bis die Nacht einfiel. Mit jedem hastigen Schritt prägte sich ihm die Furcht tiefer ein; die fatale Ahnung, daß es nicht die Gastfreundschaft war, die den Bischof zu seinem Tun bewogen hatte, sondern daß in Wahrheit die Inquisition dahintersteckte. Immer intensiver dachte Michel an jenen Tag in Salon, da Tessier ihn vor der verfluchten Institution gewarnt hatte. Aus diesem Grund hatte er damals seine Prophezeiungen verschlüsselt und hatte das doppelbödige Vorwort zu seinem Buch geschrieben, doch nichts, gar nichts, schien es genützt zu haben. Das Nattrige hatte mit mörderischer Sicherheit das Verborgene erwittert, und nun würde es gegen ihn, den Apostatischen, den insgeheim stets Abtrünnigen, züngeln und zischeln, bis er zuletzt, auf der Streckbank, am Wippgalgen, alles gestand.

Als seine Angst bereits in Panik umzuschlagen drohte, als er schon daran dachte, blindwütig die Flucht zu versuchen, strich plötzlich ein Luftzug durch die Gemächer. Die Fackeln, die mittlerweile von den Dienern aufgesteckt worden waren, ohne daß er es bewußt wahrgenommen hatte, begannen zu flackern, dann schälte das unruhige Licht die Konturen des Abbé vom Friedhof aus dem Halbdunkel. »Kommt!« sagte der Priester, bemerkte Notredames Verstörtheit scheinbar gar nicht. »Die Eminenz und andere Gäste erwarten Euch!«

Michel folgte dem Kleriker, lief, wie schon am Spätnachmittag, durch verschlungene und gewundene Gänge, treppauf und treppab ging es; zuletzt betraten die beiden ungleichen Männer den Bankettsaal, und das gleißende Licht dort traf ihn wie ein Schwerthieb. Taumelnd tat er die letzten Schritte auf die Tafel zu, nur schwer gewöhnten sich seine Augen an das Grelle, dann aber sah er – und zuckte dabei zusammen –, daß der Kirchenfürst sein Buch in den Händen hielt.

Auf einen Wink des Bischofs hin trat Nostradamus so nahe heran, daß er die Lettern auf der aufgeschlagenen Seite zu erkennen vermochte. Gestochen scharf und dennoch wie hinter wabernden Schleiern schienen die Zeilen eines jener Quatrains vor seinen Augen zu tanzen, in denen er, wenn auch metaphorisch und im Satzbau verworfen, den Untergang des Papsttums vorhergesagt hatte. Es wurde ihm kalt vor Furcht; doch gleich darauf, wie wegwerfend, klappte der Kleriker den Band zu, bewegte ihn spielerisch in seinen beringten Händen, die wie garottische Klammern waren, und schlug ihn dann, ganz zufällig, an einer anderen Stelle wieder auf. Durch seinen eigenen pfeifenden Atemzug hindurch vernahm der Medikus in der nächsten Sekunde die außerordentlich wohlwollende Aufforderung des Kirchenfürsten: »So setzt Euch doch, mein Freund! Greift zu! Eßt und trinkt nach Kräften! Ihr seid ja richtig vom Fleisch gefallen in den wenigen Stunden, in denen ich mich nicht um Euch kümmern konnte! Um so fröhlicher und ausgelassener laßt uns jetzt sein! Sobald wir dann die Bedürfnisse des Leibes befriedigt haben, wäre es mir und den anderen Gästen eine ganz besondere Freude, wenn Ihr uns den einen oder anderen Vers aus Eurem meisterlichen Werk vortragen könntet! Ja, Doktor Nostradamus, ich gebe es unumwunden zu: Aufs äußerste bin ich von Eurer Poeterey angetan! Besonders das Vorwort, das Ihr Eurem kleinen Sohn gewidmet habt, muß man als ganz erstaunliche philosophische Dichtung bezeichnen!«

Philosophische Dichtung! dachte Nostradamus. Nichts weiter also erkennt er darin? Dem Ewigen sei Dank! »Wie Ihr wollt, Eminenz«, murmelte er. »Es wird mir ein Vergnügen

341

sein, Euch und den anderen Erlauchten ein paar kleine Kost-
proben meines rezitatorischen Könnens zu geben, auch wenn
ich fürchte, daß ich darin nur recht unvollkommen bin…«
Er hatte Mühe, den Redeschwall, aus der grenzenlosen Erleichterung heraus geboren, zu beenden. Er sank auf den
Brokatsessel zur Linken des Bischofs nieder und machte sich,
als hätte er seit Tagen gehungert und Durst gelitten, über den
ersten Gang her. Scharf und orientalisch gewürzt waren die
Wachtelzungen, und Notredame löschte das Brennen in der
Kehle mit Wein, unmäßig fast. »Recht so!« lobte der Beichtvater des französischen Königspaares und gab dem Mund-
schenk einen Wink; augenblicklich füllte der Lakai das Trink-
gefäß wieder auf. »Und nun die Austern!« fuhr der Kirchenfürst fort. »Ihr werdet spüren, mein Freund, wie glücklich
sich der Geschmack des Tröpfchens, das ich extra für Euch
aus dem Keller habe holen lassen, mit ihrer meersalzigen Verlockung verbindet!«

Nostradamus, entspannt jetzt, bedankte sich; gleich darauf
stellte er fest, daß die Schalentiere in der Tat köstlich waren
und der Wein, in der Harmonie mit ihnen, nicht minder. Bis
gegen Mitternacht hielt die Tafelei an, keiner war jetzt mehr
nüchtern im Bankettsaal; im alkoholischen Wirbel fragte
Michel sich erstaunt, wovor er sich eigentlich jemals gefürchtet hatte. Als er zuletzt, ein wenig mühsam, etliche seiner
Quatrains vortrug, spendete ihm der Gastgeber lauter als alle
anderen Beifall.

Noch einmal trank Notredame und zog sich dann unter
dem Johlen der übrigen Betrunkenen zurück; ein Diener
geleitete ihn in sein Gemach. Kaum berührte sein Kopf das
Kissen, schlug ein unwiderstehliches Schlafbedürfnis über
ihm zusammen.

Doch schon wenige Stunden später, im Morgengrauen, riß es ihn wieder hoch, und die Schmerzen, die ihn jetzt durchnadelten, waren mörderisch.

*

Messer wühlten ihm im Magen, in den Eingeweiden, vor allem jedoch im Herzen; bissige Natternmäuler schienen sich dort eingefressen zu haben. Halb kroch, halb fiel der Medikus von der Lagerstätte, ein Krampf krümmte ihm den Leib zusammen; er tastete sich bis zur Schüssel in der anderen Ecke des Raumes und erreichte sie mit knapper Not.

Unter stoßartigem Keuchen übergab er sich, fast gleichzeitig begann ihm hitzig die Diarrhöe im Gedärm zu köcheln. In fieberheißen und schweißkalten Wellen befielen ihn die Anfälle und geißelten ihn in die allertiefste kreatürliche Erniedrigung. Dann, so plötzlich wie sie gekommen waren, verschwanden die Krämpfe; das Herzstechen freilich war noch schlimmer geworden. Michel, dessen Gehirn nun wie manisch arbeitete, registrierte beides, brachte es in einen vagen Zusammenhang, und aus seiner Ahnung heraus zwang er sich, den unbeschreiblichen Auswurf in der Schüssel zu beriechen und so gut wie möglich zu analysieren.

Die Gewißheit stellte sich beinahe augenblicklich ein. Der Bischof hatte ihn vergiftet! Der Kirchenfürst – »Extra für Euch habe ich das Tröpfchen aus dem Keller holen lassen!« – hatte ihm einen Becher nach dem anderen aufgedrängt. Die Einladung, das Bankett, dachte Nostradamus, das alles ist ein abgekartetes Spiel gewesen! Der Trick mit dem Buch dazu – um mich zu ängstigen und mich gleich darauf um so mehr in trügerischer Sicherheit zu wiegen! Die übrigen Gäste – alles

Kleriker! Die Inquisition hätte mir nach der Audienz im Louvre nichts anhaben können! Das Gift, das der Natternzünglerische mir kredenzte, war das elegantere Mittel! Es wird heißen, es sei nichts als eine Krankheit gewesen, wenn ich erst...

Das manische Gedankenpeitschen schlug in Wut um, in verzweifelte. Und aus dieser Wut heraus erinnerte der Medikus sich an seine Reisetasche. Wie jeder Arzt führte auch Notredame stets gewisse Agenzien mit sich, darunter Brechwurz. Er schleppte sich zurück zum Bett, die Faust auf die Herzgrube gepreßt, und riß das Riegelschloß auf. Dabei dachte er hektisch: Wenn es mir gelingt, mich völlig zu entleeren, bis zur Galle, dann habe ich vielleicht noch eine Chance! Doch mit dem nächsten Herzbrennen mußte er feststellen, daß der Beutel mit den Medikamenten entwendet worden war. Der letzte Beweis! fuhr es ihm durch den Schädel. Falls ich ihn überhaupt noch nötig gehabt hätte...

Und wieder das Herzreißen, das Aufzucken gegen das tükkische Gift, das jetzt nicht mehr nach außen, sondern immer tiefer hinein ins Leben drängte. Michel krallte sich die Nägel in die Brust; schon wollte er sich selbst aufgeben, aber dann sah er, durch den Tränenschleier hindurch, auf einmal die Federn. Irgendein früherer Gast des Bischof mußte den Hut, lumpig genug war er, in der Kleidernische neben dem Fenster vergessen haben. Michel taumelte, stürzte hin, griff sich einen der Kiele, führte sich das weiche, das fiedrige Ende so tief wie möglich in den Rachen ein. Ein Finger hätte nicht mehr genügt nach dem ersten Erbrechen, dies war dem Medikus aufgrund langer Erfahrungen klar, doch das Reizmittel, das er jetzt besaß, erfüllte seinen Zweck.

Nostradamus, auch wenn ihm vor Qual das Herz zu zerspringen drohte, hielt nicht inne, bis sein Magen völlig entleert war, bis er nicht einmal mehr Gallebitteres herauswürgte. Erst dann entglitt die schmutzige Feder seiner Hand; draußen vor dem Fenster ging die Dämmerung allmählich in den Tag über. Das noch schüttere Licht jedoch löste bei dem Bejammernswerten keineswegs ein Aufflackern seiner Lebenskraft aus, sondern genau das Gegenteil. Der Tortur, die Michel sich selbst zugefügt hatte, folgte eine dumpfe Schwäche, eine grauenhaft lähmende Müdigkeit. Verzweifelt dagegen ankämpfend, begriff er, was dies bedeutete: es war die zweite Phase der toxischen Wirkung. Wenn er jetzt nachgab, wenn er tat, wonach es ihn mit allen Fasern verlangte, wenn er sich fallen ließ in die trügerische und plötzlich schmerzfreie Erlösung hinein, dann war dies sein Ende. Dann würde er vom Schlaf in die Agonie, in den Tod hineintreiben. Dies erkannte der Medikus noch, aus einem immer flacher werdenden Gehirnpulsen heraus; gleich darauf begannen die Konturen des Raumes sich aufzulösen. Die Schwärze kam und saugte ihn immer tiefer in ihren bodenlosen Wirbel, dann aber explodierte das samtig Finstere in einem grellen Schmerz.

Nostradamus, von einem zum Überleben drängenden Instinkt getrieben, hatte seinen Dolch gezogen und sich die Klinge brutal in den Unterarm gebohrt. Der Schmerz riß ihn in die Realität zurück, und weil er auch dann noch bestehen blieb, gewann Michel seine Handlungsfähigkeit zurück. Fort von hier! dachte er. Das ist die einzige Hoffnung, die mir noch bleibt!

Daß er in seiner Trunkenheit um Mitternacht angekleidet aufs Bett gefallen war, kam ihm jetzt zugute. Er brauchte die wenigen ihm verbliebenen Kräfte nicht nutzlos zu verschwenden. Lediglich den leichten Reisemantel mußte er überstreifen; unterm verhüllenden Stoff krallte er die Nägel der anderen Hand in die Wunde. Der nadelscharfe Schmerz hielt ihn bei Sinnen, während er durch die Gänge und über die Treppenfluchten floh; irgendwelchen Lakaien begegnete er zu dieser Stunde glücklicherweise nicht. Am Palasttor freilich stieß er zuletzt auf die Wachen. Schon glaubte er sich entlarvt und verloren; aus einem jähen Einfall heraus begann er schwerzüngig zu lallen, gab Unverständliches von sich, aber gerade das wirkte. Einer der Geharnischten, der ihn vermutlich für einen hartgesottenen Zechgenossen des Bischofs hielt, schloß ihm grinsend die Schlupfpforte auf.

Michel de Notredame taumelte hindurch, neben dem Schmerz half ihm jetzt auch die frische Morgenluft weiter. Er tauchte ins Gassengewirr von Paris ein, irgendwann sah er eine Kirchenfassade vor sich und neben dem Portal einen Bettler, der offensichtlich die Besucher der Frühmesse zu rupfen gedachte. Nostradamus löste die Fingernägel von der pochenden und brennenden Wunde, wühlte zittrig in seiner Geldkatze, fand Gold. Drei, vier schwere Münzen drückte er dem Verblüfften in die Hand, flehte ihn gleichzeitig an: »Eine Kutsche! Du kannst eine besorgen . . . ja?! Und dann . . .«.

Er nannte dem Clochard den Namen, sank unmittelbar darauf auf den Stufen zusammen. Krallte die Finger von neuem in den blutigen Schnitt und hoffte verzweifelt, daß der Bettler ihn nicht betrügen und daß er selbst noch lange genug durchhalten würde. In halber Besinnungslosigkeit nahm er schließlich wahr, wie er in die Kalesche gezerrt wurde, hörte er das Huftrappeln. Nach einer Ewigkeit sah er ein erschrockenes Antlitz vor sich. Obwohl er seinen Pariser Verleger erst im späteren Verlauf seines Aufenthaltes in der Hauptstadt hatte aufsuchen wollen und ihn bisher noch nicht persönlich kennengelernt hatte, wußte er: Der Clochard und der Kutscher hatten ihn zu Jacques Kerver gebracht.

»Ich bin Notredame!« keuchte er noch; drinnen im Haus, mit letzter Willenskraft, fügte er hinzu: »Die Inquisition! Der Bischof! Gift! Erbrechen! Herzklemmen! Einen Arzt...«

Gleich darauf verlor er das Bewußtsein. Er bekam nicht mehr mit, wie der Drucker und später der eilig herbeigerufene Medikus sich um ihn kümmerten. In krampfiger Starre lag er da; zunächst in einer Kammer im Hause Kervers, später unter der Plache des unauffälligen Gefährts, das ihn aus der Reichweite des Kirchenfürsten und aufs Land brachte. Auch auf der Ferme, die einem Verwandten des Verlegers gehörte, hielt die Agonie an. Auf der Bruchkante zwischen Diesseits und Jenseits aber sah Nostradamus die ganze Zeit über ein winziges, zehnklanggeborenes Lichtpünktchen.

Die Sternenvision

In rasendem Wirbel brachte die Spirale die tief im Unendlichen rasende Nabe hervor; aus dem elliptischen Gitter entstanden Galaxienschwärme und zugleich der planetarische Tanz. Vom Merkurischen bis zum Transplutonischen baute die Brücke sich auf, vernetzt über Sol[225] mit der potenzierten Zahllosigkeit aller anderen Systeme. Auf der Kruste des dritten irdischen Himmelskörpers bündelte sich etwas, berührte einen vom Pfuhl Vergifteten und wippte den leidenden Leib leichthin um mehr als vier Jahrhunderte weiter.

In einem sternenüberbannerten Land jenseits des atlantischen Meeres erblickte Notredame die Säulen aus schimmerndem Stahl, das neu geschmiedete Schiff. In wüstenflachem Terrain ankerte es, stark wie Kathedralenpfeiler die erzenen Trossen, die es aufrecht hielten. Sein nadelscharfer, pfeilschlanker Bug zeigte zum Firmament; kein Segel trug es, doch unter seiner fugenlosen metallischen Hülle schien mehr als sturmschnelle Triebkraft verborgen zu sein.

Mit dem gleichen Lidschlag, in dem der Seher dies erkannte, brach aus dem Heck der phantastischen Arche eine vulkanische Eruption. Dem Anschein nach brennend, in Wahrheit auf dem Feuerschweif reitend, machte das Schiff sich auf Reise in den luftleeren Raum hinaus[226]. Vom dritten Umläufer löste es sich, trennte sich dreifach vom Flammenden, fand den Weg der weichen Bogenlinie und ließ sich spielerisch einfangen von der Gravitation des Mondes. Auf einer Bahn, wo unsichtbare Einwirkungen sich gegenseitig aufhoben, begann es schwerelos zu kreisen, stieß aber wenig später einen kegelförmigen Körper von sich ab. Neuerlich bahnte etwas Brennendes sich den kosmischen Pfad, senkte sich zur verkraterten Schrunde hinab und pflügte nach vielen Jahrtausenden wieder eine von Atmenden geschaffene Furche dort ein. Ahnungslos freilich waren diejenigen, die nun auf dem magmatisch dunklen Gestein standen. »Ich bin der Erste!« rief einer hinter gläsernem Helmvisier; sodann pflanzte er mühsam eine Fahne in den sterilen Staub.

Armselig stand das Tuch im eisig Atmosphärelosen, doch der Menschheit wurde es zum Fanal. Nachdem die vermeintlich Ersten zurückgekehrt waren auf ihren blauen Planeten, gebar der atavistische Traum weitere Raumschiffe. Nie ganz verschollene Eigenschaften der Urahnen traten von neuem zutage; da der Feuerritt einmal gelungen war, zog er jetzt Dutzende andere nach sich. Bald war nicht mehr der Mond allein das Ziel; die stählernen Pfeile, unbemannt allerdings noch, fauchten nun hinaus bis zu den Nachbarplaneten, durchbrachen die hitzige Hülle der Venus und die rötlich durchschlierte des Mars. Tentakelartige Hände, nicht aus Fleisch und Blut, durchwühlten auf dem vierten Umläufer die verwüstete rostfarbene Erde; Augen, aus Glas und Drähten zusammengefügt, sandten lichtschnelle Bilder heim in den Hafen. Ahnungen erwuchsen aus solchem Tun; zögerlich begannen die Gedanken von Messenden, Wägenden und Intuitiven, Poetischen sich zu verknüpfen. Die Rechnenden wiesen dem weitreichenden Pfeil den Weg bis in die Räume jenseits von Jupiter und Saturn, die Künstler aber hatten ein goldenes Bild des Menschseins geschaffen – und dies, zusammen mit dem anderen, sollte eine vertrauensvolle Botschaft an das bisher nur mit Traumaugen Geschaute sein[227].

Hand in Hand sah Nostradamus das nackte Paar durch den Zehnklang streifen. Zeit verstrich im lautlosen Rasen, und dann kippte das zweite Jahrtausend hinüber ins dritte. Noch zählte man so, obwohl der christliche Nagel der Zeit bereits brüchig geworden war; ein Stück weit im neuen Millenium aber reichten sich nun fünf Staaten die Hände. Eine interplanetarische Reise, aus sehr edlem Antrieb geboren, stand bevor; die Versöhnung verschiedener Völker hatten dies möglich gemacht. Einer Brautschleppe gleich hing der Feuerschweif über der Erde und zog sich dann hinaus ins All. Der Mars war das Ziel der Frauen und Männer in der schimmernden Barke; als das Schiff dort anlangte, zeigte sich unter den rostroten Wolken des vierten Umläufers Grünes. Und es brach, während man gleichzeitig erstaunt die parabolische Gesetzmäßigkeit der Masse erkannte, eine Epoche ungeheuerlicher Entdeckungen an[228].

Die außerirdische Flora, welche die Überkrustung durch das Eisige durchbrochen hatte, zeigte der Expedition den Pfad zu den Pyramiden. Etwas, das vorerst noch namenlos bleiben mußte, hatte sie einst in die nun wiederbelebte Wüste gesetzt. Kurz nachdem das Wissen beschmutzt und durch die Religionen verfälscht worden war, hatte sich dies zugetragen; gleichzeitig war das Antlitz entstanden, das wenig später unweit der zyklopischen Bauten aufgefunden wurde. Um ein menschliches Gesicht handelte es sich, um eine meisterlich gemeißelte Skulptur von berghoher Größe; die goldene Botschaft der Irdischen hatte ihre Entsprechung gefunden in der steinernen vom Mars[229].

Zwiespältig freilich wurde den fünf Erdgeborenen die

Schauung, als ihr zunächst vom Entzücken getrübter Blick sich im tieferen visuellen Kontakt mit dem Antlitz wieder schärfte. Das Bild einer Träne, die dem Kosmischen im Augenwinkel hing, grub sich ihnen in die Gehirne. Pein und Leid schienen aus dem Großartigen ausgeronnen; gerade das jedoch war den Gefallenen seelentief und aus unendlicher menschlicher Erfahrung heraus vertraut, und so war es letztlich gerade die Träne, welche ihnen die Brücke zum nunmehr folgenden Begreifen schlug.

Von der Zeit zerriebene und dennoch nicht zerstörte Botschaften entdeckte man nahe der Pyramidenkolonie und nicht fern von einer zweiten[230], und damit wurde das Atavistische endlich greifbar und uferte, im Zusammenklang, von Sol bis zum Sirius aus. Der Seher erschloß sich die Schöpfungsgeschichte der Irdischen völlig neu, während er nachvollzog, was die Planetenwanderer lernten. Alles, was man in einer finsteren Epoche der Menschheit für wahr gehalten hatte, verging; aus dem Abgrund der Zeit aber drängte jetzt das Reale heraus, das bis zu dieser Stunde hinter der mythischen Verzerrung verborgen gewesen war.

Abtrünnige vom Hundsstern waren es, welche die parabolische Konsistenz der Masse nutzten und sich in einem diskusförmigen Schiff hinausschleudern ließen in den All-Raum[231]. Schwärze, Kälte, zertrümmertes Sternengestein kennzeichneten ihren zeitlich nicht mehr meßbaren Weg. Materie umgewandelt ins Überlichtschnelle; Gekrümmtes quer durchstoßen. Alterslos die Luziferischen[232], während anderswo Planeten und Sonnen vergreisten. Ins SolSystem schließlich hinein und triumphierend ausgemacht den dritten, den blauatmosphärischen Umläufer. Abgeschaltet der parabolische Antrieb, nur noch verzögertes Reiten auf dem

Feuerschweif. Und dann kam das Absinken, das Hinunter-treiben, der scheinbar so harmlose Sturz auf den in sich selbst ruhenden Globus. Gedankenlos schlängelten die Sirier sich hinein in die bislang ungestört verlaufene Evolution.

Nostradamus sah die Erde so, wie sie sich den kosmischen Wanderern vor Jahrzehn- oder Jahrhunderttausenden ge-zeigt hatte. Unschuldig und nackt bevölkerten die aufrecht Gehenden einzelne Inseln in der irdischen Weite. Noch nie hatte die erst vor kurzem erwachte Kreatur vom Baum der Erkenntnis, von den Möglichkeiten, die noch so fern in ihrer eigenen Zukunft schlummerten, gehört. Gemächlich hatte aufgrund des großen Planes die Zeit ausreifen sollen. Aus sich selbst heraus sollte das Materielle sein höheres Ich und sein höheres Wir gebären in der weise vorgezeichneten Stunde. Jetzt aber brachen die Frevler vom Hundsstern in den friedli-chen Pflanzgarten der Sündenlosen ein.

Ein Satz, der uraltes Erinnern enthielt und nicht aus reli-giösen Gründen in den hebräischen Schriften bewahrt wor-den war, fuhr Michel durchs Gehirn: »Als sich die Menschen über die Erde hin zu vermehren begannen und ihnen Töchter geboren wurden, sahen die Himmelssöhne, wie schön die Menschentöchter waren, und sie nahmen sich von ihnen Frauen, wie es ihnen gefiel.«[233]

Und zeugten mit ihnen den Zwitter, die Mißgeburt, das Übel, das Leid, das Niederschmettern des Traumes, die Hand gleichermaßen des Hirten und Mörders, die nie mehr versie-gende Träne! So schrillte es unmittelbar darauf durch Notre-dames Schädel, wurde zum Bild-, Ton- und Gedankenrasen und formte sich im Zusammenstrudeln zur fürchterlichen Gesamtheit der menschlichen Geschichte aus.

Arglos waren die Erdgeborenen einst über die Savannen

gewandert, nun aber begannen sie sich wie im Wahn gegenseitig zu hetzen. Zu dorniger und dürrer Steppe verkam auf diese Weise das bukolische Eden. Kratzige, knorrige Hecken schnitten sich alsbald durchs vordem Blühende, darin lauerten die aus der evolutionären Bahn Geworfenen mit verwundeten Seelen. Andere verkrochen sich in Höhlen; Stein und Dunkelheit dort versteinerten und verdunkelten ihnen die Herzen. Aus den Hecken und Kavernen des Niedergangs, ein Zeitfunkeln später, trieben andere mißtrauische Einschnürungen hervor. Lehmziegelgepanzerte Städte waren es, in denen sich der Haß auf das doch nur vermeintlich Andersartige zusammenzurotten und zusammenzuballen vermochte. Als dort Zikkurate[234] aufgerichtet wurden, potenzierte sich das Verhängnis. Blutrünstig schwangen sich auf solchen Stufen Herrscher und Hundspriester zur Macht auf. Heerscharen sandten sie aus; erbarmungslos schlachteten sie, um ihres blasphemischen Machthungers willen. Götzenreiche errichteten sie aus solcher Verneinung des Höheren; Religionen verschwärten den Planeten. Aus dieser doppelten Wurzel der Menschenverachtung und Gottesleugnung entstand schließlich der Drache, der das gesamte Weltenrund umschlingen sollte. Der Pfuhl war es, der Moloch, das Böse, das die seelisch Verätzten nun würgte von Jahrtausend zu Jahrtausend.

Verschattet war alle Hoffnung, dennoch wurde im Buch des Lebens immer wieder das Aufbäumen verzeichnet. Trotzdem verflackerte das letzte Licht nicht unter dem Ansturm der herzmörderischen Verfinsterung. Menschheitslehrer, obwohl man sie einen um die andere kreuzigte, überkrustete, verriet, trugen die weiße Fackel weiter, gaben sie noch mit ihrem letzten verzweifelten Atemzug an den nächsten. Seher und Propheten schlugen unablässig Brücken von der einen zum anderen, zurück und vorwärts ins Helle. Um den Gipfel des Montségur und über tausend anderen friedvollen Orten lag, wenn auch von Jahrhundert zu Jahrhundert geschändet, die schimmernde Wolke: der Niederlage stets gewärtig, verharrte sie doch. Kaiser und Könige, Päpste und Bischöfe vermochten sie nicht auszurotten; über Kerker und Galgen hinaus wurde sie bewahrt durch die Kraft der Liebe, der Barmherzigkeit, des Sehnens, des Träumens, wurde immer wieder gerettet durch die Verzückung der im Irdischen ebenfalls angelegten Utopie. So zeigte sich in der tiefsten Erniedrigung des Menschlichen auch stets wieder die Größe.

Licht und Finsternis also im ewigen Widerstreit, ewig sich verkantend, sich aneinander wetzend, sich zerreißend und zerfleischend. Zerrissen, zerfleischt in sich selbst und aus sich selbst heraus das ebenso verfluchte wie göttliche Wesen. Dies war der scheinbar unauflösliche Zwiespalt, die Geißel derer, die eigentlich Schwestern und Brüder sein sollten. Ursache all dessen aber war, daß sich durch die Vermischung von Sternenwanderern und Erdverhafteten äonen- und galaxienweit Auseinanderklaffendes verbunden hatte. Daß die irdische Evolution von einem Hieb getroffen worden war, der sie zutiefst erschüttert hatte. Daß Halbtierische einerseits und zur Fülle gekommene Intelligenz andererseits sich vernetzt hatten. So war das Zwitterhafte entstanden, so hatte sich die Disharmonie zwischen Herz und Gehirn herausgebildet, so wurzelte nun der Mensch mit den Füßen im Sumpfigen und vermochte dennoch – so er es nur wagte, die Hände auszustrecken – das Firmament zu berühren. So hatte Nostradamus einst geschrieben, daß er mit seinen Sinnen vom Sternenschwingen nicht weiter entfernt sei als mit den Füßen von der Erde, und hatte damit das Wesen seiner seherischen Gabe metaphorisch ausdrücken wollen; doch nun, in der zeitenzerschmetternden Vision, wurde ihm bewußt, daß er damals nur hälftig gedacht und empfunden hatte. Erst jetzt fügten sich ihm die zerspellten Dimensionen zusammen; die ungeheure Kluft tat sich auf in ihrer ganzen kosmischen Weite, und obwohl zumindest er sie trotzdem immer zu umspannen versucht hatte, fühlte er jäh ein namenloses Entsetzen in sich aufsteigen: Über Lichtjahre hinweg in die Kälte und in die Leere schleuderte ihn das Grauen, in ein alle Ewigkeiten überkrustendes Nichts. Ehe er sich aber endgültig verlor, fing er sich wieder, fand unverhofften Halt im seelischen Netz der Abtrünnigen vom Sirius. Sein Begreifen und seine Furcht verflochten sich mit einem ganz ähnlichen Erschrecken der galaktischen Wanderer; schon kurze Zeit, nachdem sie leichtfertig den Zwitter gezeugt hatten, erkannten sie das volle Ausmaß ihres frevlerischen Tuns.

Zunächst versuchten die Verstörten, helfend und lindernd noch einzugreifen in die jetzt krebsgeschwürig sich weiterbildende Evolution. Einfache Lehren, wie für Kinder formuliert, setzten sie in Umlauf, während sie mit ihren Flugmaschinen den Planeten umkreisten. Um das Ausbrechen der Gewalt und des Neides möglichst doch noch zu bannen, vermittelten sie dem Menschengeschlecht gewisse Kenntnisse darüber, wie das Leben erleichtert werden konnte. Auch strengten sie sich an, die Blicke der Irdischen zu den Sternen zu lenken, um ihrer Zukunft auf diese Weise innerseelischen Sinn und Inhalt zu geben. Für eine kleine Weile wurde dadurch der Absturz verzögert, doch dann – weil die Zwiespältigen die leuchtenden Zeichen in der Nacht zwar sahen, aber nicht in ihre Herzen dringen ließen – griff das Unheil um so rascher um sich. Die Menschen verinnerlichten nicht die Botschaften ihrer Lehrer, sondern begannen alsbald die Himmelsreisenden selbst zu vergötzen. In den kranken, verkrebsten Gehirnen der Irdischen wurden irrational die Götterbilder geboren, und zwischen die Lehre und diejenigen, die doch eigentlich hätten lernen sollen, drängten sich die Popanze, die Priester und verkehrten die einfachen Worte der Botschaft in ihr Gegenteil; gerade das aber trug ihnen und den von ihnen gesteuerten Gewaltherrschern die angstvolle Verehrung ihrer Gefolgschaften ein. Daß sie Mittler zwischen den Überirdischen und den Irdischen seien, redeten sie sehr erfolgreich dem getäuschten und mißbrauchten Volk ein; daraus vor allem wurde der Drache geboren, und sein seimiger Brodem verfinsterte für Jahrtausende den Planeten.

Aus der einfallenden Finsternis schoß das Schiff der Sternenwanderer heraus. Bis ins Mark getroffen waren jene, die es steuerten; und Nostradamus vernahm ihre entsetzten Stimmen: »Für sehr lange Zeit ist der Brunnen mit Gift benetzt worden! Zur ungeheuerlichen Entartung des Samens der himmlischen Arbeiter führte dies! Durch das Hindernis der Religion sind gebannt die mißlungenen Rassen! Dabei war doch die Lehre gemacht worden, damit die menschliche Seele das Ewige begreifen kann! Gemacht allein wurde sie wegen der Art der Irdischen und um das Unreine in ihren Leibern zu zerstören! Große Verwirrung jedoch ging von diesem Unternehmen aus! Verloren ging den Menschen der grenzenlose Schatz allen Wissens!«[235]

Die letzte dünne Hülle der Erdatmosphäre durchschnitt die diskusförmige Barke und blieb lange in der Schwebe zwischen dem dritten und dem vierten Umläufer von Sol hängen. In der dahin und dorthin wabernden kosmischen Finsternis wurde Rat gehalten, vieles stand auf der Bruchkante, doch zuletzt entschieden die Luziferischen, deren Same in die Fessel abgestürzt war, sich für den barmherzigen und nicht den verachtungsvollen Pfad. Hinunter auf den Mars senkte sich das Schiff, nachdem zuvor ein Beobachtungsposten auf dem Erdmond eingerichtet worden war, und auf dem roten Planeten, dessen verwüsteter Charakter dem Leid der Landenden entsprach, wurden die Ansiedlungen ihres Exils errichtet. Von dort aus betrachteten sie das Kreisen des blauen Planeten, und immer wieder war ihr Klagen zu vernehmen: »Der Glaube wird für sehr lange Zeit falsch sein! Schutzlos werden sie sein, erbärmlich und ratlos!«[236]

Dennoch immer wieder die Hoffnung, die irrationale und sternengeborene, und dann schwang die Barke sich trotzdem wieder hinüber zum kraterübersäten Mond. Von dort aus glitten die kleineren Diskusscheiben erdwärts, damit durch ihre Luken vielleicht doch das Ersehnte erspäht werden konnte, aber der Pfuhl war stets noch tiefer und bodenloser geworden, und die Drachenfratze grinste immer schrecklicher. So befiel zuletzt Mattigkeit die Sternenwanderer; zudem waren auch diesen sehr Langlebigen biologische Schranken gesetzt, und schließlich fanden sie sich damit ab, daß sie vergehen würden, ohne die so herzenstief gewollte Befreiung der Irdischen gesehen zu haben.

So blieb ihnen nur noch eines zu tun, und sie setzten es ins Werk: für die Menschen, sobald die Wissenschaft sie zumindest körperlich entketten würde, hinterließen sie die außerplanetarische Botschaft. Dies war ihr Vermächtnis, und unter dem Zeichen der Pyramiden bargen sie es im Wüstensand. Zur symbolischen Sühne für ihren eigenen Frevel und um die Brücke auch im Inwendigen zu schlagen, fügten sie das Antlitz mit der Träne im Augenwinkel hinzu. Einer um den anderen wurden sie sodann zu Staub, auch ihre Schiffe sanken zurück ins Vergängliche; danach strichen über die verschwisterten Planeten viele Millennien hin, bis zuletzt vom dritten zum vierten Umläufer der erste bemannte irdische Pfeil schoß.

So wurde spät, aber nicht zu spät, das wahre Testament entdeckt, und nun sah Nostradamus, wie die Gesichter der fünf Raumfahrer sich veränderten. Unsichtbare Krusten schienen von ihnen abzufallen. Das Krebsige, das sie wie alle Menschen umwuchert hatte, verschwand. In ihren Seelen mündete ein fehlgeleiteter Evolutionsstrang wieder in die vom Ewigen vorgezeichnete Bahn.

Auf der Sternenbahn, nachdem lichtschnell die erlösende Nachricht vorausgesandt worden war, kehrte die Expedition zur blauatmosphärischen Welt zurück. Im selben kosmischen Augenblick zersplitterten dort die letzten blasphemischen Grenzen. Materiell und ideell geschah dies; ein politisches und geistiges Erwachen ereignete sich, wie nach vieltausendjährigem Schlaf. Jetzt aber wurde die kollektive Krankheit in einem einzigen jubelnden Aufbäumen überwunden.

Nicht viel Zeit war vergangen, seit man die Götzentempel von Rom und Ghom geschleift hatte; unbewußte Fesseln jedoch hatten von dort aus noch immer den innersten Kern zahlreicher Menschen umklammert. Erbsünde, so hatte die Natter gezischelt, unabwendbares Leiden; doch nun ward den Irdischen kundgetan, daß sie schuldlos gewesen waren von allem Anbeginn an. Nicht sie hatten gefrevelt, nicht ihr eigenes verbrecherisches Tun hatte sie in den Pfuhl geschleudert, keineswegs war ihnen verboten worden, Erkenntnis zu suchen und sich aufzuschwingen ins Singen des Zehnklangs; kein Feind lauerte dort draußen und oben, niemals waren sie rettungslos verdammt und verflucht worden. Vielmehr hatten jene, welche ahnungslos schuldig geworden waren an ihnen, im Herztiefsten ihre Befreiung und ihre Rückkehr ins Lichte ersehnt und hatten ihnen um der eigenen Sühne und der Liebe willen den Schlüssel geschenkt. Irgendwo auf seinem Fluchtweg von Agen nach Paris, viele Jahre zuvor, hatte Michel de Notredame gespürt, daß sich die stahlkantigen, blutüberkrusteten und schauerlichen Fetzen seiner damaligen Visionen einst verbinden würden mit den hellen, den sehnsuchtsvollen Bildern; daß sich aus solchen Bruchsteinen irgendwann ein Gebäude würde errichten lassen. Jetzt entstand diese herrliche geistige Halle aus dem Verzucken und Verröcheln des Niedrigen heraus und schwang sich empor zu unbeschreiblicher Schönheit: es war der Sieg des Montségur, der milde und lächelnde Triumph des sangue réal, der nunmehr unumkehrbar gewordene Einklang der einen und einzigen Menschheitslehre mit dem allumfassenden Da-Sein. Aus der endgültigen Befreiung der Erdgeborenen ging das wahre Jeruschalajim hervor, dessen Existenz von den Propheten und Lehrern stets erahnt worden war; aller religiösen Blutrünstigkeit zum Trotz.

Auf dem verschwisterten Planeten war der Schlüssel zur Erlösung gefunden worden, und nun, nachdem die Fesseln gesprengt waren, wurde der Mars neu besiedelt. Dort oben wurde eine Träne gelöscht, sorglich mit Gärten umhegte man die Pyramiden; ein Eingriff des Wissens in die dünne Atmosphäre hatte dem vierten Umläufer zuvor wieder Fruchtbarkeit geschenkt. Auf zwei Beinen stand die Menschheit damit im Zehnklang; alsbald wurde der dritte Hafen geschaffen, in Atemluft wandelte die zu dichte Hülle der Venus sich um[237]. Dies und endlich der Friede auf Erden ermöglichten jenen, welche die Zeit jetzt an einem viel haltbareren Nagel denn ehedem festgemacht hatten, schon wenig später den Absprung aus dem Sonnensystem. Zur Triebkraft, wie einst den Wanderern vom Sirius, wurde ihnen das Wissen um den parabolischen Charakter der Masse. Vom doppelten zentaurischen System[238] ließen sie sich einfangen, schwangen sich alsbald wiederum weiter; loteten von Generation zu Generation die Spirale der heimischen Galaxis tiefer aus. Mit nie geschauten und dennoch seltsam vertrauten anderen Wesenheiten sah Nostradamus ihren Geist sich verbinden; ein wahrlich grenzenloses Aufblühen des menschlichen Bewußtseins erlebte er noch mit – doch dann verblaßten die nun sehr fernen Bilder.

✳

Sie verloren sich mit dem nun verklingenden Orgelton des Universums, und das Ewigkeiten Umgreifende wurde wieder zum Lichtpünktchen. Ein Schauder beutelte den Seher von Salon, und in den Fesseln der Realität fand er sich jäh wieder. Mühsam schlug er die Augen auf, ein Schmerz ließ ihm die Lider zucken. Unscharf noch schälten sich die Umrisse eines Mannes aus dem Halbdunkel der Kammer; dann schob sich das Gesicht des Verlegers heran; undeutlich hörte Notredame, was Jacques Kerver flüsterte: »Du hast es überstanden... Dem Ewigen sei Dank... Du hast den Giftanschlag des verfluchten Pfaffen überlebt!«

»Auch die Menschheit wird das Natternzüngeln dereinst in den Staub treten...« murmelte Michel; gleich darauf fühlte er, wie die Agonie endgültig von ihm wich. Mit festerer Stimme erkundigte er sich: »Wo bin ich? Wie lange war ich besinnungslos?« Jacques nannte ihm den Namen des Dorfes, an dessen Rand die Ferme lag, und fügte hinzu: »Beinahe eine

Woche ist verstrichen, seit ich und ein paar verläßliche Freunde dich hierher brachten. Wir befinden uns etwa eine Wegstunde von Paris entfernt. Der Arzt, den ich sofort nach deinem Auftauchen bei mir alarmierte, wich die ersten Tage nicht von deinem Lager. Es stand lange auf Spitz und Knopf, ob er dich durchbringen würde. Erst vorgestern war er sich sicher, daß du es schaffen würdest. Er kehrte in die Hauptstadt zurück, seitdem haben meine Nichte und ich abwechselnd an deinem Bett gewacht und gehofft. Ein gesatteltes Pferd stand zudem ununterbrochen bereit, um schnellstens Hilfe zu holen, falls du doch noch einmal einen Rückschlag erlitten hättest. Dein Kollege hatte uns zugesichert, dann auf der Stelle wiederzukommen...«

»Dies wird nicht mehr nötig sein«, ächzte Michel und richtete dabei den Oberkörper auf. »Vielleicht kannst du aber trotzdem einen Boten in die Stadt senden, der dem Medikus seinen Lohn und dazu meinen schriftlichen Dank überbringt. Ich selbst möchte es lieber nicht riskieren, später noch einmal nach Paris zu reiten!« Notredame griff nach Kervers Hand, drückte sie matt, setzte hinzu: »Nimm mir das bitte nicht übel, mein Freund! Es geht nicht gegen dich oder die anderen, die mir geholfen haben! Du vor allem bist es gewesen, der mir das Leben gerettet hat! Ich werde es dir nie vergessen. Sähe man mich aber in deiner Gesellschaft in der Stadt, so würde dies die Gefahr, in die ich dich ohnehin schon gebracht habe, nur vergrößern!«

Jacques, mit einem grimmigen Zug um den Mund, nickte. »Es ist wirklich am besten, du bleibst auf der Ferme, bis du in aller Stille die Heimreise antreten kannst«, stimmte er zu. »Was aber das andere angeht, den Druck deiner Werke und mehr noch die gemeinsame Aufgabe, so hoffe ich doch, daß wir in dieser Hinsicht weiter in Verbindung bleiben!«

»Das werden wir!« versicherte Nostradamus und spürte, wie sein alter Kampfgeist zurückkehrte. »Der Bischof wollte mich ermorden, in Wahrheit jedoch hat sein feiger und hinterhältiger Anschlag die ungeheuerlichste und weitreichendste aller meiner Visionen ausgelöst! In meiner Agonie habe ich Dinge gesehen, Jacques, die so phantastisch sind, daß ich sie im Augenblick noch gar nicht in Worte kleiden kann! Aber es wird noch geschehen, ich schwöre es dir! Und ich werde sie mit anderen, älteren Visionen verknüpfen, die in die gleiche Richtung wiesen, aber noch nicht umfassend waren. Im nächsten Buch, das erscheint, werde ich die Visionen teils zwischen die bereits bekannten Centurien streuen, und aus anderen werde ich weitere Quatrains machen! So wird der Same ausgestreut, der am Ende nicht nur auf dieser Erde Frucht tragen wird, Jacques!«

Nur zu gut spürte der Verleger das Eigentliche, das unerhört Geheimnisvolle, das hinter diesen Worten stand; alles trieb ihn dazu, nachzufragen, doch gleich darauf sah er wieder die milchige Schwäche in Michels Augen, und deswegen erwiderte er nur: »All dies können wir später besprechen. Jetzt werde ich gehen und meiner Nichte Bescheid sagen, damit sie dir einen leichten Imbiß bringt, so wie der Arzt es uns für die Stunde nach deinem Erwachen angeraten hat.«

Nostradamus nickte und sank erschöpft in die Kissen zurück. Wenig später, nachdem er die Hühnerbrühe getrunken hatte, glitt er wie ein Kind in den Heilschlaf hinein. Lange saß Jacques Kerver auch in dieser Nacht bei ihm, musterte im Schein der Öllampe immer wieder das zerfurchte Antlitz und fragte sich die ganze Zeit, wer dieser Mensch in Wahrheit sei.

Zumindest einen Teil der Antwort erhielt der Verleger im Lauf der beiden folgenden Wochen. Michel de Notredame, dessen Kräfte nun unaufhaltsam zurückkehrten, führte lange Gespräche mit ihm und übergab ihm bei diesen Gelegenheiten auch schon das eine oder andere neue Manuskript. Endgültig vereinbart wurde auch, daß bereits im folgenden Frühjahr 1556 eine erweiterte Auflage der Prophezeiungen erscheinen sollte[239].

Ende September dann bestieg der Medikus das Reitpferd, das die Verwandten Kervers ihm zur Verfügung gestellt hatten, und nahm den Weg nach Süden. Übermächtig war seine Sehnsucht nach Anne und den Kindern geworden, und während er unter dem herbstlichen Himmel dahinzog, schwor er sich mehr als einmal, daß er sich in den Jahren, die ihm noch vergönnt waren, nie wieder von seiner Familie trennen würde.

Die Früchte von Aix

Intensiver denn je suchte Michel de Notredame die Nähe der Kupferhaarigen: im fortgeschrittenen Alter noch mehr als in seinen mittleren Jahren war ihr Schoß ihm ein Jungbrunnen. 1556 und 1557 wurden dem Paar weitere Söhne geboren: Charles und André. 1558 kam die Tochter Anne zur Welt; als Nachzüglerin folgte 1561 Diane.

Der Anblick der gewickelten oder heranwachsenden Kinder war ein Ruheanker in einer ansonsten recht bewegten Zeit. Im gleichen Monat, in dem der zweite Sohn seinen ersten Schrei tat, dankte Kaiser Karl V. zu Brüssel ab. Sein Bruder Ferdinand bestieg den deutschen Thron; in Spanien herrschte von da an Karls Sprößling Philipp II. erzkatholisch und geistig finster als König. Auch die Freigrafschaft Burgund, Neapel, Mailand und die Niederlande waren diesem Romhörigen damit in die Klauen gefallen; in der letztgenannten Provinz, in Flandern und Brabant, sollte nun alsbald das Abmetzeln der Protestanten beginnen. Während der Bluthund Alba[240] schon sein Schwert wetzte, blieb auch Ferdinand I. nicht untätig. Unter dem unheilvollen Einfluß seines jesuitischen Beraters Canisius förderte er gnadenlos und engstirnig die Gegenreformation. Die schauerlichen Früchte solchen Glaubenseifers freilich bekam Karl V. nicht mehr zu sehen. 1558 verstarb der hängelippige Herrscher fromm, bis zuletzt misogyn[241] und magenleidend hinter den Mauern des Klosters St. Yuste in Spanien.

Im gleichen Jahr kam es zur Schlacht bei Gravelingen. Engländer und Franzosen standen sich dort gegenüber; das siegreiche Zünglein an der Waage bildete der mit den Briten verbündete Graf Egmont[242]. Der Lohn dafür wurde ihm noch im nämlichen Sommer zu Brüssel zuteil. In die Krallen Albas fiel der Niederländer – die Kreatur Philipps ließ ihn hohnlachend köpfen. Köpfe rollten auch in Livland. Dort wüteten die Truppen des Zaren Iwan IV., des Schrecklichen, und bahnten einer späteren russischen Großmacht den Weg zur Ostsee. Sehr viel weiter westlich, doch ebenfalls meernah, bereitete sich in den ersten Lebensmonaten der Anne de Notredame eine andere Tragödie vor. Nach dem Tod der katholischen oder auch Blutigen Maria[243] erhoben sowohl die Anglikanerin Elisabeth als auch die papistische Maria Stuart Anspruch auf den englischen Thron. Mit neuen kriegerischen Verwicklungen und zuletzt einer weiteren Enthauptung sollte der religiöse Machtkampf enden.

1559 wurde eine Prophezeiung wahr, die Nostradamus schon lange vorher in seinen Schriften niedergelegt hatte: »Auf dem Kampfplatz wird der junge Löwe den alten bei einem seltsamen Duell besiegen. Er wird ihn bei einem der Kämpfe ins Auge treffen, durch den Käfig aus Gold; wird wenig später einen grausamen Tod erleiden.«[244] – Im Frühsommer dieses Jahres standen sich König Heinrich II. von Frankreich und der Kommandant der schottischen Garde am Hof, ein gewisser Gabriel de Lorges, Graf von Montgomery, auf der Turnierbahn gegenüber. Einmal, zweimal galoppierten sie gegeneinander an, brachen die spätritterlichen Lanzen. Beim dritten Durchgang dann führte Montgomery, womöglich aus Versehen, eine zersplitterte Waffe. Das Hartholz glitt am Panzer des Monarchen ab, sprengte dessen vergoldetes Helmvisier, bohrte sich Heinrich ins rechte Auge und trat durch das Ohr wieder aus. Unter entsetzlichen Qualen verstarb der König am zehnten Juni.

Sein Bruder Franz folgte ihm auf dem Thron nach, regierte aber nur bis 1560. Zur Macht, allerdings unter der Fuchtel der Mediceerin, kam anschließend deren zehnjähriger Sohn Karl als neunter Träger dieses Namens. Unter seiner oder besser seiner papstversippten Mutter Herrschaft sollten schon sehr bald die Hugenottenkriege ausbrechen.

Die erste Jahreshälfte 1561 immerhin zeigte sich noch friedlich in Salon de Provence. Michel de Notredame, nach der Turnierprophezeiung auf dem Gipfel seiner Popularität, vermochte sich im Privaten dennoch seine kontemplativen Lebensinhalte zu bewahren. In der Wiege lag nun die letzte Frucht seiner alternden Lenden, Diane; er wußte, daß er von jetzt an nicht mehr zeugen würde. Mehr als er sich hatte erhoffen dürfen, war ihm in seinen letzten Jahren noch geschenkt worden; die Genugtuung, daß seine Frau und die Kinder auch nach seinem Abscheiden mehr als ausreichend versorgt sein würden, kam hinzu. Sehr wohlhabend war die Familie nun geworden dank der Tantiemen aus Notredames Büchern, zumindest unter den nichtadligen Provenzalen mußte der Medikus zu den Begütertsten gerechnet werden[245].

Dennoch – viele andere hätte der Reichtum geizig gemacht – hatte Nostradamus in der eigenen Fülle niemals auf die Barmherzigkeit vergessen. Die schillernde Gabe des Königspaares war nach seiner Heimkehr zum größten Teil den Armen zugute gekommen; viel Gutes hatte Michel in den folgenden Jahren zusätzlich im verborgenen getan. Genette Tessier war dabei oft der Vermittler gewesen, der Katharer, der ihm nach wie vor Freund und geistiger Begleiter war.

Sinn und seelische Kraft fand der Arzt unverändert auch in seiner nicht nachlassenden Sorge um die Kranken. Täglich gingen sie auch jetzt noch ein und aus in dem turmartigen Haus am Rand des Quartiers Ferreiroux. Oft bis in die Abendstunden hinein nahm sich Nostradamus ihrer an und handelte darin nicht anders als in all den Jahren seit 1547, da er die Praxis begründet hatte. Obwohl er also immer noch angestrengt arbeitete, benötigte er nicht mehr Schlaf als ehedem; regelmäßig um die Mitternachtsstunde bestieg er den Turm und verharrte dort oben in seiner Trance bis zum Morgengrauen. Auch in einer milden Nacht im Sommer 1561 saß er regungslos auf dem bronzenen Stuhl, und dann vermeinte er plötzlich im Norden etwas Stählernes am Firmament aufzucken zu sehen.

*

Sieben Tage nach dieser Vision verfinsterte sich von Avignon her staubschwadig der Himmel. Das Flachland zwischen Saint-Rémy und Salon geriet in Aufruhr; etliche Stunden später brach die königliche Armee über die kleine Stadt herein.

»Den Hugenotten weiter im Süden gilt es!« keuchte Genette Tessier, nachdem er sich kalkgesichtig im Behandlungsraum Notredames eingefunden hatte. Der Patient, dem Michel soeben den Verband erneuerte, zuckte zusammen. »Katharina von Medici hat den Protestanten den Untergang geschworen!« setzte der Katharer hinzu. »Deswegen hat sie den Comte von Crussol gegen die Provence gehetzt! Daß sie Aix, die Hochburg der Hugenotten, in ein Schlachthaus verwandeln werden, brüllen die Soldaten! Beim Ewigen, Michel!

Haben denn der Wahn und der Blutdurst der Katholischen niemals ein Ende?!«

»Du kennst die Antwort ebensogut wie ich«, versetzte Michel. Unbeirrt kümmerte er sich weiter um den Siechen, während Genette nun wie abwesend vor sich hin starrte. Wenig später, als Nostradamus den Patienten gerade entließ, fand sich auch Anne ein, ihre dreijährige Tochter am Rockzipfel. »Was wird werden?!« flüsterte sie verängstigt. »Michel, bitte! Kannst du es uns nicht sagen?!«

»Nicht ihr solltet euch sorgen, sondern der Comte und seine Gepanzerten«, erwiderte Nostradamus. »Habt keine Angst! Die Truppen werden in wenigen Tagen wieder verschwunden sein; was aber danach in Aix geschieht, ist die Angelegenheit des Grafen. Vorher freilich wird er mich noch zu sich befehlen...«

»Aber die Hugenotten!« beharrte Anne. »Es sind brave und anständige Menschen! Könntest du den Feldherrn nicht irgendwie beeinflussen?! Du bist so berühmt! Er müßte einfach auf dich hören!«

Nostradamus lächelte bitter. »Wenn er dein gutes Herz hätte, dann ja...« murmelte er. Gleich darauf umarmte er seine Gattin, drückte sie fest an sich, wandte sich aber genauso jäh wieder ab und stieg ins obere Stockwerk hinauf. Wie schutzsuchend kauerte er sich in die Schale des bronzenen Stuhles – er sehnte sich nach Flucht – und wußte doch, daß ihm das seelische Entrinnen nicht möglich sein würde.

Am folgenden Tag kam es genau so, wie er es seinem Weib und dem Katharer vorhergesagt hatte: der Comte von Crussol sandte einen Leutnant ins Quartier Ferreiroux; der Offizier forderte den Medikus auf, unverzüglich vor dem Feldherrn zu erscheinen. »Mein Herr wird sich bestimmt großzügig zeigen, wenn er zu hören bekommt, was er sich wünscht«, setzte er überflüssigerweise, beleidigend fast, hinzu. »Dann gehen wir eben«, erwiderte Michel de Notredame knapp.

Einem Popanz, kaltherzig, gierig und romgläubig, stand Nostradamus wenig später im Haus des Bürgermeisters von Salon gegenüber. Ohne weitere Präliminarien kam der Graf, Kreatur der Mediceerin, zur Sache: »Ich möchte wissen, ob ich bis zum Herbst wieder in Paris sein werde, Nostradamus! Oder kann es möglicherweise noch ein wenig länger dauern, bis ich den Sieg über die protestantischen Hunde errungen haben werde?« Einen schwer gespickten Beutel drehte der Adlige dabei zwischen den Fingern; lauernd blickte er den Arzt an, nachdem er geendet hatte.

Nostradamus schwieg. Noch einmal, wie schon am Vortag in der Schale des bronzenen Stuhles, wirbelten ihm die Gedanken durch den Schädel. Ich könnte ihm einfach die Wahrheit sagen und ihn so vielleicht tatsächlich vom Weiterziehen abbringen, dachte er. Doch wirklich gewonnen wäre nur etwas, wenn er aus innerseelischer Einsicht heraus handelte. Dazu aber ist er nicht fähig; nicht er. Ein Finsterherziger ist er; allerhöchstens aus Furcht und damit aus Eigennutz würde er mir gehorchen. Nichts wäre damit erreicht! Die Mediceerin würde ganz einfach den nächsten Metzler in den Süden senden. Nein, die Dinge – aus seiner eigenen Schuld geboren – müssen ihren vorbestimmten Gang gehen; ich kann und will nichts daran ändern...

»Heda, was ist?!« schnauzte ihn in diesem Augenblick der Comte an. »Versagen Eure Fähigkeiten, Doktor Notredame?«

»Eines Tages wird der Baum des Lebens neue Früchte tragen«, erwiderte der Seher von Salon. »Neue Früchte – begreift

Ihr?! Auch in Aix wird es so sein. Wenn die Bäume dort schwer mit ganz neuen Früchten beladen sein werden, ist Eure Aufgabe beendet!«[246]

»Reife Früchte – im Herbst also!« frohlockte der Feldherr. »Das wollte ich von Euch hören, Meister! Drei, vier Monate noch, dann werde ich im Louvre als Sieger vor der Regentin und dem König stehen! Da habt Ihr, Nostradamus! Habt es Euch redlich verdient!«

Hätte Michel den Beutel nicht blitzschnell aufgefangen, er wäre vor seinen Füßen gelandet. Der Graf hatte ihn, den in seinen Augen trotz allem Minderwertigen, benutzt und abgespeist; so glaubte er jedenfalls. Jetzt verneigte sich Michel und zog sich zurück. Wenig später übergab er die Goldstücke Tessier. »Es ist also wenigstens in dieser Hinsicht gut ausgegangen«, murmelte der Katharer.

»Für die Armen ja. Für den Comte nicht«, antwortete Michel.

Am nächsten Morgen zogen die Truppen ab. Nach einer knappen Woche erreichte das katholische Heer Aix. Der Graf von Crussol befahl die Belagerung und schnürte die Stadt im Lauf der folgenden Monate immer gnadenloser von ihrem Umland ab. Als der Herbst kam, schien ihm die Hugenottenfestung sturmreif. Anfangs, während die Soldateska vorging, stieß sie tatsächlich auf wenig Widerstand. Dann aber, als das gesamte Heer eingedrungen und leichtsinnig geworden war, wendete sich das Blatt. Im Laub der fruchttragenden Obstbäume innerhalb der weitläufigen Mauern hatten sich die härtesten protestantischen Kämpfer verborgen. Unversehens fielen sie über die schon plündernden Königlichen her und errangen auf diese Weise zuletzt doch noch den Sieg. Dem Comte und seiner schrecklich dezimierten Armee gelang die

Flucht nur knapp. Nicht als Sieger, sondern als einer, dem man nie wieder eine militärische Aufgabe anvertrauen würde, kehrte er nach Paris zurück. Das Metzeln zwischen katholischen und hugenottischen Christen freilich ging weiter; vor allem hatte die Mediceerin nichts aus der Niederlage von Aix gelernt.

*

Mit seinem galligen Haß überzog das romhörige Königshaus Frankreich auch in der Zukunft. 1562, während das Tridentinische Konzil in seiner dritten Periode die Stellung des Papstes weiter stärkte und mit Hilfe neuer Dogmen die Gegenreformation vorantrieb, traf dergestalt gezüchteter katholischer Haß auch den Seher von Salon. In der ersten Nachthälfte geschah es; Michel ruhte in der warmen Nähe seiner Frau. Plötzlich aber, weil Brenzliges ihm in die Nüstern stach, fuhr er hoch.

»Die Kinder!« keuchte fast gleichzeitig Anne; in Panik sprang sie aus dem Bett, lief auf nackten Sohlen in die angrenzende Kammer. Doch nicht im Haus war der Brand ausgebrochen, vielmehr loderte das Feuer unten auf der Gasse.

Wer die schreimäuligen Zündler angestachelt hatte, konnte später nie geklärt werden; was jedoch hinter ihrem Tun als Triebfeder stand, war klar. Die Katholiken hatten Prügel bezogen zu Aix, und der Medikus, so jetzt das Brüllen und Drohen, hatte die Schande – die Schande! – nicht verhindert, obwohl er doch dem Grafen von Crussol gegenüber Gelegenheit dazu gehabt hätte. Deswegen hatten die Verblendeten die Strohpuppe mit dem Doktorhut auf dem Schädel ins Quartier Ferreiroux gebracht, deswegen hatten sie das primitive

Abbild Notredames auf den Scheiterhaufen gesetzt und die Fackeln hineingestoßen.

Nicht nur das Qualmen und Funkenfliegen erblickte Michel nun vom Dach seines Hauses aus; schlimmer waren die menschliche Dummheit und der hirnverbrannte Haß, mit denen er sich in dieser Nacht schon wieder konfrontiert sah. Es war die Wut auf ihr eigenes Fehlgeleitetsein, nichts anderes, was die Katholiken ihm entgegenbrüllten – sie wüteten gegen ihn, den Seher, bloß weil er anders als sie und ihnen in ihrer Kleingeistigkeit im Tiefsten nicht greifbar war. Sie, ihre Religion, ihre Pfaffen, ihre Offiziere waren die Schuldigen von Aix; sie trugen die Schuld an tausend und abertausend anderen Gemetzeln. In ihrer götzenanbeterischen Verblendung aber machten sie stets den anderen zum Sündenbock: den Propheten, den Juden, den Katharer; alles, was sie im Allerinnersten selbst sein wollten, wohin ihnen aber in ihrer Verbohrtheit, in ihrem Dogmatismus, in ihrer entsetzlichen seelischen und geistigen Verkettung der Weg verbaut war.

In Montpellier hatte Michel sie so gesehen, als sie ihn um seines unorthodoxen Wissendranges willen eingekerkert hatten, zu Agen hatten sie ihre Geißeln und Fäuste gegen ihn geschwungen; in Paris schließlich, im Protzpalast des Bischofs, hatte das nämliche Natternzüngeln ihn um ein Haar das Leben gekostet. In Köln hatte ein Menschenleib sich auf dem Scheiterhaufen gekrümmt und war zu einem verkohlten Zerrbild jeglicher Humanität geworden; zertrümmert und in Ruinen lag der Montségur da, und in der Stadt Vassy hatte man erst kürzlich kreischend die Dolche durch hugenottische Kehlen gejagt[247]. Jetzt schlug der Qualm und flirrten die Funken hinauf gegen das Dach des Hauses im

Quartier Ferreiroux zu Salon; verstört kauerten Anne und die Kinder hinter der Brüstung, während unten die Puppe in den Flammen verfiel. Der Seher selbst freilich duckte sich nicht. Mit wilder Miene, sehr aufrecht, stand er da und hatte in dieser Stunde sehr viel vom Juden und gleichzeitig vom Ewigen an sich.

Regungslos, unerschütterlich, im Geiste zurückgewichen aus dem Grauen in die erlösende Gewißheit seiner letzten und größten Vision, wartete er ab, bis die Stadtwache unter Führung seines Bruders Bertram dem Spuk ein Ende bereitete. Auseinandergetrieben wurden die Verhetzten, von denen die meisten gar nicht aus Salon stammten; zuletzt blieb nichts als der beißendbrenzlige Geruch in der Gasse zurück.

Nostradamus, ganz gegen seine Gewohnheit, suchte in dieser Nacht seinen astronomischen Auslug nicht mehr auf. »Fürchtet euch nicht!« sagte er vielmehr zu den Seinen. »Ich werde bei euch wachen, bis der neue Tag aufleuchtet!«

*

Die Herrschaft des neuen Königs indessen, des Kindes unter der Fuchtel der Mediceerin, verfinsterte den Himmel über Frankreich zunehmend. In den Jahren 1563 und 1564 weitete der Religionskrieg sich unaufhaltsam aus. Bis zum Ende des Jahrhunderts sollte das Metzeln kein Ende mehr nehmen[248]. Unter dem sternenklaren Firmament der Provence erblickte Notredame die fatalen Folgen nun beinahe jede Nacht. Im Herbst 1564 sah er sich noch einmal direkt mit der Fratze der katholischen Machtgier konfrontiert.

Zuerst fielen der vierzehnjährige König und seine Mutter ins Château Renard in Saint-Rémy ein. Am folgenden Tag reisten sie weiter nach Salon. An die fünfhundert Höflinge bildeten den Troß: die kleine Stadt platzte aus allen Nähten, nachdem die ganze Corona dort eingetroffen war. Karl der Neunte und die verschlagene Katharina nahmen Quartier im Schloß l'Emperie. Die Ausstrahlung des Felsens, auf dem das Gemäuer stand, spürten sie nicht. Statt dessen suchte die Mediceerin noch einmal den Kitzel in der Nähe des Sehers.

Nostradamus wurde aufs Schloß befohlen, zur Audienz im Rahmen eines Banketts; er hatte sich zu fügen, obwohl er nichts als Verachtung empfand. Als er sich dem Kopfende der Tafel näherte, erkannte er, daß der Ausdruck von Gier, Geilheit und Tücke in dem einst fleischigen Antlitz der Monarchin mittlerweile geierscharf geworden war. Hartäugig musterte sie ihn; kein Wort verlor sie über den Giftanschlag, den damals zu Paris einer ihrer engsten Vertrauten gegen ihn ins Werk gesetzt hatte. Dann fuhr sie ihn unvermittelt an: »Man hält dich in Frankreich für einen Menschen, der in hoher Gnade bei der Dreifaltigkeit steht! Dennoch hat deine Kunst beim Comte de Crussol versagt! Warum, Medikus, warntest du ihn nicht?!«

»Hätte ich es getan – er hätte trotzdem nicht auf mich gehört!« versetzte er. Leichthin sagte er es; die Zeiten, in denen er deshalb um sein Leben gefürchtet hätte, waren vorbei.

»Der Graf hätte den Einmarsch in Aix vermieden, mit Sicherheit!« erwiderte die Geiergesichtige.

»Nur um den Krieg anderswo weiterzuführen!« hielt Nostradamus ihr entgegen.

»Was wäre falsch daran gewesen?!« Die Schranzen erstarrten, und der halbwüchsige König fletschte die Zähne.

»Der Krieg an sich ist falsch!« beharrte Michel. Sehr leise, aber sehr deutlich und sehr entschlossen hatte er gesprochen und setzte hinzu, ehe Katharina sich ihm entwinden konnte: »Wer immer, ohne daß ihm die äußerste Not das Recht dazu verleiht, die Waffe gegen einen anderen richtet, richtet sich selbst! Jeder Hieb, jeder Stich, jeder Schuß, frevlerisch einem Nächsten zugedacht, trifft das eigene Fleisch! Mehr noch die Seele! Vernetzt sind das Du und das Ich im Wir! Wer es fassen kann, der fasse es, damit er wahrhaft lebe! Wer sich diese Einsicht aber nicht erringt...« Er brach ab, ließ das Wort im Raum stehen, dachte: Nun habe ich dich gewarnt! Jetzt hast du dir anhören müssen, was du nicht hören wolltest! Aber du wirst mich nicht begreifen; nicht du, die du die Mächtigste und damit die Unvollkommenste in Frankreich bist!

»Wer das Schwert nimmt, wird durch das Schwert umkommen!« rezitierte die Mediceerin, artikulierte jede einzelne Silbe scharf. »Das hast du gemeint, ja?! Gut katholisch gesprochen! Ich bin zufrieden mit dir! Denn die Protestanten waren es doch, die sich frevlerisch gegen Rom erhoben haben! Sie haben die abscheulichste aller Waffen ergriffen, predigen den Haß gegen die alleinseligmachende Kirche, wollen den Heiligen Vater stürzen! Aber es wird ihnen nicht gelingen, du hast es gesagt, Notredame! Der meuchlerische Dolch, den sie zückten, wird ihnen ins eigene Fleisch fahren! Unrecht ist der Krieg, den sie durch ihr Ketzertum vom Zaun brachen! Die Dreifaltigkeit wird deswegen uns, den einzig wahren Gläubigen, den Sieg schenken! Vernichtet und ausgetilgt werden sie auf Erden! Ganz wie du es prophezeit hast, Medikus! Darauf laßt uns trinken!«

Michel würgte am Wein, doch er stand das und auch das Folgende durch: das eitle Befragt- und Belauertwerden, welches ihn nun von allen Seiten traf; den Dünkel und die Dummheit der Schranzen, die schaurige Gunst der Massenmörderin. Notgedrungen harrte er aus im Schloß l'Emperie, bis man ihm seinen Lohn, einen Beutel voll Gold ganz wie damals, hinwarf; bis die Schranzen unter den Tischen lagen und die Geiergesichtige sich in Begleitung ihrer Ausgeburt zurückgezogen hatte.

Am übernächsten Tag wälzte sich der fünfhundertköpfige Hofstaat weiter; vom Dach seines Hauses aus sah Nostradamus den gleißenden Wurm sich in Richtung Arles winden, und es war ihm dabei, als tanzten auf den Lanzenspitzen der königlichen Leibwachen die abgeschlagenen und blutigen Schädel all der katholischen Adligen.

✳

Schon früher hatte er ähnliche Bilder in seinen Visionen erblickt; zusammen mit der neuen Vision fügte er sie nun zu noch dichteren Versen zusammen, verflocht und vervollständigte sein Werk in der kurzen Lebensspanne, die ihm noch blieb. Das Jahr 1565 ging darüber hin; in den ersten Monaten des folgenden empfand er die Nähe der Kupferhaarigen und die Lebenskraft seiner Kinder als so wertvoll wie nie. Im gleichen Maß aber, in dem seine Liebe ins Unermeßliche wuchs, schienen ihm die Konturen der Stadt und des umliegenden Landes mehr und mehr zu verblassen.

Nahe der Achse des Jahres 1566, in der zweiten Junihälfte, beendete Michel de Notredame seine irdische Arbeit. Einen letzten Vierzeiler, mit zittriger Hand schon, schrieb er nieder und fügte ihn als Schlußstein[249] in die Fülle seiner Quatrains ein. Einen Hinweis verbarg er außerdem unter dem Datum des zweiten Juli in seinen astronomischen Tabellen.

Epilog

In der Nacht vom ersten auf den zweiten Juli 1566 verließ Nostradamus, nachdem er Anne sehr zärtlich und sanft wie zum Abschied berührt hatte, das eheliche Schlafgemach. Langsam stieg er hinauf zum Studierzimmer, wo ebenfalls ein Ruhelager stand. Jenseits des Durchganges, auf der Plattform des Turmes, sah er im Sternenlicht den bronzenen Stuhl schimmern. Michel war versucht, sich dort noch ein letztes Mal niederzulassen, doch er schaffte es nicht mehr. Etwas Unsichtbares hielt ihn zurück, zwang ihn unmittelbar darauf sanft in die Knie. Auf einer Bank, die am Fußende der Liege stand, fand er Halt.

Kaum kauerte er dort, weitete das Milchige, das ihn schon monatelang begleitet hatte, sich rasend schnell aus, verband und vernetzte sich mit der Klarheit des Firmaments draußen. Ein Tunnel tat sich auf, der unendliche Weite und muttermündige Geborgenheit gleichermaßen war. Wärme, Licht und Tonfülle potenzierten sich in einem Spiralwirbel, wie Nostradamus ihn selbst in seinen ungeheuerlichsten Visionen nie erfahren hatte. Mit demselben Herzschlag bildete sich diesseits und jenseits der Nabe ein Menschenantlitz aus. Noch einmal zurück nach Saint-Rémy, in eine Sterbenacht, schwang die Zeit. Der Mund dessen, der ihn gezeugt hatte, formte lautlos das Wort. Nostradamus, im äußersten Begreifen von einem unbeschreiblichen Glücksgefühl durchströmt, sprach es im eigenen Tod nach: Es war das

ADONAI

Bei Sonnenaufgang entdeckte César de Notredame die Leiche; wenig später waren auch die Witwe, die übrigen Kinder, Genette Tessier und weitere Freunde zur Stelle. Auf dem Schreibpult lag der letzte Quatrain, den der Seher von Salon verfaßt hatte. Am folgenden Tag stieß man auch auf die Notiz, die in den astronomischen Tabellen verborgen gewesen war.

»Seine nächsten Verwandten und Freunde (...) werden ihn neben dem Bett und der Bank leblos auffinden«, lautete der Kernsatz des Vierzeilers.

»Hic prope morte est! – Hier ist der Tod nahe!« stand auf der Sternentafel unter dem Datum des zweiten Juli 1566.

Anmerkungen

1 Neapel befand sich an der Wende vom 15. zum 16. Jahrhundert vorübergehend unter französischer Herrschaft.

2 Die eigentliche Zeit der berühmten Troubadoure (südfranzösische Minnesänger) war das 12. und 13. Jahrhundert. Der provenzalische Herzog René hatte die Kunstform des Minnesangs noch einmal belebt.

3 Marrane(n): oft unter Zwang zum Christentum »bekehrte« spanischstämmige Juden.

4 Die Spitzelmethoden der Inquisition, auch als Heiliges Offizium bezeichnet, wurden vom Autor anhand von einschlägigen kirchlichen Anweisungen der damaligen Zeit geschildert.

5 Hunde des Herrn: Dominikaner. Der Schimpfname beruht auf dem lateinischen Wortspiel: Dominikaner – Domini canes.

6 Boabdil war der letzte maurische Kalif in Spanien. Er regierte bis 1492 das Königreich Granada.

7 Dschebel al Tarik (arabisch: Berg des Tarik): Gibraltar.

8 Los Rejes Catholicos: die katholischen Könige. Bezeichnung für Ferdinand und Isabella.

9 Thomas de Torquemada (1420–1498) war Großinquisitor für Kastilien. Er gab der spanischen Inquisition ihre endgültige Organisationsform und betrieb Mauren- und Judenverfolgungen mit Billigung des Papstes auf unbeschreiblich grausame Weise.

10 Nachdem den Juden und Muslimen in Spanien nach dem Fall von Granada zunächst noch Glaubensfreiheit (wenn auch mit gewissen

Einschränkungen) zugesichert worden war, kam es schon sehr bald zu Massenvertreibungen durch die Inquisition.

11 Autodafé, portugiesisch: Ketzerverbrennung durch die katholische Kirche.

12 Santiago de Compostela: berühmtester Wallfahrtsort Spaniens. Angeblich ist dort der Apostel Jakobus begraben.

13 Roussillon: südfranzösische Region am Fuß der Pyrenäen.

14 Michel de Notredame wurde am 14. Dezember 1503 geboren.

15 Aleph: Anfangsbuchstabe des hebräischen Alphabets, gleichzeitig ein hochinteressanter Begriff in der jüdischen Philosophie. Das Aleph ist danach ein gedachter unendlich kleiner Punkt, in dem der gesamte Kosmos sich »bündelt«. Von einem Aleph-Punkt aus könnte man nach dieser Überlegung die räumliche und zeitliche Gesamtheit des Alls erblicken. Mathematisch gesehen, würde das potenzierte Aleph die Grenzen der Unendlichkeit sprengen.

16 Municeer: Angehöriger des Adelshauses Medici in Florenz, das mehrere Päpste und Monarchen stellte.

17 Auf die Gant kommen: Bankrott machen.

18 Ulrich von Hutten (1488 bis 1523) war deutscher Reichsritter, Humanist und Dichter. Stammsitz des Geschlechts war die Steckelburg in Franken. Eines der großen Lebensziele Huttens war die Überwindung des Papsttums; aus diesem Grunde führte er zusammen mit Franz von Sickingen seinen »Pfaffenkrieg« am Mittelrhein.

19 El Dorado: sagenhafte Stadt aus Gold irgendwo auf dem amerikanischen Kontinent. Die Legende von El Dorado war eine der wichtigsten Triebfedern der Conquista.

20 So verstarb etwa Papst Alexander VI. (1492–1503) an der Syphilis.

21 Agens, Agenzien: medizinisches Mittel.

22 Dieser »König von Jerusalem« lebte in Saint-Rémy; er trug den Titel

wohl als Relikt aus der Kreuzzugszeit. Jaune de Saint-Rémy, im Gegensatz zu Pierre de Notredame Nichtjude, war Leibarzt des »Königs« gewesen.

23 Outremer: Palästina. Begriff aus der Zeit der Kreuzzüge.

24 In der Bronzezeit erlebte Europa eine Wärmeperiode, das sogenannte nacheiszeitliche Atlantikum. Das Atlantikum endete etwa 2500 v. u. Z.; danach verschlechterten sich die klimatischen Bedingungen wieder.

25 Ursprünglich war der Fisch das Symbol des Christentums. Das Kreuz erlangte seine Bedeutung erst später.

26 Im Jahr 313 erließ Kaiser Konstantin I. das sog. Toleranzedikt von Mailand und bahnte damit die Entwicklung des Christentums zur Staatsreligion an.

27 Die arianische Ausformung des Christentums unterschied sich in wesentlichen Punkten von der katholischen. Begründer des Arianismus war Arius († 336). Das Konzil von Nikäa verdammte seine Lehre als Ketzerei. Dennoch behauptete sich der Arianismus vor allem unter den germanischen Völkern noch Jahrhunderte, bis er u. a. im Ostgotenkrieg (6. Jh.) gewaltsam ausgerottet wurde.

28 Apostatisch: vom (katholischen) Glauben abgefallen.

29 Jagellonen: polnisches und zur Zeit der Romanhandlung auch böhmisches Herrschergeschlecht.

30 Galen(us): einer der großen, bereits wissenschaftlich arbeitenden Ärzte der Antike. Er lebte von 129 bis 199.

31 Talmud: neben der Thora (fünf Bücher Mose) das wichtigste Buch des Judentums. Der Talmud vereinigt Philosophie, Auslegung der mosaischen Gesetze und praktische Regeln des menschlichen Zusammenlebens in sich.

32 Das phänomenale Gedächtnis des heranwachsenden Michel de Notredame ist dokumentiert.

33 Das Universitätsstudium wurde damals viel früher als heute aufgenommen. Teilweise bezogen die Studenten schon mit zwölf Jahren die Hochschule.

34 Fechten: schnorren, betteln.

35 Stüber: kleine Münze, abwertend gemeint.

36 Donjon: Bergfried, Wehrturm einer Burg. In seinen gewaltigen Ausmaßen ist der Donjon typisch für Frankreich.

37 Sieben Päpste herrschten in der Zeit von 1309 bis 1408 in Avignon. Die Kerker und Folterkammern im Papstpalast sind noch heute zu besichtigen.

38 Daß die Studenten in der Vorlesung auf dem Boden saßen, war allgemeiner Brauch.

39 Bakkalaureat, Bakkalaureus: Magisterwürde, Magister – nach modernem akademischen Sprachgebrauch. Für den Erwerb des Bakkalaureats studierte man zur Zeit des Nostradamus etwa eineinhalb Jahre.

40 Introitus: Eingangsgebet bei der katholischen Messe.

41 Place de l'Horloge: Rathausplatz von Avignon.

42 Der Bischof der Stadt Seo de Urgel in der Pyrenäen war, zusammen mit dem jeweiligen französischen König, seit 1278 auch Fürst von Andorra.

43 Gemeint ist König Franz I. (1515–1547) von Frankreich.

44 Dittchen: Kleingeld.

45 Ein Pferd steht um: es geht ein.

46 Die okkulten Bedeutungen der Zahlen 3 und 7 hängen mit Himmelskörpern zusammen. Die Drei steht für Sonne, Erde und Mond; die Sieben für die in der Antike bekannten fünf Planeten plus Sonne und Mond. Später wurde diese Zahlenmystik vom Christentum etwa in der »Dreifaltigkeit Gottes« oder in den sieben Sakramenten übernommen.

47 Der dreifache Sturz Jerusalems kann so interpretiert werden: Zerstörung der Stadt 587 v. u. Z. durch den Babylonier Nebukadnezar, 70 n. u. Z. durch die Römer und noch einmal im Jahr 1099 durch die Kreuzritter.

48 Zehn Planeten (Merkus bis Transpluto) umkreisen in Wahrheit die Sonne. Siehe auch Anmerkungen 114 und 116.

49 Danse macabre: Totentanz.

50 Kustos: Leiter der Hochschulverwaltung.

51 Burse: Studentenheim, das von der Universität oder privaten Mäzenen getragen wurde.

52 Die Universität von Montpellier, gegründet 1289, war tatsächlich bedeutender als die von Paris. Dank ihrer jüdischen und arabischen Wurzeln hatte sie sich vor allem in der Medizin einen Namen gemacht.

53 Der erste Kreuzzug dauerte von 1096 bis 1099.

54 Languedoc: historische Landschaft, auch Okzitanien genannt, in Südfrankreich zwischen Pyrenäen, oberer Garonne und unterer Rhône mit gemeinsamer Sprache der Bewolmer, der Langue doc.

55 Katharer: wörtlich: die Reinen. Anhänger einer Philosophie/Religion, die jüdische, manichäische und ebionitische Elemente in sich vereinigte (siehe auch die Anmerkungen 108 und 112). Die Katharer waren hauptsächlich im Languedoc ansässig und wurden im 13. Jahrhundert in einer unheiligen Allianz von französischem Thron und katholischer Kirche weitgehend ausgerottet.

56 Der Brauch, Juden vor allem an Ostern, aber auch an anderen katholischen Feiertagen zu verprügeln oder in anderer Weise zu erniedrigen, ist historisch belegt und war im christlichen Europa weit verbreitet. Sogenannte »Judensäue«, Steinplastiken, die bis heute an Kirchen und Domen zu finden sind, zeugen davon. Vorzugsweise an Karfreitagen wurden diese steinernen Schweine mit menschlichen Exkrementen beschmiert, sodann zwang man den

Rabbi der örtlichen jüdischen Gemeinde dazu, die »Judensau« zu küssen. Prügelorgien, welche die gesamte israelitische Bevölkerung trafen, schlossen sich oft an.

57 Dieses Recht auf eine Leiche ist historisch dokumentiert.

58 Bürstenabzug: Probeabzug im Rahmen der frühen Drucktechnik. Man legte das Blatt auf die Druckform und drückte es mit einer Bürste an, ehe man es begutachtete.

59 Terentius (Terenz): antiker römischer Komödiendichter.

60 Nostradamus ist die latinisierte Form des Namens Notredame – das Latinisieren war in Humanistenkreisen Mode.

61 Scholastik: von spätlat. *scholasticus,* zur Schule gehörig; mittelalterliche Lehrmeinung, die vor allem auf der Anerkennung der Autorität der Kirchenväter beruhte. Das starre scholastische Denken wurde um 1500 von der geistig ungleich freieren Renaissance (Rückbesinnung auf die Antike) abgelöst. In der katholischen Theologie ist die Scholastik freilich bis heute einflußreich.

62 Jemanden in die Acht erklären: vogelfrei, rechtlos machen. Ein Geächteter konnte von jedermann straflos ermordet werden.

63 Der Bundschuh war ein typisches bäuerliches Kleidungsstück. In den Bauernkriegen Deutschlands wurde er zum politischen Symbol auf den Fahnen.

64 Laienbünde: im Mittelalter entstandene Bürgervereinigungen teilreligiösen Charakters, die noch bis in die Neuzeit eine wichtige Rolle im Leben einer Stadt spielten.

65 Die Beulenpest wurde vor allem durch Hautwunden übertragen, die Lungenpest durch Tröpfcheninfektion.

66 Winkelwirtschaft: zwielichtige Spelunke, die in einem abseitigen Landschafts-, Dorf- oder Stadtwinkel lag.

67 Die Kathedrale Saint-André ist die Hauptkirche von Bordeaux.

68 Almosenier: geistlicher Würdenträger, Vermögensverwalter eines Klosters.

69 Pfründner: reiche Privatperson, die sich in ein Spital ähnlich wie heute in ein Altenheim eingekauft hatte.

70 Skapulier: Überwurf der Mönchstracht.

71 Daß Nostradamus sich zeitweise mit dem Vertrieb von Mitteln der beschriebenen Art über Wasser hielt, ist überliefert.

72 Den Stein stechen: einen Blasenstein operativ entfernen, was damals ziemlich drastisch durch den Darm vor sich ging.

73 Temple in Paris: ehemals Hauptquartier des Templerordens. Nach der gewaltsamen Auflösung dieses Ritterordens im Jahr 1312 ging die Burg in den Besitz des Johanniterordens über, im Gefolge der Französischen Revolution wurde sie Gefängnis. Im Temple war Ludwig XVI. inhaftiert. Mit dem Gebäude verband sich aber immer auch eine geheimnisvolle Aura, die mit den ausgerotteten Tempelrittern der Kreuzzugszeit zu tun hatte (siehe auch Anmerkung 81).

74 Erasmus von Rotterdam, der große Humanist, hielt sich in den 20er Jahren des 16. Jahrhunderts in Basel auf.

75 Qumran: antike Klosterstadt am Toten Meer. Geistiges Zentrum der jüdischen Sekte der Essener, von denen man annimmt, daß sie Jesus zumindest beeinflußten.

76 Die Romane *Gargantua* und *Pantagruel* stellen das Hauptwerk des französischen Dichters François Rabelais dar.

77 Die Muschel, am Hut oder am Gewand getragen, war das Erkennungszeichen der christlichen Pilger.

78 Mohammed versuchte, Judentum, Christentum und gewisse Aspekte der arabischen Götterwelt seiner Zeit unter dem gemeinsamen Dach seiner neuen Lehre zu vereinigen.

79 Schia (von arab.: *schiat Ali*, Partei Alis) und Sunna (arab.: Brauch,

Sitte) sind die beiden Hauptrichtungen des Islam. Die Schiiten berufen sich auf Ali, den Schwiegersohn Mohammeds, der 656 zum vierten Kalifen des Islam gewählt und wenig später erschlagen wurde. Sie erkennen nur Alis Nachkommen als berechtigte Leiter (Imame) der Gesamtgemeinde an und bestreiten die Rechtmäßigkeit der sunnitischen Kalifen. Die Sunniten stehen in der Nachfolge des ersten Kalifen Abu Bekr, der Weggenosse und Schwiegervater von Mohammed war. Als Ali im Machtkampf gegen die Nachfahren Abu Bekrs fiel, war die Spaltung zwischen Schia und Sunna unüberwindbar geworden.

80 Das Halbmondsymbol des Islam ist aus einem Krummsäbel entstanden.

81 Tempelbund – Templer: Ritterorden, der ursprünglich dem Schutz der christlichen Pilger in Palästina dienen sollte. Nach der Gründung im Jahr 1119 kam der Orden schon bald in den Besitz eines immensen Vermögens, was ihm den Neid vor allem der französischen Krone eintrug. 1312 wurde der Orden verboten, seine Mitglieder größtenteils hingerichtet. Ein ganz besonderer Nimbus aber blieb: die Templer sollen im Besitz eines Wissens gewesen sein, das weit über den religiösen Dogmen ihrer Zeit stand (siehe auch Anmerkung 73).

82 Rosenkreuz: Das im Roman beschriebene Rosenkreuz war das Abzeichen des nach ihm benannten Geheimbundes. Die Rosenkreuzer scheinen einen allgemeinen Aufschwung der Menschheit im geistig-moralischen Sinn jenseits aller religiösen Dogmen angestrebt zu haben. Daß Nostradamus zumindest mit den Rosenkreuzern sympathisierte, ist gesichert. Später scheint die Bewegung der Rosenkreuzer im Freimaurertum aufgegangen zu sein.

83 Montségur: mächtige Burganlage zwischen Carcassonne und Tarascon in Südfrankreich. Die nächstgelegene Stadt ist Lavelanet. Der Montségur war die letzte Zufluchtsstätte der Katharer (siehe auch Anmerkung 55) und ist bis heute eine Art außerchristliche »Wallfahrtsstätte« geblieben. Oft wird der Montségur auch mit dem Gral in Verbindung gebracht.

84 Albigenser: anderer Name für die Katharer. Er bezieht sich auf die Stadt Albi in Südfrankreich, in der die Bewegung sehr einflußreich war.

85 In der Tat war es erklärtes Ziel der katholischen Kirche, die Katharer völlig auszurotten – und bis auf wenige Ausnahmen gelang ihr dies auch.

86 Parfait: katharischer Priester, freilich nicht im amtskirchlichen Sinn zu verstehen. Kennzeichen der Parfaits waren einfach besondere Menschenliebe und Weisheit.

87 Abseits der biblischen Legende deutet vieles auf diese These hin. So wurde Moses in einem Binsenkorb auf dem Nil ausgesetzt, und dies geschah ausschließlich dann, wenn innerhalb der Pharaonensippe eine Kindstötung beabsichtigt war. Der »Sonnengott« sollte das Kind auf dem Wasser ohne äußere Gewalteinwirkung zu sich nehmen; ein sehr fragwürdiges Privileg, das allen anderen Bevölkerungsschichten hinsichtlich der weitverbreiteten Kindsmorde in Ägypten nicht zugestanden wurde. – Auch der Eingottglaube des Moses wurzelt nachweislich in der entsprechenden Lehre des »Ketzerpharaos« Echnaton (s. Anmerkung 88).

88 Pharao Echnaton (auch Amenophis IV.) regierte von etwa 1365 bis 1348 v. u. Z. und brach mit der polytheistischen Religion. Er führte einen monotheistischen Sonnenkult ein und verkündete neue Moralgesetze, die sich wohl nicht zufällig weitgehend mit den ungefähr gleichzeitig entstandenen »Zehn Geboten« der Bibel decken. Moses könnte ein Schüler oder sogar Nachkomme Echnatons gewesen sein.

89 Amon (Ammon, Amun): ägyptischer Gott, der dann durch Echnaton gestürzt wurde. Die Amonpriester hatten das Land bis aufs letzte ausgebeutet.

90 Aton: ursprünglich der ägyptische Sonnengott, bei Echnaton dann die Metapher für das einzig Göttliche.

91 Horeb: Berg, auf dem Moses die Gesetzestafeln meißelte.

92 Sigmund Freud stellte die These auf, daß die biblische Figur des Moses aus zwei verschiedenen realen Personen zusammengesetzt sein müsse: einem guten Menschheitslehrer und einem machtbesessenen Despoten. Dies würde auch den eklatanten Widerspruch zwischen dem Gebot »Du sollst nicht töten« und etwa dem Aufruf zum Angriffskrieg gegen das Land Kanaan erklären.

93 Jeschu: jüdischer, eigentlicher Name des Jesus.

94 Die jüdische Diaspora reichte zur Zeit Jesu sehr weit nach Asien (Indien) hinein, ebenso tief nach Europa.

95 Daß Jesus in seinen »verborgenen Jahren« solche Wanderungen unternahm, ist durchaus nicht unwahrscheinlich. Der Autor verweist auf das sehr aufschlußreiche Werk »Starb Jesus in Kaschmir?« von Siegfried Obermeier, Düsseldorf–Wien 1983.

96 Siddharta: indischer Prinz (ca. 560 bis 483 v. u. Z.), der als Buddha und Begründer des Buddhismus in die Geschichte einging.

97 Daß Pontius Pilatus – entgegen der Darstellung in den Evangelien – ein grausamer Despot war, überliefern ernsthafte zeitgenössische Quellen.

98 Sogar in den Evangelien, zumindest in den ältesten griechischen Ausgaben, wird unmißverständlich gesagt, daß Jesus Geschwister hatte. Erst später verfälschte die Kirche seine Brüder etwa zu »Vettern«.

99 Jam Kinneret: See Genezareth.

100 Der Talmud erwähnt, daß die Mutter des Jesus eine solche berufliche Tätigkeit ausübte.

101 Rabbuli: Koseform von Rabbi. Im Deutschen etwa: Räbbelchen. Der Kosename taucht in den Evangelien auf.

102 Liktoren: römische Büttel, »Polizisten«. Sie trugen als Abzeichen Rutenbündel, in denen ein Beil verborgen war.

103 Davon, daß die Juden irgendeine Schuld an der Hinrichtung Jesu

gehabt hätten, kann nicht die Rede sein; dies wird in dem Werk *Standrechtlich gekreuzigt* von Weddig Fricke (Reinbek 1988) zwingend nachgewiesen. Erst das Christentum setzte die Lüge von der jüdischen Schuld in die Welt, damit es mit dem römischen Imperium paktieren konnte – und stachelte gerade damit über Jahrtausende hinweg den Judenhaß immer neu an.

104 Hoher Rat: jüdische Regierung (Sanhedrin), deren Befugnisse unter der römischen Besatzungsmacht stark eingeschränkt waren.

105 Dies bezieht sich auf die Stelle in den Evangelien, wonach die Frauen den »auferstandenen« Jesus zunächst gar nicht erkannten und einen Gärtner zu sehen glaubten. Jüdische Gärtner waren nämlich traditionell bartlos.

106 Im indischen Kaschmir wird bis heute tatsächlich ein Grab gezeigt, in dem Jesus als Greis beigesetzt worden sein soll. Er soll unter dem Namen Yus Asaf (Jesus, der Versammler) noch lange in Indien gewirkt haben (siehe auch Literaturhinweis in Anmerkung 95).

107 Fast die gesamte Christologie (christliche Legendenbildung um die Person des Juden Jeschu) stammt aus der Herkulesmythologie. Hier wie dort sind die Motive der Jungfrauengeburt, des Kreuzestodes, der Höllenfahrt, der Auferstehung und der Vergöttlichung zu finden. Da der Herkulesmythos viele Jahrhunderte älter ist als das Christentum, ist die religionsgeschichtliche Entwicklungslinie klar.

108 Ebioniten: hebräisch »Die Armen«. Bezeichnung für die Anhänger der Lehre Jesu in Judäa. Die Ebioniten, zu denen u. a. Petrus und Jakobus gehörten, bildeten die sogenannte Urgemeinde in Jerusalem. Sie lehnten die Christologie und die Göttlichkeit des Jesus ab und standen deswegen der christlichen Kirche konträr gegenüber. Teile der Ebioniten gingen statt dessen später im Islam auf, andere lebten innerhalb des Judentums weiter. Fälschlich werden die Ebioniten, die ja keine Christen waren, manchmal auch als Urchristen bezeichnet.

109 Titus: der römische Feldherr zerstörte Jerusalem im Jahr 70 n. d. Z.; von 79 bis 81 war er römischer Kaiser.

110 Dekapolis: jüdische Provinz der damaligen Zeit.

111 Massilia: Marseille.

112 Manichäer: Anhänger der Lehre des Mani (216–276), die vom dritten bis zum dreizehnten Jahrhundert von Ostasien bis Westeuropa sehr lebendig war. Kernpunkt der manichäischen Religion ist der Dualismus von Gut und Böse, Licht und Finsternis. Ziel der Manichäer war die geistige und moralische Befreiung des Menschen durch das Überwinden der eigenen bösen Anlagen.

113 Hochinteressant ist das Wortspiel mit dem altfranzösischen *sangue réal und San graal*. Aus dem »wahren Blut« wurde damit der »heilige Gral«, jenes Gefäß, in dem angeblich das Blut Christi aufgefangen worden war. Nach katharischer Auffassung hatte das *sangue réal* aber wirklich einen ganz realen Hintergrund: das Blut des Jeschu sei in seinen leiblichen Nachkommen lebendig geblieben. Der christliche Gral wiederum wäre damit ein reines Phantasiegebilde. Sprachgeschichtlich könnte sich die Bedeutungsverschiebung ganz einfach aus einer Verballhornung des ursprünglichen Begriffs ergeben haben.

114 Uranus und die weiter »außen« liegenden Planeten waren zur Zeit des Nostradamus noch nicht bekannt (siehe dazu auch Anmerkung 46). Das Wissen um den Aufbau des Sonnensystems beschränkte sich auf die Planeten von Merkur bis Saturn.

115 Die beiden Monde des Neptun sind gegenläufig, wie man seit der Mitte des 20. Jahrhunderts weiß.

116 Der äußerste Planet Transpluto ist bisher nur mathematisch postuliert. Die Notwendigkeit seiner Existenz ergibt sich aus Bahnberechnungen der anderen neun Planeten.

117 Das kriegerische Auftreten des Mönches am Weißen Berg bei Prag ist historisch. Bei dem Kleriker handelte es sich um einen Karmeli-

tenpater namens Dominicus a Jesu Maria, der durch seinen Ritt vermutlich das Eingreifen eines Heiligen in die Schlacht vorgaukeln wollte. Mit ähnlichen Methoden hatten christliche Priester bereits während der Kreuzzüge gearbeitet, um die katholische Soldateska zusätzlich zu »motivieren«.

118 Gemeint ist Friedrich von der Pfalz. Er war von den böhmischen Ständen, auch den bürgerlichen, in freier Wahl zum protestantischen König gemacht worden.

119 Diese Prophezeiung findet sich in der VI. Centurie, Vers 15 im Werk des Nostradamus. Wallenstein, »der Prinz«, wurde von Untergebenen, »den Niedrigen«, ermordet. Den ersten »Lohn« für seine Taten hatte Wallenstein zuvor tatsächlich »unterhalb Nürnbergs«, nämlich in Regensburg erhalten. Auf dem dortigen Reichstag war Wallenstein für abgesetzt erklärt worden. Der lachende spanische König könnte für den Triumph des teils spanischstämmigen Hauses Habsburg stehen. Das Wort des »Wittenbergers«, Luthers, war verraten worden, weil man katholischerseits seinen Reformationsbestrebungen nicht folgte, sondern die Protestanten durch die Gegenreformation brutal bekämpfte.

120 Rundschädel: Bezeichnung für die kurzhaarigen Puritaner in England, die Anhänger Cromwells.

121 »Seinen König wird der Senat von London töten lassen«, heißt es in der IX. Centurie, Vers 49. Karl I. von England wurde am 30. 1. 1649 nach einem puritanischen Parlamentsbeschluß hingerichtet.

122 Freie Übertragung des Autors von VI/80. – Wien wurde 1683 von den Türken belagert und konnte nur knapp gerettet werden.

123 Zweimal offen, einmal versteckt die Sieben im Datum: Am 16. August 1717 griff der österreichische Heerführer Prinz Eugen Belgrad an und eroberte es in einem triumphalen Sieg. Die Quersumme von 16 ergibt 7. Offen ist die Sieben zweimal in der Jahreszahl enthalten.

124 So heißt es in VII/15. Insumbrien ist eine alte Bezeichnung für den Balkan. Die Reichstruppen unter Führung des Prinzen Eugen setzten sich aus Kontingenten aus sieben europäischen Ländern zusammen.

125 Den »Sturm auf die Bastille« überlebte nur einer der Verteidiger, ein gewisser Leutnant du Puget.

126 Diese Prophezeiungen wurden vom Autor aus II/57 und IX/20 zusammengezogen. Nostradamus sagt darin nicht nur die Eroberung der Bastille (»Die große Mauer wird einstürzen«) voraus, sondern auch Flucht und Hinrichtung des Königs sowie die später in Frankreich tobenden Revolutionskriege.

127 Mit diesen beiden griechischen Wörtern erklärt der Nostradamus-Forscher Jean Charles de Fontbrune (siehe auch Nachwort) die etymologische Herkunft des Namens Napoleon: *néos* = neu, *apol-lyon* = der Zerstörende. Napoleon wäre also der neue Zerstörende. – Nostradamus schreibt in I/76: »Er wird mit einem sehr wilden Namen aufsteigen...«

128 Diese Prophezeiungen über Napoleon sind aus I/60 und I/76 zusammengezogen.

129 Diese Prophezeiungen finden sich in IV/35 und I/98. – Napoleon wurde in Fontainebleau verhaftet; die neue Regierung ließ ihm, gegen den Brauch der Zeit, sogar seinen Degen abnehmen. Die Insel Sankt Helena, auf die der Kaiser deportiert wurde, hatte etwa 5000 Einwohner. Quellen berichten, daß Napoleon in der Nacht vor seinem Tod fürchterlich röchelte. Longwood House, wo er verstarb, war zuvor ein Lagerhaus (Scheune) der Briten gewesen.

130 In diesem Absatz wird auf den amerikanischen Bürgerkrieg, die Ermordung Lincolns und den Ersten Weltkrieg angespielt. Nostradamus sagte auch diese Ereignisse voraus.

131 Gemeint ist Braunau am Inn, der Geburtsort Hitlers.

132 Dies bezieht sich auf den Vater Hitlers, eine heruntergekommene Existenz.

133 Hitlers Judenhaß kam nachweislich aus seiner erzkatholischen Erziehung. Selbst beim Redigieren des ersten Teils von »Mein Kampf« war ihm ein katholischer Mönch behilflich. Tatsache ist auch, daß Hitler nie aus der katholischen Kirche ausgetreten war. Er war Katholik und bezahlte Kirchensteuern bis zuletzt. Daß Rom ihn nicht exkommunizierte, obwohl ihn dies vermutlich Millionen Anhänger gekostet hätte, macht die Kirche in den Augen des Autors an seinen Verbrechen mitschuldig; dies um so mehr, als Rom sonst in der Geschichte sehr oft mit dem Mittel der Exkommunikation gegen unliebsame Herrscher vorgegangen war und damit auch große Erfolge verbuchen konnte.

134 Gemeint ist der Pazifik.

135 Diese Prophezeiungen sind zusammengesetzt aus: III/58, III/35, V/5, IX/94, IV/80, II/49, IX/17, IX/53 sowie dem Sechszeiler 53 im Gesamtwerk des Nostradamus. – Teile des späteren Österreich und Bayern bildeten zur Römerzeit die Provinz Noricum. Mit dem Berberreich ist Nordafrika gemeint, wo die deutschen Armeen im Zweiten Weltkrieg zunächst große militärische »Erfolge« erzielten. Der Graben und der Wall am Rhein spielen auf die gigantischen Befestigungen dort an, die unter dem Namen »Siegfried-Linie« in die Militärgeschichte eingegangen sind. Die französische Exilregierung befand sich während des Zweiten Weltkriegs in England. Mit den »drei Öfen« könnten die drei Vernichtungszentren Auschwitz, Dachau und Buchenau gemeint sein; diese Interpretation gibt jedenfalls Fontbrune. Drei Männer standen an der Spitze der Verschwörung gegen Hitler am 20. Juli 1944: Goerdeler, Beck und Stauffenberg. Der Vogel Phoenix erhebt sich der Sage nach aus der eigenen Asche; hier vielleicht eine Metapher für die verbrannten Menschen und Städte. Sehr interessant ist Notredames Hinweis auf Hitlers Lebenszeit: Der Diktator und Erzverbrecher wurde im April 1889 geboren und starb im April 1945. Das sind 672 Monate.

136 Gemeint ist die Gründung der anglikanischen Kirche im Jahr 1534.

137 Chaid: muslimischer Herrschertitel.

138 Das Leben dieses Propheten, der unter der Bezeichnung »Der blinde Hirte von Prag« bekannt ist, hat der Autor in seinem gleichnamigen Roman dargestellt.

139 Ferme: Pachthof.

140 Nach Ansicht des Autors verfügte die Burg Montségur einst über zwei einander gegenübergestellte Türme bzw. im Westen einen Bergfried und im Osten eine Bastion. Heute ist nur noch der westliche Turmstumpf erhalten.

141 Buda: eine der beiden Städte, aus denen später die Metropole Budapest zusammenwuchs.

142 Gemeint ist die erste Diphtheriewelle, die zu jener Zeit – aus Amerika kommend – Westeuropa heimsuchte. Daß Notredames gesamte Familie an dieser Krankheit starb, ist historisch gesichert.

143 Quipu: Schrift der Inkas, die aus Knotensymbolen bestand.

144 Gemeint ist der Vertrag von Tordesillas. Darin wurde 1494 unter Federführung des Papstes das spanische gegen das portugiesische Kolonialreich in Amerika abgegrenzt. Die Eingeborenen wurden durch diesen Vertrag ganz einfach enteignet.

145 An den arianischen Ostgoten beging die katholische Kirche den ersten Völkermord ihrer Geschichte, in der Mitte des sechsten Jahrhunderts in Italien. Die verzweifelten Reste des ostgotischen Volkes verübten einen kollektiven Selbstmord in einem Nebenkrater des Vesuv.

146 Wiedertäufer, Hussiten, Bogomilen: christliche Gruppierungen, die sich mit der Lehre der katholischen Kirche nicht im Einklang befanden und oft reformatorische Züge trugen. Sie wurden als Ketzer bekämpft und möglichst physisch vernichtet.

147 Die Hexen- und Ketzerverfolgungen vor allem der katholischen Kirche, später aber auch der protestantischen, forderten nach neuesten Forschungsergebnissen mehr Menschenleben als selbst der Holocaust.

148 Bernhard von Clairvaux (1091–1153) war ein französischer Zisterziensermönch. Die katholische Kirche feiert ihn bis heute als Kirchenlehrer und Heiligen. Nach Ansicht des Autors war Bernhard indessen ein Kriegshetzer; er trägt aufgrund seiner Hetzpredigten die maßgebliche Schuld daran, daß es 1147 zum zweiten Kreuzzug kam.

149 Ludwig IX. von Frankreich wurde von der katholischen Kirche heiliggesprochen, weil er im 13. Jahrhundert nicht nur die Katharer fast völlig ausgerottet, sondern auch noch den sechsten und siebten Kreuzzug geführt hatte.

150 Sacco di Roma (ital.: Plünderung Roms): Angriff deutscher und spanischer Söldner im Dienste Karls V., er dauerte vom 6. 5. 1527 bis 17. 2. 1528. In der Stadt wurde zuletzt entsetzlich gemetzelt und geplündert. Für eine Weile sah es so aus, als könnte das Papsttum gestürzt werden.

151 Engelsburg, hadrianisches Grabmal: ursprünglich monumentale Begräbnisstätte des Kaisers Hadrian in Rom. Später von der Kirche zur Burg (Engelsburg) ausgebaut. Die Festung stellte die letzte militärische Zuflucht der Päpste dar.

152 Der beschriebene Vorfall ist historisch.

153 Ustascha (kroat.: Aufstand): klerikalfaschistische Diktatur kroatischer Nationalisten während des Zweiten Weltkriegs. Gewisse Embleme des Ustascha-Staates zeigten ein Kruzifix, eine Pistole, eine Handgranate und einen Dolch. Etwa eine Dreiviertelmillion Serben orthodoxen Glaubens wurde zwischen 1941 und 1943 von den katholischen Ustaschen ermordet. Führend bei diesen Blutorgien waren Franziskaner und Jesuiten. Ante Pavelič, der Führer des Ustaschen-Staates, wurde 1943 von Papst Pius XII. im Vatikan empfangen und mit den besten Wünschen für die »weitere Arbeit«

wieder verabschiedet. Auch bezeichnete ihn der Papst als »praktizierenden Katholiken«. Selbst Hitler, als er von den bestialischen Untaten der Ustascha erfuhr, soll entsetzt gewesen sein. (Quelle: Vladimir Dedijer: *Jasenovac – das jugoslawische Auschwitz und der Vatikan,* Dokumentation, Freiburg 1988) – Nach der kürzlich erfolgten Unabhängigkeitserklärung Kroatiens kam es sofort zur Neugründung der Ustascha-Bewegung.

154 Save: Nebenfluß der Donau im ehemaligen Jugoslawien.

155 Dieser Massenmord ist dokumentiert. Quelle: s. o. und Karlheinz Deschner: *Die beleidigte Kirche,* Freiburg 1986. – Bei dem Täter handelte es sich um den Franziskaner-Stipendiaten Brzica; das Massaker, dem genau 1360 Menschen zum Opfer fielen, fand in der Nacht des 29. August 1942 im katholisch-ustaschischen Konzentrationslager Jasenovac statt.

156 Dieser bestialische Mord ist ebenfalls (s. o.) dokumentiert. Opfer war der 81jährige orthodoxe Bischof Platov von Banja Luka; neben ihm wurden von der Ustascha fünf weitere Bischöfe dieser Kirche ermordet.

157 Daß Mitglieder der Ustascha später im Vatikan oder sonst in der katholischen Kirche zu teils hohen Würden aufstiegen, ist (Quellen: s. o.) ebenfalls dokumentiert. Ebenso steht es fest, daß nach Kriegsende Nationalsozialisten mit vatikanischer Hilfe nach Südamerika entkamen.

158 Kroatien versuchte nach der kürzlich erfolgten Unabhängigkeitserklärung sofort wieder eine Unterdrückung der orthodoxen Bevölkerungsteile. Es lagen nach Presseberichten bereits Gesetze in der Schublade, wonach man etwa den orthodoxen serbischen Minderheiten keine eigenen Schulen mehr zugestehen und ihnen auch die freie Religionsausübung beschneiden wollte. Daß daraufhin in der Erinnerung an die Ustascha-Greuel eine Panikreaktion der serbischen Minderheit erfolgte, ist nach Ansicht des Autors sehr verständlich. Daß die Serben sodann zu blutigen Aggressoren wurden, steht freilich auf einem ganz anderen Blatt.

159 Gemeint ist das Friedensgebet des Papstes zu Assisi im Januar 1993, an dem allerdings die serbischen Orthodoxen nicht teilnahmen. Angesichts der Untaten gerade von Franziskanern während des Ustascha-Regimes war das nach Ansicht des Autors auch kein Wunder. Wie kein anderer Ort steht Assisi für den Franziskanerorden. Deswegen stellte die Wahl von Assisi durch Johannes Paul II., wieder nach Meinung des Autors, eine unerträgliche Provokation gegenüber den serbischen Orthodoxen dar. – Hätte der Papst wirklich einen Beitrag zum Frieden im ehemaligen Jugoslawien leisten wollen, dann hätte er die Verbrechen von Ustascha und Katholizismus an den Serben bekennen müssen.

160 Einen Krieg gegen Serbien rechtfertigten zur Zeit des »Friedensgebetes in Assisi« u. a. mehrere deutsche katholische Bischöfe.

161 Daß Rom im Zeitalter von Aids ein Kondomverbot ausgesprochen hat, außerdem mechanische Methoden der Empfängnisverhütung verbietet, ist nach Ansicht des Autors moralisch nicht zu rechtfertigen. Zum einen wird dadurch zur weiteren Ausbreitung von Aids beigetragen, zum anderen kommt es durch eine immer größere Bevölkerungsexplosion zu immer mehr Hunger, Not und Kindersterblichkeit auf unserem Planeten.

162 Daß der Vatikan einen Atomkrieg gegen China moralisch gerechtfertigt habe, sagte Eugen Drewermann am 19. Juni 1992 im ZDF.

163 Nostradamus hat einen polnischen Papst zum Ende des zweiten Jahrtausends erwähnt. Mit ihm ist auch der Anfang vom Ende des Vatikans verknüpft. Wegen der Untergangsprophezeiung wurden die Schriften Nostradamus von der katholischen Kirche zeitweise verboten.

164 Diese Stelle bezieht sich auf VIII/98: »Wie Wasser, so reichlich, wird das Blut der Kirchenleute vergossen werden; wird lange nicht getrocknet werden. Hier kommt dem Pfaffen Elend und große Not!«

165 II/57: »Beim Fluß wird die Erde rot sein vom Blut.«

166 VI, 98: »Die große Stadt der Volsker wird verwüistet... werden.
Ihre Tempel wird man plündern und säkularisieren. Die beiden
Flüsse werden sich rot einfärben durch all das Blut.« – Die Volsker
waren einer der Stämme, aus denen das römische Volk entstand.
Bei den beiden genannten Flüssen könnte es sich neben dem Tiber
um den kleineren Aniene handeln.

167 IX, 99: »Ein Drachenwind wird den Sitz wegfegen...«

168 VI, 66: »...die schlecht bestatteten Gebeine des... Römers wird
man finden, das marmorne Grab wird aufgerissen zu sehen sein;
beben wird die Erde im April.«

169 II, 97: »Hüte dich, römischer Pontifex, dich der Stadt zu nähern,
die von zwei Flüssen umspült wird! In ihrer Nähe wirst du dein
Blut speien. Du und deine Anhänger, zur Zeit, wenn die Rose blühen wird.«

170 Petrus Romanus: Laut der berühmten mittelalterlichen Prophezeiung des irischen Priesters Malachias, die alle (verschlüsselten)
Papstnamen bis zum Untergang der katholischen Kirche enthält,
ist dies der letzte Papst. Er wäre nach dieser Liste der Übernächste
nach Johannes Paul II.

171 V/25: »Die Herrschaft der Kirche wird durch einen Angriff von
jenseits des Meeres gebrochen werden.«

172 III/17: »Der Aventin wird brennen in der Nacht...«

173 Hier sind die Prophezeiungen aus I/44 und I/69 zusammengezogen: »Es wird weder Mönche noch Priester, noch Novizen mehr
geben. – Die große Gründung wird zerstört werden.«

174 VII/37: »Zehn werden ausgesandt... ihn in den Tod zu senden...«

175 II/93: »Sehr nahe dem Tiber lauert Lybitine (die antike römische
Todesgöttin, d. V.). Kurz zuvor wird es eine große Umwälzung

geben. Das Oberhaupt wird in die Jauche geworfen werden. Burg und Palast werden aufflammen.«

176 X/55: »Die Monarchie wird zugrunde gehen, die Kirche wird ein noch schrecklicheres Schicksal erleiden.«

177 Wippgalgen: Folterinstrument der Inquisition. Der Delinquent wurde an den Handgelenken aufgehängt und am Seil »gewippt«, wobei oft die Schultergelenke aus den Pfannen sprangen.

178 Lein: Flachs.

179 Das Quartier latin war schon damals das Universitätsviertel von Paris.

180 Sorbonne: damals die theologische Fakultät der Universität von Paris.

181 Johannes Paul II. kam 1978 zur Macht. Khomeini, der bis dahin in der Nähe von Paris im Exil gelebt hatte, kehrte fast zeitgleich in den Iran zurück und brach dort im Februar 1979 die »islamische Revolution« vom Zaun.

182 Diese Vision des Nostradamus findet sich konkret in den Abschnitten I/70 und VIII/70 seiner Prophezeiungen. Es heißt dort: »Krieg, Hunger . . . werden in Persien kein Ende nehmen. Der molochische Glaube verrät den König, dessen Ende in Frankreich beginnt, wegen eines Auguren (heidnischer Priester, d. V.), der sich in ein Versteck zurückgezogen hat. – Nach Mesopotamien (Irak) wird der schreckliche, böse, niederträchtige Mann vordringen, wird das Land tyrannisieren. Alle werden sie dem Falschen huldigen. Zurückscheuen wird die Erde vor seiner schwarzen Physiognomie.«

183 Ghom: »Heilige Stadt« im Iran, Residenz Khomeinis.

184 Dschihad, arab.: Bemühung (für eine Sache). Der Kampf gegen Ungläubige gilt im Islam als verdienstvolles Werk, für das lt. Koran die Aufnahme ins Paradies in Aussicht gestellt ist. Unter den zu bekämpfenden »Ungläubigen« sind Nichtmuslime zu verstehen

oder auch Leute, die sich als Muslime bezeichnen, in Wirklichkeit aber vom Islam abgefallen sind. Der Kampf dient der Expansion oder der Verteidigung des Machtbereichs des Islam.

185 Unmittelbar vor Ausbruch des Golfkrieges ließ Präsident Bush sich sein Handeln von einem christlichen Prediger absegnen. Diese Meldung ging damals um die Welt, gleichzeitig sah man im Fernsehen Saddam Hussein auf seinem Gebetsteppich knien – und dann begann das gegenseitige Abschlachten.

186 Nostradamus prophezeit diese Entwicklung in I/73, VI/34, VI/4. Daß die durch die französischen Rechten diskriminierten Muslime sich vor allem in Paris eines Tages erheben könnten, befürchtet man schon seit einiger Zeit.

187 Diese Stelle bezieht sich auf I/9 und V/14.

188 III/61: »Die große Bande und nichtchristliche Sekte wird sich in Mesopotamien erheben, wird am nahen Fluß (Jordan, d. V.) gepanzerte Verbände aufstellen und wird das Gesetz (des Moses) als Feind betrachten.«

189 Diese Details sind in II/95 und III/11 dargestellt.

190 VIII/21: »Eine Million Männer wird das Meer überqueren...«

191 II/84 und IX/60 beinhalten kriegerische Verwicklungen in Dalmatien (Jugoslawien).

192 II/78: »Das Große Neptunische (England) wird vom Grund des Meeres aus angegriffen werden. Gallisches und punisches (islamisches) Blut vermischen sich. Die Inseln werden unter den Schlägen bluten...« – Auch in II/1 ist von einer solchen Entwicklung die Rede, ebenso wird dort von einem ungeheuerlichen Frosteinbruch gesprochen.

193 Der Autor bezieht sich hier auf VI/56; der Romantext folgt inhaltlich der Prophezeiung.

194 Von diesem Atomschlag (?) ist in II/19 die Rede.

195 Daß die letzte Bastion des Islam am Roten Meer falle, sagt VIII/49 aus.

196 IV/46: »In der Zeit des Nebels (November) wird es zu Ende sein.«

197 Aquae Sextiae: antiker Name für Aix-en-Provence.

198 Es ist gesichert, daß Nostradamus in Aix mit seiner Mixtur aus Ambra (Ausscheidung des Pottwals, auch zur Parfümherstellung benutzt) und Rosenöl gewisse Heilerfolge verzeichnen konnte.

199 Quartier Ferreiroux: historisches Stadtviertel in Salon, wo Nostradamus und Tessier Haus an Haus lebten.

200 Schmalkaldischer Krieg: 1546/47 von Kaiser und Papst in Deutschland gegen den Schmalkaldischen Bund geführter Krieg. Im Schmalkaldischen Bund hatten sich die protestantischen Stände zusammengeschlossen.

201 Das Bildnis des bannertragenden Lammes an der Kirche von Salon ist historisch gesichert. Laut Dimde (siehe Nachwort) handelt es sich um ein Geheimzeichen der Templer.

202 Das Schloß l'Emperie in Salon steht heute noch. Möglicherweise, sagt Dimde, befand sich innerhalb des Schloßfelsens eine geheime Initiationshöhle der Rosenkreuzer. Der Autor ist dieser These nicht weiter nachgegangen.

203 Die Person des Stadthauptmanns Bertram de Notredame ist historisch.

204 Die Existenz des Adam de Crapone ist historisch gesichert. Er war nachweislich der Architekt von Notredames Haus.

205 Ursprünglich hatte das Anwesen einem Kaufmann gehört. Deswegen befand sich nach dem Brauch der Zeit im Parterre ein Lagerraum. Auch das ist historisch gesichert.

206 Zahlreiche Autoren vermuten, daß sich in dem geheimnisvollen Treppenturm genau 100 Stufen befanden. 55 sollen nach oben bis

zur astronomischen Plattform geführt haben, 45 nach unten – in einen Kellerraum, der dann womöglich auch eine parapsychologische Funktion gehabt haben könnte. Laut Dimde soll der unterirdische Abschnitt später bei einem historisch gesicherten Erdbeben in Salon verschüttet worden sein.

207 Gemeint ist der Augsburger Reichstag von 1548. Er gewährte den Protestanten freie Religionsausübung bis zur endgültigen Entscheidung durch ein Konzil. Hätte die katholische Kirche später so tolerant wie der Reichstag gedacht, hätte vermutlich der Dreißigjährige Krieg vermieden werden können.

208 Daß Nostradamus jede Nacht für mehrere Stunden in seinem »Observatorium« saß, ist überliefert.

209 Die Person des Pierre Roux in Avignon ist historisch gesichert. Er war Notredames erster Verleger.

210 Grafschaft Landes: sie liegt im Südwesten Frankreichs zwischen Pyrenäen und Atlantik.

211 Das Tridentinische Konzil tagte in Trient von 1545 bis 1563 in mehreren Etappen. Es sollte der Stärkung des Katholizismus gegenüber der Reformation dienen.

212 Die Namen von Notredames Verlegern sind aus einem ganz bestimmten Grund interessant. Dimde (siehe Nachwort) nimmt an, daß es sich um Decknamen von Rosenkreuzern oder vielleicht auch Katharern handelte.

213 Quatrain: vierzeiliger Vers. Nostradamus brachte seine Prophezeiungen hauptsächlich in diese poetische Form.

214 »Judicielle Astrologie«: nach damaligem Sprachgebrauch die ernsthafte Astronomie.

215 Vulkanisches: Metapher für das Feuer.

216 Der Text des Vorwortes ist hier vom Autor gezielt auszugsweise und teilweise in freier Übertragung wiedergegeben. Der vollstän-

dige Text ist in allen guten Textsammlungen enthalten, etwa bei Fontbrune (siehe Nachwort).

217 In der ersten Buchausgabe vom 1. März 1555 sind insgesamt 353 Prophezeiungen niedergelegt. Sie gliedern sich in drei komplette Centurien (Textblöcke von jeweils 100 Vierzeilern) sowie 53 weitere Quatrains.

218 Eine Gabe von Brot und Salz war damals die offizielle Art, hochgestellte Personen zu begrüßen.

219 Katharina von Medici: französische Königin, Gattin Heinrichs II.

220 Ile de la Cité: ältester Stadtteil von Paris, auf einer Seine-Insel gelegen.

221 Der Louvre war nicht immer Königsresidenz. Erst im 14. Jahrhundert nahm Charles V. dort Quartier, später regierten die französischen Herrscher in Versailles. Charles V. machte den Louvre zur Residenz, weil zu seiner Zeit Aufstände in der Hauptstadt tobten. Aus diesem Grund erschien ihm die ehemalige Zwingburg sehr geeignet.

222 Die Dauer dieser Reise vom 14. 7. 1555 bis 15. 8. 1555 ist dokumentiert.

223 Pair: Angehöriger des französischen Hochadels.

224 Zur Handlungszeit des Romans nahm der oberste Priester von Paris diesen Rang ein. Erst 1622 wurde die Stadt Sitz eines Erzbischofs.

225 Sol: Sonne.

226 X/93: »Brennend wird das neue Schiff seine Reise aufnehmen...«

227 Gemeint ist die US-Raumkapsel »Pioneer F«, die im März 1972 gestartet wurde. Sie enthält – als Boschaft an mögliche außerirdische Intelligenzen – eine Goldplakette, auf der u. a. ein nacktes Menschenpaar zu sehen ist.

228 X/59: »Hände drücken sich fünf Staatsbürger in den Lüften. Dort Entdeckungen. Abreise... lange Schleppe, und man findet Grünes. Parabolisch die Masse. Epoche der Entdeckungen.«

229 Über die Marspyramiden, das steinerne Antlitz auf diesem Planeten und die im folgenden Absatz erwähnte Träne hat Johannes v. Buttlar in seinem Buch *Leben auf dem Mars* (München 1987) geschrieben. J. v. Buttlar legt seinem Werk ganz erstaunliche NASA-Fotos zugrunde, die auf der bekannten Viking-Mission zum Mars entstanden sind. Die künstlichen Gebilde auf dem Roten Planeten könnten tatsächlich Zeugnisse für eine außerirdische Zivilisation sein.

230 X/93: »Zerriebenes wird nahe zweier Kolonien gefunden werden.« (Übersetzung nach Dimde)

231 Hundsstern: Sirius. – Die entsprechende Prophezeiung II/77 lautet: »Vom Hundsstern die Abtrünnigen fliehen.«

232 Luzifer: Der Name bedeutet eigentlich Lichtbringer, Lichtträger. Ursprünglich hat er mit dem christlichen Teufel nichts zu tun. Luzifer ist möglicherweise die geheimnisvollste und interessanteste Figur der Bibel, zumindest im Zusammenhang mit vorgeschichtlichen Raumfahrten.

233 Genesis, 6, 1–2; Die Formulierung »Gottessöhne« in der deutschen Einheitsübersetzung der Bibel wurde vom Autor durch »Himmelssöhne« ersetzt.

234 Zikkurat: stufenförmiger Turmbau im alten Orient. Der berühmte Turm von Babel war ein Zikkurat.

235 Hier sind Teile der Nostradamus-Prophezeiungen IV/66, IV/59, IV/24 und III/24 zusammengefaßt.

236 So heißt es in IV/22.

237 Wissenschaftler unserer Zeit diskutieren bereits darüber, Mars und Venus durch atmosphärische Eingriffe für Menschen bewohnbar zu machen.

238 Gemeint sind die Planetensysteme von Proxima und Alpha Centauri. Die genannten Sterne liegen der Erde am nächsten; Entfernung ca. vier Lichtjahre.

239 *Die großen Vorhersagen* des Nostradamus erlebten allein bis Herbst 1557 vier Neuauflagen.

240 Gemeint ist der Herzog von Alba, der im Dienst Philipps II. von Spanien vor allem unter den niederländischen Protestanten entsetzliche Blutbäder anrichtete. Daher auch sein Beiname »Bluthund«.

241 Misogyn: frauenfeindlich.

242 Graf Egmont war ursprünglich Heerführer Karls V. und in dessen Diensten Statthalter von Flandern. Später schloß er sich den niederländischen Protestanten an und wurde deswegen 1568 von Herzog Alba in Brüssel hingerichtet.

243 Maria die Katholische: Königin von England (1553–1558). Versuchte England mit Gewalt zu rekatholisieren und bekam wegen der damit verbundenen Greueltaten den Beinamen »Maria die Blutige«.

244 Dies ist die berühmte Prophezeiung I/35.

245 Das Vermögen des Nostradamus betrug, nach heutigem Geldwert umgerechnet, mehrere Millionen Mark.

246 Diese Prophezeiung gegenüber Crussol ist historisch gesichert, auch wenn sie aus verständlichen Gründen nicht Eingang in Notredames Gesamtwerk gefunden hat.

247 Das Massaker an den Hugenotten von Vassy war einer der Auslöser der Hugenottenkriege.

248 Die Hugenottenkriege in Frankreich dauerten von 1562 bis 1598. Sie lassen sich also durchaus mit dem Dreißigjährigen Krieg in Deutschland vergleichen.

249 Die Prophezeiung über seinen eigenen Tod ist im letzten Quatrain von Notredames Werk enthalten.

Nachwort

Dies ist der dritte Roman, den ich – nach meinen Werken *Mühlhiasl* und *Der blinde Hirte von Prag* – über einen europäischen Hellseher geschrieben habe. Nostradamus lebte im 16., der blinde Hirte im 14., der bayerische Prophet Mühlhiasl im späten 18. und frühen 19. Jahrhundert. Der geographische Bogen aller drei Romane spannt sich quer über ganz West- und Mitteleuropa. Die Charaktere der einzelnen Seher hätten unterschiedlicher gar nicht sein können; Nostradamus war ein hochgebildeter Akademiker, der Mühlhiasl ein Wanderarbeiter, der Prager Prophet nach meiner Vermutung ein Höfischer, der friedlos geworden war. Dennoch gibt es eine frappierende Gemeinsamkeit zwischen diesen Menschen und dem, was sie jeweils der Menschheit zu sagen hatten.

Wie ein roter Faden ziehen sich durch sämtliche Prophezeiungen immer wieder die Warnungen vor einer geistigen und moralischen Fehlentwicklung des Homo sapiens. Machtgier, Intoleranz, Kriege werden angeprangert, indem die fatalen Folgen solchen Handelns und solch leichtfertig herbeigeführter Katastrophen oft drastisch ausgemalt werden. Die Menschheit zur Umkehr zu bringen – darum ging es Nostradamus und den anderen! Ich bin mir da nach sehr intensiver Beschäftigung mit allen drei Sehern völlig sicher. Die Zukunft nicht bloß zu entschleiern, sondern sie in eine bessere, humanere Richtung zu lenken, ist hinter dem Vordergründigen und Spektakulären ihr eigentliches Anliegen. Der Mensch ist nicht irgendwelchen dunklen Schicksalsmächten ausgeliefert; er ist frei, sich zu entscheiden.

Wählt die Menschheit den dunklen Pfad, dann treibt sie auf die entsetzlichen Folgen zu; geht sie den lichten, dann wird auch die Zukunft licht. Die Propheten beleuchten stets die verschiedenen möglichen Entwicklungsstränge – um dadurch eine Art von mentalen Wegweisern zu sein.

Michel de Notredame zeichnet schreckliche Zukunftsbilder, gleichzeitig schenkt er uns aber auch eine »Sternenvision«, wie ich sie im gleichnamigen Kapitel genannt habe. Wenn wir dies erst begriffen haben – und dies ist der Kern aller Prophetie –, dann vermögen wir auch den Weg zu erkennen, auf den Nostradamus und andere uns zu führen versuchten. Ein weiterer Wegweiser dazu aber findet sich immer in uns selbst – in unserem Verstand und im Herzen.

Wollen wir Nostradamus und die anderen richtig verstehen, dann sollten wir – zum Beispiel – nicht nach dem Zeitpunkt des Ausbruchs eines Dritten Weltkrieges fragen. Wir sollten uns vielmehr danach fragen, wie dieser Krieg, der in der Praxis ja bereits im Gange ist, zu beenden ist. Dann, genau dann, hätten wir die so oft als äußerst geheimnisvoll apostrophierten Prophezeiungen des Michel de Notredame wirklich und wahrhaftig entschlüsselt.

Diese Sätze ans Ende des Romans zu stellen, war mir Bedürfnis. Bedürfnis ist es mir ebenso, denen zu danken, die mir durch ihre Arbeit den Zugang zum Werk und zum Leben des Michel de Notredame erleichterten.

In erster Linie habe ich die Werke *Nostradamus, Historiker und Prophet* von Jean Charles de Fontbrune (Wien/Hamburg

1982) und *Die Weissagungen des Nostradamus* von Manfred Dimde (München 1991) benutzt. Was die Verbindung des Michel de Notredame mit den Katharern oder auch mit Rabelais angeht, verdanke ich Dimde wertvolle Hinweise. Das Gesamtwerk Karlheinz Deschners wiederum ermöglichte mir einen tiefen Einblick in die Kirchengeschichte, so wie sie sich hinter den offiziellen Kulissen verbirgt.

Bei der deutschen Fassung der Prophezeiungen bin ich teils Fontbrune oder Dimde gefolgt; teils finden sich eigene Übertragungen im Text.

Was über das Leben des Michel de Notredame gesichert ist und mir zugänglich war, habe ich verarbeitet. Dennoch folgt ein Roman auch hier stets seinen eigenen Gesetzen, und ich bitte meine Leser, das zu akzeptieren.

Im Februar 1993   *Manfred Böckl*